都市は人類最高の発明である

TRIUMPH of the CITY
How Our Greatest Invention Makes Us Richer, Smarter, Greener, Healthier, and Happier
Edward Glaeser

エドワード・グレイザー
山形浩生 訳

NTT出版

Japanese translation rigths arranged with Edward L.Glaeser
c/o William Morris Endeavor Entertainment, LLC, New York
through Tuttle-Mori Agency, Inc., Tokyo

ナンシーへ——すべての日々の感謝をこめて

目次

第三章 スラムのよいところ

日本版への序文

二〇一一年に東日本大震災と津波が本州の東北部沿岸を襲い、今なお自然が、技術的に最も高度な国でさえ荒廃させせられるのだということを、わたしたちに思い知らせた。最も強大な都市の強さでさえ、地震や洪水のもたらす破壊により圧倒されてしまう。だがこの災害の後で日本人が示した驚異的な強さは、人類の頑強さをも教えてくれる。災害に対処する長い歴史の中で、日本は驚くべき回復能力を示してきた——そしてこれは日本人に限った話ではない。人的資本が生き残る限り、物理資本は再建できる。

東日本大震災のような災害は、人が自然に対してか弱いことを思い知らせる。自然災害が壊滅的な被害をもたらす力を持つのを忘れないのは賢明だ。でも、災害の脅威に過剰反応してもいけない。特にそのせいで、スプロールすれば安全だと思ってしまうのであれば。人々が都市に集中すると、確かに真に巨大な災害時のリスクは増えるように思える。これは東京の歴史が雄弁に物語ることだ。一九二三年の関東大震災では一四万人以上が死亡し、一八九一年（濃尾地震）や一八五五年（安政の大地震）の地震でもかなりの犠牲者が出た。人口が都市に集中しているために、第二次世界大戦中の米軍による爆撃が、何万人もの犠牲者を出した。

だが郊外に拡散しても、安全の保証はないし、また都市のほうが保護もすぐれていて回復の能力も高い。一九七〇年と一九九一年には、サイクロンが圧倒的に都市化していないバングラデシュを直撃し、何十万人もが死んだ。二〇〇四年のインド洋津波では、地域全体に散在する二〇万人ほどが死んだ。東日本大震災自体は特に都市部というわけではない——とはいえ都市は破壊されたが。その広範な被害を見ると、かなりの大災害は、国の大都市に影響しなくても、ある地域全体を壊滅させられることが思い出される。

大都市は大きな標的だが、密度は安全性をもたらすこともできる。歴史的に、都市は外部からの攻撃への守備として形成された——城壁がその守りの一環だ——そして都市はコンパクトなので守りやすい。現代では、重要になる保護はむしろ防波堤や堅牢なインフラになるだろう。でも、それを造るにも、もっとコンパクトな場所のほうがやりやすい。地震や洪水から東京を守るほうが、本州東北部すべてを保護するよりずっと容易だ。

さらに、人々が高密地域にいれば、救助もまちがいなく容易だ。被害者は潜在的な救助者や医療に近い。当然ながら、これまた都市の利点が有能な政府に左右される部分ではある。都市は、東京のようによい病院があれば役にたつが、医療がわずかで劣悪ならば、災害にあった市民にもあまり支援が提供できない。

環境経済学者マシュー・カーンは、世界中での自然災害による被害を調べた。彼によれば、災害による死者数は当然ながら人口の多い国のほうが多いが、死亡率は実は人口密度の増加につれて減少する。どうもコンパクトさというのは、平均で見ると、災害よりは安全につながる見通しが高いようだ。嵐のときに都市化が重要な理由の一つは、それが繁栄とよい統治に結びついていることのようだ。

カーンの研究結果で最も驚く結果は、国民所得と政治能力が死者数に与える影響だ。災害の規模を一定に補正すると、豊かな国は災害ではるかに少ない死者数しか出さない。この理由の一つは、豊かな国が貧困国よりはるかによい政府サービスを持っていることだ。

二〇一〇年には、チリとハイチがきわめて壮絶な地震を経験した。でも両国が被った影響は、これ以上はないほどに異なっていた。ハイチの貧困、乏しいインフラ、不十分なサービスのおかげで、災害は深刻な被害をもたらし、何万人もが死亡した。これに対し、チリのマグニチュード八・八地震の死者数は六〇〇人以下だ。チリは特に超富裕国ではないが、有能で周到な政府を持っており、結果として地震による苦しみははるかに少なかった。

東日本大震災に対する日本の対応は見事であり、世界中で見守る人々には感動的だった。特に原子力発電所を筆頭として起こった各種問題にも関わらず、日本社会の強さは嫌でもわかった。マグニチュード九・〇の地震は、記録されている中でも第五位の大きさだ――ハイチを襲った出来事の規模より二桁大きいものとなる。だが日本はめざましくも持ちこたえた。震災で推定二万人以上が他界したのは悲惨ではある。だがこの災害の規模を考えれば、被害がはるかにひどいものとなることも十分に考えられたのだ。

短期的には、すさまじい被害は日本経済にとっては打撃だった。物資供給が途切れ、大量のインフラが破壊された。ある時点で、警察庁は建物推定二〇万棟が破壊されたと推計した。国の再建には何年もかかるだろう。だが災害の歴史を見ると、人的資本が残れば物理資本は通常は再建できることがわかる。短期的には、再建活動によりGNPが一見増えているようにすら見える。この増分は、実際の福祉向上を示すものではないが、古い設備の更新や近代化による便益もあり得る。近代化による便益で、災害の実際の被害は当初の見かけよりは小さいかもしれない。

日本の歴史はまさに、英雄的な再建の事例に満ちている。東京は何度もの地震の後で繰り返し再建されてきた。それが最も顕著なのは、一九二三年の関東大震災復興だ。だが最もめざましいこととして、日本とその都市は第二次世界大戦の極度の残骸から、空前の復活をとげた。戦争は物理資本に対する何世紀もの投資を破壊し、戦後数年は非常に厳しい状況だった。だがドイツも日本もかなりすばやく復興し、一九六〇年代には刮目《かつもく》すべきサクセスストーリーとされ、一九八〇年代には世界が見たこともないほど豊かな場所の一つとなっていた。

経済学者ドン・デイヴィスとデヴィッド・ワインスタインの、正当にも有名な研究は、日本都市に対する米軍爆撃の長期的な影響を検討している。短期的には、多くの都市は破壊により人口が急減した。だが数十年たつと、都市の人口水準に対する永続的な影響は見られなかった。一九七〇年代には、都市の人口水準は戦時中の人口減少の規模とはほぼ相関が見られなかった。

だからといって、関東大震災や東北の津波や第二次世界大戦の爆撃が何の影響もなかったというのではない。もちろん影響はあった。だが、日本の都市は以前のショックに対して再建したし、今回の災害のあとでも、日本都市はまちがいなく自らを再建するし、さらには日本経済をも立て直すだろう。

それでも、東北は日本とその都市にとって大問題をつきつけた。その中でももっとも議論されたのが、原子力発電所の拡大の是非に関するものだ。世界が大惨事を恐れた絶望的な一時期は、多くの原子力発電所がいかに脆いものか、そしてチェルノブイリやアメリカのスリーマイル島といった過去の災害を思い出させた。

だがこうした原発の安全増強は絶対に実施する必要があるとはいえ、原子力発電は多くの確実な利点を持つ。世界の紛争地帯で生産される石油への依存を必要としないし、炭素排出が低いので、災厄的な地球環境変動のリスクを減らす。

原子力にはもちろんリスクはあるが、原発廃止もまるでリスクなしとは言えない。石油や石炭火力発電は、気候変動のリスクを悪化させる。中東からの石油に依存すると、その地域の政治的不安定のために問題だ。正しいアプローチは、原子力発電の費用と便益を総合的に考え、各種リスクの源をすべて考慮することだ。目先のショックに対し、暴力的かつ感情的に対応するのは常にまちがいだ。

東日本大震災が提起する第二の大きな課題は、政府が人々を高リスク地域から追い立てるのはどこまでやるべきか、という問題だ。世界中には、低地や荒い海の近くにある場所がたくさんあり、そちらのほうが津波やサイクロンからのリスクは大きい。断層の上にあって地震のリスクが高いところも多い。政府は、人々がそうした災害に弱い場所に住むのを、もっと強力に制限すべきだろうか?

現状では、公共災害保険がアメリカなど多くの国にあるために、それが人々に洪水地域に住むよう奨励してしまっている。洪水にあっても、政府が家を建て直して災害の補償をしてくれるなら、地価の安いリスクの高いところに建てても平気だということになる。明示的な公共保険のコミットメントがなくても、基本的な人間の慈悲心のために災害の後には気前のよい対応が求められるので、これも一種の保険のように働き、暗黙のうちに高リスク行動が奨励されてしまう。

リスクの高い立地の問題は、危険の高い地点に多数の人々が住んでいるときには特に問題となる。これはサンフランシスコや東京近くの断層があてはまる。こうした大都市を移設するのはまったく不可能なので、保護としっかりしたインフラへの投資が最善の道となる。アメリカと日本は、豊かだし賢いので、最も危うい立地の都市であっても、そこそこうまく保護できる。

だが発展途上国の成長するメガシティは、もっと大きなリスクに直面するし、都市の立地をやりなおす機会も大きい。こうした国の多くは、人々がある地域に移住するのを阻止するだけの警察力は持っていないが、交通などのインフラをどこに投資するか選ぶ力はある。本質的に危険の少ないところを優先するような選択ができるし、災害にあいやすい地域の開発を奨励しないこともできる。

こうした懸念は、炭素排出水準が増えて、多くの人々が示唆するようにますます気候システムの変動が大きくなると、さらに厳しくなる一方だ。環境変化と都市に関する示唆的な著書『気候都市』で、マシュー・カーンは都市が気候変動にうまく対応できると論じている。人々は海面上昇で脅かされる地域からは転出する。新技術が発明されて、気温上昇にともなう困難も緩和されるという。

人間の適応力は驚異的だ。都市のイノベーターが、新しい環境のための新しいツールを造るにあたり圧倒的な役割を果たすというカーンは、もちろん正しい。実際、東京や日本の持つ、技術イノベーションの首都という地位は、気候変動に対するきわめて賢い対応をいろいろ考案するのに絶好の立場だ。

だが豊かな国が環境の段階的な変化にうまく対応できるというカーンの楽観論には賛成するものの、貧困国がそうした緩やかな変化にすら対応できるか、あるいは気候変動が一連の予想外で予想不能な大災害を引き起こすなら貧困でない国でも対応できるものかは、あまりはっきりしない。徐々に海面があがるのは手に負える——新しい自然災害が予想もできない形で次々にやってきたらはるかに困ったことになる。特に世界の貧困国では深刻だ。

実際、不思議なパラドックスなのだが、こうした国の経済発展と、農地から都市への移行は、気候変動のリスクを高めると同時に、その変化に対する最高の防御を作り出す。都市生活はアメリカでは炭素排出を引き下げる。都市生活に替わる道は自動車中心の郊外生活だからだ。でもインドとサブサハラアフリカにおける都市発展のプロセスはすべて、炭素排出を増やす。都市はこうした国々を、低エネルギー利用の都市貧困から、中所得生活によるエネルギー使用増大へと移行させている。これはよいことだが、炭素排出が増えてリスクが高まるということでもある。

だが個別の国にとっては、農業から都市工業やサービス業に移行するほうがずっと安全になれる。サブサハラのアフリカにおける農業（もともと報われず飢餓気味なことが多い）は、地球温度の上昇で大きなリスクに直面している。アフリカ諸国が農業のままなら、リスクにさらされたままだ。だがもっと都市化すれば、ずっと安全になる。都市的な工業国になれば、気温が上がって畑が乾燥しても、工業製品を生産できる。さらに貿易都市の世界ネットワークに参加することで、シベリアやカナダ北部など、温暖化により農業生産性が上がりそうな場所からも恩恵を受けられる。ある意味で、こうした国が安全になる最高の方法は都市化なのだ。

このパラドックスを理解する一つの方法は、貧しい農業国は自国の農地の質に左右され、それがダメになると飢えるという点だ。国が世界的な貿易ネットワークの一部なら、基本的には潜在的な食料生産者のポートフォリオを持っていることになる。アルゼンチンからでもオーストラリアからでもカナダやアメリカからでも買える。地球温暖化は、世界のあらゆる場所で農業を破壊することはなさそうだし、生産性が上がる場所さえかなりあるかもしれないので、供給者のポートフォリオを持っておくのが安全だ。

だが、優れた都市がなければ、その世界的な貿易ネットワークに参加するのは無理だ。実際、日本だって長崎や大阪や東京のおかげで世界の一部になれているからこそ、そうでない場合にくらべてずっと安全になっている。日本が最先端製品を輸出できる限り、世界中の国がかわりに大量の食料やエネルギーを提供してくれるのは確実だろう。

はじめに──われら都市生物

　アメリカ人二億四三〇〇万人が、国土の三%を占める都市部にひしめきあっている。世界で最も生産的な大都市圏である東京とその周辺には、三六〇〇万人が暮らしている。ムンバイ中心部には一二〇〇万人が暮らし、上海もほぼ同じくらいだ。広大な空間を持つこの惑星上（全人類はテキサス州におさまる──しかも全員が一戸建てのタウンハウスを持てる）で、我々は都市を選ぶ。長距離旅行は安くなったし、アラバマ州オザークスからアゼルバイジャンにテレコミューティングするのも簡単なのに、ますます多くの人が、大都市圏にますます集まりひしめき合って暮らすようになっている。発展途上国の都市では都市人口が毎月五〇〇万人ずつ増えているし、二〇一一年には世界人口の半分以上が都市人口だ。

　地球上に点在する高密集積地である都市は、プラトンとソクラテスがアテナイの市場で口論して以来、イノベーションの原動力だった。フィレンツェの街路からはルネッサンスが生まれ、バーミンガムの街路からは産業革命が出た。現代ロンドンやバンガロールや東京の大繁栄は、新しい思考を生み出す能力から生じている。こうした都市をうろつくのは──それが石畳の歩道だろうと碁盤の目の街路だろうと、ロータリーのまわりや高速道路の下だろうと――人類進歩そのものを研究するに等しい行為だ。

西洋の豊かな国では、都市は工業時代の騒々しい終焉を生き延びて、いまやかつてないほどの豊かさと健康さと魅力を身につけた。もっと貧しい場所では、都市はすさまじく拡大している。都市の密度が貧困から繁栄への最もはっきりした道筋を与えてくれるからだ。距離の死を生み出した技術的なブレークスルーにもかかわらず、実は世界はフラットなどではない。それは舗装されているのだ。

都市は勝利した。でもわれわれ多くが個人的な体験で知っているように、時には都市の街路は舗装されすぎて地獄のようだ。都市は勝っても、その市民たちは負けているように見えることがあまりに多い。都市での子供時代には、どこでもすさまじい人々や体験が怒涛のように押し寄せてくる――中にはすばらしいものもある。小学生が初めて一人で地下鉄に乗ったときに感じる達成感などだ。さほどありがたくないものもある。たとえば都市の銃撃戦に初めて出会うなど（これは三五年前のニューヨークでのわが子供時代の教育における、忘れがたい一部だ）。五番街があればムンバイのスラムもある。ソルボンヌ大学もあれば、金属探知機で守られたワシントンDCの高校もある。

実は多くのアメリカ人にとって、二〇世紀後半――工業時代の終わり――は都市のすばらしさを教えるものというより、都市の悲惨を教えるものだった。都市が教えてくれる教訓をどれだけ学べるかが、都市生物たる人類が都市の新たな黄金時代になれるもので繁栄できるかどうかを決める。

都市世界に対する私の情熱は、エド・コッチ市長や野球のサーマン・マンソン選手、レナード・バーンスタイン時代に始まった。大都市での子供時代に霊感を受けて、私は生涯をかけて都市を理解しようとしてきた。その探索は経済学理論とデータに根ざしてはいるが、脇道にそれてモスクワやサンパウロやムンバイの街路にも脱線し、活気あふれる大都市の歴史を探って、そこに暮らし働く人々の日常体験にも触れてきた。

都市の研究に私がこれほど熱中するのは、それがおもしろく、重要で、しばしば困惑するような問いを投げかけるからだ。どうして世界最高の金持ちと貧乏人たちは、こんなに肩を寄せ合って生きていることが多いんだろう？　どうしてかつては偉容を誇った都市が没落に陥るんだろう？　その一部はどうして劇的な復活をとげるんだろう？　なぜ数多くの芸術運動が、ある時期のある都市であれほど急激に隆盛するんだろう？　どうしてあれほど賢い多くの人々が、あれほど馬鹿げた都市政策をいろいろ施行するんだろう？

こうした問題を考える場所として、多くの人が原型的な都市だと思うもの――ニューヨークに勝るところはない。私のようなニューヨーク住民は、時にニューヨークの重要性をちょっと大げさに考えすぎていたりもするけれど、それでもニューヨークは都市性のパラダイムであり、したがって世界都市を巡る旅の出発点として適切だ。その物語は都市センターの過去、現在、未来を包含している。そしてこの先に登場するページや場所から登場する多くの主題について、発射台を提供してくれるのだ。

＊＊＊

水曜日の午後に四七丁目と五番街の交差点に立つと、人々の奔流に取り囲まれる。会議のためにアップタウンに急ぐ人もいれば、ダウンタウンで一杯やりに向かう人もいる。東に歩いてグランドセントラル駅の大きな地下空間に入ろうとする人もいる。ここは世界で最もプラットホームの多い駅だ。中には婚約指輪を買おうとしている人もいるかもしれない――というのも四七丁目はアメリカ随一の宝石街なのだ。ランドマークの間を移動中に、空を見上げている観光客もいる――ニューヨーカーはそんなことは絶対にしない。おのぼりさんの真似をして見上げれば、五番街という光り輝く谷間を縁取る、摩天楼の険しい山が二つ目に入るだろう。

三〇年前には、ニューヨーク市の未来ははるかに暗く思えた。ほとんどの寒い古い都市すべてと同様、ゴッサム（訳注：ニューヨークの別称）も過去の遺物に思えた。地下鉄やバスは、車中心に作り直される世界の中では古くさく思えた。ニューヨーク港は、かつては東部航路の華やかな拠点だったが、いまや見捨てられていた。ジョン・リンゼイ市長とエイブ・ビーム市長の下で、市政府は全国で最高水準の税率にもかかわらず、財政破綻寸前となった。ジェリー・フォード大統領だけでなく、歴史自体がニューヨーク市にくたばれと言っているかのようだった。

ニューヨーク、というより当時は正確にはニューアムステルダムだったが、ここはずっと昔のグローバリゼーション時代に、オランダ西インド会社の遠い出張所として創設された。そこは有象無象の冒険者たちがやってきて、ビーズと毛皮を交換して一財産築こうという交易村だった。重商主義のオランダ居留者たちが集まって暮らしたのは、近くにいるほうが商品やアイデアを交換しやすかったことと、町の防護壁（いまのウォール街）の背後にいると安全だったからだ。

一八世紀には、ニューヨークはボストンを追い越して、イギリス植民地でいちばん重要な港となった。小麦と小麦粉を南部に出荷して、砂糖農場とタバコ農場を喰わせたのだった。一九世紀前半に商売が大繁盛して、ニューヨークの人口は六万から八万へと増え、アメリカの巨大都市となった。

この人口爆発は、一部は運輸技術の変化のおかげだった。一九世紀初頭、船は小さいものが多かった――三〇〇トンが普通だ。そして今日の小型飛行機と同様に、地点間のトリップに最適だった。たとえばリバプールからチャールズタウンへ、あるいはボストンからグラスゴーへ、という具合に。一八〇〇年から一八五〇年にかけて、技術と金融が改善されて、もっと大量の貨物を高速で安上がりに運べる、大型船が登場した。

こうした巨大クリッパー船を、アメリカ沿岸部すべての港に就航させるのは無駄だった。今日のボーイング七四七は主要ハブ空港に着陸して、乗客はもっと小さな飛行機に乗り換えて最終目的に向かう。これと同じく大型クリッパー船は一つの中心港にやってきて、貨物は小型船に積み替えられ、東部沿岸の各地に送られた。アメリカのスーパー港湾は、立地が中心的で、深い保護された港を持ち、後背地深くにまで続く川を擁していたニューヨークとなった。アメリカがハブ&スポーク式の海運システムに移行したとき、ニューヨークは自然なハブ港の筆頭となった。中西部を貫いてニューオーリンズまでずっと続く、大運河の東端にマンハッタンが位置したことで、同市の地位はますます強化された。

海運がニューヨークの経済的な要だったが、ニューヨークっ子たちは港のまわりに発展した製造業で働いているほうが多かった――精糖、衣料、出版などだ。ルーズベルト一家のような砂糖業者は大港湾都市で活動していた。都市の規模のおかげで大規模で高価な精糖工場の固定費がカバーできたし、消費者に近かったので、精製後の砂糖が長く暑い水運の途中でくっつくこともなかった。同じく衣料産業がニューヨークに集積したのも、この都市経由でやってくる大量の綿花や生地と、船員たちが出来合いの衣服を必要としたおかげだ。ニューヨークが出版で最先端なのですら、最終的には同市が大西洋横断航路で中心的な位置だった結果だ。一九世紀の本で一番儲かったのは、イギリス小説の海賊版をまっ先に出版することだったからだ。ハーパー兄弟(訳注:アメリカの大出版社ハーパーズ出版を創業)が出版社として本当に頭角をあらわしたのは、ウォルター・スコット『山頂のペヴェリル』第三巻を、それが小包船でニューヨークに届いた二一時間後に発行したときだった。

でも二〇世紀になると、距離の死によりニューヨークを巨大製造業拠点にした輸送費の優位性が破壊された。中国の労賃がこんなに安いのに、ニューヨークのヘスター通りでスカートを縫う必要もあるまい？　グローバリゼーションのおかげで、簡単に太平洋を越えて輸送できるものを製造する企業や都市は、熾烈な競争にさらされた。二〇世紀半ばのニューヨークの経済的な没落は、同市の一九世紀の優位性がますます無意味になってきたことの反映だった。

だがもちろん、今日の五番街に立つ人ならだれでも気がつくように、お話はそこでは終わらない。ニューヨークは死ななかった。今日では、四一番地から五九番地までの五つの郵便番号地区は六〇万人を雇用し（ニューハンプシャー州やメイン州を上回る）、それぞれが年平均一〇万ドル以上を稼ぐので、このわずかな不動産の給与所得をあわせただけで、オレゴン州やネヴァダ州を越える。

グローバル化は製造業ハブとしてのニューヨークの優位性を殺したが、アイデア生産での優位性を高めたのだった。いまのニューヨークでは、あまり裁縫仕事はないが、カルヴァン・クラインやダナ・キャランはたくさんあって、そこで生まれるデザインは地球の裏側で生産されることも多い。ホンダはデトロイトのビッグスリーを脅かしたが、金融の国際的な流れを管理することで、ニューヨークの銀行家は大もうけした。世界が狭くなったおかげで、いまや利益を求めて世界中を探索できる、アイデア生産実業家には巨額の利益がもたらされた。

ニューヨークが生まれ変わったのは一九七〇年代の暗黒時代に、一握りの金融イノベーターたちがお互いに学びあい、相互に関連し合ったアイデアの連鎖を生み出したからだ。リスクとリターンの交換を巡る学術的な知識のおかげで、高リスク資産の評価と売却が簡単になった。その一例がマイケル・ミルキンの高収益債券《ジャンクボンド》で、これを使ってヘンリー・クラヴィスは、レバレッジド・バイアウトによって業績の悪い企業から価値を引き出した。最大級のイノベーターたちは、正式な訓練を通じてその知識を得たのではなく、現場近くにいたことで知識を得た。『ライアーズポーカー』で有名になった不動産担保証券の王者ルイス・ラニエリは、ソロモン・ブラザースの郵便室からのしあがった。今日では、マンハッタンの給料の四割は金融サービス業であり、この産業はいまでもこの高密で今なお活気づく都市の堡塁だ。そしてこうした金融魔術師たちの一部のおかげで大不況も到来したが、その企業を擁する都市は、リーマンショックという嵐にも耐えた。二〇〇九年から二〇一〇年にかけて、アメリカ経済はおおむね停滞していたが、マンハッタンでの賃金は一一・九％増えた。これは他のどんな大国よりも高い。二〇一〇年にはマンハッタンの平均週給は二四〇四ドルで、アメリカ平均より一七〇％高いし、ニューヨーク大都市圏の外で最高の賃金を払うシリコンバレーを擁する、サンタクララ郡と比べても四五％高い。

ニューヨークの興亡と再興が示すのは、現代大都市の中心的なパラドックスだ——長距離を結ぶ費用が落ちるにつれて、近接性がかつてないほどに重要になってきたというもの。ニューヨークの物語はそのオペラめいた壮大さの点では独特だが、同市のめざましい台頭、悲しい衰退、驚くべき再生を動かした主要な要素は、シカゴやロンドンやミラノでも見られるのだ。

本書では、都市を人類最大の発明品としているのは何かを慎重に検討する。また都市の好悪入り乱れた歴史もひもといてみよう。いまこれが重要なのは、途上国の実に多くの都市が、サンフランシスコやパリ、シンガポールなど、今日のスター級都市をかつて苦しめたのと同じ、大きな変革に直面して苦闘しているからだ。そして、今日の都市の成功を形成する、しばしば驚くような要因についても検討する——たとえば冬の気温やインターネット、見当違いの環境保護論などだ。

都市というのは、人と企業の間に物理的な距離がないということだ。近接性、密度、身近さだ。都市は人々がいっしょに働き遊べるようにするし、その成功は物理的なつながりの需要に依存する。二〇世紀の半ばには、ニューヨークと同様に多くの都市が衰退した。これは輸送手段の改善により、工場を高密都市地域に立地させることに優位性がなくなったからだ。そして過去三〇年で、こうした都市の一部は復活し、一方で他の新しい都市が成長している。これは技術変化により、他の人々ととても近いところにいる人々が最もうまく精算する知識の収益性を高めたからだ。

アメリカ国内では、大都市を擁する大都市圏の労働者は、大都市圏にいない労働者よりも稼ぎが三割多い。こうした高賃金は高い生活費で相殺されるが、それでも高賃金が高生産性の反映だという事実は変わらない。企業が都市に立地するための高賃金や高地価に我慢する唯一の理由は、都市がそうした費用を相殺できるだけの生産性上のメリットを作り出すからだ。人口一〇〇万以上の大都市圏に住むアメリカ人は、小さな都市圏に住むアメリカ人より五割も生産性が高い。こうした関係は、労働者の教育、経験、産業を考慮しても成り立つ。個々の労働者のＩＱを考慮に入れた場合すら成り立つ。都市部と地方部の所得ギャップは、他の富裕国でも同じくらい大きいし、もっと貧しい国ではその差がさらに開く。

アメリカとヨーロッパでは、都市は賢い住民同士を結びつけることでイノベーションを加速するが、発展途上国の都市はもっと重要な役割を果たす。それは市場と文化とのゲートウェイになるのだ。一九世紀には、ムンバイ（当時はボンベイと呼ばれていた）は綿のゲートウェイだった。二一世紀のバンガロールは、アイデアのゲートウェイなのだ。

一九九〇年に、そこらの欧米人にインドの話をしたら、おそらくその人は不安そうに、第三世界の貧困は悲しいとかなんとか言っただろう。今日では、その人はむしろ不安そうに、自分の仕事がバンガロールにアウトソースされてしまうかも、と言う可能性が高い。インドはいまでも貧しいが、すさまじい速度で成長しており、インド第五の都市バンガロール市はその最大のサクセスストーリーの一つだ。バンガロールの富は、工業力からくるのではなく（といっても、いまでもかなりの繊維衣料を作っているが）、アイデアの都市としての強みからきている。実に多くの才能を一カ所に集中させることで、バンガロールはそうした才能が勉強しやすくする。そしてシンガポールやシリコンバレーなどからの部外者も、インドの人的資本とつながりやすくするのだ。

いつの時代にも存在する反都市派を代弁して、マハトマ・ガンディーは「真のインドはその少数の都市に見つかるものではなく、その七〇万の村にあるのだ」と述べ、また「国の成長はその都市によるのではなく、村によるのだ」と述べた。でもこの偉人はまちがっていた。インドの成長はほとんど完全にその都市に依存している。各国を見ると、都市化と繁栄とはほぼ完璧な相関を見せる。平均では、その国の都市人口比率が一割上がると、一人あたりGDPは三割上がる。人口のほとんどが都市部に住む国では、大半の人が地方部に住む国に比べ、一人あたり所得はほとんど四倍高いのだ。

都市は繁栄をもたらすが、でもそこに暮らす人は惨めになる、という思い込みがある。でも都市化の進んだ国のほうが、みんな幸せだと述べている。人口の半分以上が都市部に住む国では、とても幸福だと答える人は三〇％、あまり幸福でない、あるいはまったく幸福でないと答える人は一七％だ。人口の半分以上が地方部に暮らす国だと、とても幸せだと述べる人は二五％、不幸だと言う人は二二％になる。国同士を比べると、都市部人口比率が増えるにつれて人生への満足度も高まる。これは国の所得や教育水準で補正しても成り立つ。

だからムンバイやコルカタやバンガロールのような都市は、インドの経済だけでなく、その人々の幸福も改善するのだ。そしてもちろん、こうした都市が反インド的などということはない。ニューヨークが反アメリカ的でないのと同等だ。こうした都市こそは、実に多くの点で、その国の天才ぶりが最も十全に発揮される場所なのだ。

共同作業による才覚を作り出せるという都市の能力は、今に始まったものではない。何世紀にもわたり、イノベーションは混雑した街路で人から人へと伝えられた。フィレンツェのルネッサンスにおける芸術的な天才の爆発は、ブルネレスキが透視図法の幾何学をつきとめたときに始まった。彼はその知識を友人のドナテロに伝え、彼は透視図法を低浮彫り彫刻に導入した。二人の友人マザッチョが、そのイノベーションをこんどは絵画に持ち込んだ。フィレンツェの芸術的なイノベーションは、その都市集中のすばらしい副作用だった。同市の富は、もっと現世的な事業からやってきた。銀行業と衣服製造だ。でも今日では、バンガロールとニューヨークとロンドンはすべて、そのイノベーション能力に依存している。エンジニア間、デザイナー間、商人間での知識の伝達は、画家間でのアイデア伝達と同じだし、そのプロセスの核として昔から存在していたのが都市の密度なのだ。

ニューヨークとバンガロールが活力を持つからといって、あらゆる都市が成功するとは限らない。一九五〇年には、デトロイトはアメリカ第五の都市で、人口一八五万人だった。それが二〇〇八年には半減以下の七七万七〇〇〇人になり、なおも減少を続けている。一九五〇年のアメリカにおける一〇大都市のうち、八つはその後人口が八割以下になった。デトロイトをはじめとする多くの工業都市の失敗は、都市すべての弱さを反映したものではなく、むしろ都市再生の不可欠な要素をとらえそこねた都市の不毛ぶりを示すものとなる。

都市は、多くの小企業と高技能市民がたくさんいると栄える。デトロイトはかつて、小規模の相互に関連した発明家たちがひしめく蜂の巣のような都市だった――ヘンリー・フォードは、数多い有能な起業家の一人でしかなかった。でもフォードの大名案のとんでもない成功で、そのかつてのもっとイノベーションに満ちた都市が破壊されてしまった。デトロイトの二〇世紀の成長は、何十万人もの低技能低教育労働者たちを巨大工場につれてきて、その工場は都市や世界とは無縁の一大要塞となった。産業の多様性、起業家精神と教育はイノベーションをもたらすが、デトロイトモデルは都市衰退につながった。工業都市の時代は、少なくとも西洋では終わった。

　停滞都市のあまりに多くの役人は、なにやら巨大建設プロジェクト――新スタジアムや軽軌道鉄道、コンベンションセンター、住宅建設など――で都市がかつての栄光を取り戻すという誤った夢想を抱く。ごく少数の例外を除いて、都市変化の巨大な力を変えられるような公共政策はない。南部の赤錆工業地帯に暮らす貧困者のニーズを無視してはいけないが、公共政策は貧しい人を助けるべきであって、貧しい場所を助けるものではいけない。

　ぴかぴかの新しい不動産開発は、衰退都市を飾り立ててはくれるが、その根底にある問題は解決しない。衰退都市の典型的な症例は、経済の強さに対して住宅やインフラがありすぎる、ということだ。構造物の供給があまりに多く、需要があまりに少ないのに、そこに公共のお金でもっと供給を増やす意味はない。建築主導の都市刷新の愚行を見れば、都市というのは建物ではないことがわかる。都市とはその人々なのだ。

　カトリーナ台風の後で、建築したがり屋たちは何百億ドルもかけてニューオーリンズ再建をやりたがった。でもそこの住民に二〇〇〇億ドル配れば、その人々は引っ越しや教育やどこか他の場所でのよい住宅に一人四〇万ドル使えたはずだ。洪水の前ですら、ニューオーリンズは都市の貧困者にあまりうまく対処できていなかった。ニューオーリンズの子どもたちの教育がひどい資金不足だったのに、都市のインフラに何十億もかけるのは正しかったのか？　ニューオーリンズのすばらしさは、昔からその人々であり、建物ではなかった。カトリーナ台風の被害者たちの暮らしにいちばん貢献する連邦支出とはどんなものかを考えた方が、ずっと筋が通っていたのではないか？　かれらはほかのところに転居したかもしれないけれど。

究極のところで、都市政府の仕事は絶対に採算の取れない建物や鉄道にお金を出すことではなく、その都市の住民の面倒をみることだ。その都市の子どもたちの教育を改善し、彼らが地球の裏側で機会を見つけられるようにする市長は、その市の人口が減っていても、立派に仕事をしている。

デトロイトなどの都市における容赦ない貧困は、明らかに都市の窮状を反映したものだが、都市の貧困がすべて悪いわけではない。コルカタのスラムを訪れた人は、大規模な都市化がよいこととは思えずガンディーに肩入れしたくもなるかもしれない。でも都市の貧困にはいいところもたくさんある。都市が人々を貧困にするのではない。都市は貧困者を引き寄せるのだ。リオデジャネイロやロッテルダムなどの都市に、恵まれない人々が流入してくるのは都市の強みなのであり、弱みではない。

都市の構造物は何世紀もそこにあるが、都市人口は流動的だ。マンハッタンの住民のうち、四分の一以上はこの五年で転入してきた人々だ。貧乏な人々は絶えず、もっとよい暮らしを求めてニューヨークやサンパウロやムンバイにやってくる。これは都市生活における誇るべき事実だ。

都市の貧困は、都市の豊かさと比べて判断すべきではない。地方部の貧困と比べるべきだ。リオデジャネイロの掘っ立て小屋街は、豊かなシカゴの郊外住宅地と比べればひどいものだが、リオにおける貧困率はブラジルの北東地方部に比べればずっと低いのだ。貧困者がすぐに豊かになることはできないが、都市と田舎のどちらかを選ぶことはできるし、その多くは賢明にも都市を選ぶ。

金持ちと貧乏人が都市に流入することで都市部のダイナミズムが生まれるが、貧困が集中することによる費用は見逃されやすい。近接性はアイデアや商品の交換を容易にするが、バクテリアの交換やハンドバッグの泥棒も容易になる。世界の古い都市は、都市生活の大いなる苦労にどこも苦しんできた。病気、犯罪、渋滞。そしてこうした害悪に対する闘いは、現状を受け身のまま容認したり、何も考えず自由市場に任せたりするだけでは、決して勝てない。アメリカの都市が二〇世紀初頭にずっと健康的になったのは、連邦政府が軍隊と郵便局につぎ込んだのに次ぐ規模の予算を、これらの都市が水供給に費やしたからだ。ヨーロッパやアメリカの都市が見せた大躍進は、二一世紀の新興都市でもおそらくは繰返されるし、それで世界はますます都市化する。一九〇一年にニューヨーク市で生まれた男の子は、アメリカの他の地域で生まれた子に比べて、期待寿命が七年短かった。でもいまのニューヨーク市で生まれた子は、アメリカ平均よりずっと健康だ。

犯罪と病気に対して都市が勝利したので、都市は生産性だけでなく娯楽の場としても栄えた。都市の規模のおかげで、劇場や美術館やレストランの固定費が負担できるようになった。美術館は大規模で高価な展覧会と魅力的でしばしば高価な建物が必要だ。劇場には舞台、照明、音響、そして大量の練習が必要になる。都市部では、それが何千という美術館入館者や観劇人たちに分散されるので、その固定費が手の届くものとなる。

歴史的にみて、ほとんどの人は貧しすぎたから、好きな娯楽によって居住地を決めたりできなかった。都市もほとんど娯楽地帯とはいえなかった。でも人々が豊かになると、ますますライフスタイルに基づいて都市を選ぶようになる――そして消費者都市が誕生した。

二〇世紀のほとんどを通じて、ロサンゼルスのような消費者都市の台頭は、世界のロンドンやニューヨークなどの都市を不利にする要因の一つに思えた。でも古い都市の安全性と健康が向上すると、こうした古い都市も、レストランや劇場、コメディクラブや酒場や近接性がもたらす楽しみのおかげで、消費地として再生した。過去三〇年で、ロンドンとサンフランシスコとパリが栄えた理由の一部は、それがますます人々にとって住んで楽しい場所となってきたからだ。こうした大都市は、ミシュランの三つ星レストランのような高価な楽しみもあるが、金門橋や凱旋門を見ながらコーヒーをすすったり、板張りの酒場で本物のエールを飲んだりといった、もっと安手の楽しみも提供してくれる。都市では共通の関心を抱く友人も見つかるし、高密都市にはやたらに独身者がいるので、伴侶を見つけやすい結婚市場となる。今日の成功した都市が、新旧問わず賢い才覚あふれる人々をひきつける理由の一部は、それがテーマパーク化した都市だからだ。

消費者都市成功の結果として生じた最も驚くべき現象は、逆通勤の台頭かもしれない。暗黒時代の一九七〇年代、そこで働く人でなければだれもマンハッタンに暮らそうなどとは思わなかった。今日では、何千人もが都市部に暮らして、市外の職場へと通勤する。ロンドンやニューヨークに別宅を買っているのは中東の大金持ちだけではないし、マイアミは南米の金持ちに別宅を売って豊かになっている。

経済的な活力と都市の快楽が作り出す堅調な需要を見れば、魅力的な都市の物件価格がずっと上がり続けている理由もわかる。でも空間の供給もまた価格上昇に関係している。ニューヨーク、ロンドン、パリはますます新規の建築活動を規制しており、おかげでこうした都市の物件価格はますます上がっている。

本書のアイデアの多くは、都市の大研究者であるジェイン・ジェイコブズの知恵を発展させたものだ。

彼女は、ある都市の魂を見るにはその街路を歩かなくてはいけないのを知っていた。都市をクリエイティブな場所にしている人々は、安い不動産が必要だということを彼女は知っていた。でもジェイコブズはまた、あまりに街路目線に頼りすぎ、システム全体を考え抜くのに役立つ概念的なツールを使わなかったことで、まちがいも犯している。

彼女は、背の低い古い建物のほうが安いのを見て、高さを制限して古い近隣を保存すれば安い物件が確保できると思った。でも需要と供給の仕組みはそういうふうには機能しない。都市に対する需要が上がれば、住宅をもっと造らないと物件価格は上がる。都市が新規建設を規制すれば、物件は高価になる。保全が必ずしもまちがっているわけではない——都市部で保存したほうがいいものは多い。でも、それには常に費用がともなう。パリの秩序ある美しさを考えてみよう。きちんとした魅力的な大通りは、まっすぐで幅員も広く、瀟洒な一九世紀の建物が並んでいる。パリの大モニュメントを楽しめるのも、近くの建物の陰になっていないからだ。そうした視線が確保されている大きな理由は、パリで何かを建設しようとしたら、保全を最重視するややこしい手続きを突破しなければならないからだ。新規建設に対する制限のおかげで、パリは——かつては飢えたアーティストでも楽に暮らせるところだったのに——いまや金持ちしか住めない。

パリと同じく、ロンドンもその一九世紀の建築物に強く執着している。チャールズ皇太子自ら、セントポール寺院までまっすぐに通った視線を遮るような、高いモダニズム建築には強く反対している。そしてイギリス人はその高い建物への反感をインドに輸出してしまったようだ。インドでは、建築制限をすべき理由はもっと少ないし、そんな制限は有害でもある。

ムンバイは発展途上国でも最も極端な土地利用制限を持つ。ムンバイの近代史のほとんどにおいて、都心部の新規建物は平均で一・三階建てだ。なんてとんでもない話だろうか！　インドの活気あふれる中核都市は、都心部に郊外並みの密度を強制しているのだ。この自爆的なふるまいのおかげで、物件価格は確実に高すぎ、アパートは狭すぎ、渋滞、スプロール（訳注：都市の郊外部への無秩序な拡大）、スラム、腐敗は避けられない。上海はムンバイよりも経済が過熱しているのに、供給が需要とマッチしているので物件価格はずっと抑えられている。ネブカドネザルからナポレオン三世にいたる他の成長促進専制君主と同じく、中国の指導者たちも建築が好きなのだ。

二〇世紀のはじまりに、フリッツ・ラングのようなビジョナリーはますます垂直方向に伸びる都市世界を夢見た。街路はそのすさまじい高層ビルの影で暗くなっている。ウィリアム・ヴァン・アレンのようなすばらしい建築家たちは、クライスラービルのような大摩天楼を設計し、ル゠コルビュジェのような建築家は、ものすごい高さのビルが並ぶ世界を計画した。でも二〇世紀の都市アメリカは摩天楼のものではなく、自動車のものだった。

輸送技術は昔から都市形態を規定してきた。フィレンツェやエルサレム旧市街のような歩く都市では、街路は狭く、くねり、店舗が密集している。人々が移動に足を使わねばならない時には、みんななるべく密集しようとしたし、都市の出入り手段として最も高速なのは水路だった。マンハッタンのミッドタウンやシカゴループのように、鉄道とエレベータを中心に建設された地域は、街路の幅がもっと広くて、格子状になっていることが多い。街路に面した店舗はあるが、ほとんどのオフィス空間は地面からずっと離れている。車中心の都市、たとえばロサンゼルスの大半やフェニックスやヒューストンは、巨大なゆるやかにカーブした道路を持ち、しばしば歩道がない。こうした場所では、店舗や歩行者は街路からショッピングモールの中に退避する。古い都市にははっきりした都心があって、かつての港や鉄道駅がそこにあるが、自動車都市にそうしたものはない。特徴のない都市スプロールとなって、地平線に向かって広がるだけだ。

アトランタ市やヒューストン市のような場所は、超高密な香港と地方部のサスカチワン市との中間的な場所があることを教えてくれる。自動車中心のシリコンバレーで生活し働いても、少なくともコンピュータ業界の人々はかなりの近接性が実現できている。こうした場所が伝統的な都市にあたえる脅威とは、それが都市アクセスの昔ながらの長所をある程度は提供しつつも、十分な土地やどこにでもドライブできる便利さを提供する、ということだ。

自動車中心の生き方は多くの古い都市にはよくないことだったが、万人にとって悪いわけではなかった。準郊外（訳注：郊外よりさらに外側の、金持ち向け住宅地）を罵倒するのは知的な暇つぶしとしては人気があるが、郊外に移転した人々もバカではない。都市好きな人々は、サンベルト（訳注：テキサス州、アリゾナ州などアメリカ南部の地域）の郊外住宅地スプロール住民を何も考えずに見下すよりは、そこから学んだほうが賢いだろう。

スピードと空間は、自動車による生き方の二つの大きなメリットだ。アメリカでの公共交通による平均通勤時間は四八分だ。自動車による平均通勤時間は二四分だ。自動車は、かなりゆったりした密度の大量生産住宅を可能にして、おかげで標準的なアメリカ人は、世界標準でいえばとんでもなく豪勢なライフスタイルを送れる。

でもスプロールの長所を認めるにしても、スプロールがいいということではないし、それを奨励するアメリカの政策が賢明というわけでもない。スプロールの環境費用を考えれば、政府は自動車中心の生き方にブレーキをかけるべきなのに、アメリカの政策は人々を都市の周縁部に押しやる。ガンディーと同じく都市嫌いだったトマス・ジェファソンの精神は、持ち家や高速道路を補助する政策の中に息づいており、それが暗黙のうちにアメリカ人に都市を捨てろと奨励する。

スプロールに補助を出す政策の問題の一つは、自動車中心の生活が全地球に対して環境費用をかけるということだ。アメリカ環境保護運動の守護神とも言うべきヘンリー・デヴィッド・ソローもまた、反都市論者だった。彼はウォールデン・ポンドで「自然の中にある実に甘く有益な社会に突然目覚めてしまい」すぎたので、「人間の近隣の誉めそやされる利点」など「どうでもよく」なってしまったとのこと。権威ある建築批評家で都市史家ルイス・マンフォードは、郊外の「公園的な環境」を称揚し、都市の「環境劣化」をくさした。

いまのわれわれは、こうした郊外環境保護論者たちが真逆にまちがえていたことを知っている。環境の真の友は、マンハッタンやロンドンダウンタウンや上海であって、郊外などではない。樹木や草に囲まれて暮らす自然愛好家は、都市住民に比べてずっと大量のエネルギーを消費する。これは三七年にわたるほとんど完全な都会暮らしの後で、無謀にも郊外生活を試みた私がつらい思いをして発見したことでもあるのだ。

平均的な郊外住宅の環境フットプリントが、靴のサイズ四〇センチくらいのハイキングブーツだとすれば、ニューヨークのアパートの環境フットプリントは、ジミー・チューのデザインによるサイズ二四センチのピンヒールだ。伝統的な都市は、あまりドライブの必要がないので炭素排出も少ない。ニューヨーカーのうち車通勤は三分の一以下だが、アメリカ全体だと八六%が自動車通勤だ。アメリカで公共交通を使って通勤している人のうち、二九%はニューヨーク市内に暮らしている。ゴッサムシティは、アメリカの全都市圏の中で断トツで一人当たりガソリン使用量の少ない場所なのだ。エネルギー省のデータを見れば、ニューヨーク州の一人当たりエネルギー消費は全米で下から二番目だということがわかる。こんなに低い理由の相当部分は、ニューヨーク市における公共交通利用のおかげだ。

環境保護家の念仏である「グローバルに考えローカルに行動」ほどまぬけなものはほとんどない。よい環境保護は世界的な視野と世界的な行動を必要とするのであって、自分の近隣だけの狭い了見で建設業者を排除しようとするのではダメだ。ある近隣に新規建設を禁止することでエコにしたら、新開発はずっと環境にやさしくないところに押し出されてしまい、世界全体はむしろ非エコになりかねないことを認識しなければならない。カリフォルニア沿岸部の環境保護運動家たちは、自分たちの地域はもっと快適にしたかもしれないが、バークレー郊外（温帯気候で公共交通も便利）から新規建設をラスベガス郊外（完全車社会でエアコン必須）に押し出すことで、環境を悪化させている。この問題は発展途上国では特に顕著だ。ここでは都市パターンがまだ固定されておらず、これで暮らしを左右される人の数はずっと多い。今日では、ほとんどのインド人や中国人は貧しすぎて車社会には住めない。アメリカで最も地球に優しい大都市圏ですら、自動車や家庭でのエネルギー利用から生じる炭素排出は、平均的な中国都市圏の一〇倍以上だ。

でもインドと中国がもっと豊かになれば、その国民たちが直面する選択は地球の住民すべてに大きく影響しそうだ。アメリカの前例にならって、自動車中心の準郊外へと移行するか、それともずっと環境に優しい高密都市を続けるか？　中国とインドの一人当たり炭素排出がアメリカ並みになれば、世界の炭素排出は一三九％増大する。フランス並で止まれば、たった三〇％の増加ですむ。これらの国での運転と都市化のパターンは、二一世紀で最も重要な環境課題となりかねないのだ。

実際、ヨーロッパやアメリカが自国の「グリーン」住宅を整備すべき最大の理由は、そうしないとインドや中国に炭素利用を減らすよう説得するのがえらく困難になるからだ。よい環境保護は、建物を最も環境負荷の少ないところに建てる、ということだ。これはつまり、都市部の低層建築をつぶして高層ビルに建て替えるのをもっと容認すべきで、排出を減らす都市成長に反対するような活動家をつけあがらせるな、ということだ。政府は、没個性的な安手の巨大な郊外建て売り住宅を買うのに補助金を出したりせず、小さめの都市アパートに住むよう奨励すべきだ。現代で価値を持つのがアイデアなら、こうしたアイデアに適した住宅を建てられるかどうかが、人類全体の運命を左右する。

人類の協力がもたらす強みこそが、文明の成功の背後にある中核的な真実であり、都市が存在する最大の理由でもある。都市を理解し、それをどうすべきかを理解するには、この真実を手放さないようにして、有害な思い込みは捨て去る必要がある。環境保護というのが樹木に囲まれて暮らすことだなどという見方や、都市住民は常に都市の物理的な過去を保存するために戦うべきだという見方は捨てなければならない。都市部の高層アパートより郊外戸建て住宅を重視するマイホームの夢は捨てるべきだし、郊外の村に幻想を抱くのもやめよう。長距離コミュニケーションが改善されれば、人々が近くに暮らしたいという欲望やニーズは減るだろうという単細胞な見方も改めよう。何よりも、都市がその建物だと思ってしまう傾向から脱出して、本当の都市はその人間なのであり、コンクリートではないのだ、ということを忘れないようにしよう。

第一章　バンガロールの産物は？

バンガロール市で、グローバルビレッジといういかにもな名前のオフィスパークにあるマインドツリー社のキャンパスは、樹木や茂みの高い垣根で囲まれている。その緑の垣根の外側では、街路は物売りと輪タクと混沌とした都市生活のエネルギーでごったがえしている。壁の中では、手入れの行き届いた庭園から瀟洒なビルがそびえ、ヤシの木とガラス、ひんやりとした灰色の石材の中に落ち着きがある。マインドツリー社は、バンガロールの成功したＩＴ企業の一つで、その共同創設者の一人であるスブロト・バグチは、その構内をシミ一つ無い白のスニーカーとポロシャツ姿で歩き回る。バグチはシリコンバレーの大立て者のようで、話し方はマネジメントの人気講師、そしてシンガポールの投資家相手だろうと、インド最貧層出身のソフトエンジニア相手だろうと、人前だと緊張気味なハーバード大の教授相手だろうと、まったく気取りも物怖じも見せない。

バグチの開けっぴろげさは、同社の敷地における障害物のない平面配置にも反映されており、この配置のために従業員たちは交流しやすくなる。全社員が屋上でビュッフェランチを食べに集まり、アジアで最も生産的な都市の広がりを見下ろす。バンガロール市のもっと小さな新興企業は、これほど立派な建物にはいない。もっと混雑した近隣にある、古いビルの狭苦しいアパートにいるだろうか。そういうもっと形式張らない職場では、あっちこっちにコンピュータが散在し、徹夜組用にマットレスが部屋の隅にあったりもする。でもオフィスがどんなにちがっていても、貧乏新興企業と立派なＩＴ大企業とは同じ驚異的なエネルギーを持ち、製品を世界中に売るのに同じくらいの熱意を傾けている。

インドの道路は未整備だし、電力網も弱いので、大製造業はなかなか操業しにくい。だからインドは農業から即座に情報技術に移行しているように見える。大工場を建てて未熟練労働者を雇う人は、インドの強力な労働組合も相手にしなくてはならない。ＩＴビジネスはこうした制約があまりない。ＩＴの労組はほとんどないし、アイデアを運ぶのに道路はいらず、成功したインターネット企業は非常用発電機くらいは買える。

インドの地方部にはまだまだ飢餓が見られるが、インド人のステレオタイプにはいまや、飢えた農民とカースト重視のインテリ以外に、ソフトウェア起業家が追加されている。ルーバン・プーカンは、バンガロールのインターネット起業家の一人だが、彼の経歴はバンガロールが若く才能ある人々を教育して力を与える方法を見事に示している。彼はバンガロールからはるか離れた東インドのグワハティで育ち、カルナタカ地域工業大学に通った。二〇〇一年にはＹＡＨＯＯ！のバンガロール支店における一五人目の従業員となり、競合検索エンジンの研究を行った。ＹＡＨＯＯ！で事業パートナーに出会い、ＹＡＨＯＯ！のストックオプションのおかげで起業するだけの現金が手に入ったのだった。

二〇〇五年に彼は www.bixee.com（発音はビッグ・シー）を立ち上げた。これはインドの求職エンジンで、monster.com など他のサイトからの情報を集約するものだ。プーカンとパートナーはほそぼそとソフトを開発して、それをかなりの大金（バンガロールの基準で見れば）でＭＩＨホールディング社に売却した。あるランキング機関によれば、Ｂｉｘｅｅは二〇一〇年には一日あたりユニークビジター一〇万人以上を誇っていたとか。ＭＩＨでプーカンは ibibo.com を開発した。当初はＳＮＳとビデオ共有のサイトで、一般人が自分の才能を売り込み、ボリウッドの映画プロデューサーたちが映画の見本を見せる場となるはずだった。その後彼はＭＩＨを離れて、新しいソーシャルメディアソフトの開発を始めた。

一九世紀には、ブエノスアイレスやシカゴなどの都市は牛肉や穀物を、大陸を横切って輸送するための集約地点だった。今日のバンガロールはアイデアの集約地点であり、民間企業がプーカンのような若きインド人を何千人も訓練する、都市教育ハブとなっている。新技術のおかげで、シリコンバレーのＹＡＨＯＯ！本社とバンガロール支社との接続は容易になったが、国際通信が発達してもインドはフラットになっていない。グローバリゼーションのおかげで、バンガロールなど一部の場所は、他の場所よりはるかに重要で成功するようになった。グワハティにとどまっていたら、プーカンは決してソフトウェア起業家にはなれなかっただろう。

1.1 知的入港地——アテナイ

ルーバン・プーカンがバンガロールのＹＡＨＯＯ！で働き始める二五〇〇年以上前から、都市は文化の間のゲートウェイだった。珠江の港、シルクロードの都市など、各種の古代帝国拠点はすべて、世界旅行者たちが出会ってアイデアを交換するよう奨励した。知識が東から西、そして西から東へと移動する文明同士の大いなるダンスは、もっぱら都市が舞台となった。バンガロールも、その古来のダンスにおける最新の会場でしかない。

紀元前六世紀には、アテナイはとても世界の知的な中心とはいえなかった。最先端のギリシャ思想家たちは、小アジアにおけるギリシャの飛び地周縁に住んでいた。そこで知識人たちは近東の古い文明から学んだのだった。トルコ西部の羊毛生産港ミレトスは、初の哲学者タレスと、ヨーロッパ都市計画の父ヒポダムスを生み出した。ヒポダムスの格子状の平面計画は、その後ローマ人をはじめ無数の都市のモデルとなった。

アテナイは、葡萄酒、オリーブ油、香料、パピルスの交易で栄えた。そして、ミレトスのような場所を蹂躙したペルシャ侵略に対するギリシャの抵抗を率いることで、その権力を確固たるものとした。豊かで沸騰する第二次世界大戦後のニューヨークが、戦災に苦しむヨーロッパから作家や画家を集めたように、紀元前五世紀のアテナイは、戦災に苦しむ小アジア最高の知性を集めることとなった。ヒポダムスは、ミレトスからやってきてアテナイの港を設計した。他の知識人は豊かなアテナイ人たちの家庭教師となった。このアテナイ学者の第一世代は、ペリクレスやソクラテスなど、友人や弟子たちに影響を与えた。ソクラテスは独自のイノベーションを行ってそれをプラトンに教え、プラトンはアリストテレスを教えた。

この驚異的な時期に、西洋哲学が誕生しただけでなく、悲劇や喜劇、歴史も誕生した。地中海世界いたるところから芸術家や学者たちがやってきて、アテナイという一カ所に集まり、アイデアを共有するための近接性と自由を与えられたのだ。アテナイが華開いたのは、都市の相互作用を通じて拡大した、小さいランダムな出来事のおかげだった。ある賢い人が別の人に会い、新しいアイデアの火花が散った。そのアイデアがだれかにひらめきを与え、突然何か真に重要なことが起きた。アテナイの成功の究極の理由は謎めいて見えるかも知れないが、そのプロセスははっきりしている。アイデアは高密な都市空間で人から人へと移動し、このやりとりがときどき、人間創造性の奇跡を引き起こす。

ギリシャの知識は、古典世界におけるハブであるアレクサンドリアやローマ、ミラノ、あるいはアレキサンダー大王の後継者たちがヘレニズム国家を樹立したペルシャや北インドの都市などで、千年近く保存され、拡張された。西欧のローマ人都市——ロンドン、マルセイユ、トリール、タラゴナ——は、かつては未開の地だった場所に文明をもたらした、当時の驚異ではあった。ローマの工学技術のおかげで、都市における必需品である上水がもたらされ、都市が可能になったのだ。

でもローマ帝国はかなり続いたとはいえ——大英帝国や、いまのところはアメリカ共和国よりもずっと長続きしている——結局は衰退し、最終的には外部からの侵略者の波に打倒された。五世紀には、まだローマを征服した野蛮人たちが、都市部には手をつけないでいてくれる可能性もありそうだった。東ゴートのテオドリック王など多くの侵略者は、ラヴェンナなどの都市の持つ利点を理解していた。でも、ゴート族やフン族やヴァンダル族やブルグント族は、ローマ帝国を叩きつぶすだけの強さはあったが、その道路やインフラを維持するほどの強さはなかった。そして都市は、食料や水を運ぶインフラがうまく機能しなければ飢えてしまう。

実に多くの文化と技術をもたらしたローマ帝国の都市世界は、地方部的な停滞に取って代わられた。都市が消えると、知識そのものが後退した。ローマ都市は技能を誇ったが、田舎戦士や農民の世界は、よくまわる頭よりは強い腕を喜んだ。ローマ帝国の権勢絶頂期には、ヨーロッパは世界の技術最先端の一つであり、中国やインドなどの先進国と立派に競合できた。ローマ滅亡後数世紀については、ヨーロッパの先進性を誇れるものはまったくない。八世紀には、ヨーロッパの領主シャルルマーニュ大王は、イスラム世界の教主ハルーン＝アル・ラシッドと接触した。フランク人の王は字もあまり読めない豪族だったが、一方のアラブ人は、高度な文明の都会的な君主だった。アジアの大都市では、都市の持つ近接性が人類を前進させ、これに対して田舎のヨーロッパは停滞を続けた。

千年前のヨーロッパは、人口五万人以上の都市が四つしかなかった。その一つはローマ帝国の最後の橋頭堡たるコンスタンチノープルだ。残り三つ——セビリア、パレルモ、コルドバ——はすべてイスラム都市だった。イスラムの教主国は、ペルシャからポルトガルまで広がり、新しい交易路を開拓して長距離をまたがる財やアイデアの取引ネットワークを生み出し、強力な王や教主の保護のもとで偉大な都市が生まれた。その庇護により、一二〇〇年前にルネッサンスが、イタリアではなくアラブ都市で生じたのだった。こうした場所では、ギリシャやインドや、中国の知識さえもイスラム学者に伝えられた。やがてこうした場所は、西洋に知識を送り返すことになる。

1.2 バグダッドの叡智の館

紀元前五世紀のアテナイや二〇世紀のニューヨークでは、アイデアの自由市場で競合し協力する独立思想家たちが、イノベーションを生み出した。でもイスラム世界では、支配者たちが帝国の力を使って知的な結びつきを作り出した。アッバース朝の教主たちは、古代バビロンの北およそ八〇キロにあるバグダッドに首都を置き、その新都市を物理的・人的な驚異で飾り立てようとした。価値あるオモチャのように学者を収集して、やがてそうした頭脳を叡智の館に集めた。これは一種の研究所で、第一の仕事は世界の知識を輸入し、アラビア語に翻訳することだ。この学者たちは、たとえばヒポクラテス『金言集』、プラトン『国家』、アリストテレス『物理学』、旧約聖書、インド数学集シンドヒンドなどを訳している。九世紀初頭には、ムハンマド・アル＝フワリズミはシンドヒンドを応用して代数を発達させ、それに「アルジェブラ」という名をつけた。アル＝フワリズミはインドの記数法をアラブ世界に持ち込んだ。哲学者ヤクーブ・アル＝キンディーは世界初の環境保護論を書き、ギリシャ哲学とイスラム神学を融和させた。ペルシャからは医学知識がバグダッドにやってきた。製紙法は中国人捕虜から伝えられた。黄金の六世紀にわたり、次々にあらわれる天才たちのおかげで、バグダッドは中東の知的中心になった。いや、世界の知的中心だったかもしれない。

中世になると、東洋の知恵がだんだんヨーロッパの都市にも流れ込んだ。イタリアの大東部港湾だったヴェネツィアは、中世を通じて香料のみならずアイデアのゲートウェイとなった。スペイン人が一〇八五年にトレドを奪還すると、その図書館はキリスト教学者にも利用できるようになり、その古典はラテン語に翻訳された。一三年後、十字軍はアンティオキアを制圧して、ヨーロッパの翻訳者たちに同市のアラビア語による医学や科学文献を提供した。スペインのイスラム都市は、西ヨーロッパでは最大の都市だったが、古代文献が再発見され、再翻訳されて、キリスト教世界に持ち込まれた。こうした文献はパドアやパリの新しい大学にやってきた。そこでは、聖アルベルトゥス・マグナスやその弟子トマス・アクィナスなどますます多くのヨーロッパ人たちが、ギリシャ哲学やイスラム哲学を発展させたのだった。

ヨーロッパはだんだん安全性を増して繁栄し、都市もだんだんと再成長し始めた。ヨーロッパが改めて都市化するにつれて、中世世界の叡智はだんだん相互に接続しはじめ、ヨーロッパのイノベーションは加速した。修道院では、ベネディクト派の僧侶たちが近接性の長所を再発見した。古典文献を再発見し、水車のような農業イノベーションを試してみた。商人たちは交易市に集結した。これは都市の集積のメリットをもちながら、固定された脆弱なインフラは持たない。やがてブルージュやフィレンツェのような強力な都市が台頭し、武装職人や傭兵軍に守られて、技能や商業の中心として成長をとげた。

西洋の台頭には多くの要素が関連している――絶え間ない戦争を通じた軍事力と軍事技術の発達、何世紀にもわたり伝染病にさらされ続けて苦労して獲得した免疫力、強力な国民国家の統合――だがイタリア、イングランド、ベネルクス地方の成長する商業都市の貢献はきわめて大きかった。商人が仕切る都市の成長は、君主や領主の指揮する都市の成長よりずっと早かった。こうした人口密度の高い場所は、イノベーションの楽園であり、世界的な商業ネットワークのノードでもあり、それを通じて東洋の知識がもたらされた。商業都市は、私有財産と商業に関する法規制を発達させ、これは今なおわれわれを律している。ベネルクス地方の交易都市やウール製造都市で始まった八〇年戦争は、初の近代共和国たるオランダを確立させた。商業都市や交易会社は、西洋が他の世界に対する覇権を確立させた各種の軍事的勝利――一二〇四年のコンスタンチノープル陥落から、五五三年後のプラッシーの闘いまで――を直接左右していたのだ。

西洋人は最終的に、もともと中国発のアイデアだった印刷や火薬などの開発でアジア人を追い抜いた。一八世紀には、西洋の技術や思想は世界を席巻した。だんだんヨーロッパの知恵が東に逆流しはじめ、ここでも都市は知識の通過点となっていたのだった。

1.3 長崎で学ぶ

一九世紀の半ばには、ヨーロッパの軍事力はアジアのほとんどに対する技術的な優位性を証明し終えていたが、ヨーロッパの支配からほぼ完全に逃れていた国が一つあった。日本だ。アメリカの船が一八五三年にやってきて、日本は開国して外国との貿易に同意したが、その条件はおおむね日本が決めたし、四〇年ほどで日本は西洋式を完全にマスターして、侮りがたい強国となった。一八九四年から一九一〇年にかけて、日本はヨーロッパ植民勢力と同じく中国を打破し、ロシアを破り、朝鮮を征服した。二〇世紀半ばには、日本はアメリカと同じかそれ以上の船舶や航空機を作っていた。どうして日本はこんなに急激に西洋に追いつけたのだろうか？

この疑問への一つの答は、ある都市にある。長崎だ。日本と西洋との初の接触は一五四三年、ポルトガル船がちかくの種子島に上陸したときだった。その後三〇〇年にわたり、長崎は日本にやってくる西洋技術すべての入り口となる。外国人を一カ所に集めておくという、日本の対外恐怖症的な政策は、日本人が西洋の学問を学ぶのを楽にした。一五九〇年にポルトガルのイエズス会伝道師たちは、長崎に東アジア初の金属印刷出版所を設置した。その四六年後、イエズス会は政治に介入し改宗を迫ろうとして追い出され、そういった話で儲かる交易機会を決して壊したりはしない、オランダ東インド会社が代わりにやってきた。

だがオランダ人は、やがてその宿主に単なる商業以上のものを与える。政府高官や将軍自身ですら東インド会社の駐在医師に治療を求めたので、一六四〇年代に西洋医学が日本に入り込んだ。やがて日本の学生が長崎で教育を受けて資格を得るようになり、西洋医術を日本に導入する。一九世紀初頭には、ある日本の医師（訳注：華岡青洲）が世界初の全身麻酔手術を実施する。これは乳房切除手術で、西洋の手術法に従ってはいたが、全身麻酔に東洋の薬草を調合したものを使った。東洋と西洋の知識を組み合わせることで、日本は医学で世界を出し抜き、ヨーロッパ人がそれに追いつくまでには四〇年かかった。

西洋医学に加え、オランダ人は日本人に望遠鏡、気圧計、カメラ・オブスキュラ、幻灯機、そしてサングラスさえ長崎経由でもたらした。一七二〇年には好奇心の強い将軍が、西洋の本を日本に輸入するのを認めた。彼が西洋に関心を持ったので、「江戸は次第に蘭学の新しい中心としてだんだん台頭してきた」。アメリカの戦艦が一八五三年のあらわれたときも、日本はすぐに新な敵に追いつけた。多くの技術者が「蘭学」を学んでいたからだ。一八五五年にオランダは日本に初の蒸気船を与え、これは新設の長崎海軍伝習所に収められる。日本が熱心にヨーロッパの軍事技術を真似るにつれて、長崎はずっと財や知識の流入地点となり続けた。この軍事と技術的なノウハウのおかげで、日本は一〇〇年のうちにアジアの大半を征服し、真珠湾でアメリカ海軍を奇襲することになる。

1.4 バンガロール——ブーム都市への歩み

古典時代のアテナイから八世紀のバグダッド、そして長崎まで、都市は常に文明が知識をやりとりする最も有効な方法だった。これは単なる偶然ではない。都市の持つ近接性は、コミュニケーションの複雑性の呪縛を減らすことで、文化間の接続を可能にする。複雑性の呪縛とは、伝送される情報の量が増えるにつれて、正しく伝わらないメッセージの可能性が増えるということだ。単純なイエスやノーを伝えるのは簡単だが、天文物理を教えるのはずっとむずかしい――あるいは経済理論でも。

文化間コミュニケーションはいつもややこしい。翻訳で必ず何かは失われる。ちがう大陸からの新しいアイデアは、現在の知識とはまるで異なっていることもあり、受ける側がすさまじい知的跳躍を要求されたりする。これはどうしても、かなりのコーチングが必要ということだ。自分の社会では、自分たちのアイデアの文脈がわかっているが、まったくちがう社会からきた思考に直面すると、しばしばわけがわからなくなる。シンドヒンドの翻訳者もそうで、その背後にあるユークリッド幾何学が理解できていなかったのだ。

都市や、それが宿す対面の相互作用は、複雑なコミュニケーションの呪縛を減らすツールだ。対面で長時間過ごせば、聞き手は自分が正しく理解したことを確認できる。ちがう文化からの人をうっかり怒らせることはよくあるが、メールならフレーム合戦になりかねない紛争も、対面ではにっこりするだけで和らぐ。長崎やバグダッド、バンガロールなどの都市は、国際的なつながりが専門であり、情報の輸入が特異なコミュニケーションの専門家を発達させる。こうした都市は、外国人がその社会の科学、芸術、商業をつまみ食いし、その国の人が外国について同様のことを行うのに便利なのだ。

バンガロールのような場所の成功は、知的な国際的接続だけの話ではない。こうした都市は、雇用者が潜在的な従業員の大きなプールを求めてやってきて、労働者は潜在的な雇用者が大量にいるのでやってくるという正のスパイラルを作り出す。だから企業はエンジニアを求めてバンガロールにやってくるし、エンジニアは企業を求めてやってくる。都市の規模のおかげで、労働者の転職も容易になる。若者は転職する度に新しい技能を習得して給料も上がる。地元労働者がたくさんいれば、新興企業がどれか失敗しても、暗黙の保険となる。バンガロールでは、単に別のソフト会社にいけばいいだけだ。さらに起業したがる才能が高密にいることで、関連産業の成長も促進される。たとえばシリコンバレー近くで活動するベンチャー資本家などだ。

一つの都市に集中をうながす力は明らかだが、なぜ情報移転のハブとして台頭するのが、ある特定の都市でなければいけなかったのかははっきりしない。インドにはいろいろ都市があるのに、なぜその地位に達したのがバンガロールだったのか？　バンガロールは確かに穏やかな気候を持つ――ムンバイよりは湿度が低いし、デリーよりは開放的だ。でもバンガロールの強みは、地理ではなく技能にある。初期の核となる工学技能が、インフォシスのような企業をひきつけ、そして正のスパイラルが生まれ、賢い企業と賢い労働者がお互いの近くにいようとしてバンガロールに集まったのだった。

バンガロール的な近接性により大きな利益を得た人物として、インフォシスの億万長者三人に勝る者はいない。インフォシスは一九八一年に創業、一九八三年にバンガロールに移転した。二〇〇八年夏には、従業員は一〇万人近く、市場価値は三〇〇億ドルを上回る。今日のインフォシスは、フラットな世界の減少となっていて、ソフトウェア、金融サービス、コンサルティングで広範な業務を行っている。基本的に、インフォシスが売っているのは――人間によるものであれ機械によるものであれ――知性で、それが光の速度で世界をめぐる。そして同社は従業員の技能を真剣に考えていて、マイソールの研修センターで年に何千人も研修を施している。インフォシスへの入社志望者のうち、その研修センターに入れる人は二％以下であり、これはどんなアイビーリーグ大学よりも高い倍率だ。

インフォシス創業者の一人ナラヤナ・ムルティは、マイソール大学とカンプールのインド工科大学で工学の学位を得た。でもムルティが最も重要な技能を身につけたのは、一九七〇年代のパトニ・コンピュータでのことだったかもしれない。パトニはブリッジ企業で、アメリカとインドを結ぶ初期の大学であり、同社の創業者たちはアメリカでの生活経験があった。かれらはインドのソフトウェアにチャンスがあると思って、プネにバックオフィスを設置したのだった。ムルティはインフォシスの他の創業者六人と一緒に働き、インドの技能とアメリカの市場を結ぶ方法を学んだ。

一九八一年に一同はパトニ社を離れ、外国顧客にソフトを売る自前の会社を設立した。ムルティは費用捻出のため、妻から二五〇ドル借りた。一九八二年には、あるソフト会社が初のアメリカ顧客となった。一九八三年にはバンガロールに移転した。一九五四年からその地で操業しているドイツのスパークプラグメーカー向けのソフト生産を受託したのだが、同社は両社の間で情報が自由にやりとりできるようにと、インフォシスが近くに移転してくるよう要求したのだった。インフォシスもまた、トップクラスの工学系学校が二校も近くにあるバンガロールに魅力を感じていた。

過去二五年で、インフォシスはアメリカ、カナダ、南米、ヨーロッパに支店を開いたが、本拠はバンガロールだ。インフォシスの台頭は、距離の死を意味しているように思えるが、一方で近接性がかつてないほど重要になっているという解釈も簡単に成り立つ。これほどの技能を一カ所に集めることで、バンガロールはセントルイスだろうと上海だろうと外部の人間が、インドの事業者とビジネスをしやすくしているのだ。バンガロールは他のインド都市よりは運がいいかもしれないが、その運は自分で作り出したものだ。いまそこに大量のエンジニアがいるのは、そこの指導者たちであるマイソール王国のマハラジャたちや、その大臣たちがずっと昔に行った決定のおかげだ。マイソール王国は伝統的に新しい技術を受け容れてきた場所だ。一八世紀にここのスルタンは、大砲を輸入して水兵も輸入することにより、イギリス軍に屈辱の敗北を与えた。この領土の中でも、首都マイソールは各種の王国の中で有能さが際だっていたが、その指導者の中でも最も賢明だったのはモクシャグンダム・ヴィスヴェスヴァラヤ卿、通称MV卿で、彼はこの国の首相を二〇世紀初頭に務めたのだった。

MV卿はバンガロールから六〇キロほどのところで生まれ、高校入学のためにバンガロールにきた。土木技師としての華々しいキャリアの後、バンガロールに戻って一九〇八年にマイソール王国の首相となった。すさまじく裕福で驚くほど先進的だったマハラジャと共に、MV卿は全面的な近代化プログラムを推進し、ダムや水力発電、製鉄所、そして最も重要な学校を作った。MV卿のモットーは「産業化か滅亡か」というものだったが、単に巨大建設プロジェクトを進めるだけでなく、プロジェクトを効率よく作るための教育も強調した。インフラはやがて陳腐化するが、教育は賢い世代が次の世代を教えるので永続する。

欧米では、産業化が教育を促進することはあまりなかった。工場が所有者にとっても労働者にとっても魅力的なのは、高技能職人ではなく未熟練労働に職を与えるからだ。でもMV卿にとって、産業化とは自分と同じように西洋から技術を輸入できるエンジニアを育てることだった。マイソール大学と、いまや彼の名を戴くバンガロールの工科大学を創設した。これらの学校は、今日まで続くエンジニア集団を最初に生み出したのだった。

二〇世紀半ばには、マイソールは完全に工業化された。親ビジネス的な政府は、ヒンドゥスタン航空会社、ヒンドゥスタン工作機械社、バラート重電、インド電話産業をバンガロールに誘致した。また、ドイツのスパークプラグメーカーを誘致したが、これが後にインフォシスをバンガロールにつれてくる。こうした初期の会社が重要なのは、バンガロールの未来が重工業にあったからではない（実際そうはならなかった)。そのエンジニアの集団を育成したからだ。一九七六年以来、バンガロールは道路や電力など国際IT企業を誘致するための施設改善の広範なプログラムを開始して、IT優位への道を(文字通り)整えたのだった。

1.5 教育と都市の成功

都市の成功は、物理インフラよりはるかに人的資本で説明できる。通常アメリカでは、ある場所の技能水準を推計するには大卒者の人口比率を見る。確かに、この物差しは個人レベルでは不完全だ。大卒基準では、文句なしに世界で最も高技能の一人であるビル・ゲイツを未熟練に分類してしまう。でも荒っぽいとはいえ、最近の都市の繁栄を説明するのに、これ以上の指標はない。一九八〇年において、ある地域の成人人口の中で大卒比率が一%上がると、一九八〇年から二〇〇〇年にかけての所得成長は六%増える。大卒者の比率が一〇%上がると、都市圏GDPは二二%上がる。

人々が高技能地域に集まるのは、所得が高いからだ。そして一九七〇年時点における教育水準は、アメリカの古く寒い都市のうち、どれが見事に再生したかを実に正確に予測してくれる。一九七〇年から二〇〇〇年にかけて、成人人口のうち大学卒が一割以上を占める国の人口は七二%伸びたが、大卒比率五%以下の地域の人口は三七%しか増えなかった。

現代は技能の時代であり、稼ぎと知識が密接に相関している。労働者ごとに、一年余計に学校に通うと所得は八%高くなる。平均では、国の全人口の修学年数が一年延びると、一人あたりGDPは三割上がる。教育と国のGDPとの驚くような相関ぶりは、人的資本の外部性と経済学者たちが呼ぶものを反映しているのかもしれない。これは、人は他の高技能労働者の中で働くと生産性が高まる、という発想だ。国の教育が上がると、人々は自分自身の受ける追加教育の効果とともに、まわりのみんなの教育が高まった便益を享受できるのだ。

都市技能と都市生産性との相関は、一九七〇年代以来安定して強まっている。当時は、低技能の地域でも高級取りで労働組合化した工場労働者たちは、もっと高技能の地域より稼ぎがよいことも多かった。一九七〇年で見ると、クリーブランドやデトロイトのような工業地帯のほうが、ボストンやミネアポリスのような教育水準の高い都市圏よりも一人あたり所得が高かった。でも過去三〇年で、低技能製造業の都市は停滞したが、もっと高技能のアイデア生産都市は繁栄した。一九八〇年だと、四年制大学を出た人は高卒よりも三三％稼ぎが多かったが、一九九〇年代半ばになると、稼ぎのギャップは七〇％近くにまで高まった。過去三〇年でアメリカ社会の格差は増したが、その理由の一部は市場が高技能の人にますます報酬を出すようになったからだ。

技能の価値が着実に増加していることにはだれも反対しないが、なぜ価値が上がっているかについての理論は対立している。一説では、技術変化が強調される。コンピュータのような新技術により、高等教育の意義が高まったというのだ。一方で自動車工場のロボットなど他の新技術は未熟練労働のニーズを減らした。技術自体もさることながら、技術変化の速度も高技能者に有利に働いた。多くの研究を見ると、高技能の人々はハイブリッドトウモロコシやコンピュータの導入など、新しい状況に適応しやすい。高技能の人々だけでなく、高技能の都市も、不安定な時期に自分を刷新する能力が高いらしい。

別の説では、国際貿易とグローバリゼーションが強調される。この見方によれば、輸送費低下により低技能労働はアウトソースできるようになったという。デトロイトの自動車メーカーは、かつてはアメリカでの自動車需要をほぼ独占できたが、いまや日本、ヨーロッパ、韓国からの厳しい競争に直面しており、低技能労働者の高賃金を維持するのがずっとむずかしくなった、というのだ。

もちろん高技能労働もアウトソースが増えている。バンガロールの成功もそれが理由の一つだ。でも少なくとも今のところ、高技能の欧米人は、外国の競争で失った分よりは、世界を相手に働ける能力で得たもののほうが大きいようだ。富裕国のトップ技能の人々はアイデアを世界に売り、世界的な労働を使って発明品をもっと安く売って繁栄した。バンガロールのソフトウェア生産者たちは、シリコンバレーを過去のものにはしていない。むしろ、シリコンバレー企業のソフト開発を安上がりに——ひいては楽に——してくれたのだ。

1.6 シリコンバレーの台頭

アメリカ最大のITハブはカリフォルニア州サンタクララ郡だが、シリコンバレーというほうがずっと有名だろう。バンガロールと同じく、シリコンバレーも教育面で幸運だったことからその地位を実現した。ニューヨークと長崎が古かった一世紀前には、コンピュータなど存在せず、サンタクララ郡は果樹園や農場だらけだった。この農業コミュニティがハイテク首都になったのは、鉄道事業の大立て者リーランド・スタンフォード上院議員が、三二〇〇ヘクタールの馬牧場に大学を作ろうと思ったからだ。大学の創設は馬の飼育と同じで、一九世紀の大金持ちにとっては余った金の処分手段だ。我がシカゴ大学の卒業証書には、同大学を金ピカ時代に創設したジョン・D・ロックフェラーの名前が、適切にも金ピカ文字で書かれている。だがロックフェラーは洗礼派の大学を目指して学長に古典学者を据えたのに対し、リーランド・スタンフォードは「人生とは何より実務的なものだ。君たちの存在意義も有益なキャリアにふさわしい人物となることなのだ」と宣言してスタンフォードを開校した。彼は現実世界にコミットした指導者、アメリカ西部を開発して、有益な知識を広げるような指導者を求めていた。

スタンフォード大学発の大規模ハイテク新興企業は、スタンフォード上院議員の馬車係長の息子だったフランシス・マッカーシーの、学校に頼らない天才ぶりから生まれている。マッカーシーは一二歳で学校をやめ、見習い電気工となった。一九〇四年にたった一六歳で、水面を越えて音声を一〇キロも送れる「スパーク式電話」を造り上げた。無線で音声を送ったのはマッカーシーが初めてではなかったが、初めてにかなり近かったし、その天才ぶりには資金がついた。悲しいかな一九〇六年にマッカーシーは交通事故を起こし、電柱に頭をぶつけて死んだ。一八歳にもならないうちだった。

だがその支援者たちは無線をあきらめたわけではなく、スタンフォードの工学教授に、マッカーシーの代わりとしてふさわしい人を推薦してくれと頼んだ。指名されたのはシリル・エルウェル、電気溶融炉で卒論を書いた、聡明なスタンフォードの学生だった。結果的に、エルウェルは見事な選択だった。マッカーシーの設計を一年検討してから、これでは信頼できる無線サービスはできないと結論を出した。でもそこで投げ出すのではなく、エルウェルはさらに新しい技術を導入した。ヴラデマー・ポールセンのアーク送信機だ。エルウェルはコペンハーゲンまで船に乗り、ポールセン送信機を持ってパロアルトに帰ってきた。スタンフォード学長からの支援を受けて、エルウェルはポールセン無線電話電信会社を創設し、やがてこれはフェデラル電信社（ＦＴＣ）と改名された。

ＦＴＣはシリコンバレー無線産業の先駆的な企業で、才能ある人々をひきつけてスピンオフを生み出した。オーディオン送信機の発明者リー・デ・フォレストは、一九一〇年に自分の会社が倒産したのでＦＴＣにやってきた。そして初の真空管を開発したが、これは無線技術の重要な一部となった。一九四七年には、別のパロアルトの製品がそれを越えるものとなった。ウィリアム・Ｂ・ショックレー率いるチームが真空管に代わるトランジスタを発明したのだ。デ・フォレスト退職後も、ＦＴＣは海軍からの受注やスタンフォードの才能ある学生たちへのアクセスで繁栄した。スタンフォード初の電気工学博士号は、ＦＴＣでの業績に対して与えられたものだった。

後のシリコンバレー企業と同様に、ＦＴＣは傑出した派生企業を生み出した。ポールセンのアーク送信機支援のためにやってきたデンマーク人二人は、後に退社してマグナボックス社を創始。別のＦＴＣ従業員は初の金属探知機を発明して、フィッシャーリサーチ研究所を創設した。第二次世界大戦中に軍用真空管生産で成長したリットン産業も、ＦＴＣの落とし子だ。

でもシリコンバレーの今日の姿を造り上げるのに貢献したＦＴＣ従業員の筆頭は、フレデリック・ターマンだ。彼は子供時代からこの会社とつながりがあり、大学の夏休みにも同社で働いた。父親はスタンフォードの大学教授で、自分の息子をはじめとする才能ある児童教育が専門だった。ターマン父はスタンフォード・ビネー知能指数テストを発明したことで有名だ。息子のターマンは、パロアルト高校に通い、スタンフォード大を卒業して、東海岸のＭＩＴで一九二四年に電気工学の博士号を取得した。そしてスタンフォードの教授陣に加わり、四〇年間にわたって教授、工学部の学部長、学長を務めたが、その最大の贈り物はパロアルトをコンピュータ産業の中心にしたことだった。

果樹園に囲まれた大学の利点として、土地はいくらでもあった。ターマンはスタンフォード大のすぐ隣に工業団地を造ろうと思いついたのだった。そのビジョンは、後にバンガロールなど世界中の技術中心クラスターのヒントとなるものだったが、技術企業だらけの地域を作るというものだった。ターマンの工業団地の初期テナントの中には、彼の生徒のデヴィッド・パッカードとウィリアム・ヒューレットもいたが、自分の弟子だけに頼っていては集積の臨界量は実現できない。そこで、ロッキード、GE、ウェスチングハウスといったテナントを呼び込んだ。最も重要な点として、彼は新設のショックレー半導体研究所を説得してバレーに誘致したのだった。

ウィリアム・ショックレーはすでに一九五〇年代半ばには伝説的な人物だった。ターマンと同じく、父親はスタンフォードの教授陣だった。若きショックレーは、実はターマン父による知能テストでは成績が低く、これはIQテストの信頼性について何事かを物語るものではある。ショックレーはMITで学び、ニュージャージー州のベル研究所に勤めた。技術を使ってUボートと戦うのに貢献したことで勲章をもらってから、ショックレーはベル研究所の新しいソリッドステート物理研究グループを率いることになった。このグループ全体がトランジスタを発明し、一九五六年にショックレーと共同研究者二人はノーベル物理学賞を受賞した。

その頃にはすでにショックレーはベル研究所を離れてカリフォルニアに向かっており、そのすさまじい能力——および致命的な欠点——がどちらもすでにあらわになっていた。そして、そのどちらもシリコンバレーの成功に貢献することになる。ペリクレスやアッバース朝の教主たちと同じく、ショックレーは天才を引きつけるというまれな才能を持っていた。カリフォルニアにきて最初の数年、彼は全米の大学を探して、シリコンバレーでノーベル賞学者といっしょに働きたがっている優秀な若者たちを集めてきた。でもショックレーは気まぐれで強権的な管理者であり、引きつけた才能を手元にとどめておけなかった。ある悪名高い事件として、自分の秘書がピンで手を切ったとき、だれの責任かをつきとめようとして彼は従業員たちを嘘発見器にかけたという。天才たちを引きつけておいて、彼らから嫌われることで、ショックレーはシリコンバレーに有能な人々を連れてくる一方で、その人々が自分の下にいつまでもとどまらず、自分の会社を作るように仕向けたわけだ。

あるとき、傘下の若き科学者八人が一斉に辞めた。カメラ作りの大立て者シャーマン・フェアチャイルドが資金を出して、フェアチャイルド・セミコンダクター社が生まれた。この企業はシリコンバレーにとどまった。この「裏切り者八人」としては、ターマン門下のエンジニアだらけの天国を離れる理由などなかった。一九五九年にフェアチャイルド社は初の集積回路の特許を取った。やがて天才たちはフェアチャイルド経営陣にもうんざりした。二人はフェアチャイルド社を一九六八年に離れてインテルを創業した。別の一人は、ベンチャー資本の巨人クライナー・パーキンス社を創設し、これがシリコンバレーの次のイノベーターの波に資金を提供する。

フェアチャイルド社の子らは、シリコンバレーに新しい起業家たちをもたらしたし、外からもそこに加わる人が増えた。スタンフォード大学近くで創業した企業の多くはハードウェア専門だ。たとえばインテル、シスコ、サン・マイクロシステムズなどだ。シリコンバレーのホームブリュー・コンピュータ・クラブに属していた、元ヒューレット・パッカード社従業員は、アップル社を創設して、ハードウエアとソフトウェアのイノベーションを一体化させた。シリコンバレーがインターネットの先駆的企業の場所になった一九九〇年代には、元アップル社の社員がeBayを設立した。YAHOO!とgoogleも、スタンフォード大学の卒業生が母校近くに創設した企業だ。

ある意味で、シリコンバレーはうまく機能している従来型の都市のようだ。優秀な人々を集めて結びつけている。ここの有名なバーであるウォーカーズ・ワゴン・ホイールは、賢い起業家が各種の日中仕事の制約を離れて情報交換する場所として伝説的な機能を果たしていた。シリコンバレーへの集中は、コミュニケーション複雑性の呪いへの対応でもある。あれこれ最先端技術はかなりややこしいものなので、地理的近接性は情報の流れを助けてくれる。今日の成功した都市すべてと同じく、その強みは人的資本にある。それはスタンフォード大学が育成したものであり、また経済機会と温暖な気候に惹かれてくる人々でもある。

だが別の意味では、シリコンバレーは古い都市とはまるっきりちがって見える。ほとんど完全な車社会だ。パロアルトのダウンタウンなど、気持ちよく数街区ほど歩いてアイスクリームや本を買える場所はあるが、会社から会社への移動となると、足はほとんど役に立たない。googleなど一部の企業は独自のバスを運行しているが、公共交通はほとんどない。サンタクララ郡の住民で公共交通通勤はわずか三・七％だ。車中心の生活は、低密度とむすびついている。サンタクララ郡の人口密度は、一ヘクタールあたり五・二八人でしかない。シリコンバレーではいろいろ活動が起きてはいるが、それを見つけるには車で動かなければダメだ。

サンタクララ郡の経済は、貧困者や低技能者の余地がほとんどない。住宅市場崩壊の後ですら、サンノゼ大都市圏のメジアン住宅価格は相変わらず五五万ドル以上で、コンピュータ業界で成功していないと家はなかなか買えない。シリコンバレーで最も魅力的な地域の一部は、あまりに高くて低技能者やその雇用者たちは入り込む余地がない。パロアルトの二五歳以上住民のうち、大学卒でないのは二二・二％だけだ。

シリコンバレーでもう一つ大きな欠点は、それが単一産業都市だということだ。輸出関連産業、たとえば製造業情報、卸売りでさえ、給料の半分はコンピュータ企業からきているようだ。伝統的には、デトロイトやマンチェスターなど単一産業都市は、長期的にはあまり成功していない。単一産業文化のために新しいアイデアや新企業の成長が阻害されるからだ。ジェイン・ジェイコブズはこの減少について、新しいアイデアは古いアイデアの組み合わせから生まれるのだと指摘した。情報技術ですら、過去三〇年で最も成功した起業家たちは、複数の産業からくるアイデアを融合させている。マイケル・ブルームバーグは、ウォール街のトレーダーたちがどんな情報を知りたがっているかというのを把握して、それを技術の支援で提供することにより、すさまじく成功したIT企業を造り上げた。フェイスブックは大学のキャンパスで創設され、創業者たちは学部生がどんな情報を共有したがっているか知っていた。顧客や関連産業との近接性は、イノベーションの宝庫となる有益な情報を提供してくれるのだ。

ｅＢａｙが顧客ベースを広げたいときには、シリコンバレーの外に手を伸ばしてCEOを見つけなければならなかった。そこで見つかったのは、P&G、ストライドライト、ウォルト・ディズニー、ハスブロー社などでアメリカ人に売り込む経験を蓄えてきた、メグ・ホイットマンだった。シリコンバレーのソフト専門家たちは、他のアメリカ産業からの孤立を補うのに、このようにたまに賢い経験豊かな部外者を導入し続けられるだろうか？　シリコンバレーはますます高速な半導体開発にはすばらしい場所だが、技術を他のビジネスと結びつける場所としては、最高ではないかもしれない。

だがそうした結びつきは不要かもしれない。インターネット革命は、技術を一般アメリカ人にも使えるものにするものだった。いまや一般の人でもｇｏｏｇｌｅでウェブを検索し、メールを使い、ｅＢａｙで売買できる。ソフトウェアのエンジニアも人間なので、市井の一般人のニーズや欲望を理解するには、自分の家族や友人たちを見ればすむかもしれない――フェイスブック創始者たちがやったように。

長期的には、シリコンバレーはたぶん単一産業を集めすぎ、イノベーターの間に距離を設けすぎたことで苦しむ可能性が高い。だがデトロイトなど単一産業都市の成績の悪さにもかかわらず、シリコンバレーについてはもっと楽観的になってもよさそうな理由はある。デトロイトとちがって、シリコンバレーは少数の大企業の寡占ではないので、それが地域全体の起業精神を保っている。すばらしい教育機関もあり、学校や大学に投資し続けている。気候はアメリカ最高という人もあるほどで、その気候の中で世界最高のイノベーション企業に囲まれて暮らすために、アメリカ最高の住宅価格を支払おうとする金持ちの賢い人々は今後も現れるだろう。

1.7 明日の都市

シリコンバレーとバンガロールを見ると、電子的な交流により対面コンタクトが古くなったりしないということが改めてわかる。コンピュータ産業は、他のどんなセクターよりも、遠隔コミュニケーションが対面の会合に置き換わりそうな場所だ。コンピュータ企業は最高のテレビ会議ツール、最高のインターネットアプリを持ち、はるかに遠い共同事業者を結ぶ最高の手段を備えている。でも長距離で働く能力があっても、この産業は地理的な集中の便益を示す例として最も有名な業界になっている。電子的に接続すればすむ技術イノベーターたちは、対面で会える便益を獲得すべく、アメリカ最高級の不動産費用を支払い続けているのだ。

対面コンタクトの重要性を裏付ける研究は大量にある。ミシガン大学の研究者二人が行った実験は、六人一組の生徒たちに対して、協力すればお金が儲かるゲームをやってもらった。いくつかのグループは、プレーする前に一〇分間顔をあわせて戦略を議論した。別のグループは、電子的に三〇分やりとりを行った。対面で相談したグループのほうは成功して、儲けも大きかった。電子的にしか相談しなかったグループは、メンバーたちが自分個人の利益を全体の利益より優先したので、崩壊してしまった。こうした結果は他の多くの実験とも整合している。どれも、対面の接触のほうが、他のどんな交流よりも、信頼も鷹揚さも協力も高まることを示している。

社会心理学初の実験を行ったのはインディアナ大学の心理学者だったが、彼は熱心なサイクリストでもあった。彼は「自転車レースの人々」が「ペースの成績」あるいは競合相手の存在で、一マイルあたり二〇から三〇秒ほどタイムが縮まると信じていることを知った。人間の近接性の価値を厳密に検証すべく、彼は子供四〇人を、釣り竿のリールを巻いてケーブルを引き寄せる競争をさせた。どの場合にも子供たちはなるべく早く巻くように言われていたが、そのほとんど、特に一人では遅い子は、別の子供とペアを組むとずっと高速に巻けることがわかった。現在の統計的な証拠を見ると、自分の職業ニッチで多くの競争相手が働いている大都市圏では、若い専門職は勤務時間も長い。

スーパーマーケットのレジは、近接性の例として特に驚かされるものだ。買い物をした人ならだれでもわかるが、レジ係のスピードや能力には大きな差がある。ある大チェーン店では、能力水準のちがうレジ係が、ほとんどランダムにシフトに割り振られているので、経済学者二人はそれを使い、生産的な同僚がいるときの影響を検討した。すると、同じシフトでスター級のレジ係が働いていると、平均的なレジ係の生産性も大幅に高まることがわかった。そしてその平均的なレジ係は、シフトにいるのが平均以下のレジ係ばかりだと成績がかなり落ちる。

統計的な証拠を見ると、電子的な交流と対面交流は相補的だということもわかる。経済学の用語でいうと、それは代替物ではなく相補物なのだ。電話の通話は、圧倒的に地理的に近い人々の間で交わされている。おそらくは、対面の人間関係は電話でしゃべる需要をかえって増やすからだろう。そして国がもっと都市的になると、電子コミュニケーションもかえって増える。

もちろん今でも一人きりで、どんな都市からも遠い場所で、電話越しに働く人はいる。でも、こうした仕事はあまり技能もいらず、したがって給料も低い。平均で見ると、アメリカで人口密度がヘクタールあたり二・五人以下の郡では、成人の大卒比率は一五・八%だ。一ヘクタールあたり五人の郡だと、大卒比率は三〇・六%になる。インターネットと長距離電話のおかげで、基本的な作業なら家でもできる。でも一人で働くと、人的資本の最も価値ある形態を蓄積するのは困難になる。

イノベーションがシリコンバレーのような場所に集積するのは、アイデアは大陸や大洋を越えるよりは、廊下や街路を越えるほうが容易だからだ。特許の引用件数は、近接性の知的な優位性を実証してくれる。一九九三年に経済学者三人が、特許は地理的に近い他の特許を引用しがちだという不思議な傾向を見つけた。企業特許の五分の一以上は、同じ都市圏の古い特許を引用しており、そうした引用の四分の一以上は同じ州の特許だったのだ。人々が同じ企業の特許を優先的に引用する傾向を補正しても、同じ都市圏からの特許を引用する率は、偶然に任せた場合の二倍になっている。地理的なパターンは、特許が古くなると薄れる。これはアイデアが確かにだんだん空間の中に広がっていくからだろう。でもこの情報技術の時代にあってすら、アイデアは地理的に局所化されているのだ。もっと最近の研究を見ても、特許の引用が地理的に近接していることは繰り返し示されている。最近の研究を見ると、業界の発明活動が行われている場所に地理的に近い企業は、生産性が飛躍的に高い。最も重要な発明の流れを近接性が加速するのと同様に、素人を専門家に変るような、もっと凡庸な学習も近接性で可能になる。一世紀以上前にイギリスの大経済学者アルフレッド・マーシャルは、高密な集中においては「事業における不思議は不思議でも何でもなくなり、そこらに当たり前のように存在するものとなるのだ」と述べている。成功した高齢エンジニアのまわりにいるだけで、若きエンジニアも成功を身につけやすくなるのだ。

マーシャルの主張はデータを見ても裏付けられる。大都市の労働者は非都市部の労働者に比べて稼ぎが三割高い。でも、都市部にやってくる人たちは、一夜にして給料が上がったりはしない。毎年、都市の労働者は成功につながる技能を蓄積するために賃金上昇率が高くなる。技能労働者が多い都市では、賃金上昇は特に高い。労働市場で二〇年の経験があると、アメリカの高技能都市部では非都市部に比べて賃金上昇率が一〇%高いが、低技能都市部では三%の差しかない。

一世紀にわたり、新手のコミュニケーション形態で都市生活は消えると評論家たちは予言してきた。一〇〇年前には、電話で都市は不要となるはずだった。でもそうはならなかった。もっと最近だと、ファックス、メール、テレビ会議はどれも対面会議の必要をなくすはずだったが、ビジネスの出張は過去二〇年で激増した。何百万年にもわたる進化により、人間は身近な人から学ぶ機械となった。対面コンタクトの必要性をなくすには、技術の驚異でその進化を打倒しなくてはならないのだ。

音響や画面解像度が上がって、テレビ会議は本物の会議にかなり近づいてきた。でも本物の会議をうまく進めるのに使われる感覚入力すべて——アイコンタクト、嗅覚的なヒント、握手の暖かみ——を技術で完全にシミュレートできる日がくるのだろうか？　さらに、高密な作業環境の価値の多くは、予定外の会議や、まわりの人々の何気ない活動を目にすることで得られるものだ。ハイテクのビデオ会議では、若き部下たちは成功した指導者の日々の活動を見て学ぶ機会が与えられない。対面交流をますます価値ある有効なものにするインターネット技術としては、他にフェイスブックがある。調査によれば、フェイスブックはパーティーや同じ教室での個人的な知り合いを結ぶのが通例であり、またフェイスブックを利用する人々は圧倒的に、現実世界でも会話が得意な人ばかりだという。加えて、そもそもインターネットによるソーシャルネットワークという発想の発端は、頭がよくて野心的なハーバード大学の学生たちの生のリアルなネットワークによる、要領を得ない一連の会議から生まれたようだ。

今日では、情報技術は世界を変えつつあり、世界はますますアイデア集約的で接続性が高まり、つまりはもっと都市化してきている。情報技術の改善は、対面コネクションの価値を減らすどころか、かえって高めたようだ。これはジェヴォンズの相補性理論とでも呼べるかもしれない。一九世紀のイギリス経済学者ウィリアム・スタンリー・ジェヴォンズは、燃料効率の高い蒸気機関は石炭消費を減らさないことに気がついた。改良型の蒸気機関は、エネルギー利用を実質的に安上がりにしたので、石炭の動かす産業時代へと世界を押しやった。効率性の改善で、消費が減るどころか増える状況は、ジェヴォンズのパラドックスと呼ばれている。これがあるから、低カロリークッキーはかえって人を太らせるし、燃費の高い車はかえってガソリン消費量を増やす。ジェヴォンズのパラドックスを情報技術に適用すれば、情報送信のもっと高効率な手段、たとえばメールやスカイプなどを手に入れることで、情報送信にかける時間は、減るどころか増えるというわけだ。

情報技術の向上で、都市の対面会合といった他の情報源から学ぶニーズが減るのではないかと思うかもしれない。でもジェヴォンズの相補性理論(これはジェヴォンズのパラドックスから自然に出てくる)によれば、情報技術の改善は対面コンタクトの需要を増やすと予想される。というのも対面時間は、電子的なコミュニケーション時間を補うものだからだ。大量の電子交流で、人間関係が重要な世界が作り出されているのだ。ちょうど蒸気機関の改善で石炭依存経済が強化されたのと同じことだ。そして、そういう人間関係にはメールも直接の面会も必要なのだ。人々の間の結びつきが改善すれば、交易や商業には広範な機会が生み出される。情報技術は、本からインターネットに至るまで、人間知識の範囲をすさまじく増やして、結果としてその習得をむずかしくした。よい情報技術で世界はもっと情報集約的となり、それがこんどは知識をかつてないほど高価値にしたので、これが都市の他の人々から学ぶ価値を高めているのだ。

新技術の広範で総合的な影響が目に見えるまでには時間がかかるので、歴史を長い目で見た方がいい。そうすると、長距離コミュニケーションの能力が、一般には都市の重要性をだんだん高めていったのがわかる。長距離コミュニケーションへの影響という点で、印刷機に匹敵するものはない。言葉を安く大量に紙に記録できるという能力は、同じ部屋にいない人々とコミュニケーションを取る人類の能力においては、一大地殻変動とも言うべき変化だった。でも、本が都市に被害を与えたと考えるべき理由はなく、むしろどう見ても、印刷出版がもっと都市的な世界の創造に貢献したと考えるべきなのだ。

本が都市を助けた点として一番わかりやすいのは、印刷技術は都市で開発され、都市は出版の自然な中心だということだ。一五世紀初頭に育ったグーテンベルクは、中世錬金術師並の秘密主義をもって印刷出版を作り出したが、印刷機ほど大規模で高価な機械は、ある天才が一人で作り出せるものではない。グーテンベルクは資金的な支援も助手も必要だったし、それを見つけるには都市しかなかった。彼のブレークスルーにより、活字印刷はやがて町から町へと行商人たちに運ばれて伝わった。そして一四八〇年になると、印刷の世界の首都はベネチアになっていた。印刷のような技術が、印刷機といった高価なインフラに依存している場合には、都市は常に優位性を持つ。都市の大規模な市場のおかげで、こうした新技術の固定費をカバーしやすくなる。だから電話やブロードバンド技術なども、印刷書籍と同じく、まずは都市で提供されたのだ。

都市の豊かで字の読める人口は、本の地元需要を大きく増やしたが、ベネチアはまた、印刷に値する文献がすでにたくさんあったから栄えた。東西の交差点という同市の位置のおかげで、学者は大量にいた。たとえば一四五三年にコンスタンチノープルがオスマン人に破れると、ビザンチン人たちがベネチアに逃れてきて、出版物向けの翻訳を開始している。後にニューヨークはアメリカの出版を支配するようになった。港に入ってくる海賊版イギリス小説が手に入ったからで、さらに同市が大量の作家やアーティストを引きつけたからだ。

だが本が都市に役だったのは、出版業を活性化したからにとどまらない。印刷物は、もっと細やかで深い形で世界をずっと都市化した。印刷の直接的な影響の一つは、はるか僻地の農民でも聖書を読めるようにしたことだったが、間接的に印刷出版は、世界をもっと知識集約型に、もっと民主的、もっと商業的、そして結局はもっと都市的にするのに貢献した。マルチン・ルターは印刷出版を「神の最高にして最も極端な慈悲の行い」と述べたという。というのも、ルター自身がドイツ語訳した聖書は、カトリックの伝統とはちがう宗教権威の源を提供し、宗教改革における核心的な役割を果たしたからだ。「一五一七年から一五二〇年にかけて、ルターの出版物三〇点は、優に三〇万部は売れた。（中略）宗教的なアイデアの伝搬において、出版の重要性はいくら強調してもしきれないほどだ」。そしてその宗教改革は、こんどは都市における商業をもっと魅力的にするような経済、政治、社会的な変化を後押しした。マックス・ウェーバーが、資本主義の精神や都市商人・職人の倫理的価値感とプロテスタンティズムを結びつけたのは有名だ。個人的に私は、プロテスタンティズムが都市や交易や民主主義を支えるのに内在的な優位性があるとは思わない。これらのものはどれも、今日多くのカトリック国でも花開いているのだから。むしろ宗教改革後に都市や交易や民主主義が台頭したのは、宗教的な競争の価値を反映しているのだと思う。つまり、教会の規則や教義をめぐって選択の余地が広がり、それが世界的な商業の台頭に役立つ、高利貸し法の廃止などの改革につながったのだろう。

印刷出版は、直接間接に——宗教改革などを通じて——もっと共和制で都市的なヨーロッパを生み出す革命も支援した。オランダの大反乱は一五六六年に、フラマンの布生産都市ステーンヴォールドで始まったが、これはカルヴァン派の暴徒が地元カトリック教会の像を破壊したのが発端だった。一五八一年には、後にイギリスやアメリカやフランスの革命派にとってもお馴染みの表現で、オランダ人はスペインのフェリペ王が違法な活動を行い、したがってオランダの支配権を失ったと宣言した。この革命的な支配権拒絶案は、その少し前に刊行されたプロテスタント（ユグノー）法に基づいたものだった。この法案自体も印刷されてベネルクス諸国に広く掲示され、スペインへの反逆が強化された。七〇年にわたる闘いの末にオランダは独立共和国となり、ヨーロッパで最も都市化された国として、東は日本の長崎、西はマンハッタン島に至る、国際貿易ネットワークの中心になったのだ。

大衆向けの初の情報技術だった本は、都市に被害を与えなかった。二世紀にわたり、本は宗教や政治の革命的な変化の生成を支援し、それが世界をもっと連結し、もっと商業的で、最終的にもっと都市的な場所にした。どう考えても、グローバリゼーションと最近の技術変化は同じ結果をもたらすはずだ。

都市——バンガロール、サンフランシスコ、シンガポール——は、ますますグローバル化するこの世界を結ぶ結節点だ。アテナイやバグダッドのような都市地域は常にそうした役割を果たしてきたが、世界がますます緊密に結ばれるようになると、都市はますます重要性を増している。シリコンバレーは米国生まれのエンジニアと賢い移民（ＹＡＨＯＯ！やｇｏｏｇｌｅ創業者もそうだ）を結びつけ、さらにはそれをバンガロールのような他のエンジニアリングの要所と結びあわせる。アメリカが世界市場で占める比率がますます低下するにつれて、インドや中国などの成長経済との都市コネクターへの依存はますます高まる。そこでは、希望と貧困とを分かつのは、知識の拡散なのだ。

だが一部の場所は取り残される。あらゆる都市が成功するわけではない。というのも、富を究極的に生み出すものがアイデアとなる情報時代に対して、あらゆる都市がうまく適応できたわけではないからだ。一部の歴史的大都市は結びつきや商業に特化しており、成功の源となり続けているが、他の都市地域は財の大量生産の大中心地として栄えたものだ。こうした場所は都市起業家のすばらしいアイデアにルーツを持っているが、それがやがては専門特化と規模の経済でコスト低下を実現することにより栄える場所となっていった。工業都市の時代という変わった時代は、少なくとも西洋では終わり、いまや我々は新時代に己を刷新できなかった、かつての製造業の巨人という問題を抱えているのだ。

第二章　なぜ都市は衰退するのだろう?

デトロイト市の、エルムハースト通りとローザ・パークス大通りとの交差点は、アメリカの都市空間としてこれ以上はあり得ないほどニューヨーク市の五番街とはかけ離れた場所に思える。この交差点はデトロイトの都心にあるのに、近くは空き地だらけだ。かつてアパートや店舗のあったところには、雑草が生い茂っている。交差点に立つ唯一の建物は、聖書コミュニティ洗礼派教会だ。でも、窓には板が打ち付けられ、電話番号も不通なのを見れば、あまり信者を集めてはいないようだ。

エルムハースト通りを歩けば、低層住宅が一一棟目に入る。四つは空き家だ。またアパートも二棟——一つは入居者が三分の一以下で、もう一棟は完全に無人だ。さらに空き地が一〇カ所に駐車場が一つ。かつては家屋やアパートの建っていた場所だ。荒れ果ててはいるが、雰囲気としては安全きわまりない。恐れるべき人間がそもそもほとんどいないからだ。こうした空地のおかげで、この近隣はゴーストタウンのような感じで、デトロイトの過去の幽霊たちが、かつてアメリカ第四位の都市だった場所の荒廃を嘆いているといった気配だ。

一九五〇年から二〇〇八年にかけて、デトロイト市の人口は一〇〇万人以上減った――総人口の五八%が転出したのだ。今日では、市民の三分の一は貧困状態だ。デトロイト市の世帯収入のメジアン値は三万三〇〇〇ドル、全米平均の半分ほどだ。二〇〇九年に同市の失業率は二五%で、他のどんな大都市より九%は高く、全米平均の二・五倍だ。二〇〇八年にデトロイト市の殺人人口比は全米トップクラスでニューヨーク市の一〇倍以上だ。多くのアメリカ都市は、二〇〇六年から二〇〇八年にかけて住宅価格が暴落した。でもデトロイト市は、二〇〇〇年代前半には他の所のような住宅バブルはまったく起きず、それなのにバブル崩壊後にはちゃんと二五%の下落を経験しているのだ。

デトロイト市の衰退は極端ではあるが、衰退したのはここだけではない。一九五〇年におけるアメリカ一〇大都市のうち、八つはその後人口の少なくとも六分の一を失っている。一九五〇年に全米のトップ一六だった都市の中で六つ――バッファロー市、クリーブランド市、デトロイト市、ニューオーリンズ市、ピッツバーグ市、セントルイス市――は、当時から人口が半減している。ヨーロッパでは、リバプール市、グラスゴー市、ロッテルダム市、ブレーメン市、ヴィルニウス市などは、ピーク時よりずっと小さくなっている。少なくとも西洋では工業都市の時代は終わり、二度と復活しないだろう。旧工業都市の一部は、財の生産からアイデア生産へと移行できたが、ほとんどはゆっくりとした衰退から抜け出せずにいる。

でも工業地帯からの脱出は都市生活に対する告発だと思ってはいけない。工業都市が凋落したのは、都市生活の最も重要な特徴を捨て去ってしまったからだ。バーミンガム市やニューヨーク市といった古い商業都市は、技能や小企業、外部世界との強いつながりに特化した。こうした属性は今日の都市の繁栄も作り出しているし、マンチェスター市の繊維工場から布が一ロール、あるいはデトロイト市の組み立てラインから初の車が一台出てくるはるか以前から、都市を成功に導いていた。工業都市は、こうした古い商業都市や、現代の情報時代の首都とはちがっていた。その巨大工場は、何十万人もの比較的未熟練な労働者を雇っていた。そうした工場は自己完結的で、この世に大量の安価でまったく同じ製品を提供する以外は、外部世界とは切り離されていた。

このモデルは、一世紀ほどは西洋にとって実に有益だった。デトロイト市の自動車工場は何十万人もの人々によい賃金を与えたが、過去五〇年間では、小企業を大量に擁する地域のほうが、巨大企業に支配された場所よりも急成長している。高技能都市は低教育の場所よりも成功しており、デトロイト市の成人のうち大卒はたった一一%なのだ。人々も企業も、寒い中西部から離れてもっと温暖な地域に移転してしまった。中西部には水路があって、それが当初はいまや工業地帯を構成する都市を育てたのだ。工業の多様性のほうが、単一製造業よりも成長をもたらしやすかったのだが、デトロイト市はまさに単一産業都市の代名詞のようなものだった。

こうした場所の問題をあまりに政治のせいにしてしまうのはよくないが、政治的な不手際もまた工業地帯衰退の特徴である場合が多い。たぶんいちばんありがちなまちがいは、こうした都市が住宅プロジェクトや壮大なオフィスビル、華やかなハイテク交通システムなど、建設により成功を取り戻せると思ったことだろう。こうしたまちがいは、相互接続された人々のかたまりである都市を、その構造物ととりちがえてしまうという、実にありがちな誤解からくるものだ。

こうした都市を復活させるには、ヘビが脱皮するように古い工業モデルを完全に捨てるのが必要だ。都市がうまく刷新されると、その変身ぶりはあまりに徹底しているので、そこがかつては大工業都市だったことなど忘れられてしまう。一九五〇年代ですら、ニューヨークの衣料産業は全米最大の製造業クラスターだった。雇用人数も、デトロイト市の自動車産業より五〇％多いほどだ。アメリカの産業革命は実質的にボストン大都市圏で始まったものだが、いまやボストン市と聞いて煙突の立ち並ぶ都市を連想する人はいない。こうした都市は、商業、技能、起業的なイノベーションという、古い工業以前のルーツに立ち戻ることで己を刷新したのだった。

デトロイト市のような場所が復活を遂げたいのであれば、工業都市以前や以後の美徳を見直さなくてはならない。競争、接続、人的資本だ。赤錆地帯が再生するには、需要のほとんどない広大な住宅ストックや、少数の大プレーヤーが牛耳る単一の主要産業、問題の多い地元政治といった最近の過去と決別しなくてはならない。こうした都市の最近の歴史の下には、接続性と創造性に関するもっと示唆的な古い物語があり、それが再生の基盤となるだろう。デトロイトの凋落とその可能性を理解するには、この都市の偉大な悲しい歴史を、ニューヨーク市など工業衰退を見事に切り抜けた他都市の物語と比較する必要がある。

2.1 赤錆地帯の台頭

デトロイトというのはフランス語で海峡のことで、ニューヨーク市やシカゴ市と同様に、それは水運商業のハブとして始まったのだった。一九〇〇年には、アメリカの二〇大都市はすべて大水路に面していた。水は抵抗を減らすから、何千年にもわたり財を場所から場所へ運ぶには船が最高だった。ニューヨークの存在意義は、かつては完全に自然の贈り物に依存していた。東海岸の半ばあたりにある優れた港が、深く長い川に接続しているのだから。デトロイト市はフランスの要塞として生まれたものだ。エリー湖を五大湖の西のものに接続する川の、最も狭い部分を見下ろす高地だったからだ。その部分が狭いので、フランス軍司令官アントワーヌ・キャデラックが川の交通を左右できたし、そのために後にデトロイト市は、カナダとアメリカの間の水路を渡るのに最適な場所となった。たとえば密造ウィスキーなどを引っ張って川を渡るには好都合だからだ。

一九世紀に水運商業が発達して――これは当時のグローバリゼーションだ――デトロイト市、ニューヨーク市、シカゴ市のような都市の成長は加速した。一八一六年には、陸上で財を五〇キロ運ぶのと、大西洋を横断して運ぶのとでは同じ費用がかかった。つまり水辺から五〇キロ離れたら、ヨーロッパとの財の輸送費用は倍になるので、アメリカの人口は東海岸にしがみつき、ボストン市からサヴァナ市までの港湾に集中した。一八世紀には、大西洋がアメリカの高速道路であり、ヨーロッパやカリブ海の市場と貿易するためのライフラインだったのだ。

アメリカの創始者たちは、アメリカが一体化した国になるためには人や財が内陸部でも州から州へ自由に移動できなければダメだというのを理解していた。アメリカ大統領になる前のジョージ・ワシントンはポトウマック運河会社の社長だった。彼はポトマックとオハイオ州の河川を、レキシントンやコンコードの戦い以前にも結びたいと思ってはいたのだった。残念ながら、一八世紀には大規模運河の建設という大規模で長期でリスクの大きい事業を実施できるほどの資本アクセスを持つ民間事業者は、アメリカにはいなかった。だからワシントンは運河よりは大砲で成功することになる。大液体高速道路――エリー運河――はもっと北に、ニューヨーカーたちによって建設され、これはハドソン川を五大湖と結んだ。ニューヨークの勝利は、その地理的な有利さとともに、公共資金を大量に運河に投入するという政府の意欲を反映している。その賭けは正しかった。運河は東西輸送の需要が実に大きかったので、ほぼ即座に黒字となった。

エリー運河沿いにもやがて都市がいくつか生まれ、交易網ができたので、農民たちは西部に進出できるようになった。シラキュース市は当初は近郊の塩の輸送が専門だった。ロチェスター市はアメリカの小麦粉都市で、近郊農民が生産する小麦を製粉して運河で輸送するのだった。バッファロー市は水路の西端で、五大湖を走る大きめの船と、運河の平底船との間で積み替えが行われる場所だった。バッファロー市やシカゴ市、そしてニューヨーク市も、財がある輸送形態から別のものに積み替えられる場所として成長した。大量の穀物を持ち上げる必要があったバッファロー市の商人たちはエレベータを使い始めたが、この技術も後に都市を一変させることになる。

第二の水路、イリノイ＝ミシガン運河ができて、ニューオーリンズ市からセントルイス市、シカゴ市、デトロイト市、バッファロー市を経てニューヨーク市に達する大きな円弧が完成した。一八五〇年から一九七〇年まで、アメリカ一〇大都市のうち、少なくとも五つはこのルート沿いだった。シカゴ市の投機家たちは、イリノイ＝ミシガン運河のおかげでシカゴ市がこの円弧の要石となることに気がついた――つまり、シカゴ川をやってくる運河船が五大湖につながる場所だ。これにより、土地の不動産市場は運河建設中の一八三〇年代には暴騰した。一八五〇年から一九〇〇年にかけて、水路に続き鉄道ができて、シカゴは人口五〇倍増、三万人以下から一五〇万人以上となった。

アメリカの一九世紀交通網に沿った要所として成長した都市により、大量の人々がアメリカ後背地の富にアクセスできるようになった。当時も今と同じく、アイオワ州の肥沃な黒土は農民の夢だ。一八八九年にアイオワ州のトウモロコシ収量は、ケンタッキー州のような古い地域にくらべて五割増しになっていた。トウモロコシは西部でのほうが育てやすかったが、重量あたりの価格が低かったので、輸送費が相対的に高くなった。運河の船や鉄道貨車はカロリーを西に運ぶにあたり活躍したが、製品を出荷しやすくした都市もそれに貢献した。

オハイオ運河やエリー運河以前には、穀物の輸送費が高いために農民たちはそれをウィスキーに変えた。これは保ちもいいし、重量当たりカロリーはトウモロコシの倍以上だから、カロリー当たりでみると軽く、また味もいい（これは人によるだろうが）。運河や鉄道で輸送費が下がると、トウモロコシをブタに変えて出荷するのがコスト的に見合うようになった。ハムは重量当たりカロリーと保存性から見てトウモロコシとウィスキーの中間だからだ。アメリカのポーク首都とも呼ばれるシンシナティ市やシカゴ市は、近郊農民が持ち込む動物の屠畜と塩漬け加工が専門だった。グスタヴス・スウィフトが冷蔵貨車を導入し、屠畜された牛肉を腐らせずに輸送できるようになると、シカゴ市の倉庫はブタから牛に切り替わった。多くの重要なイノベーションと同様に、スウィフトのすばらしいアイデアは今から見れば当然すぎるほどのものにしか思えない。彼は氷を底に敷くのではなくてっぺんにおいて、とけた氷が牛肉の側面に流れて冷やし続けるようにしたのだった。

シカゴ市と同様にデトロイト市も、ヘンリー・フォードが初のモデルTを生産するはるか前には、鉄道と水運網の要所として成長したのだった。一八五〇年から一八九〇年にかけて、市の人口は二万一〇〇〇人から二〇万六〇〇〇人へと一〇倍増した。デトロイト市の成長もまた、その水路であるデトロイト川と密接に結びついていた。これはアイオワの農地からニューヨーク市の食卓への経路の途上にあるのだった。一九〇七年には、デトロイト川はニューヨーク市やロンドン市の港を通る貨物量の三倍以上、六七〇〇万トンの貨物を運んでいた。

ヨーロッパでも、工業都市は水路沿いに発達した。ドイツの工業中心であるルール工業地帯は、その炭鉱地域につながる川にちなんで名付けられた。リバプール市やマンチェスター市というイギリスの大工業都市は、マーシー川と一八世紀に建設された運河で結びついていた。ジョージ王時代の運河建設は、こんどはバーミンガム市とブリストル港を結んだ。一八三〇年代には、鉄道が水利を補って、こうした工業地帯が相互に、あるいは世界市場にずっと容易にアクセスできるようにした。

ニューヨーク市、シカゴ市、デトロイト市には、港湾や他の製造業者や都市消費者へのアクセスを狙って事業者たちがやってきた。企業がお互いや顧客の近くに立地することで節約できる輸送費は、集積経済の一例だ——都市に集積することからくる便益だ。成長する都市の巨大な住宅市場や、他の顧客への水運アクセスのおかげで、産業家たちは経済学者の言う規模の経済も活用できるようになった。これは大規模な砂糖精製工場や自動車工場などでは、工場が大きいほうが生産物一単位あたりの費用が下がる、ということを指す。

2.2 自動車以前のデトロイト

デトロイト最大で最も成功した企業、たとえばデトロイト・ドライドック社などは、市を過ぎゆく大量の船舶を顧客にしていた。デトロイト・ドライドック社は一八七二年に企業化され、その後三〇年にわたり、その機関部は五大湖で最も重要な造船業者となる。ヘンリー・フォードは一八八〇年にデトロイト・ドライドック社にやってきた。フォードはすでに、もっと小さな企業で切削加工職人として働いたことがあった。フォードの伝記作家アラン・ネヴィンスに言わせると、「その小さい企業のほうが、大規模な工場に比べて総合的な訓練という点でよい機会を提供しただろう」とのことだ。でもドライドック社で、フォードは初めて技術的に高度な動力機関生産を目の当たりにした。デトロイト市では材木や鉄鉱石が容易に手に入ったし、その造船ヤードは五大湖の水系の中心だった。だからデトロイトが船の動力機関製造に特化するのは自然なことだったし、そして動力機関の製造修理の技能のおかげで、自動車製造についてもデトロイト市は有利な場所となる。

自動車は、二つの新しいアイデアを組み合わせた新アイデアだった。馬車や動力機関（エンジン）は昔からデトロイト市で作られていた。動力機関は五大湖の船舶用に製造補修され続けていた。馬車はミシガン州の森林の豊富な材木で作られていた。ヘンリー・フォードは動力機関が事業の出発点となり、ゼネラルモータースの後ろ盾となった起業家ビリー・デュラントは、近郊のフリント市で馬車用の荷車を作り始めていた。

一九世紀末のデトロイト市は、一九六〇年代や七〇年代のシリコンバレーとよく似ていた。自動車都市は、小イノベーターたちのひしめく場所として栄え、その多くは真新しい製品である自動車に注目していた。自動車の基本的な科学は一八八〇年代ドイツでまとめられていたが、ドイツのイノベーターたちはアメリカでは特許保護を受けられなかった。結果としてアメリカ人たちは、よい車を大量に生産するにはどうしたらいいか、すさまじい競争を繰り広げていた。一般に、小企業の存在とその地域の後の成長との間には強い相関がある。競争、つまり「自転車競争の人々」現象は経済的な成功を作り出すようなのだ。

フォードは一八八二年にデトロイト・ドライドック社を辞め、実家の農場に戻ったが、動力機関の実験は続けた。ご近所のウェスチングハウス社に入ってその動力機械の作業に就き、自由時間は蒸気機関で実験しつつ、トラクターの原型さえ組み立てた。一八九一年にはそこを辞めて、ウェスチングハウス社の宿敵エジソン照明会社に入社し、一八九三年にはデトロイト工場の主任技師に昇進、そしてフォードが自動車についてのアイデアをエジソンに説明すると、伝説では大発明家は「お若いの、それで決まりだよ」と答えたとか。

フォードはエジソン社での経験とノウハウを使って、自動車をいじりはじめた。一八九六年に、自宅裏の工房で二年にわたる苦闘の末、フォード四輪サイクルが生まれた。四輪サイクルは自転車のタイヤで走る簡単な乗物だったが、最高時速三〇キロというのが材木富豪のお気に召して、一八九九年にフォードの初の自動車会社の資金を出してくれた。フォードの初期の車は高価で質が悪く、これは決して人気が出る組み合わせとは言えない。そして一九〇一年には、自分の創設した会社を離れた。材木富豪はそう簡単には諦めず、別のエンジニアを連れてきて、同社をデトロイトの創始者にちなんだ名前に変えた。キャデラックだ。

実は一九〇〇年には、ニューヨーク市のほうが全米自動車メーカーの比率はデトロイト市より高かった。でも一九〇〇年代初期には、デトロイト市では自動車起業の爆発が起きていた。デトロイトの至るところに、気鋭の天才自動車エンジニアがいるようだった。フォード、ランサム・オールズ、ダッジ兄弟、デヴィッド・ダンバー・ビュイック、フィッシャー兄弟はみんなこの自動車都市で活動していた。一部の人は自動車を作ったが、デトロイト市にはフィッシャー兄弟のような独立系サプライヤもたくさんいて、新興企業の手伝いをしていた。フォードは、エンジンやシャーシ部品を作っていたダッジ兄弟から支援を受けて新しい会社を創設した。ダッジ兄弟は資金も部品もフォードに提供したわけだ。

フォードの車はだんだん安く、高速になった。一九〇六年にフォードはモデルNを製造した。重量五〇〇キロで、価格は五〇〇ドルという大安値だ。そしてそれがあまりに売れたので（八五〇〇台以上）、彼は自動車産業最前線に躍り出た。一九〇八年にフォードは八二五ドルという大安値（二〇一〇年の価格に換算すると一万九〇〇〇ドルくらい）でモデルTを売り出した。五年後に、フォードはモデルTを移動式組み立てラインで生産し始め、工場の速度と効率は向上した。もちろん大量生産プロセス――複雑な製造プロセスを小さく簡単な作業に切り分けること――はフォードより遥か昔からある。一七七六年にアダム・スミスは、ピン工場で分業が作り出す効率性を絶賛していた。フォードは単にこのプロセスを一歩進めて、部品を動かすのに機械を使い、それが労働者たちの活動と完璧にマッチするようにしたのだった。

前章では、ジェヴォンスの相補性理論を説明した。それによれば、効率のよい情報技術は対面で学んだ情報の価値をもっと高める、というものだ。だがあらゆる新技術が知識の収益を高めるわけではない。ヘンリー・フォードの組み立てラインは、知識を破壊するアイデアという奇妙な代物の一例だ。情報技術は賢こさの収益性を高めるようだが、人間の技能の必要性を減らす機械は逆方向に機能するらしい。フォードはあまり知識がなくてもきわめて生産性を高められるようにした。でも人々があまり知識を必要としないなら、知識を広める都市の必要性も下がる。都市が強力な知識破壊アイデアを作り出すと、その都市は自爆に向かう。

デトロイト市の皮肉と、その末路としての悲劇は、そのダイナミックな小企業や独立サプライヤが、巨大な完全統合型自動車会社の台頭をもたらし、それが停滞の代名詞となったということだった。フォードはものすごい規模が車を安くできることを発見したが、巨大な自足した工場は、競争と接続という都市的美徳のアンチテーゼなのだった。フォードはあまり教育のないアメリカ人の才能を使える組み立てラインの作り方を考案したが、デトロイト市の技能を引き下げることで、同市は長期的に経済的な被害を受けることになった。

成功した自動車起業は、フィッシャー車体社のようなサプライヤを買収した。一九三〇年代には、ゼネラルモーターズ社やフォード社を敵に回そうなどとするビジネスマンは、よほどの自信家で金持ちしかいなかった。独立都市起業家たちによる知的に肥沃な世界は、過激な実験ですべてを失いかねず、ほとんど得る物のない少数の大企業に取って代わられてしまったのだ。

2.3 ヘンリー・フォードと工業都市デトロイト

自動車メーカーがイノベーションに背を向けて大量生産に向かうと、都市に立地するメリットはなくなった。高密な都心は新しいアイデアを思いつくには理想的な場所だが、フォードモデルTを何百万台も生産するには理想的とはいえない。フォード社は特大規模を求めたので、普通の都市ではおさまりきらないほどの工場が必要になった。一九一七年にはデトロイト南西郊外のディアボーン市に、リバールージュ工場の建設を開始した。リバールージュでは六五万平方メートルの作業場を擁する、計九三棟の複合施設を建設した。独自の船着き場、鉄道路線、発電所もあった。原材料はその単一施設の中で自動車に変わる。

フォードのリバールージュ工場は、製造業の郊外化プロセスを開始して、それが二〇世紀の間ずっと続くことになる。自動車は都市で生まれたが、実に反抗的な子供となったのだった、自動車はアメリカ人が、路電や歩道から遥かに遠い郊外で暮らせるようにした。トラックは、工場が鉄道路線からずっと遠くに立地できるようにした。自動車とトラックは、空間に貪欲な人々や起業を高密都市部から離れられるようにしたのだ。

一九五〇年代になると、ニューヨーク市もデトロイト市も縮小を始めた。他の地域も世界市場への簡単なアクセスを手に入れたので、かつて港湾や鉄道ヤードから受けていた恩恵が、ずっと重要でなくなってきたからだ。一八九〇年から今日にかけて、鉄道で一トンを一マイル輸送する実質費用は、二〇セントから二セントに下がったので、工場が交通ハブに近かろうと遠かろうと、昔ほどは意味がなくなったのだ。第二次世界大戦前には、交通ネットワークのおかげで原材料購入や最終製品出荷がずっと容易だったために、企業は北部都市の高賃金にも我慢してきた。輸送費が下落するにつれて、もっと安上がりな場所に立地したほうがコスト効率が高くなった。たとえばリバールージュ、南部の労働組合を制限する諸州、中国などだ。同時に、自動車の台頭で、鉄道やエレベータ中心に構築された古い都市は陳腐に見えてきた。

アメリカの労働組合運動はこうした古い都市で成長した。米国労働総同盟の創始者サミュエル・ゴンパーズは、ニューヨーク市で葉巻を作っていた。何万人ものニューヨーク衣料労働者たちは労働組織を結成して、一九一〇年の大反乱のような大規模ストを通じ、雇用主に賃上げや労働条件改善を強制してきた。

都市はまた、二〇世紀初期に労働運動に対する公的な支援の構築に役だった、起業失敗の物語を広めるにも有効だった。一九三七年五月の午後、フォード社の労働者を労組化しようとしていた労働組織家たちは、リバールージュの歩道橋の上に集まった。彼らはフォードを糾弾するチラシを配り、『デトロイトニュース』紙の写真のためにポーズをとっていた。その撮影中に、フォードの警備員たちが平和的な組織家たちを攻撃した。『デトロイトニュース』は、こうした警備員たちが組織家たちの顔をコンクリートにたたきつけ、女性を殴りつけているのを写真に撮った。これはフォード社にとっては広報上の大惨事となり、組合の人々は英雄になった。その後四年はかかるが、やがてフォードも折れて、全米自動車労組（UAW）と契約を結び、これが北部工業都市における半世紀におよぶ労組の力をもたらす。

ほぼ同時期に、連邦政府は労働組合の力を強化する支援をした。一九三五年可決の全米労働関係法は、ストをする労働者の解雇をむずかしくして、クローズドショップ（労組員以外は雇わない起業）の形成をもたらした。これは労組と企業が、ある施設の全労働者は労組に参加しなくてはならないと合意するものだ。こうしたクローズドショップでは、非組合員のスト破りを雇うのは不可能だったので、労働者は要求を製造業者に無理強いしやすくなった。固定インフラに何百万、何十億と投資した企業は、労働者が高賃金や福利厚生、時短などの譲歩を要求しても、簡単にはよそにいけない。ストをする労働者がそうした価値あるインフラを占拠してしまえば（すわりこみストではそうなる）、あまりに金銭的に痛いので、経営陣も譲歩することが多い。労組の力のおかげで、短期的にはニューヨークの衣服労働者やデトロイトの自動車労働者の賃金は高くなったが、そうした賃金は最終的に、製造業者がこうした都市を見捨てるきっかけとなった。

南部サンベルト地帯の工業化は、一九四七年のタフト＝ハートレー法に後押しされた（そしてデトロイト市やニューヨーク市など北部の都市は痛手を被った）。この法律は、サンベルト地帯の州にクローズドショップの形成を禁じる労働権法の可決を可能にしたからだ。労働権法のある州はもっぱら南部にあって、企業がいつでも非組合労働者をあてにできるために、労組の交渉力はずっと弱かった。当然ながら、製造業者は着実に労働権法の州に流れていき、アメリカの古い工業地域からは離れていった。ある古典的な論文は、労働権法のある州境を挟んで、労働権法のある郡と、そうした法律のない隣接郡とを比べて、こうした法律の影響を比較した。するとこの境界の反労組側では、一九四七年から一九九二年にかけて、製造業の成長率は二三・一％高かった。

第二次世界大戦後の数十年ほどは、組合賃金が高くてもデトロイト市の障害にはあまりなっていないようだった。ＵＡＷがビッグスリーの自動車メーカーに対して賃上げを無理強いしたら、費用上昇分はほとんどが消費者に転嫁された。自動車メーカーはあまりに儲かっていたので、世界最高の労賃でもある程度は耐えられた。もちろん自動車会社とて、新しい工場は労働費用の低い州に建てようとはしたので、自動車産業が斜陽化する以前から、デトロイト市からは人が流出しはじめてはいた。

古い都市はすべて、いずれは産業の斜陽化に直面する。ボストンの海運産業は、一九世紀前半にはクリッパー船や中国との貿易で大成長したが、蒸気船の台頭で陳腐化した。ニューヨーク市の衣料産業は一九六〇年末から一九七〇年代に崩壊し、ニューヨーク市は一九六七年から七七年にかけて、三〇万以上の製造業職を失った。都市製造業の流出は、それ自体は別に悪いことではない——安い場所で物を作るのは、そうした物を一般人に安上がりにしてくれる——が、世界の工業都市にとっては生死に関わる問題となった。

アメリカの工業都市を殲滅させたのと同じ力が、ヨーロッパでも同様の衰退工業地帯を作り出した。一九三七年、ジョン・レノンが生まれる三年前に、リバプール市の人口は八六万七〇〇〇人だった。リバプール市は当時も今も優れた港で、イギリスを世界中と結んでいる。マンチェスター市の巨大繊維工場で使われた綿花はリバプール港からやってきたし、完成した布は同じ港を通ってイギリスを離れた。ちょうどニューヨーク市と同じく、精糖もリバプール市の一大産業だった。でも一九三七年以来、デトロイト市と同じく、リバプール市は人口を半減させた。コンテナ化など労働節約技術で、何千人もの荷役夫たちが失業した。低輸送費のおかげで産業ももっと安い場所に移動できるようになった。イギリスの労組はUAWにすら勝るほど強力だったので、工場操業費用も中国よりはるかに高い。ロンドン市は、金融のようなアイデア集約型セクターのおかげで刷新できたが、リバプール市やイギリスの古い北部工業地帯など財の生産地域は、相変わらず問題を抱えたままだ。

何世紀も郊外じみた眠りの中で過ごしてきたスペインは、ヨーロッパで工業化が最も遅かった国の一つだが、ここですら工業都市の時代は終わりだ。一九五九年にフランコは、遅ればせながら新しい経済テクノクラートの集団に権限を与え、スペイン経済を開放した。一九六〇年から一九七五年にかけて、スペインは急激に都市化して、GDPは日本に次いで世界二位の急成長を見せた。低賃金とヨーロッパ市場への近接性で、ビルバオなどの港湾は製鉄などの重工業を自然と引きつけた。でもちょうどデトロイト市と同じく、一九七〇年代に原油価格が高騰し、世界経済が不況に陥り、他の低コスト諸国が競合して台頭するにつれて、ビルバオ市も苦しむことになった。ビルバオ市の人口は一九八一年から一九九五年にかけて一四%減った。

2.4 暴動はなぜ？

経済の失墜で都市は直接苦しむ。失業や賃金低下が起こるからだ。でも負のショックは間接的な結果も持つ。たとえば社会蜂起や税収減などで、これらも同じくらいの被害をもたらす。工業都市崩壊を背景として、一九六〇年代には犯罪の波と暴動が起き、ますます何もできなくなる公共セクターは、借金を返すだけで一苦労となった。一九六〇年代初期の輝かしい楽天的な日々には、多くのアメリカ都市は古くさい機械めいた政治家から、若いカリスマ指導者を求めるようになった。デトロイト市とニューヨーク市では、リベラル派と黒人の連合で、それぞれジェローム・キャヴェナーとジョン・リンゼイが選ばれた。キャヴェナーの前任者は警察による暴力をあおっていると見なされたが、キャヴェナーはもっと公平な法執行を約束した。そしてアファーマティブ・アクションのプログラムを創始して、マーチン・ルーサー・キング・ジュニアと一緒にデモに参加した。ジョン・リンゼイも警察暴力を抑え、アファーマティブ・アクションを支持した。リンゼイ在職中の頂点は、キング牧師射殺の後に彼がハーレムの街路を歩き、暖かみと同情により怒りをなだめてまわったときかもしれない。

だが最終的には、どちらも自分たちの都市をむしばむ力を抑えることはできなかった。どちらの市長も、製造業流出を止められなかったからといって責めるわけにはいかない——経済的な逆風が強すぎたのだ。どちらも、一九六〇年代のアメリカ都市で勃発した社会騒動の原因とは言えない。それは経済停滞、ふくれあがったのに満たされたかった期待、伝統的な社会統制手段の崩壊のおかげで生じたものだ。だがどちらの市長も、都市の惨状を悪化させるまちがいを犯した。

リンゼイの致命的な罪は、特に熾烈な公務員労組や交通ストに直面して、コストを抑えられなかったということだ。リンゼイは、当初は共和党で、組合の賃上げを制限したいと思っていたが、マンハッタンのシルクストッキング地区出身の議員という経歴では、交通労働者との壮絶な市街戦にはとても対応できなかった。最終的には、ストよりは賃上げを選び、そして市政府の経費増大は、ますます巧妙な会計操作で隠蔽されるようになり、これが一九七五年にニューヨーク市を破産寸前に追い込むこととなった。キャヴェナーの致命的な欠点は、連邦の都市刷新資金を使い、何かとスラムを潰して高層ビルを建てたがったことだった。デトロイトの住宅市場は一九五〇年代がピークで、その後キャヴェナーが市長になった時点ですでに下落気味だった。人口流出が起きていたので、住宅はいくらでもあった。なぜそこで追加の建物に補助を？　成功する都市は、空間需要の上昇に対応するために建設が必要だが、だからといって建てることが成功をもたらすわけではない。

都市刷新は、デトロイト市でもニューヨーク市でも、みっともないスラムをピカピカの新しい建物で置き換えたが、都市衰退の役にはほとんどたたなかった。こうしたピカピカの建物は、実際にはアメリカ中に広がったポチョムキン村落（訳注：うわべだけきれいに作られた政治宣伝用のモデル村落）であり、政治家たちが見かけ上は都市が成功しているふりをするために建てられたものだ。でもデトロイトにはすでに十分な建物があった。それ以上はいらなかったのだ。デトロイトが必要だったのは人的資本だ。何かすごい新産業を創り出す、フォードやデュラントやダッジ兄弟のような新世代の起業家たちだ。ちょうどシリコンバレーでショックレーやフェアチャイルド一門がやっていたように。すでに物件価格の低いところで、人々ではなく建物に投資するのは、過去六〇年の都市政策の失敗として最大のものだったかもしれない。

両市長とも、犯罪阻止に失敗した。ニューヨーク市の殺人比率は一九六〇年から一九七五年にかけて四倍になり、デトロイト市も同じような困った傾向を体験した。でもどちらの都市でも、人種差別と警察暴力のおかげで市長たちは法執行よりはアカウンタビリティを強調した。黒人たちはもはや、警察の制服を着ていようといまいと、白人暴力団からの乱暴を我慢するつもりはなかった。デトロイト市では、警官の九三％が白人で、これは半数近くが黒人の都市においては、人種差別的に見えた。後のルディ・ジュリアーニのような市長は、徹底した警察活動により犯罪を抑えたが、一九六〇年代には法執行の強化が平和をもたらすとはっきりわからなかった。

エルムハースト通りの交差点から、ローザ・パークス大通りを一キロ半もいかないうちに、クレアマウント通りの交差点にある荒れ果てた公園にたどりつく。ここで起きた事件の影響は、半世紀近くたった今なおデトロイト市に残っている。一九六七年七月二三日、日曜日の早朝に、この街角にあったクラブが帰還兵数名のためのパーティを催していた。そこをデトロイト警察が襲ったのだ。この警官隊は黒人を目の敵にしていることで悪評が高く八五人のパーティ参加者を連行するのにかなり時間がかかった。罵声を浴びせる群集二〇〇人が集まり、お巡りたちに瓶を投げ始めたので、警官たちは逃げ出した。この暴徒がますますふくれあがりやがてデトロイト市は炎上した。

暴動は、古典的なティッピングポイント現象だ。暴徒三人の一人でいるのは危険だ――警官に捕まる可能性は高い。でも暴徒が三〇〇〇人いれば、まず逮捕されることはない。デトロイト市では、警官が一〇〇〇人以上いたのに、放火して強盗する暴徒数千人を抑えられなかった。キャヴェナーは自分の市をどうすることもできなかった。暴動が収まったのは火曜日、装甲車に乗って第八二および第一〇一空挺師団が何千人もやってきたときだった。この蜂起が収まった頃には死者は四三名、燃えた建物は一四〇〇棟、強盗にあった店舗は一七〇〇軒、逮捕者は七〇〇〇〇人となった。

デトロイト市の黒人市民が暴動に走った理由はすぐにわかる。南部から募集された白人まみれの警察に暴行を受けてきた。何十年にもわたり、自動車産業の白人職からは系統的に排除され、もらえる仕事は低賃金か労働条件が悪いものばかり。統計によれば、この種の黒人の怒りを育んできたのはデトロイト市以外にたくさんあることがわかる。そして暴動が最も多かったのは、若い黒人失業者が大量にいる都市だった。

警官の多い都市は、実は暴動も小さかった。残念ながら、暴動がいったん起きたら、それを止めるには高圧的な法執行以外ないようだ。都市騒乱に関する大専門家三名は、強権主義と暴動の結びつきに関する研究結果を、簡潔にこうまとめている。「弾圧は効く」。暴動に厳罰を与える強権政治では、暴動も少ない。民主主義のほうが専制政治より暴動が多いのはそのせいかもしれないし、後進的とされる南部よりも先進的な北部の都市のほうがずっと暴動が多かったのも、そのせいかもしれない。

暴動は都市が可能にする集合的な行動の一例で、文句なしの都市の呪いに思えるかもしれない。でもシュテーンヴォールデ近くの暴動はオランダ蜂起の発端となり、それがヨーロッパ初の近代的な共和国をもたらした。そしてボストンにおける収拾のつかない暴徒活動は、アメリカが革命と共和国へと向かう過程で不可欠なものだった。トマス・ジェファソンは、「私は大都市という物が人の道徳、健康、自由に対して有害であると見ている」と書く。でも彼自身の自由派、サム・アダムスやジョン・ハンコックのような都市扇動家に大きく恩恵を受けている。彼らがイギリスとの紛争を作り出せたのは、まさにボストン市という大きな港のおかげで暴徒を集められたからだ。

ジョージ三世国王のように、一九六〇年代のアメリカ都市指導者たちは、暴動に対して二つの対応が考えられた。一つは法執行を強化して、人々を牢屋にぶちこむことで街路を安全にすることだ。もう一つは暴動者に対して親身になり、もっと公正な社会を作ろうとすることだ。第二のアプローチはなかなか結構なもので、リンゼイもキャヴェナーもこれに惹かれた。一九六〇年代と七〇年代には、多くの改革的なリーダーが都市に人種社会平等をもたらそうと苦闘した。残念ながら、こうした指導者たちは、大きな社会問題を都市のレベルで正すのがいかに難しいかを実証しただけだった。

アメリカ人種差別のひどい歴史は、なぜ多くの黒人が一九六〇年代に暴動する気になったかは説明してくれるが、でもその歴史をもってしても、こうした暴動がアメリカ都市にすさまじい被害を与えたという事実は変えられないし、その被害を特に受けたのが黒人住民だったことも否定できない。というのも、暴動者たちが放火していたのは、金持ちの白人郊外住民の家ではなかったのだから。こうした暴動や犯罪増加は、都市から文明が去ってしまったという感覚を作り出すのに貢献した。結果として、デトロイトを逃げ出せる者はそこを離れてしまった。

2.5 都市の刷新――一九七〇年以降のニューヨーク

一九七〇年代という比較的最近の時期まで、あらゆる古い工業都市はすべて、同じように衰退の一途をたどるように思えた。ニューヨーク市もデトロイト市も、中核産業衰退に苦しんでいたし、どちらかといえばニューヨーク市のほうが悪い状況に見えた。というのも衣料産業はゴッサム（注：ニューヨークの別称）からすぐに出ていくが、それに比べれば自動車産業はまだモータウン（訳注：デトロイトの別称）に残り続けそうだったからだ。一九七七年に、デトロイト市を含むミシガン州ウェイン郡の労働者は、マンハッタンの労働者よりは賃金が高かった。ニューヨーク市の政府もデトロイト市より大してマシとは思えなかった。一九七五年にニューヨーク州は地域支援会社を設立して市の財政を担当させ、市が全米で最も高い税金を持つのに破産するのを防がなければならなかった。

だがデトロイト市は衰退を続けたのに、ニューヨーク市は復活した。

ニューヨーク市復活の説明はあれこれたくさんある。一部のヤンキーズファンは、レジー・ジャクソンのホームランのおかげで市のやる気が復活したのだと思っている。ヒップな都会派は、アンディ・ウォーホルや芸術のおかげだと考えている。ジュリアーニ市長は自分がえらいと考える。こうした見方はどれもある程度は事実だが、ニューヨーク市復活は主に起業の爆発に結びついている。そのほとんどは金融サービスでのものだ。二〇〇八年には、アメリカ国勢調査局が「証券、商品契約等金融投資および関連活動」と呼ぶセクターの従業員に対する人件費支払いは七八六億ドル以上となった。そしてこれは、金融企業のオーナーたちへのすさまじい報酬は含まれていない。

六〇年前にも、ニューヨーク市の粘り強さはいささか謎で、経済学者ベンジャミン・チニッツは当時、ニューヨークの強みはアパレル産業の小企業が奨励する起業の伝統にあると論じた。チニッツによれば、ピッツバーグ市の大鉄鋼会社のサラリーマンたちは、子供たちに上司の言うことを聞いて危ない橋は渡るなと教えた。でもニューヨーク市の衣料メーカーたちは、子供たちにリスクを取れと教えたのだという。確かに金融長者サンディ・ワイルの父親は仕立屋から始めて鉄鋼輸入に切り替え、そして勤め人になるより企業経営に向いた息子を産みだした。

都市は昔から知的な爆発を生み出し、ある賢いアイデアが別のアイデアを生むように仕向けている。

フィレンツェの芸術的なルネッサンスはそうした爆発の一例だ。バーミンガム市とマンチェスター市の産業革命もそうだ。二〇世紀後半のニューヨークにおける金融の成長も、まさにそうしたイノベーションのおかげで、リスクとリターンのトレードオフを定量化できるようになったために、投資家にジャンクボンドやMBSなどリスクの高い資産が売れるようになった。そしてそのおかげで、高リスク高リターンの活動、たとえばRJR／ナビスコなどの低迷企業のレバレッジドバイアウト（訳注：巨額の借金で企業の買収を行い、リストラして企業価値を上げることでその借金を返し、儲けを出す手法。）などが可能になった。今日のヘッジファンド億万長者は、そうした一連のイノベーター連鎖の末端にすぎない。

世界中で、ニューヨーク市の金融イノベーションあれこれなんて胡散臭いと思っている何百万もの人々にとって、マイケル・ブルームバーグの話はもう少し受け容れやすいかもしれない。これは賢いトレーダーが別のセクターの起業家となった話だ。一九七〇年代のブルームバーグは、ソロモンブラザース社で大成功しており、同社のトレーディングフロアを運営していたが、その後同社のおたく臭いシステム開発部門に追い出され、その後一九八一年に解雇された。するとブルームバーグは情報技術に転身して、その後三〇年で、ますます定量化を求めるウォール街トレーダーの求めるものを提供することで、自分の会社を化け物に仕立て上げた。業界の隠語なしのキーボードと、常時更新される莫大な情報の流れだ。

だがブルームバーグは情報を電子的に動かすことで一財産築いたが、対面活動の価値も知っている。ブルームバーグ社のオフィスは「オープン配置」になっていて、これはかつてソロモンブラザース社で彼が仕切っていたウォール街のトレーディングフロアのパターンに従ったものだ。ほとんどの世界では、金持ちは飾り立てた壁のでかいオフィスにとじこもるものだが、トレーディングフロアでは、世界で最高の金持ちの一部は顔をつきあわせて仕事をしている。金持ちトレーダーは、他人との近接性からくる知識のためにプライバシーを捨てているのだ。ある意味で、トレーディングフロアはまさに都市の縮小版だ。ブルームバーグが二〇〇二年にまたもや転職してニューヨーク市長になると、彼はオープン配置を市庁舎にも持ち込んだ。

ニューヨーク市が金融不死鳥として台頭しつつあったとき、デトロイト市は止まらない衰退に苦しんでいた。この自動車都市の失敗は、多くの点でヘンリー・フォードの成功の遺産だ。都市刷新には、一九世紀デトロイトに見られた伝統的な都市の美徳が必要だ。教育の高い労働者、小企業、ちがう産業同士の創造的な交流。二〇世紀末のデトロイト市は、単一産業が何十万もの低技能労働者を、三つの垂直統合された大企業で雇っているのがほとんどだ。なんと有害な組み合わせだろう！

大企業を擁するデトロイト市のような都市は、多数の小事業者を持つ都市よりも雇用増大が弱かった。都市圏では、一九七七年における労働者一人あたり企業数が一〇％高いと、一九七七年から二〇〇〇年にかけての雇用増は九％高かった。この関係は、産業の種類や企業の古さ、都市の規模によらず成立する。

巨大な垂直統合企業は短期的には生産的かもしれないが、長期的な都市の成功に不可欠な、エネルギッシュな競争や新しいアイデアは作り出せない。小事業家は、ジョン・デロリアンほどの経験と華々しさを持っていても、ビッグスリーとまともには張り合えない。デトロイト市は成長を推奨する多様性と競争を殺してしまった。さらに組み立てラインの都市は、ボストン市やミラノ市、ニューヨーク市などの多様性を持つ都市の復活を可能にした教育機関への投資をしなかった。

一方、輸送費の低下でヨーロッパや日本の競合がアメリカで車を売りやすくなった。デトロイト市のビッグスリーが過激なリスクへの意欲を失ったずっと後に、本田宗一郎は燃費の高い小型車を作っていた。デトロイト市の自動車産業は、たまにミニバンやSUVといったイノベーションでなんとか生き延びたが、その絶頂期はとうに終わっていた。一九七〇年代には、ガソリン価格高騰でアメリカ人もキャデラック・エルドラドやクライスラー・インペリアルに食指が動かなくなり、デトロイト市は行き場を失った。自動車産業が斜陽化すると、デトロイト市はますます没落した。工業都市の時代は——その大工場や強力な組合と共に——終わりを迎えた。

2.6 コールマン・ヤングの正義の怒り

デトロイト市の没落は、政治よりは経済のせいだが、市の没落に対する政治的な対応は事態をさらに悪化させた。ニューヨーク市は一九七〇年代の危機に対し、社会的な不正を地域レベルで終わらせるという夢をあきらめることで対応し、中央集権的な実務型市長を選んだ——コッチ、ディンキンス、ジュリアーニ、ブルームバーグなどだ。彼らは市を、雇用主や中産階級住民にとってなるべく魅力的にしようと決意していた。デトロイト市は情熱的な救世主に率いられ、その怒りはわからないでもないが、役に立たないものだった。

コールマン・ヤングの一家は一九二〇年代にアラバマからデトロイトに引っ越してきた。ヘンリー・フォードに雇われたが、結局は労働運動や市民権活動に関わって、自動車業界のブラックリストに載った。第二次世界大戦には、ヤングは爆撃手としてタスケジーエアメンに加わった。この総黒人部隊は、アメリカのために空を飛ぶという機会を初めて黒人に提供した。デトロイト市でくすぶっていた人種対立は一九四三年に大暴動となって爆発したが、これはどうもベルアイルの公園で白人の若者が黒人を攻撃し始めたのが発端らしい。白人警官はこれに対し、黒人一七人を射殺したが白人は一人も殺さなかった。連邦政府は、デトロイト近郊にいたヤングの総黒人爆撃部隊を、まずはケンタッキー州に移し、それからインディアナ州のフリーマン空軍基地に移すのが賢明と考えた。

フリーマン空軍基地には将校クラブが二つあり、それぞれ白人教官と黒人訓練生向けで、区別されてはいたが平等ではなかった。ヤングはデトロイトの街路で覚えた労働組織家としての技能を使い、これらのクラブの人種統合を図った。黒人将校たちは集団で白人クラブに入り、逮捕された。やがて黒人グループからの圧力を受けて釈放され、ケンタッキー州に戻された。ここの将校クラブはだれでも使えたが、白人将校はフォートノックスの別のクラブを使えたのだった。

戦後一八年にわたり、ヤングはデトロイト市の政治的な梯子を登っていった。一九五一年には全米黒人労働評議会を創設したが、これはその過激な活動のため、マッカーシーの赤狩り時代には下院非米活動委員会にも目をつけられた。仲間について訊問されたヤングは回答を拒否して、「私は告げ口屋としてここに来ているのではない」と述べた。やっと一九六三年には時代が彼の過激思想に追いつき、ミシガン州上院議委員に選ばれた。三年後には、上院議員少数民族指導者になった。そして人種分離を抑えるオープン住宅法を可決させたし、デトロイト初の所得税の可決にも協力した。

地元所得税は、市単位で公正な社会を作ろうとする問題をよく示している。ヤングの所得税の直接的な効果は、金持ちからお金を取って、それを貧乏人支援のサービスに振り向ける、というものだ。地元所得税の間接的な効果は、富裕層や企業の転出促進だ。経済学者四人による研究では、大都市四つのうち三つにおいては、所得税率を引き上げても、ほとんど税収は増えない。経済活動は高い税率に応じてすぐさま霧散してしまうからだ。デトロイトのような下降中の場所では、地元での再分配という善意の試みですら、豊かな事業や人々の脱出を加速することですぐに逆噴射し、これはますます貧困者を孤立させる。

暴動でジェローム・キャヴェナーの地位は失墜し、引退に追い込まれ、そして一九七三年にはついに、デトロイト市の黒人人口比が増えるにともない、ヤングが市長に選ばれた。彼の歯に衣着せぬ物言いは、デトロイトの黒人社会の昔から裏切られてきた希望に対し、声を与えたので、その後市長選四回を楽に勝ち、その間にデトロイト市は一九七〇年代には白人比率五五・五％だったのが、二〇〇八年には一一・一％にまで下がった。

ヤングの粗暴なスタイルは、彼の在職期間二〇年にわたり新聞の見出しを飾った。かれは粗野さが有益だと思っていた。「罵倒語をうまく使えば、言いたいことをずっと直接的に、ズバリ、きちんと表現できるんだ」。そして白人は自分の人種差別意識のひどさに気づいていないと論じた。「人種差別の被害者は、あんたが人種差別主義者かどうかをあんた自身よりずっときちんと評価できるんだ」。一部の人は、ヤングが犯罪者たちに「デトロイトを離れろ」「八マイルロードに出ろ」（これはデトロイトと北部郊外地とを隔てる高速道路だ）と告げたとき、犯罪者に郊外を襲えと示唆しているのだと思った。市長は自分の敵など意に介さなかったし、彼らが市を離れるのを喜んでいた。

ヤングの好戦ぶりを見て、多くの支持者は市長が自分たちのために戦ってくれる恐れ知らずの味方だという印象を得た。長年にわたり二級市民扱いを受けてきたデトロイト市の黒人たちは、いまや誇り高く生きられるというわけだ。ヤング自身、不当な人種差別で不当な思いをしてきたので、市の白人たちに対して甘いことを言う気にはならなかった。さらに政治的にも、デトロイト市から白人の流出が続けば続くほど彼にとっては有利なのだった。

2.7 カーリー効果

経済学者は昔から、市民が「足で投票」できるので、地方政府の間に競争が生み出され、企業間の競争と似たような便益がある程度はもたらされるのだ、と論じてきた。でもこの美しい構図には本当に限界がある。コールマン・ヤングとデトロイト市の物語が示すように、有権者流出は倒錯したインセンティブを作り出して、政府を悪化させる場合がある。私はこの現象をカーリー効果と呼んでいる。これはボストン市の有名な市長ジェイムズ・マイケル・カーリーにちなんだものだ。

カーリーはヤングとかなり似ているどころか、もっと論争の種だった。カーリーは自分が貧困少数派人種（アイリッシュ）の代表なのだと自分を位置づけた。そして旧来の悪を正すのだと約束して勝利を得た。カーリーはアングロサクソンを「奇妙でバカな人種」と呼んだりして、ボストン市の上流階級を怒らせた。ボストン市長には四回選出されている。これはヤングの五期ほどではないが、カーリーは州知事も務めている。さらにヤングとちがい、カーリーは二回投獄されている。一回は郵便の不正、もう一回は公務員試験の身代わり受験だ。

カーリーの市長第一期の一九一六年のある日、イギリスの志願兵募集係官が市長に対し、第一次世界大戦でイギリス出身のボストン人をイギリス軍に参加して戦うよう招いてもいいかと尋ねた。カーリーは「おう、やってくれよ大佐。あんな連中、一人残らず連れてってくれよ」と答えた。なんといっても、イギリス系のプロテスタントのボストン市民は圧倒的にカーリー不支持だったのだ。ボストンが貧乏なアイルランド人だらけになれば、それだけジェイムズ・マイケル・カーリーも再選されやすくなる。

カーリー効果は人種に基づく政治の危険を示している。特に、転出が容易な都市ではそうだ。ボストン市の経済は、金持ちヤンキーが市内に残ったほうが潤っただろう。でもカーリーは何とかしてその人々を始末しようとした。同じように、デトロイト経済は裕福な白人の大量転出で苦境に陥った。ヤングははっきりと白人に立ち去るよう言ったわけではないが、残りたくなるようなことはほとんどしなかった。市長が味わった不正を思えばその怒りに共感せざるを得ないが、でも正義の怒りが賢明な政策をもたらすことはほとんどない。

富裕層は転出できるので、市の政府はなかなかロビン・フッドにはなれない。金持ちは、停滞し衰退する都市からかなり容易に立ち去れる。デトロイトの中流階級は、郊外に移転することでコールマン・ヤングから逃れたのだった。

2.8 壮大な建築物

ヤングは確かにデトロイト市の経済戦略を持ってはいたが、狙った目標がまちがっていた。賢く金持ちの起業的な人々を集めようとするかわりに、建築物を建てたのだ——ジェイムズ・キャヴェナーと同じまちがいをして、建物と本物の都市を混同したのだ。何世紀も前から、指導者たちは新しい建物を使って都市成功のイメージを打ち出そうとしてきた。紀元一世紀にローマを支配したウェスパシアヌス皇帝は、コロセウムなどの大規模建設プロジェクトで自分の正当性の気運を盛り立てた。一七〇〇年後、伝説によれば、グリゴリー・ポチョムキン将軍は、エカテリーナ大帝の歓心を買うべく、繁栄しているように見える張りぼての村を作ったとか。今日の都市指導者たちは、でかい建築物のオープニングでポーズを取るのが好きだ。彼らの自治体が繁栄に到達したか復活したということを証明しているかのように見えるからだ。何十年にもわたり、連邦政府はこの傾向に拍車をかけてきただけだ。構造物や交通には何十億ドルも補助金を出すのに、学校や安全に出す補助金はずっと少ないのだ。

都市が建設で衰退から脱出できると考えがちなのは、建築物の誤謬の一例だ。新しい建物がたくさんあれば都市の成功につながると考えてしまうのだ。成功した都市は確かに建設が増える。経済活力で人々はもっと空間にお金を出したがるようになるし、建設業者も喜んでそれに応じるからだ。だが建築は成功の結果であって原因ではない。すでに必要以上の建築物を持つ衰退都市に、さらに建物を増やすというのは、愚行以外の何物でもない。

一九七〇年代に、アイスホッケーのデトロイト・レッドウィングスは、郊外脱出すると脅しをかけた。ヤングはそれに応えてジョー・ルイス・アリーナを五七〇〇万ドル（二〇一〇年の通貨価値では二億五〇〇〇万ドル）かけて建設し、それをバーゲン価格でレッドウィングスに貸し出した。スポーツチームは引き留められた——だがその費用はすさまじかった。一九八七年にデトロイト市は、ピープルムーバーというモノレールを建設した。費用は二億ドル以上（二〇一〇年価値では四・二五億ドル）。この五キロほどの路線は一日六五〇〇人ほどが利用し、営業経費として年額八五〇〇万ドルの補助金が必要だ。全米で最も馬鹿げた公共交通プロジェクトかもしれない。これはえらく楽観的な乗客予測で売り込まれたのだが、利用者はごくわずかだ。デトロイト市はそもそも新しい公共交通など不要だった。ピープルムーバーを設置した通りはほとんど交通量がないので、バスが十分に走れる。

一九七〇年代の期待の星はルネッサンスセンターだった。センターは免税措置を受け、キャヴェナーとヤング双方から熱烈に支持されたが、でもこれは公共の愚行というよりは民間の愚行の見本だった。ヘンリー・フォード二世は、なぜかデトロイトは何十万平方メートルもの新規オフィス床を持つ巨大建築によって救えると思ったのだった。残念ながら当時のデトロイト市が必要としていたのは新しい床ではなかった。センターの建設費は三・五億ドルだったが、一九九六年にはゼネラルモータース社に、一億ドル以下で売却された。ヘンリー・フォード二世の巨大な張りぼてには、いまやゼネラルモータース社が入居している。

一九八一年にコールマン・ヤングとゼネラルモータース社は手を組んで、またも建設プロジェクトに着手した。ヤングは強制収容権を行使して、ポールタウン地区の少数民族の近隣にある住宅一四〇〇軒を破壊した。活動家たちは抗議して、これをミシガン州最高裁で争ったが、結局ヤングが土地を獲得して、それをゼネラルモータース社に与えて、市内に新しいハイテク工場の建設を行わせた。工場はいまも稼働中で、一八八ヘクタールで一三〇〇人ほどを雇っているが、四〇〇〇人以上を立ち退かせて、これほど土地集約的な事業所を市内に作って何のメリットがあるのかはよくわからない。

デトロイト市の建設プロジェクトは、確かに市の外観は変えた。スカイラインではルネッサンスセンターが一番目立つ。ピープルムーバーに乗るとディズニーワールドに来たような感じだ——ディズニーワールドが荒廃した都市の中にあるならば。でも他の衰退地域と同じく、何十億ドルもが無用のインフラに費やされた。当然ながら、すでに未利用不動産だらけの場所に、もっと不動産を供給したところで、何の役にも立たなかった。都市刷新の失敗は、都市の成功を本当に左右するのは建築物ではなく人なのだ、ということが政府のあらゆるレベルで認識されていなかったことを反映している。

別の政策ならデトロイト市は救われていただろうか？　ヤングが市長に選出された頃には、デトロイト市はとっくに衰退途上にあり、最高の政策ですら市の問題を多少軽減できたくらいではないだろうか。でももっと早い時期、まだこの市がずっと豊かだった頃に別の道をとっていたらどうだろう。デトロイト市が一九二〇年代から、その富と政治力を使ってあらゆる段階の教育に投資をしていたら、ポスト工業都市時代の生存に必要な人的資本を発達させられたかもしれない。

2.9　赤錆地帯に残る

工業の衰退と政治的失敗の厳しい現実は、二〇〇八年の時点でデトロイト市の一人当たり所得は一万四九七六ドル、全米平均のたった五四・三%でしかないということだ。世界的な不景気以前の二〇〇六年でさえ、デトロイト市の失業率は一三・七%で、第二位の大都市をはるかに引き離していた。デトロイト市の冬は厳しい——一月の平均気温は氷点下四度だ——そしてアメリカ人は、どうも暖かい気候が好きなようだ。過去一世紀にわたり、都市成長の予測指標として最も強力なのは、冬の暖かさだ。こうした寒冷さと貧困のファンダメンタルズを見れば、デトロイト市がなぜ衰退したかと尋ねること自体がまちがっているのかもしれない。むしろ、なぜ二〇〇八年になっても七七万七〇〇〇人が残っているのか、と尋ねるべきなのかもしれない。

この質問への答は、デトロイト市民一人一人でちがっているだろうし、そのそれぞれがデトロイト市について何か有益なことを教えてくれるだろう。でも、ほとんどの人が残っている理由を説明する力が一つある――安いしっかりした家だ。ある地域の人口は、その地域にある住宅戸数と密接に相関しているし、住宅は一夜で消えたりはしない。また価値も高いので、少なくともすぐに放棄はできない。価格はじわじわ下がるが、しばしば何十年もだれかが住み続ける。国勢調査局によると、デトロイト都心部の住宅ストックの八六％は一九六〇年以前に建てられたものだ。この市の住宅鑑定価値は平均で一戸八万二〇〇〇ドルで、新規建設費用よりもはるかに安い。

都市が成功していれば、新規住民を収容するだけの住宅を急速に建設できる限りは急成長する。都市が衰退するときには、それはきわめてゆっくり衰退する。人々は住宅ほど価値あるものを放棄したがらないからだ。ある意味で、住宅の耐久性はありがたいことで、あまりリソースのない人々に安い空間を提供してくれる。安い住宅のおかげで延命している都市の悪いところは、それが圧倒的に貧乏人をひきつけ、きわめて恵まれない中心を作り出して、それが社会正義を求めて声を上げるということだ。

2.10 縮小して偉大になる

世界中の多くの都市は、デトロイト市の運命をある程度は経験しているし、政治家たちは都市衰退に対して各種アプローチを実施してきた。アメリカ都市は主に、建設で衰退を逃れようとしてきた。スペインは交通を重視して、何百億ドルも高速鉄道につぎ込んだが、それは貧困地域の経済成長促進のためもあった。イタリアなどは、大規模な免税措置を使って貧困地域の事業を奨励してきた。多くのヨーロッパ都市は、ビルバオ市のグッゲンハイム美術館のように、文化戦略を試した。二〇〇八年にリバプール市は、一年だけヨーロッパ文化首都に選ばれて、それを祝うのに新規建設の大ラッシュが生じた。こうした戦略のうち、本当に都市の衰退を逆転させられるのはどれだろうか？　どの戦略が費用を超えるだけの便益を生み出すだろうか？

一九世紀には、財の移動がすさまじく高価だったので、よい交通リンクを持ったニューヨーク市やリバプール市のような場所が大きな優位性を持った。今日では、人や物の移動はほとんどどこでもかなり安上がりなので、交通を改善したところで、あまり優位性は生じない。

交通投資は、貧困者が急発展して場所がなくなった大都市にアクセスする速度を大幅に高める場合に最も有効だ。スペインでは、高速鉄道の投資ラッシュが、マドリッド市やバルセロナ市、シウダード・レアルのような都市の移動時間を大幅に短縮した。高速鉄道接続のおかげで、マドリッド市からシウダード・レアル市への二二五キロの移動が五〇分ですむようになり、あら不思議、人々はシウダード・レアル市に暮らしつつ、スペイン最大の都市で働けるようになった。コンパクトなイギリスでは、バーミンガム市、マンチェスター市、リバプール市のような都市は、ロンドンと超高速鉄道で結ばれたら急成長できるだろう。

でもシウダード・レアル市が高速鉄道の恩恵を被るのに役だったものは、アメリカの赤錆地帯の多くにはほとんどない。バッファロー市やクリーブランド市やデトロイト市なら、鉄道よりは飛行機のほうが絶対に速い。ニューヨーク市とこれらの都市の間には空き地がたくさんあるので、そうした離れた都市がバックオフィスのあふれた仕事を受け容れる場所になるはずがない。ニューヨーク市との高速鉄道は、フィラデルフィア市やニューヘイブン市といった近郊都市には有益だろう。でもアメリカの広範な広がりは、あまりに大きすぎる。高速の地上交通が、遠い地域を活性化させるのはむずかしい。

地域を復活させる別の方法は、低開発地区に立地する事業所の税金を減免することだ。研究によれば、免税措置は困窮地帯の雇用を大幅に増やしたが、雇用一件当たり免税額は一〇万ドルも必要だったという。でもこんなに費用がかからなかったとしても、国の政府がそもそも税制を使って経済活動をあちこちに動かすのはどうなのだろう。一九世紀のシカゴ市やデトロイト市に課税して、マサチューセッツ州セーラム市の人口を増やし続けるのはよいことだろうか？　なぜ国の政策で、企業を生産性の低いところに立地させねばならないのか？

国の政策は、全国民を豊かにして力を与えるよう努力すべきであり、人々をどこか特定の場所に住むよう押しやるべきではない。連邦政府は、ロッキー山脈の山麓部で経済開発を奨励してみたりするべきではないし、人々を政治的にひいきされた都市に引っ越させるために、何十億ドルも使うのを正当化するのはむずかしい。都市を刷新しようという高価な試みは、そうした衰退地区に住む貧困者よりは、コネの多い企業に利益をもたらすことが多い。貧困地区に美術館を建てると物件価格は上がり、芸術っぽい客は増えるだろうが、芸術などに興味がなく、いまや家賃も上昇してしまう賃貸住民には役に立たない。

ビルバオ市のグッゲンハイム美術館の成功で、文化機関が都市刷新戦略として成功するという見方がもっともらしくなった。フランク・ゲーリーの目を惹く建物は、確かに観光を刺激して、一九九四年には一四〇万人だった観光客数は三八〇万人に増えた。この美術館だけでも、年間一〇〇万人が訪れている。でも、ビルバオ市を疑問視する声ももちろんある。ある調査では、バスク地方の財政に二・四億ドルの負担をかけたこの美術館による新規雇用は、九〇〇しかないという。だがビルバオ市をお手本にする場合のもっと大きな問題は、これがまったく標準的な例などではない、ということだ。グッゲンハイム一つに対して、高価な失敗例は大量にある。たとえばイギリスのシェーフィールド市にできた全国ポピュラー音楽センターは、毎年新規訪問者四〇万人という期待で建設された。でも一九九九年に開館したら、実際の来館者はその四分の一で、一年足らずで閉館した。ライプチヒ市もまたすばらしい美術館を持っていて、壮大な天井の高い展示室を持つが、残念ながらそれは来館者の少なさをかえって際立たせることになっている。

ライプツィヒ市で見習うべきなのは、その文化戦略よりはむしろ、衰退の事実を認めて空き家となった住宅ストックを減らそうという現実的な厳しい政策のほうだ。二〇〇〇年に同市の住宅ストックは、五分の一にあたる六万二五〇〇戸が空き家だった。何十年にもわたり衰退の事実を受け容れようとしなかった市政府は、そうした住戸には二度とだれも住まないという事実を認識し、それを取り壊して緑地にしたほうがいいと認めた。空き家を潰せば市のサービス提供費用を減らし、危険物も減らし、見苦しいボロ家を使える空間に変える。ライプチヒ市は目標として空き家二万戸を取り壊そうとしている。

アメリカでは、一九七〇年の人口がすでに半減しているオハイオ州ヤングスタウン市が、縮小して偉大になるというビジョンを採用した。二〇〇五年に同市の新任市長は、すぐに遺棄住宅を取り壊す資金を確保した。こうした住宅の多くは破壊される。かつては高密近隣だった場所に、公園や空地や大きな敷地ができる。この戦略でヤングスタウン市の人口が回復するわけではないが、都市の魅力は高まり、危険は減り、維持管理も安上がりになる。そしてデトロイト市もやっと、住民は戻ってこないから空き家はもっとまともな使い道で置き換えるべきだということを理解する市長、デヴィッド・ビングを見つけた。ビング市長は共感も十分持ち合わせているが、建築物の誤謬も理解している。デトロイトは、建物が大幅に減っても人々に十分奉仕できるなら偉大な都市になれる、と彼は理解している。

美術館や交通や芸術は、場所作りには重要な役割を果たすのは事実だ。でも計画者たちは現実的になり、大ホームランをかっ飛ばすよりは、堅実な成功を狙うべきだ。現実性を持てば、都市の未来を巨大で高価なサイコロに賭けたりするよりは、小さな筋の通ったプロジェクトを重視することになる。こうしたアメニティ投資の本当の見返りは、観光増大ではなく、本当にその都市を回復させられる高技能住民を引きつけることだ。その住民が世界経済と結びつけるならこれは特に重要となる。

衰退工業都市復活の道は、長くつらいものだ。何十年もかけて、大工場と重工業の呪われた遺産を処分しなくてはならない。小規模起業と商業の場所というルーツに還らなくてはならない。このプロセスを加速するにあたり、地方政府にできることといえば、教育に投資して、穏健な税と規制により中核公共サービスを維持するくらいしかない。すべての都市が復活するわけではないが、人間の創造性は強力だ。特にそれが都市の密度により強化される場合には。

人々はしばしば、貧困と都市の失敗を結びつけて考えてしまう。特に、衰退している場所は住宅が安いために貧困者が集ってしまうのでそうした傾向が強まる。でも、都市の貧困は、それ自体としてはなにもいけないことはない、それどころか次章で見るように、貧困は通常は都市が成功している証拠なのだ。

第三章　スラムのよいところ

リオデジャネイロ市のイパネマビーチで、夕日を見ながら冷たい安いビールをプラスチックのコップで飲むのに匹敵するほど、単純かつ純粋な喜びはほとんどない。リオのビーチは都市空間の中で最も快楽的な場所だ。天候は概ね神々しいほど。ビーチはいつも、美しい人々で一杯だ。東の海を見渡せば、シュガーローフ・ヒルのそびえる見事な海岸線が目に入る。陸側を見れば、オーシャンフロントの眺めを活かしたすばらしい建物が列をなしている。リオがブラジルの首都だったときからすでに四〇年たち、その政治経済的な重要性は下がったとはいえ、この都市は快適な国における最も心地よい都市のままだ。美しい古い建築とすばらしい自然の美しさを物理的な骨格として、リオの住民、カリオカたちはエキサイティングな都市空間を作り出している。この空間は観光客のメッカだが、カリオカたちのほうが通常は観光客よりもずっと楽しんでいるようだ。

イパネマビーチから丘陵のほうを見れば、贖罪主キリストの巨像、コルコバードに目が引き寄せられる。でも注意深く見ると、この都市アルカディアには染みがあることを突き止めるだろう。リオを取り巻く丘陵はスラム、あるいはファヴェーラだらけで、そこはしばしば電気も下水もない。こうした丘陵にそんなものがあるのは不思議で、筋が通らないように思える。リオの丘陵は世界最高の眺めを持っているのに、なぜそこに掘っ立て小屋が立ち並んでいるのか？　そこではまともなインフラと同じく法の支配もほとんどないのだ。こうしたファヴェーラの光景は、浜辺の人々に対してリオは単なる金持ちの遊び場ではなく、一〇〇万以上の貧困者が悲惨な住宅に密集している都市なんだということを思い出させる。

二五〇〇年前、プラトンは「あらゆる都市は、いかに小さくても、実は二つに分かれている。一つは貧困者の都市であり、もう一つは金持ちの都市だ」と指摘した。あらゆる発展途上国のほとんどすべての都市は、貧困が集中したスラムを持っている。コルカタ市やラゴス市のような場所は、その苦悶は実に広範で極端なので、傍観者は都市全体が地獄のようだとしか思えない。先進国ですら、都市は圧倒的に貧困者が多い。アメリカでは、都市内の貧困率は一七・七％だが、郊外では九・八％だ。

都市貧困の悲惨な広がりは、都市が不平等と搾取の場所だと糾弾するかに思える。多くの都市分析者は、大都市の問題に大きな危機を見て取る。これは通常は、ムンバイ市やメキシコシティには大量の貧困者が住んでいるという意味だ。だから、こうした大都市の成長を抑えるのが賢明だと思ってしまう人は多い。というのもそういう都市の群集と密集のおかげで、何百万人もが厳しいどん詰まりの生活を強いられているように思えるからだ。先進国では、五番街の億万長者をゲットーの子供と隔てるすさまじい都市の分断に比べれば、均質な郊外がはるかに博愛主義的に思えるのだ。

だがいまの段落はまったくのナンセンスだらけだ。リオからロッテルダム市のような都市に貧困があるのは、都市の強みの反映であり、弱みをあらわすものではないのだ。メガシティは大きすぎたりはしていない。その成長を抑制すれば、利得よりははるかに多くの苦悶を引き起こすし、都市の成長は地方部の貧困を減らすすばらしい手段なのだ。郊外部の一見すると平等な世界は、多くの点で社会全体にとっては、都市の不平等な世界よりはむしろ大きな問題なのだ。特に、そうした郊外部の安楽を手に入れるだけのお金がない人々にとっては。

　都市が貧困者だらけなのは、別に都市が人々を貧困にするからではなく、都市が生活向上の見通しによって貧困者を引きつけるからだ。大都市に最近になってやってきた人々の貧困率は、昔からの住民の貧困率に比べて高い、これはつまり、時間がたてば都市住民の生活が大幅に改善する、ということを示唆している。他の場所から都市にやってくる貧困者は、別に正気でないとかまちがっているとかいうわけではない。彼らが都市に群がるのは、以前の暮らしでは見つけられない長所を都市が提供するからだ。都市スラムの大問題は、都市に暮らす人が多すぎることではなく、そうした住民が往々にして大都市の経済的な中心からあまりに分断されているということだ。大量の都市貧困者は、確かに直面すべき課題を作り出すし、これは次章のテーマとなるが、都市が地方部の貧困者を何百万人も余計に受け容れられる世界を希望するほうが、そうした潜在的な移住者たちが農業の孤立で人生を終えるよう祈るよりはずっとましだ。

　リオのスラムが高密なのは、ファヴェーラの生活がうんざりするような地方部の貧困よりはるかにましだからだ。リオは昔から、ブラジル後背地の荒れ果てた地域よりは、ずっと多くの経済的な機会や公共サービスや娯楽を提供してきた。アメリカのゲットーは、ユダヤ人虐殺や貧困から逃れる移民たちや、奴隷制南部のつらい農業労働を逃れてきた黒人たちでいっぱいだった。一九世紀マンチェスター市の大経済原動力は大量の貧困と結びついていたが、それは都市が破綻しつつあったからではなく、その紡績工場が仕事を熱望する地方の人々を引きつけていたからだ。実際、むしろ心配すべきなのは、あまりに貧困が少なすぎる場所のほうだ。なぜそうした都市は、きわめて貧しい人々を引きつけられないのだろうか？

自由な社会では、人々は移住によって明示的に、あるいは生まれた場所にとどまることで暗示的に、生きる場所を選ぶ。都市の人々はその都市が何を提供するかを物語る。ソルトレイクシティがモルモン教徒だらけなのは、それがモルモン教徒であるのに好都合な場所だからだ。ロンドンに銀行家が多いのは、お金の管理に適した場所だからだ。リオのような場所に大量の貧困者がいるのは、貧困者にとって比較的よい場所だからだ。なんといっても、イパネマビーチはお金がなくても楽しめるのだから。

人々の自由な移動は、都市の成功の種類によってはそこがかえって貧しくなると言うことを意味する。経済学はインセンティブの力を強調する。何かをすることによる利得が上がれば、それをやる人は増える。ある地域の貧困者がいなくなれば、それはそこが何か重要なものを欠いているという信号だ。それは低所得者向け住宅かもしれず、公共交通かもしれず、最低技能者向けの仕事かもしれない。都市貧困の大パラドックスは、都市がいま住んでいる貧困者の生活を、公立校や公共交通の改善により向上させれば、その都市にはもっと貧困者が集まってくるというものだ。

過去三〇年のデータによれば、アメリカ都市が新高速交通の駅を作ると、そうした駅の周辺では貧困率が上がるのが通例だ。これは別に公共交通が人々を貧困にしたということではない。貧困者が、車なしで移動できるのを重視した、ということだ。公共交通の利用者が圧倒的に貧困者が多く、貧困者を引きつけるというのは便益であって欠陥ではない。

貧困者を都市に引きつけるのはどんな力だろうか？　何よりも、彼らは仕事を求めてやってくる。都市密度は交易を可能にして、市場を可能にする。世界で最も重要な市場は労働市場であり、これはある人間がその人的資本を金融資本を持つ人々に貸す市場だ。だが都市は、労働者と資本家の取引を可能にするだけではない。それは広範な種類の仕事を、しばしば何千も提供する。大都市は雇用主の多様化したポートフォリオなのだ。

都市のある雇用主が倒産しても、代わりとなる雇用主は（一人、あるいは二人か一〇人か）いる。こうした雇用主の混合は、大不況の世界的な経済崩壊に対しては保険にならないが、市場の通常の上下動は確実に平準化してくれる。ペンシルベニア州ハーシー市などは、チョコレート工場という単一雇用主に依存し、労働者の生活はその雇用主の事業が好調か不調かに左右される。ニューヨーク市やリオデジャネイロ市ではちがっていて、そこにはちがう産業の工場が無数にある。二人の経済学者による古典的な研究では、多様な雇用主を持たない場所では、一九七〇年代と八〇年代の景気下降期の失業率は三％近く高かったという。

都市の仕事が多様だというだけで、人々は自分の得手不得手を理解しやすくなる。何千年にもわたり、ほとんどの人は土を耕すのが得意かどうかにかかわらず、畠で苦闘するしかなかった。都市では、人々は企業を移り、産業を移ることができる。人々が転職すれば、自分の好きなことや得意なこともわかる。トマス・エジソンやヘンリー・フォードが日夜畑仕事を強制されていたら、世界はどれほど多くのものを失っただろうか？

3.1 リオのファヴェーラ

リオのスラムの開始は一九世紀末、ブラジルが準封建的な過去からよろよろと脱しつつあったときだ。一八七〇年代と一八八〇年代に、アルゼンチンやアメリカのような他の新世界国は支配者を選出したのに、ブラジルは皇帝支配（ポルトガルの旧家ブラガンザの子孫）で、奴隷がまだ合法だった。

一九世紀の半ば、リオ人口の四割――八万人――は奴隷だった。政治的な力として奴隷廃止論が強まると、奴隷たちはますます都会に逃げ出して、農園生活を逃れようとした。リオの逃亡奴隷たちは一九世紀にはキロンボというスラムを形成し、これがファヴェーラの先祖だ。皇帝ペドロ二世は奴隷制が嫌いだったが、政治的な反発を恐れたのか、全国に奴隷解放を広めようとはしなかった。やっと一八八八年になって、皇帝が国外にいるときに娘が執権として奴隷解放宣言に署名し、ブラジルはアメリカ大陸で奴隷制を廃止した最後の国となった。反発を恐れた皇帝は正しかった。翌年、人的財産を失って激怒した豪族たちの支援で軍事クーデターが、ブラガンザ王朝を転覆させたのだった。

初の本物のファヴェーラは、都市リオではなく、北部ブラジルの貧窮地方部にあった。遍歴の伝道師で奴隷廃止主義のアントニオ・コンセリェイロ（相談者アントニオ）が、元奴隷たちの住むカヌードスという町を創設し、税反乱を起こした。カヌードスは一八九五年までに人口三万人となったので、コンセリェイロの納税拒否は単なる些末な税金逃れとはわけがちがった。一八九六年には戦闘が始まり、政府は兵を何千人も送り込んで町を制圧しようとした。カヌードス陥落までに、一万五〇〇〇人が死んだ。

ブラジル軍は勝ったものの、ケチな政府は兵士たちへの支払いをしないことにした。すると兵たちは無意識にいま打ち破ったばかりのコンセリェイロを真似て、リオ周縁の丘陵に独自の村を設立した。このスラムがモーホ・ダ・プロヴィデンシア、現ファヴェーラとなった。その後七〇年にわたり、多くの解放奴隷を含む何十万人もの貧農がリオにやってきた。掘っ立て小屋住居は大したものには思えないが、元所有者に仕えて農園で働くよりはましなのだ。二〇世紀のアメリカ都市で暮らしたアメリカの解放奴隷と同じように、解放されたブラジル人たちは、地方部の貧困よりは都市の可能性を選んだ。

外国からの訪問者は、リオの貧困者を自分が見たことのある人々と比べたがる。それは例えばアメリカのゲットーにいる貧困住民たちなどで、そっちのほうが確実に生活水準は高い。が、この比較はまちがっている。ファヴェーラの住民たちは通常はロサンゼルスに暮らすという選択肢はないので、比べるならばほとんど外国人が目にすることのない、ブラジルの貧困地方部に住む人々と比べるべきだ。リオの貧困はかなりのものだが、ブラジルの東北地方部に比べればものの数ではない。最近のある研究では、リオ住民の九割は一九九六年には月八五ドルを稼いでいるのに、東北地方部の住民でその貧困ラインを上回るのはたった三割だったという。

最悪の年貧困と比べても、地方部の状況は一層ひどい。ナイジェリアのラゴス市は、ひどい窮状だと描かれることが多いが、実はラゴス市の極貧率は、都市部の物価高を補正するとナイジェリア地方部の極貧率の半分以下なのだ。ラゴス住民の四分の三は安全な飲料水が得られる。すさまじく低い数字ではあるが、ナイジェリアの他のどんなところと比べても高い。ナイジェリアでは三割以下が通例なのだ。コルカタ市もまたかなり悲惨な場所とされているが、同市の貧困率は一一%で、西ベンガルの地方部での貧困率は二四%だ。近年では、西ベンガル地方部住民の一割以上は食料難に直面している。都市住民の場合、それが一%以下になる。

都市と都市化は、物質的な繁栄と結びついているだけではない。貧困国では、都市の住民のほうが幸福度が高いという。一人当たりGDP水準が一万ドル以下の、貧困国二五カ国のサンプル調査をしてみたが、自分がとても幸福だという人々の都市住民の比率は、一八カ国では高く、七カ国では低かった。まったく幸福ではないと答えた人の比率は、一六カ国で非都市部のほうが高く、九カ国では低かった。

そして後背地とはちがって、都市スラムはしばしば中産階級の繁栄へのジャンプ台となる。たとえばマンハッタンのロウワーイーストサイドは、貧困水準は高いが、一連の驚異的な成功を生み出している。ロウワーイーストサイドに住み着いたユダヤ人は、学習に熱心な文化からやってきて、学校教育のコミットメントを急速に増やしている国に暮らしていた。ブラジルの奴隷とその子孫たちにとっての状況は、これほど有望ではなかった。何世紀も学校無しだったし、ブラジルは人的資本への投資が下手だった。それでもファヴェーラは驚くような成功物語をいくつか生み出している。

リオのファヴェーラで育った用務員の娘レイラ・ヴェレズは、一四歳のときにはマクドナルドで働いていた。彼女とその義理の姉の美容師は、自分たちの髪の毛がチリチリなのを何とかする方法を見つけようと考えた。そうした製品の市場規模はわかっていた。あまりチリチリでない髪をほしい人はまわりにたくさんいたからだ。この意欲あふれる起業家二人は、科学的な教育はまったく受けていなかったが、レイラの夫は自分の妹と妻が調合する各種の奇妙な薬物を自分の髪でテストさせた。おかげで何度も丸ハゲになったが、やがて試行錯誤の末に、効果のある直毛剤を生み出した。

ヴェレズはこの調合の特許をとって、三〇〇〇ドルでフォルクスワーゲンビートルを売り払い、それを元手に美容院を開業した。顧客を理解していたので、製品はよく売れた。そこから美容院の数を増やし、通常はもと顧客を従業員として雇った。この企業はいまや美容製品の年商三〇〇〇万ドルだ。彼女はいわば、二〇世紀初頭の起業家マダムC・J・ウォーカーの現代版と言えるだろう。マダム・ウォーカーは「すばらしい育毛剤」を売って貧困を脱し、当時最も成功した黒人ビジネス人兼世界最高の女性起業家になったのだった。

たまに成功物語があっても、都市の貧困がひどくないというわけではない。確かにひどい。本書の読者で、ファヴェーラで一週間過ごせる人はほとんどいないだろうし、まして生涯をそこで過ごしたい人などいないはずだ。でも都市貧困は、恐ろしい一方で、貧困者にとっても国全体にとっても繁栄への道を提供できる。ブラジル、中国、インドは今後五〇年でずっと豊かになりそうだが、その富はその他世界につながった都市で作られるはずで、孤立した地方部で生み出されるのではないはずだ。

貧困メガシティの実際の問題を目の当たりにして、人々は地方の村に戻るべきだと思ってしまうのは人情だ。でも発展途上国を救うのは都市であって農場ではない。多くの貧困国は低質な土壌に苦しんでいる――だからこそ貧困なのだ。だから、彼らが世界農業のリーダーになることはたぶんなさそうだ。この事実だけ見ても、農業生産性の改善は、通常は農場で働く人の数を減らすような新技術によるものだ。この事実だけ見ても、農業が改善されると広範な繁栄がもたらされる可能性は低い。そして貧困国の地方部を開発するのは本質的に難しい。長距離にわたってインフラを提供するのは実に高価だからだ。

貧しい地方村落は、遠い過去への窓のように思える。そこは何千年もほとんど変わっていない。都市はダイナミックな旋風で、絶えず変わっており、一部の人には富をもたらし、一部の人には苦悶をもたらす。都市は弾丸をもたらすかもしれないが、地球全体とのつながりからくる、豊かで健康で明るい生活の可能性も提供する。地方村落の生活はファヴェーラでの生活より安定しているかもしれないが、それは何世代にもわたる果てしない貧困のまま安定しているということだ。世界最貧地域での現状は実にひどいものだからこそ、都会のジェットコースターが提供できるものは実に大きいのだ。特に都市は、国がグローバル経済に参加するのに必要な知識を伝えてくれることもある。

都市への大量の移民流は、確かに都市インフラに負担をかける。これはメガシティの成長を許すのに対する反対論として、おなじみのものの一つだ。でも新規移民の流入は、都市の昔からの住民にとって道路や水道の質を下げるが、新規にやってきた人々は、そもそもほとんどインフラがない状況から、まともな交通や水道電気などへのアクセスからくるメリットをすべて享受できる状態になるのだ。都市インフラの質を保ったところで、人々がそのインフラを享受できないようにするのはまちがっている。都市インフラにもっと投資して、もっと多くの人が便益を得られるようにするほうが倫理的だ――そして国全体としても経済的に便益がある。

伝統的には、政府は地方部の貧困よりは、都市部の貧困への対応を重視してきた（常にとは言えないが）。このパターンは、ブラジルでも一世紀以上にわたり見られたものだ。なんといっても、リオは一九六〇年まではブラジルの首都で、ファヴェーラは同国のエリートたちの暮らす邸宅街の近くにあるのだ。一九六〇年代初期以来、ブラジルはリオのファヴェーラの衛生状態を高める公衆衛生キャンペーンを開始した。

政府はワクチン接種キャンペーンから着手して、その後ファヴェーラに学校や多少のヘルスケアを導入した。リオの貧困に関する映画のヒントとなった「シティ・オブ・ゴッド」は、ファヴェーラ住民の住宅改善の公的な試みだった。警察の強化はもっとやっかいだが、少なくともファヴェーラの犯罪は、国の政府が対応すべき国民問題だと理解されるようになった。結果として、一部のリソースは都市貧困者の生活改善に向けられるが、地方部の貧困者はそれほど目立たないので、あまり支援が受けられない。

リオの貧困者の生活改善努力がもたらした皮肉な結果は、ますます多くの貧困者がファヴェーラにやってきたことで、これはまさに都市貧困のパラドックスを地でいくものだ。もし政府が、都市部ではヘルスケアと教育を提供するのに地方部では提供しないなら、こうしたサービスはもっと多くの貧困者を都市部に引きつける。ある単一の都市で貧困率を下げようとする試みは、すべて逆効果となって、もっと多くの貧困者を引き寄せることでそこの貧困水準を上げかねないのだ。

3.2 社会の梯子を上がる

ファヴェーラの貧窮に衝撃を受けるアメリカ人たちは、当のアメリカ都市の過去を忘れている。極端な豊かさと貧困は、一九世紀のアメリカ都市では当たり前のものだった。飢餓を逃れてやってきたアイルランドの移民たちは、ニューヨーク市のヘルズキッチン地区のようなスラムに暮らしていた。これはマンハッタン東端の、三四丁目から五九丁目にかけての地区で、いまやトレンディで人気の高い地区になっている。マンハッタンのアッパーイーストサイドは、五番街とイーストリバーの間の、五九丁目から九六丁目に渡る地区だが、いまや実に高価な不動産が建っているものの、一九世紀にはアイルランド人のスラムだらけだった。アッパーイーストサイドの兵器庫が、パークアベニューの高級アパートに囲まれたあんな変な場所にあるのは、そのブルジョワ兵たちがもともと都市エリートたちを粗暴な移民たちから保護するために置かれていたからだ。

ニューヨーク以上に、アイルランド系アメリカの母なる都市とされているのはボストン市だ。実は一八四〇年代には、ボストン市よりもニューヨーク市のほうがアイルランド移民の受入数は多かったのだが、ニューヨークのアイリッシュは後に東欧などからの莫大な移民に埋もれてしまった。ボストンはジャガイモ飢饉のときに大量のアイルランド人が流入してきたが、その後の移民で多かった他の民族はあまりボストンにこなかった。ボストン市にアイルランド系が多いのは、基本的には帆船時代に栄えていた結果だ。一八四〇年代の飢饉時代には、まだニューヨークに行くよりボストンに行く方が早かった(安くはないにしても)。食べ物のない貧しいアイルランド一家なら、とにかくボストンにたどりついてそこに居残るほうがよかった。三〇年後には、帆船に代わり蒸気船が使われ、ボストンに来る船の数も相対的に減り、一九世紀後半の移民たちは圧倒的にニューヨーク経由でやってきた。ボストンにそうした移民の波がこなかったために、ボストンはその後何十年にもわたり、ヤンキーとアイルランド人との紛争によって形成されることになる。

アイルランド系アメリカ人の都市というボストンの評判をことさら高めているのは、ある特定の一家、ケネディ家だ。彼らの物語は、都市の貧困が機会をもたらすということを示している。パトリック・ケネディはアイルランドのウェックスフォード郡で一八二三年に生まれた。ほとんど学校には行っていない。貧困な地方部は、通常はほとんど教育は得られないし、彼が生まれた場所ではアイルランドでのカトリック教育を禁じる法律が未だに施行されていた時期だ。若きケネディは兄の農場で働き、ジャガイモの植え付けや穀物の収穫を行った。唯一の非農業的な技能はもっと都市化された友人パトリック・バロンからのもので、かれは醸造所で働いて樽の作り方を教えたのだった。

ジャガイモ飢饉でケネディ家のつつましい農場は大きな危機を迎えた。餓死しそうだと思ったパトリック・ケネディは、バロンにくっついてボストンに向かい、そこでバロンに東ボストンの樽作り職を世話してもらった。ボストンは経済的な機会をもたらした。ケネディが労働を資本を持った雇用者に売れる市場を持っていたからだ。ボストンは樽の市場が豊かだった。ボストンは運輸の中心だったし、また醸造も行われていたからだ。

ちょうどリオのファヴェーラと同様に、貧困者が労働を売れるようにした東ボストンの密度はバクテリアの流れももたらし、パトリック・ケネディはコレラで死んだ。でもケネディの息子（これまたパトリックという名前）は成功した。まずは波止場で働いて、貯金で酒場を買った。やがて二軒目、三軒目を所有し、ますますボストン富裕層の客を増やした。そしてビジネスを垂直統合して、ウィスキーを輸入するようになった。

パトリック・ケネディは、前マサチューセッツ州知事サム・アダムスのひそみに倣い、アルコールと政治を組み合わせた（訳注：サム・アダムスはビール業者として有名で、今もボストン最大手の地ビールの名前）。まずマサチューセッツ議会に一八八四年に選出され、州代表として数期を過ごしてから、州の上院議員となった。一八八八年には、この貧しい移民の息子の地位は上がり、民主党全国大会で演説するまでになった。どんどん豊かになったので賢い息子ジョセフはハーバード大に入れた。パトリック・ケネディの政治的なコネのおかげで、息子は自然にボストン市長ジョン・F「ハニー・フィッツ」フィッツジェラルドの美しい娘と結婚することになった。ジョー・ケネディは銀行検査官として公職につき、それから父親がかなり保有していた銀行を買収した。そしてあの手この手で一九二〇年代にはウォール街で大もうけした。同じく重要な点として、大暴落前にそこから手をひき、他のもっとも儲かる事業に乗り出した。たとえば不動産投資やイギリスの酒の輸入などだ。そしてその息子たちはもちろん、アメリカの一大政治家一家となる。

都市はパトリック・ケネディのような移民たちにとって、昔もいまも魅力を持ち続ける。二〇〇八年現在で、ニューヨーク市民の三六％は外国生まれで、四八％は家では英語以外の言語を話している。アメリカ全体で見たら、この数字はそれぞれ一三％と二〇％になる。都市が移民にとってよいものなのと同じく、移民たちも都市にとってよいものだ。ボストンはケネディ家のおかげを大いに被っているし、またニューヨークもアンドリュー・カーネギーからアル・ジョルソンからズービン・メータまで大量の移民のおかげを被っている。実は一八九一年から二〇〇九年の一一八年間のうち、ニューヨーク・フィルハーモニックが外国生まれでない指揮者を擁していたのは一二年しかない。ニューヨーク文化のもっと庶民的な要素、たとえばベーグルやピザや宮保鶏丁《クンパオチキン》（訳注：カシューナッツとトリ肉のいためもの料理。世界的に中華料理の定番の一つ。）は、言うまでもなく移民によるものだ。

アメリカとその都市は移民のおかげですさまじい恩恵を受けてきた。第二次世界大戦でドイツや日本に対する戦争を率いたのは、ドワイト・アイゼンハワー、チェスター・ニミッツなどのドイツ系アメリカ人だ。アンドリュー・カーネギーやアンドリュー・メロンといったスコットランド系は、産業の確立に貢献した。ケネディ家、アル・スミス、シカゴのデイリー一家といったアイルランド系のアメリカ人は、政治的指導者として重要だ。いまホワイトハウスにいるのはケニア人の息子だ。アメリカはアングロサクソンの国ではなく、世界中から集まってきた人々の集積で、それが主に大都市圏で貢献を果たしてきたのだ。

そして移民が大成功した国は、アメリカに限られるものではない。ロバート・ケイン一家は子供時代にアイルランドの貧困を逃れてリバプール市に赴き、若くして樽職人の仕事をしつつ海に出た。一八四〇年代にはリバプール市に定住し、貯蓄を使ってちょっとした醸造所を作った。そして大もうけして、その息子は上院議員になった。カルロス・スリムは、いまや世界最高の金持ちかもしれないが、もとはメキシコシティに移住してきて乾物屋を始めたレバノン人の息子だ。これらをはじめ、もっと多くの無名の例が示すように、世界中の都市は人々が困窮からとんでもない金持ちになるのを可能にする——もちろん、それ以下の各種の有望な豊かさにもなれる。

都市労働市場は昔から、農場も家畜も設備もなしに働くのを容易にしてきた。ケネディ家はこの取引のどちらの面も経験している。文無しのパトリック・ケネディがやってきたときには、資本のある人々に労働を売れた。息子も若い頃は同じことをしたが、後に年配になって貯金ができると、このモデルで雇う側に回った。資本家と労働者は敵同士だと思われることが多いし、たとえばストの最中などは確かにそうだ。でももっと一般には、資本は労働の収益性を高める。そして都市がこれほど貧困者に魅力的なのは、都市の資本のおかげなのだ。

都市は資本無き労働者を資本持ちの雇用主と結びつけるだけではない。ものすごく多様な職の機会を提供してくれるので、貧困者（いやそれ以外のだれでも）は自分が持っていることさえ知らなかった才能を見つけられる。シカゴ大の大経済学者ジョージ・スティーグラーはかつて「無知の世界では、エンリコ・フェルミは庭師で、フォン・ノイマンはドラッグストアのレジ打ちをしていただろう」と書いた。二〇世紀最高の頭脳二人がこんな先のない仕事で働いているというスティーグラーの想像は恐ろしいものだ。運のいいことに、二人とも大都市で育ったし、比較的恵まれた生まれ育ちで、その数学・科学の才能は若いうちに見いだされた。同じように、ボストン市が引き出したパトリック・ケネディの才能は、アイルランドの地方部は活用できなかっただろう。

3.3 リチャード・ライトの都市脱出

アメリカ都市のうち、ほとんど全員が黒人でほとんど全員が貧しい広大な地域を見ると、近隣が都市の経済的な中心から切り離されたらどうなってしまうかよくわかる。だがこうした近隣でさえ、アメリカ南部の地方部の人々が堪え忍んでいるもっとひどい環境と比べて見るべきだ。黒人の大作家リチャード・ライトはミシシッピー州ナチェズで生まれた。そして母親と北部に移住した。まずはメンフィス市に行き、それからシカゴに引っ越して、人種差別的な法律を逃れるとともに、経済的な機会を求めた。ライトが自伝『ブラック・ボーイ』で書いているように、「私が北部に向かったときには、人生が尊厳をもって生きられ、他人の人格は侵害されることなく、人は恐れも恥もなく他人と向き合え、そして地上に暮らして幸運ならば、星の下で苦闘し苦悶したことを贖うような意味を勝ち取れるのではないかという漠然とした考えで、頭がいっぱいだった」

ライトの北部への脱出は、ミシシッピー州の過酷な人種差別法からは解放してくれたが、すぐに「贖うような存在意義」がもたらされたわけではなかった。シカゴ市ではまずポーターとして働き、それから使い走り、それから皿洗いになった。コールマン・ヤングなど当時の無数の才能ある黒人同様、彼は郵便局で働くことで生活改善を目指したが、栄養失調のため体重五六キロ以上という政府の規定に四キロ足りなかった。最後に一九二九年春に、体重を増やしてシカゴ中央郵便局（当時は世界最大）の夜勤で常勤の仕事が得られた。

この仕事はよいものだし、執筆もできた。もっと重要なこととして、これは彼を左翼系の文芸サロンと結びつけた。彼はシカゴのサウスサイドにある、時事問題を議論する一〇人グループに紹介された。ライトが見事ながら可笑しい回想記『共産主義者になろうとはしたが』で述べているように、「その多くの人々が共産党に参加したと知って私は驚愕した」とのこと。間もなくそのグループの一員である「ソル」という人物はライトに、モスクワとつながりのあるジョン・リード・クラブの会合に参加するよう招いた。ライトは多少の皮肉をこめて答えた。「ぼくはオルグされたくないんです」。ソルはライトが世界の何よりも渇望していたエサをぶら下げて見せた。「あそこの人たちはきみの文筆のほうでも支援できるよ」

大恐慌でシカゴの通販業者の取引が激減したため、ライトはレイオフされた。そして次々に転職を繰り返した。歩合制で生命保険を売ったり、街路掃除、穴掘り、そしてやがてはマイケル・リース病院で働くことになった。その仕事がもらえたのは、大都市社会学者ルイス・ワースの妻の目にとまったからだ。彼女はまた、ニューディール事業進捗管理局（ＷＰＡ）のためにイリノイ州の歴史を書く作業をライトに与えた。彼は一九三七年にニューヨークに引っ越し、ＷＰＡ観光の「ニューヨークパノラマ」の著述を行ったが、これはいまでも大都市生活のすばらしい記述となっている。

一九三八年、ニューヨークにやってきた翌年、彼は短編で五〇〇ドルの賞をもらった。処女出版となる短編集『アンクルトムの子ら』はハーパーズ社から刊行された、そしてグッゲンハイムのフェローシップをもらって『アメリカの息子』を執筆、これで文芸界のライオンとなった。シカゴ市そしてニューヨーク市は、大恐慌最悪のわずか九年で、苦闘するポーターだったライトを成功した作家に引き上げたわけだ。才能と、才能と仕事を結びつける都市の能力が勝利したのだ。

リチャード・ライトの北部移住は、人種差別的名南部を逃れる大量の脱出黒人の一部だ。北部移住からくる経済的な利点は実に大きかった。一九二〇年代の南部の小作人は、年四四五ドル稼げれば幸運だった。ヘンリー・フォードの工場の黒人労働者なら、一日五ドル稼げる。小作人の三倍以上の所得だ。でもリチャード・ライトのように北部にきた黒人たちは、所得が上がっただけではない。自由を見つけたのだ。

ハーレム・ルネッサンスでめまいがするほど多数の作家、たとえばラングストン・ヒューズやゾラ・ニール・ハーストンや、エラ・フィッツジェラルドやビリー・ホリデイといったパフォーマーたちを引き合わせた。デューク・エリントンなど黒人の才能が白人世界に飛び込んできたおかげで、アメリカすべてが利益を被った。こうした有名人はもとより何百万もの無名の黒人たちにとって、都市の密度は社会の中で上を目指せるということだった。

この歴史を見ると、地域を評価するにはその貧困ではなく、貧困者を向上させてきた実績を見るべきだということがわかる。都市が絶えず恵まれない人々の波を引きつけ、その成功を支援し、成功した人々の出発を見送って、さらに新たな恵まれない移民たちをひきつけるなら、それは社会で最も重要な機能を見事に果たしていることになる。ある地域が、貧困から抜け出せない貧困者の定宿になっているなら、その地域は失敗している。

3.4 アメリカゲットーの興亡

北部への黒人移住は、アメリカが体験した中で最大級の叙事詩だ。二〇世紀初期には、北部の都市で黒人は珍しかった。一九〇〇年には、ニューヨーク人口の黒人比率はたった二%、シカゴでは一・八%だった。一〇年、また一〇年と、黒人が都会の機会を求めるにつれてこの比率は上がってきた。彼らは自由の体験と繁栄を求めて北部にやってきたが、到着してみると、人種の壁が相変わらずあり、南部ほど露骨ではなくてもかなりひどいことを知った。工場建設と同様に、法の施行にも固定費があるので、北部の人種差別主義者たちは都市部黒人比率が低いときにはわざわざ法を作ろうとは思わなかった。でも黒人の数が増えると、差別的な法制も増え、北部都市はあの手この手で増加する黒人人口を孤立させる方法を編み出した。

ジョージ・W・F・マクメチェンは、二〇世紀初頭では究極の上昇志向黒人に思えただろう。モーガン大学からイェール大ロースクールを卒業してボルチモア市に移住、別の黒人W・アシュビー・ホーキンスと法律事務所を開業して成功させた。マクメチェンはボルチモア市の裕福な近隣に暮らしたいと思った。そういう場所は当時は圧倒的に白人主体だった。一九一〇年に、ホーキンスはマッカロー通り一八三四番に家を買い、それをマクメチェンに貸した。

するとそれまで総白人だった近隣が一斉に蜂起した。近所の子供たちは、マクメチェンの窓にレンガを投げつけた。近隣改善組合が、彼を追い出すためだけに結成された。白人はマクメチェンのパートナーから家を買い取ろうとしたが、ホーキンスは購入価格の三倍を要求した。白人のご近所たちは尻込みして、むしろ法律を書き換えるようにした。マクメチェンのご近所の一人は弁護士だった――『ニューヨークタイムズ』紙に言わせると「有力」、ホーキンスに言わせると「実績無し」。彼はボルチモアの都市憲章をひっくり返し、市には人種別ゾーニング規定を可決する権利が十分にあると判断した。そしてそうした法を起草して、何の苦も無く市評議会で可決させ、そして市長はそれに署名するとき、意味不明ながらその法の支持者たちについて「有色人種の最高の友人だ」と述べた。

間もなく似たような手段がリッチモンド市、アトランタ市、ルイスヴィル市など他の南部都市でも可決された。でも南部生活の多くの面で人種分離は法に組み込まれていたが、人種別のゾーニングとなると、まだ合法かどうか疑問が残っていた。マクメチェンはそれが「違憲であり、不公正で、黒人に対し差別的である」と主張した。ホーキンスはボルチモア市を相手に訴訟を起こして勝訴し、人種分離的な法律を州の法廷で無効とした。ついに一九一七年に最高裁判所が人種別ゾーニングを違法とした。これは全米有色人種向上協会（ＮＡＡＣＰ）にとって初の大勝利であり、おそらく黒人にとってそれまで最高の法廷勝利だった。

だが最高裁の判決があっても、黒人を孤立させたいという白人の欲望はなかなか抑えられなかった。アトランタ市やシカゴ市などの都市では、白人地域に入ってくる黒人を暴徒が脅した。地役権や入居条件により、望ましからぬとされた人々に対する物件販売が阻止された。一九四七年のある調査によると、両世界大戦の間にニューヨークで建てられた開発物件の七二％には、人種制約的な条件が課せられていたという。

こうした制限はつまり、黒人は孤立した近隣に住むだけでなく、住宅に対する支払い額も高いということを意味する。約四〇年前に、ジョン・カインとジョン・クィグリーという二人の経済学者による研究では、黒人はセントルイス市の似たような住宅に対して、白人より高い金額を支払っていることがわかった。それまでにも、「シカゴ市の黒人地帯に住む黒人住民は、レイクサイドドライブ市の同じような場所に裕福な住民が払うのと、面積あたりの支払い額が同じくらい」と言われていたが、この研究はそれを裏付けた。アメリカ全国で、黒人は人種分離の強い都市では白人より高い賃料や物件価格を支払っている。

だが都市は、ゲットーの壁をゆっくりと破壊する法的な主導者たちを生み出した。ボルチモア市の弁護士二人、サーグッド・マーシャルとフィリップ・パールマン——一は黒人で一人は白人、片方はNAACPの弁護人でもう一人はアメリカ政府の弁護人——が力を合わせ、人種制約的な入居条件と戦った。彼らの議論に動かされ、一九四八年に最高裁判所は、人種差別的な入居条件そのものは違法ではないが、その執行強制に州の力を使うことはできないという判決を下したので、そうした建築条件は実質的に役立たずになった。ここには美しき皮肉がある。活動的な法廷は、人種平等を推進するにあたり、政府に活動するなと命じたわけだ。一〇年後にニューヨーク市でも、黒人、ユダヤ人など各種民族の強力な連合が先鞭をつけて、全米初の公正住宅法を成立させた。これは民間住宅において、宗教や人種に基づく差別を禁じた法律だ。他の地域もニューヨークのひそみに倣い、さらに一〇年経ってマーチン・ルーサー・キング・ジュニアが暗殺された一週間後に、議会は一九六八年市民権法を可決して、あらゆるアメリカ住宅では差別が禁止された。

こうした法的な勝利のおかげで、上昇志向の黒人アメリカ人はゲットーを離れ、それまで白人だけだった近隣に引っ越せるようになった。一九七〇年から二〇〇〇年にかけて、人種分離はアメリカのほぼあらゆる場所で低下した。これは主に、かつては白一色だった地域へ、主に金持ちの黒人数名が引っ越すようになったからだ。一九七〇年から一九九〇年にかけて、黒人大卒者の人種分離水準は二五%ほど下がったが、高校中退者の人種分離水準は一〇%以下しか下がらなかった。

人種分離の性質も変わった。一九六〇年代より前には、黒人の移動に対する物理的な障害が主で、黒人の住宅選択を制限して人種分離都市での住宅に支払う金額を引き上げるようになっていた。今日の人種分離は自由な住宅市場の仕組みの反映であり、白人が単純に、多くの白人よりは白人種たちの近隣に住むために高めの支出を厭わないことの反映だ。結果として、今日の住宅は人種分離の強い地域ほど特に黒人にとっては安上がりになっている——半世紀前とは正反対だ。

人種分離を強制する法律の終わりは、アメリカ社会にとっては勝利だが、人種分離は今も根強いし、悲しいかな人種統合の勝利は人種分離の害をますます増やしているようなのだ。一九六〇年代と七〇年代の研究では、人種分離の強い都市で育った黒人と、人種分離の弱い都市で育った黒人とで、あまり結果に差がでなかった。でも、成功した黒人がゲットーを離れるにつれて、話が変わってきた。一九九〇年になると、二〇歳から二四歳の黒人を見たとき、人種分離の強い都市で育った人は弱い都市で育った人よりも、高卒率が五・五％低く、しかも中退して失業している確率は六・二％高かった。人種分離の低い地域の黒人は、稼ぎも一七％高かった。白人だと、暮らす都市の人種差別の程度によって有意な差は見られない。人種分離の強い都市では、若い黒人女性はシングルマザーである確率が三・二％高かった。

三〇年前にウィリアム・ジュリアス・ウィルソンが論じたことだが、高等教育を受けた黒人がほとんど人種分離コミュニティに残ったら、それはコミュニティ全体にとってのお手本となり指導的な存在となった。でも彼らが去ってしまえば、そうしたコミュニティは行き先を見失ってしまうというのだ。その後大量の証拠が集まって、この議論は裏付けられている。ここでは社会学者ロバート・マートンの、意図せざる結果の法則の鋭さがあらわれてくる。マートンは社会の複雑さと、公共の行動が予想外の望ましからぬ副作用をもたらすという事実を理解していた。黒人が白人郊外住宅地に引っ越しただけで殺害予告を受けるような世界には、だれも戻りたいとは思わない。でも有能な少数派の脱出のおかげで、ゲットーはいまや残された子供たちにとって、以前よりもダメな場所になってしまった。悲しい事実だが、あまりに多くの人種分離都市は、上昇志向の場所から永続的な貧困の場所に変わってしまったのだ。

3.5 インナーシティ

アメリカ都市に未だ残るひどい人種分離との戦いが実に難しいのは、金持ちと貧乏人を引き離そうとする経済的な力があるせいも大きい。貧困者がアメリカ都市では物理的な中心部に住もうとする傾向の結果として、貧困は集中してしまう。その背後には隠された論理がある。その傾向の一部は、交通が都市を形成する力を反映したものだ。あらゆる移動は二種類の費用がかかる。お金と時間だ。通勤の現金費用は、金持ちも貧乏人も同じだが、賃金の高い豊かな人々は、通勤時間を多くかけると、その分だけ働く時間が減り、したがって放棄する所得も増えてしまう。結果として、金持ちは通勤時間短縮にもっとお金を出したがる。なぜマンハッタンやリオデジャネイロ市の都心は、もっと遠くの地域よりもお金持ちなのか？　お金持ちは、短い通勤時間という特権に出せるお金が多いからだ。

それなのにほとんどのアメリカ都心では、貧乏人のほうが金持ちより都心近くに住むという逆転が起きている。使える交通手段として、運転や地下鉄といったどれか一つが支配的ならば、金持ちは都心近くに住み、貧乏人は遠くに住む。でも複数の交通手段があるとき、貧乏人のほうが公共交通へのアクセスを求めて都心近くに住む。四人世帯でアメリカの貧困線は、二〇〇九年では所得二万二〇五〇ドルだ。二〇〇八年には、非都市世帯は平均で自動車関連交通に九〇〇〇ドルかけていた。大人二人で所得二万二〇〇〇ドルの世帯では、車二台は買えない。

　ニューヨーク市やボストン市、フィラデルフィア市は、四つの通勤手段と所得ゾーンを持つ。インナーゾーン（中央マンハッタンやビーコンヒル）は、金持ちが徒歩または公共交通で通勤するゾーンだ。第2ゾーン（ニューヨーク市の外部ボロー周縁地区や、ボストン市のロックスベリー）は、貧困者が公共交通で通勤する。第3ゾーン（ウェストチェスター郡やウェルズリー）は金持ちが自動車通勤する地区、外部ゾーンはそんなに金持ちでない人々が暮らして自動車通勤する。パリもやはり優秀な公共交通を持つので、金持ちがメトロや徒歩で通勤するインナーゾーンを持つ。次のゾーンは、もう少し離れてはいるが、まだ市内と列車で結ばれた地区だ。

　ロサンゼルスのようなもっと新しい都市は、遥かに公共交通依存率が低いので、結果として金持ちが使う徒歩や公共交通のゾーンはない。金持ちはみんな運転するので、ゾーンは三つしかない。貧乏人が公共交通を使うインナー地域（ロサンゼルス南中央部）、金持ちが運転する中間地域（ビバリーヒルズ）、あまり金持ちでない人がひどい通勤を強いられる外部地域。

　貧困者をアメリカ都市の中心部に引きつけている力は交通だけではない。何よりも、豊かな親はよい学校へのアクセスを得るために郊外に移住する。都心部はしばしば歴史が古く、したがって品質面でも価格面でも劣化した古い住宅がある。金持ちは新車を買ってあまり豊かでない人に中古車を売るのと同じで、新築住宅は通常は裕福な人々向けであり、その住宅の価値が下がると、あまり豊かでない人が住むようになる。安い中古車がたくさんあれば貧しい人は大喜びするのと同じで、デトロイトやセントルイスに見られる、大量の安い中古住宅も貧困者にはありがたいのだ。

　貧困とインナーシティ交通との結びつきは、一部の場所が貧しいのには理由があること、だから彼らがすぐに豊かになると期待してはいけないことを思い出させてくれる。ある地域が、貧困者の特にありがたがる公共交通や安い中古住宅などのアメニティを提供してくれるなら、その場所はずっと貧しいままだろう。

3.6 政策で貧困が拡大

何十年にもわたり、公共政策は人種分離の費用を軽減しようとしてきた。でもこうした善意の介入の多くは、都市の苦悶を解消するよりも連邦政府の欠点をあらわにするばかりだった。人種分離解消の一つの手段は、停滞地域への事業所立地に対する免税措置だ。これはアメリカではエンパワーメントゾーンと呼ばれ、イギリスでは事業所ゾーンと呼ばれている。前章で見た通り、エンパワーメントゾーンは確かに貧困地帯に職を作り出すが、高くつく。職一つあたり、免税額一〇万ドルくらいかかる。さらに、こうした雇用がそうした地域で育つ子供たちの長期的な成功につながるかは、いまだによくわからない。

別の議論は、私のかつての同僚ジョン・ケインが書いたように、そうしたアプローチは単に「ゲットーのお飾り」だと述べる。この見方によれば、住宅バウチャーなどによりもっと移動性を高めないと、人種分離の苦悶は軽減できないという。一九九〇年代に、住宅都市開発局は「機会への移住」なる社会実験を試してみた。これは支援を求める片親世帯に対して無作為にバウチャーを配るものだった。三分の一は何ももらえなかった。これが対照群だ。三分の一は、市内のどこの住宅にも使える標準的なバウチャーを受け取った。残り三分の一は、貧困率の低い近隣でしか使えないバウチャーを受け取った。この制約は、貧困者をもっと豊かな近隣に住まわせることで、場所が人々に与える影響を測るためのものだった。対照群とバウチャー配布群とを比べることで、各種近隣が親や子供に与える影響を推計できる。

結果は驚くほどごたまぜだった。バウチャーのおかげで貧困率の低い近隣に引っ越せた親は、幸福度も健康も高く、犯罪被害者になる確率も低かったが、でも金銭的には改善が見られなかった。なんといっても、古いゲットーは職場にはかなり近かったのだから。子供の成績に対する影響もかなりごたまぜだった。女の子が成績がずっとよくなり、新しい環境にかなりよくなじんでいるようだった。男の子の成績はだめで、貧困の少ない地区に引っ越すと、どちらかといえば行動上の問題が増えるようだった。これまた社会政策であまりによく見られる、予想外の帰結の例だ。こうした男女の結果の差は、過去三〇年にわたるもっと広いパターンをも反映している。黒人女性のほうが、黒人男性よりずっと成功しているのだ。

住宅バウチャーは、当初の意図では十分に成功した――公共資金を使って、貧困者をもっとよい住宅に入れる、という意図だ。本当に必要としている人々にリソースを提供したわけで、見かけ倒しのプロジェクトを建てて建築業者の懐を肥やすよりはずっとましだった。でも都市のもっと大きな社会問題の解決にはならない。「機会への移住」研究は、人々にお金を渡して豊かな近隣に引っ越させるだけでは都市貧困の問題は解決できないことを示している。

ダメな政策は、人助けよりは場所作りを優先するが、ときに社会起業家たちは一カ所だけに注力することで、大きな改善を実現できる。四〇年近くにわたり、ハーレム児童ゾーンは、マンハッタンで一、二を争う有名な子供たちの黒人コミュニティとなっている。彼らは緊密な社会活動の網を作り出しており、たとえば育児技能を教えるベビーカレッジなど、成績向上や犯罪逓減を狙う。ある意味でそれは

「ゲットーのお飾り」かもしれないが、別の意味では、ハーレムの子供たちに成功するための技能を与え、そしてお望みならハーレムを出るための技能も提供しているわけだ。

二〇〇四年にニューヨーク市は学校での実験をもっと認めるようになり、ハーレム児童ゾーンは独自のチャーター学校、プロミスアカデミーを開校した。同校のカリキュラムは厳しく、授業時間は長いし、成功には金銭的なインセンティブを提供する。同校のリーダーたちは最高の教師を引きつけるよう頑張ったし、初年度で教師の半分はクビになった。入学はくじ引きで決まる。これを仕切るのは我が同僚ローランド・フライヤーで、くじ引きの当選者と落選者で似た子供たちを比較する、真の自然実験を実施しようとしているのだ。フライヤーたちは、この学校が生徒に対して強いプラスの効果をもたらすことを発見した。プロミスアカデミーは、数学での黒人と白人の成績差をなくした。特にここの教師たちは男の子のほうで高い成功をおさめたが、これは珍しいことで驚くべき結果だ。

ハーレム児童ゾーンは、人種分離地域への投資もうまく行くことを示している。ただしその投資は子供に向けられるべきで、スタジアムやモノレールに向けてはいけない。でもこれが成功したからといって、二〇〇七年に「私が大統領になったら、都市貧困と戦う計画でまっ先にやるのが、全米二〇都市でハーレム児童ゾーンを真似ることだ」と約束したオバマ大統領が正しかったといえるのだろうか？　連邦政府は、ニューヨーク市にたまたま生まれた社会起業性をうまく再現できるだろうか？　他の都市も、ニューヨークのゾーンにやってきたのと同じような驚異的指導者や教師や支持者たちを集められるだろうか？　特にそれが、国の決める決まりに従わなくてはならないとなったら？　個人的には成功を期待したいが、このゾーンが成功して、他の全米的な介入が比較的失敗しがちだということは、都市問題への解決策は地元主導で生じる見込みが高く、連邦政策ではダメかも知れないと示唆しているのではないか。都市が技能を持つ人を十分に集められれば、その一部はその都市の問題に取り組もうと考え、一見するときわめて困難な問題にも解決策を見つけてしまうのだ。

連邦政府の行動が最も求められるのは、政府自身が作り出した、金持ちと貧困者の人工的な分離を減らす場合だ。公共サービスが隣接する地区で大幅に異なる場合、そうした違いは人々の居住地選択に影響する。そうした棲み分けの一部はまったく無害だ。ある郊外学校は隣接校よりもフットボールチームが優秀で、もっとスポーツ好きの親を集めるかもしれない。私の子供たちは、運動音痴ぶりを私から引き継いでいるかもしれないから、あまりスポーツ重視でない学校という選択肢があるのは大歓迎だ。でも、学校の質が貧困者の孤立につながる場合には、懸念すべき理由はずっと大きくなる。

東セントルイスは、都市貧困パラドックスの極端な例で、ある地域の貧困者を助けようという公共政策が、すさまじい貧困の集中を生み出してしまった。東セントルイスはイリノイ州ミシシッピーリバーからミズーリ州セントルイスに広がる。一九八九年に、扶養児童を持つ世帯への生活保護は、ミズーリ州よりイリノイ州のほうが二割高かった。失業者ならイリノイ州に引っ越す方が得なので、一九九〇年に東セントルイスの貧困率は四三％だった――セントルイス市やバッファロー市やデトロイト市やその他衰退赤錆地帯のどこよりも高い。一九九六年福祉改革以来、生活保護費の差は実質的になくなり、いまやセントルイスと東セントルイスの貧困率は、かなり接近してきた。

生活保護費の差は減ったが、学校の質の差は残っており、これでデトロイトのような都心部は貧しいのに、パリのようなところはそうでないのかが説明できる。パリは世界でも最高クラスの公立高校があり、金持ちパリジャンの親たちは、子供たちをアンリ四世高校やルイ・ル・グランといったリセに入れるのを夢見る。だがアメリカでは、公立学校を選ぶ権利かるいために都心部の学区はほぼまちがいなくまともに機能していない。郊外はもっと小さくて競争も激しいため、もっと裕福な親を引きつける。
学校が人種分離をもたらす力を何より明確にしたのは、バス通学の奇妙な例だ。一九六四年市民権法の結果として、連邦及び州当局はそれぞれの学区での黒人白人比率を一定にすべく、学区間でのバス通学を義務づけるようになった。バス通学支持者は、これがゲットーの知的孤立を打破して黒人の機会改善をもたらすと主張した。バス通学の反対者、これはアメリカ人の九割以上だが、これが近隣の学校を破壊して子供たちに無用の長距離通学を強いる介入だと見た。

どちらの議論にも納得する面はあるが、ミリケン対ブラッドレー裁判における最高裁の判決に賢明なところはまったく見あたらない。これはバス通学を学区の境界までに制限した判決だ。これはつまり、都市内の人々は公立学校の人種統合を進めるよう強制されるが、郊外の子供たちはそこには含まれないということだ。反都市的な狂人が古い都市からの大量脱出を引き起こそうと思ったなら、これぞまさにその最高の手口だろう。白人近隣はボストンのような都市を大量に放棄して、学区境界外のシチュエートのような郊外に脱出した。自分の子供にバス通学させたいとは思わず、そして最高裁の仕組みにより、市内から出るだけでそれを逃れられるのだ。結果として、都市部の貧困者はますます孤立した。

奇妙な事実として、アメリカの学校制度が人種分離を減らしたいなら、社会主義的な左派に寄ってもいいし、自由市場の右派に動いてもいいのだ。もしアメリカがヨーロッパ社会主義の最善の面を真似て、公立学校にもっと投資して本当にしっかりした学校にすれば、金持ちがよい学校のために都市を離れる理由はなくなる。もしアメリカがバウチャーやチャーター校を認めて都市学区内での競争を促進すれば、その品質は上がり、豊かな親を引きつける可能性さえある。アメリカの、公立学校地元独占の仕組みはほとんど都市の支援にはならず、そうした都市が必要以上に貧しくなるようにしているのだ。

都市の貧困はきれいなものではない――きれいな貧困などない――が、リオのファヴェーラ、ムンバイ市のスラム、シカゴ市のゲットーは、貧困者が悲惨から逃れる道を昔から提供してきた。一部の例では上昇志向の夢は実現していないが、だからこそ都市の発展のために戦い続けるべきなのであって、地方部の生活に期待をかけるべきではない。これは特に発展途上国について言える。都市は――社会にとっても個人にとっても――変化をもたらすし、現状は食べ物もヘルスケアも未来もない人々にとっては、ありがたいものではないのだ。世界で地方部の貧困地帯は、実にゆっくりとしか動かない――たまに飢饉や内戦でショックを受けたり、きわめてめずらしいことだが、緑の革命のように有益なものがやってきたときにだけショックがくる。でも都市の貧困部は急変している。変化には機会があるのだ。

だが、都市が貧困者にはよくないのだというおとぎ話を人々が振りかざすのには理由がある。何百万もの貧困者が都市部に流入するのは、その移住者たちには希望に満ちた話だが、すでにそうした地区に住んでいる中所得の人々にとっては、必ずしも生活の質を向上させない。ムンバイ市の異様に厳しい建築制限など、都市への移住を減らそうとする政策は、混雑と密集で自分の生活はよくならないと知っている現在の都市住民には魅力なのだ。密度には、便益と同時に費用もかかる。

都市が密度に伴う欠点をもっとうまく解決できるようになったら、都市成長はみんなに受け入れやすくなる。過去三世紀にわたり、豊かな国は何十億も使って都市の病気や犯罪と戦ってきた。発展途上国の都市はまだそうした戦いに勝利していない。これが次章のテーマだ。

第四章　貧困者住宅の改善方法

ムンバイ市のダラヴィ地区は、二一〇ヘクタールほどの面積に六〇万人から一〇〇万人ほどが住んでいる。あふれそうな人間と起業家精神の大群だ。ダラヴィあたりの人々は、テレビのゲーム番組『大金持ちになりたいか』に出場する機会を待って手をこまねていたりはしない（訳注：このスラムは映画『スラムドッグ・ミリオネア』の舞台となった）。床板も窓もない部屋では、男二人が段ボール箱をリサイクルしている——破って裏返してまたホチキス止めして、表の字が内側にくるようにするのだ。その場所は寝場所も兼ねている。というのも古い段ボール箱は寝場所にも使えるからだ。そのすぐ隣では、仕立屋二人がブラジャーを作っており、まるで一世紀前のニューヨーク市のロウワーイーストサイドを見る思いだ。

近くでは、何十人もの壺職人が、未舗装道路沿いの薄暗い部屋で作業している。届いたばかりの粘土を壺に変え、それを屋外の巨大な煙まみれの窯で焼いている。別の部屋では、女性七、八人が使用済みプラスチックの分別をしている。これほどのリサイクリングを見ると、ダラヴィはかなりエコな感じだが、どんなに熱心な環境保護論者でも、注射針のリサイクルはあまり嬉しくないのではないだろうか。

　ダラヴィの起業的なエネルギーは、都市貧困のよい面を示してはいるが——野心的な人々が一生懸命働き、都市顧客やそこからの入力への近接性から利益を得ている——あたりの汚れた空気や汚い水は、都市集中の費用を明らかに示している。道は未舗装だ。下水管がある場合でも、それが普通の水系に垂れ流しだ。まともに機能するトイレ一つ当たり一〇〇〇人以上の住民がいるはずなので、そこらで野糞をしている人はよく見かける。こうした状況では病気は避けがたく、このために死ぬ貧困インド人はあまりに多い。ある調査によれば、ムンバイ第二位の死因は結核で、その蔓延のために、ここでの平均寿命はインド全体に比べて七年短い。

　一九六二年に心理学者ジョン・B・キャルホウンは『サイエンティフィック・アメリカン』に論文を発表し、きわめて過密なラットのコロニーを作り出したときの恐ろしい結果を記述した。ラットの問題は、高い幼児死亡率、共食い、「狂乱じみた過剰活動」、「病的な引きこもり」などだった。過密なネズミを見ても人間の都市生活について何がわかるのだろうかと疑問を抱くのは当然だろうし、他の生物、たとえばアカゲザルなどでは、過密は殺し合いよりは親切さを生み出すという結果も出ている。それでもキャルホウンの研究は、密度にはかなりの欠点もあるかもしれないという警告ではある。

　ムンバイ市の交通渋滞はひどいものだ——タクシーは、ロバに引かれた荷車の後ろでつかえてしまう。またダラヴィはかなり安全だが——これはご近所が相互に見張り合う社会システムが機能しているおかげだ——ムンバイ市全体ではそれなりに犯罪者もいる。たとえばボリウッドのスターたちを食い物にする悪名高いギャングたちなどだ。あらゆる古い都市は、疫病と犯罪という社会悪と戦ってきた。どの混雑した都市も、渋滞問題の可能性を持つ。アイデアを広めるまさにその密度が病気も広げてしまう。

こうした問題は解決不能ではないが、しばしば公共セクターによる積極的な、あるいは過激な介入すら必要とする。公共セクターの無能ぶりは、ときに地方部の貧困をほめそやす口実に使われる――そのひどい理屈はつまり、都市は清潔でないから人々は農村の小屋ずまいのほうがいいのだ、というわけだ。これは道徳的な理由からも現実的な理由からもまちがっている。発展途上国の市政府は、西洋の都市が一九世紀や二〇世紀初頭にやったことをしなくてはならない。上水を提供しつつ、排泄物は除去しなくてはならない。ゲットーを安全にしなくてはならない。そしてあまりに多くのアメリカ都市ができていなことさえしなくてはならない。大都市に暮らすことでほとんどの人が得られる利益を貧困児童から奪ってしまう、孤立を打破することだ。都市の病気、腐敗、犯罪、人種分離に対する過去二世紀の西洋の戦いは、今日の発展途上世界に多くの教訓を提供するが、残念ながらその教訓の一つは、こうした戦いが決して容易ではないということなのだ。

ダラヴィのスラムは、インド人のすばらしさのあらゆる面と、マハラシュトラ州政府のあらゆるダメな面を同時に示している。私のように、自由市場好みの人間にとっては穏やかならぬものだが、ダラヴィ問題を解決するには政府が消え去ってもだめだ。確かに、インド政府がもっと介入を控えるべき部分は、土地利用規制や事業ライセンスなどいろいろあるのだが、ダラヴィのようなスラムが直面する大都市問題には自由市場による解決策はないのだ。都市は上水や安全な近隣、渋滞なしの通りを提供するためにに、どうしても強力で有能な政府が必要なのだ。

民主主義を神聖視するのは簡単だが、有効な市政府は通常は、抑制と均衡などに邪魔されず、不満を述べる市民全員の願いなどいちいち顧みずに統治する強引な指導者が必要だ。ニューヨーク市の犯罪に対する戦いを説明するに際し、テディ・ルーズベルトは「ほとんどの地位において『分権』理論はどうしようもなく有害だ」と述べた。私はそこまで言おうとは思わない――分権は悪い指導者を抑えるのにとても有益な役割を果たす――でも汚職を抑えようとするルーズベルトの試みは、確かに同僚警察長官が彼の活動を阻止できるために、かなり足を引っ張られた。テディ・ルーズベルトによる制限なしの改革を重視する発想は、権力が分割されていなければ、現状で利益を得ている勢力が変化を妨害するのを防げる、ということのようだ。ちょうど戦時中には指導者にもっと権限を与えるように、街路が危険だったり水が病原菌まみれだったりするときにも、指導者にもっと権限を与えるべきかもしれない。

私はインドの見事な民主的制度を大いに尊敬しているが、その頑強な民主主義は、各種利害を持つ有権者たちが関わってくるので、都市生活を大幅に改善するときに必要は強権的行動の邪魔になる。インド民主主義最悪の側面の一つは、権限が市ではなく州レベルにあることだ。そして州はしばしば地方部の有権者が圧倒的に多く、彼らはアメリカの上院と同じで、一人当たりの代議員の数がずっと多い。インドの都市は、自分の運命についてもっと自分で決められるようになるべきだ。

4.1 キンシャサの窮状

ダラヴィは、困難な状況でもがんばる人間の能力の見本だが、コンゴ民主主義共和国の首都キンシャサのような都市は、あまりに機能不全なので、まともな生活を送ろうといかに努力しても無駄になってしまう。何百万もの貧困者が単一の大都市に集結する影響に対して公共セクターが全く手を打たないと、都市は恐ろしい場所となり、犯罪者と疫病が猖獗を極める。この失敗は、才能ある人々同士や外部の社会をつなぐことで国全体を栄えさせるという、都市の中心的な狙いを実現できなくしてしまう。リスクばかり多くてほとんど見返りのないような場所では、筋金入りの人道主義者でもない限り来ようとはしないだろう。

キンシャサ市は発端からまずかった。一八八一年に、冒険家ヘンリー・モートン・スタンレーがベルギーのレオポルド王の交易所として創設し、レオポルドヴィルと命名されたが、レオポルド王はアフリカ人の労働力を資源掘削に使い、管理ツールとして大量虐殺を使う残虐な植民地主義の代名詞となった。やがてベルギー政府は改善し、一九五〇年代には、この都市は快適といえなくもないくらいになったが、独立後にキンシャサ市は激しく劣化した。二三年にわたり、モブツ・セセ・セコはすさまじく腐敗した政治を実施して、産業の国有化や外国への軍事遠征、人的資本へも物理資本へも投資欠如などにより、ザイール（彼はコンゴをこのように改名した）は困窮した。モブツは、無制限の改革というルーズベルトのやり方の致命的な欠陥を教えてくれる——一本化した力がよいのは、それを担っている手が適切な場合だけで、それは決して保証の限りではないのだ。モブツ追放後の年月も、同国（名前はまたコンゴに戻った）にとってはまったくよいものではなく、何十万人もが戦争で死に、汚職は一向に改善しなかった。

コンゴの絶え間ない不穏のため、問題を解決する国が機能していないのに、キンシャサ市はすさまじく成長した。一九六〇年から、人口四四万六〇〇〇人だったこの都市は、いまや一〇四〇万人の都市集積になった。

独裁支配の特徴として、権力は独裁者から放射される。結果として、独裁者のいる国の首都は、安定した民主主義の首都よりは平均で三割以上人口が大きい。インドネシアの汚職研究によれば、社長などが写真で独裁者の近くに立っている企業ほど、その指導者が病気になったときに最大の株価低迷を起こす。ザイールの泥棒政治に一枚噛みたいのであれば、モブツのおそばであるキンシャサ市にこなくてはならないのだ。

ある研究によれば、キンシャサ市の子供の三分の一はマラリア原虫を持っているそうだ。二〇〇四年から二〇〇五年のチフス熱流行で、何百人も死に、何千人もが感染した。キンシャサ市の各種問題に加え、同市は昔からエイズの震源地でもあった。初めてHIV陽性の血液サンプルが採取されたのは、一九五九年のレオポルドヴィルだ。一九八五年には、ある無作為標本抽出によれば、人口の五%が陽性だ。CNNは最近、キンシャサ市が世界で最も危険な都市のトップテン入りしたと発表した。

キンシャサ市の状況はひどいものだが、コンゴの他の地域では、状況はもっとひどいことが多い。アメリカ国務省によれば、キンシャサ旅行は「日中はおおむね安全」だが、「遠隔地はあまり安全ではなく犯罪活動が頻発する」とのことだ。一九九六年から二〇〇三年にかけて中央アフリカ内陸部を苦しめた内戦のおかげで、何千人もが比較的安全なコンゴ首都に逃げてきた。キンシャサ地方で生まれた幼児一〇〇〇人中、七三人は一歳の誕生日前に死ぬ。これはアメリカ平均の一〇倍だが、コンゴ地方部の数字よりはましだ。二〇〇一年の調査を見ると、一部のキンシャサ地区では、子供の一割以上が栄養失調に苦しんでいる。ひどい話だが、これでも首都の外よりはましだ。首都以外ではこれが三割超の場所もあるのだ。国営の水道局は、上水供給がまったくできていない。コンゴ都市住民の三割は、飲料水を得るのに三〇分以上も移動が必要だ。それでも、内陸部からの移住は止まっていない。

キンシャサ市は残虐な植民地支配を受け、その後は邪悪な独裁者に支配されたという、きわめてツキのない都市だ。ここの問題は、今日のロンドンやニューヨークの観点からは解決不能に思えるかもしれないが、かつてはニューヨークもロンドンも、似たような問題の解決が必要だった。世界の古い都市は一つ残らず、どこかで病気と暴力の蔓延と戦ってきた。こうした激闘が最終的には勝利に終わったという事実は、キンシャサにさえ希望をもたらすだろう。

4.2 病んだ都市の治療

紀元前四三〇年にアテナイにペストがやってきたのはピレウスの港からで、どうも四人に一人のアテナイ人がこれで死んだらしい。市の指導者ペリクレスもこれにやられた。コンスタンチノープルにペストがやってきたのはその九七〇年ほど後で、歴史家プロコピウスによると、最悪の時期には毎日一万人以上が死んだ。一三五〇年から三世紀以上にわたり、ペストは西ヨーロッパの都市住民をしょっちゅうなぎ倒した。一七世紀には、イギリスの田舎と比べて都市部の死亡率がずっと高かった。ペストは一八世紀初期にヨーロッパから消えた（アジアでは続いた）が、黄熱病が進入し、一八三〇年にはコレラが西洋の都市を蹂躙した。

病気に対する公共保健対応は、当初は隔離検疫だけだったが、ジョン・スノウのような賢い都市住民が、だんだん伝染病の拡大と戦うのに必要な知識を獲得するようになった。スノウはヨーク出身の炭坑夫の息子で、鉄道パイオニアだったジョージ・スティーブンソンの医師に一四歳のときに見習いで入った。九年後、スノウは一人で三二〇キロを歩いてロンドンに出て、外科医になる技能を得ようとした。その二年後には免許を得て、医師としても成功して医学研究にも精を出し、身の回りの都市から多くを学んだ。その最大の成功は、一八五四年コレラ大流行で、死者の発生パターン観察から生まれたものだ。

スノウの研究室はロンドン自体で、地元神父の助けを借りて、彼は住民にインタビューしてコレラ発生の見事な地図を作った。街路ごと、症例ごとに、その地図は病気の地理を示していた。患者の分布を検討することで、スノウはある給水ポンプが発生の震源地となっていることに気がついた。インタビューからの結論として彼は「ロンドンのこの部分では、上記のポンプ井戸から習慣的に水を飲んでいた人々以外にはコレラの発生や伝染などは特に生じていない」と指摘した。近くのエール飲みは健康なまだった。アルコールは水のバクテリアを殺せるので、それが昔から都市住民の健康法になっていた。

井戸はどうも、感染者の糞便を含む近くの屎尿槽により汚染されていたようだ。スノウがその井戸のハンドルを取り除かせると、コレラの発生は止まった。スノウはコレラがバクテリア性のものだというのをはっきり理解したわけではないが、疫病が細菌のいる水で広がっているということは正しく見極めた。スノウの研究のため、いまや当然に思える事実について、早い時期に証明してみせた。市は都市の健康を確保するためにきれいな上水を提供しなくてはならないということだ。スノウはまた、自衛する都市のイノベーションの例を提供してくれた。都市は自分自身の解決に必要な情報を生み出すのだ。

アメリカでは、都市政府はスノウの科学よりは直感に動かされて、一九世紀初頭に水道提供という巨大な作業に取りかかった。彼らはなぜか、汚い水が病気の発生に関係していることを理解し、何年にもわたり水をきれいにしようと戦い続けた。一七九三年と一七九八年に黄熱病がアメリカの都市を襲った後で、フィラデルフィア市とニューヨーク市は、近くの屎尿槽で汚染されない水を市民に提供することにした。フィラデルフィアは、イギリスの建築家で技師のベンジャミン・ラトローブの指導により、公共がそれを負担した。建設も運営もラトローブの当初の見積もりよりはるかに高価だったが、最終的に同市は、シュイルキル川上流から水をひく公共水道をきちんと機能させた。

ニューヨーク市は民間主導だったが、支出を抑えようとしたために、マンハッタンに上水がくるまでには何十年もかかった。黄熱病流行の後で、市の下院議会は当初は公共水道を提案したが、州の議員や副大統領候補で落選したアーロン・バーには別の考えがあった。政治的な敵である下院議会の連邦主義者たちを説得すべく、彼は連邦主義の権化たるアレクサンダー・ハミルトンを味方につけた。ハミルトンは、公共システムの財源として必要な「負担となる」税金について警告し、下院評議会に対して私的に供給される水というバーのビジョンを受け容れるよう説得した。

するとバーは自分のかなりの政治的な才能を使って、新しい民間水道会社の定款を州の議会で可決させた。この定款の重要な規定は、同社に二〇〇万ドルの資金調達を認め、余った資本は「本州およびアメリカの憲法や法と一貫性を持たなくない金銭取引」すべてに使える、というものだった。この一見すると無邪気な規定はつまり、バーはちょっとでも水道を提供すれば、残りの金は好き勝手に使えるということだった。彼は水道よりも銀行のほうに金銭的・政治的な利益があると見た。ハミルトンはうっかり、自分のニューヨーク銀行の競合を作り出してしまったわけだ。マンハッタン銀行社はその後丸二世紀以上の成功を続け、後にチェイス・マンハッタン銀行となり、いまはJPモルガン・チェイスだが、ニューヨークの水道問題は解決しなかった。

バーは銀行に資本をまわしたくてたまらず、お金をけちるために同社は古い井戸を使い、貯水池も小さすぎるものにした。マンハッタン社は、ブロンクスからきれいな上水を引いてくるという約束を破り、貯水タンクをアクア・オブスキュラ、つまり出所のわからない怪しげな水で満たしたのだった。

民間水道供給は、あちこちで機能はするが、潜在的な問題を二つ抱えている。消費者は水質を簡単には調べられないので、水道会社はあちこち手を抜いても売り上げは下がらない。さらに民間会社がきれいな水を保証できても、消費者はそうしたきれいな水が儲かるほど水道料金を払いたがらないかもしれない。人々が飲料水に大金を払えるし、水道業者がきれいな水を供給するとおおむねあてにできる（そうしなければすさまじい訴訟にあう）豊かな社会では、この問題はどちらも消えてしまう。でもハミルトンとバーの時代には、裕福な公民は召使いをきれいな水くみに山の手に送り出せたとしても、もっと貧しい地区の人々がきたない下町水を使っているのはほぼ確実だった。本人は注意しても、汚い水はその公民や家族を殺す可能性があった。というのもそうした貧しい地区から全市に広がる疫病が起こり、それが安い汚い水で広がるかもしれないからだ。

　これは経済学者の言う外部性だ。ある個人の活動が、自発的な取引以外の仕組みで他人に対して及ぼす影響のことだ。一世紀以上にわたり、経済学者たちは外部性の解決には何らかの国の介入がいると論じてきた。水道でもそうだ。マンハッタン社はニューヨーク市の水道問題を解決しなかったので、水が媒介する疫病は何度も登場した。ニューヨーク市はときどき、疫病で人口の〇・五％を一年で失うこともあった。これは平年の死亡率の倍だ。一八三二年のコレラ流行でまさにこれが起きた。

　やっとニューヨーク市はフィラデルフィア市に倣い、ハミルトンが警告した通り何百万ドルも使って公共水道を整備した。工費九〇〇万ドル（二〇一〇年の貨幣価値では一・七億ドル以上だ）かけて建設されたクロトン水路により、一八四二年からはニューヨークに水が供給され、すぐに効果が出た。一八六〇年以降、死亡率はなんと六〇年にわたり減少の一途をたどった。南北戦争末には一〇〇〇人当たり三〇人以上の死者だったのが、一九二〇年代には一〇〇〇人当たり一〇人ほどに減ったのだ。

　一八九六年には、アメリカには公共水道が一七〇〇件あったし、地方政府は連邦政府が軍と郵便に使う以外の総予算と同じくらいの金額を水道に使っていた。パリでは、ジョルジュ＝ウジェーヌ・オースマン男爵がナポレオン三世の代弁者というほぼ無限の権力を使い、下水道を造ったが。それはいまでもパリで使われ、その下水管は観光資源になっている。

経済史家ワーナー・トレスケンによる莫大な研究を見ると、地方自治体の水道投資はチフス熱などの病気からくる死者数を激減させた。きれいな水は、水で伝染しない病気による死者も減らした。何世紀も前からあるマサチューセッツ州におけるきれいな水の影響に関する研究と同様に、トレスケンと共著者ジョセフ・フェリーも一八五〇年以来、シカゴでチフス熱が減るとおおむね他の病気も激減することを発見している。他の病気の死者数が減るのは、水で伝染する病気が他の病気とまちがえられていたり、水による病気で免疫系が弱ってそこへ他の病気が攻撃をしかけたりしたからだ。理由はどうあれ、フェリーとトレスケンは、一八五〇年から一九二五年にかけての「シカゴの死者数減少のうち三割から五割はきれいな水の導入で説明できる」としている。

都市にきれいな水がきたのは、インフラに大量の公共投資が行われたからだ。ダラヴィのスラムから水による病気をなくすには、政府か、あるいはしかるべき補助金と規制をうけた民間企業によるものか、いずれにしてもやはり大量の投資が必要となる。

4.3 街路清掃と汚職

水がきれいになって病気が大幅に減ったにも関わらず、一九〇一年時点では、ニューヨークで生まれた子の期待寿命は他の地域に比べて七年短かった。これは伝染病が蔓延していたせいだ。一世紀前にはアメリカは今日の多くの発展途上国に負けず劣らず汚職が横行しており、いまの発展途上国で汚職が公共サービスの効率を落としているのと同様に、一九世紀のアメリカでも、汚職が都市をはるかに不健康な場所にしていたのだ。

ニューヨークの街路がきれいになったのは、汚職の温床として悪名高いタマニー・ホール一派が、警察スキャンダルのおかげで一時的に権力を失ったからだった。地元にあまり権力を与えない政治システムにはよくない点がいろいろあるが、それに対する正解はすべてを地方政府に任せることでもない。物事がうまく機能するときには、政府の複数のレイヤー――連邦、州、市――がお互いをチェックできる。これはそれぞれの層を左右する政党がちがうときには特に言える。連邦政府が州の政治に介入しなければ、南部の黒人が市民権を得ることはなかっただろうし、ニューヨーク市の街路がきれいになったのは民主党系だった市政府の調査を率いたのが、共和党の州上院議員だったからだ。

上院議員の一万ページにわたる報告書に詳述されたすさまじい汚職を読めば、どんなシニカルな人でも唖然とするだろう。捜査員たちが悪名高い警官「クラバー」ウィリアムスに、警官の給料でどうやったらニューヨークにアパートを持ち、コネチカットには別荘を持ち、ヨットまで持てるのかと尋ねたところ、ウィリアムスは「日本の不動産を買ったらその価値が上がったんだよ」と答えた。この報告書を背景にニューヨークの一八九四年選挙が実施され、民主党系のタマニー・ホールは追い出されて、共和党の実業家であるウィリアム・L・ストロングが市長になった。

ストロングは当初、セオドア・ルーズベルトを街路清掃責任者にしたがったが、ルーズベルトは警察長官を希望した。そこでストロングはジョージ・ワーリング大佐を任命したが、彼はルーズベルトが珍しく卑下して言うように「その仕事においてははるかに優秀な人物」だった。確かにワーリングも、制約なしの改革についてのルーズベルトの熱意を共有していた。ワーリングが衛生に手を染めたのは四〇年前、二〇代のときにセントラルパークの排水を監督したときだった。北軍のために騎兵隊六連隊を募集し、アメリカにジャージー種のウシを導入し、トイレの開発に協力して、メンフィスで水による病気が続発して全国的な懸念事項になると、同市の下水道を造った人物である。一八九五年には、この技師兼農民兼乗馬の名手は、ニューヨークの街路清掃に乗り出したのだった。

すぐに彼は大問題を引き起こした。初年度で、予算を二五％超過したのだ。そして南北戦争の退役軍人会を「どうしようもない飲んだくれのゴロツキ集団」と呼んだと言われて、大激論を引き起こした。これは今日で言うなら、全米退職者協会を「怠け者のインチキ福祉受給者ども」と呼ぶに等しい。ワーリングはこれに対し、自分は全米で最も強力な外郭団体を「年金泥棒」と呼んだだけだと答え、ニューヨーク州評議会が退職勧告を出したときにも、絶対に引かないと答えた。街路に放置された自動車は押収すると宣言し、「トラックの押収に出かけた街路清掃人と、トラックを奪われまいとするイタリア人の暴徒」の間に「モット通りの大暴動」を引き起こした。また徹夜で雪嵐への対応も計画した。これほどの騒動を引き起こしても、『ニューヨークタイムズ』紙によれば、在職たった七カ月で「市の衛生状態は奇跡の改善をとげた」とのことだ。

ワーリングの熱意、誠意、能力のおかげで市民は大いに彼を支持し、反対者を圧倒した。また新技術の恩恵も得た――それがアスファルトだ。一八八〇年代のニューヨークの街路は、砂利を敷いた上に長方形の花崗岩ブロックを並べた舗装になっていた。こうした街路の清掃は、石畳の掃除よりは楽だったが、それでもよごれやホコリがそこら中に付着した。ゆっくりと、舗装剤としてアスファルトが使われるようになった。オースマン男爵が一八六〇年代にパリの大通りを造ったときにも、アスファルトがなめらかで管理しやすい路面を作ることがわかった。一八九〇年代には、ニューヨーク市もアスファルト舗装になった。タマニー・ホールと民間アスファルト会社との間には汚職疑惑が山ほどあったが、街路はきれいに舗装され、ワーリングの部下たちもずっと掃除がやりやすくなった。

ワーリングは一八九八年に辞職して、スペインアメリカ戦争の末期に、キューバの衛生改善に乗り出したが、黄熱病にかかって死んだ。でも後に残ったニューヨークは、ずっときれいで健康になっていた。一九〇一年から一九一〇年にかけて、ニューヨーク男性の平均寿命は四・七年のび、全国平均との差も半減した。期待寿命の延びに最も貢献したのは幼児死亡率の減少で、これは医学知識の普及、衛生状態の向上と病院の改善を反映したものだった。

ストロング市長の政権でニューヨークの都市汚職が終わったわけではない。やがてストロングの後任にはタマニー派の市長がやってきて、市で氷を独占することで一財産築く。だが人々の教育が改善して政治的な意識が高まると、ボス・ツイードの日々ほど極端な汚職はなくなった。通常、汚職は教育水準が上がると減る。市民たちは汚職トップが提供する非公式のセーフティーネットに頼らずにすむようになるし、汚職に対する反対運動も組織できるからだ。だがほとんどのアメリカ都市では、汚職政治がおさまるのはニューディール政策で会計が改善されるようになってからだ。ニューディールもまた、政府が複数の層に分かれているといいこともあるのだ、という一例だ。

古い汚職政治のモデルでは、地元ボスが有権者たちに仕事やエサをまいて、かわりに票をもらう。この汚職装置を支援する移民一家は、若者に職を手当してもらったり、火事のときに助けてもらったり、復活祭には七面鳥がもらえたりする。こうしたサービスは、汚職政府のボスが監督する市の財源から提供された。ニューディールは連邦のセーフティーネットを大幅に強化して、地元政治家がたまにエサをまいて支持を買収する能力を大幅に下げた。金集めには、地元指導者たちは自分の資金の流れをきまじめに記録しなくてはならなかった。ボスの時代が終わって官僚の時代がやってきたのだ。その多くは、ジョージ・ワーリング大佐のような専門職の道を歩いてきた人々だった。

4.4 道路を増やすと交通は減る？

伝染病は、都市のすばらしい利点——人々を結びつけること——を死因に変えてしまう。交通渋滞は、都市内で移動しにくくすることで、その利点をそもそも消し去ってしまう。ゴミが多すぎれば街路は健康に危険をもたらす。ドライバーが多すぎれば街路は駐車場になってしまう。水道供給は工学的な解決を必要とするが、渋滞のない街路を提供するのは技術ノウハウ以上のものを要する。街路が使い物になるのは、人々がそれを使いすぎない場合だけで、そうなると経済学者の道具が必要となる。運転は負の外部性を作り出す。というのもドライバーはみんな、通常は自分自身の私的な費用や便益しか考えないからだ。ドライバーは通常は、自分が運転すると他のみんなの速度が遅くなることは考慮しない。こうした外部性を直す最高の方法は、道路の利用について課金することだ。

都市に水を引いて下水を排出するのは莫大な事業で、工学的ノウハウがギリギリまで要求された。交通渋滞もまた工学的な挑戦ではあるが、同時に心理学的な挑戦もある。というのも、改善ごとにドライバーの行動が代わり、改善が相殺されてしまうからだ。何十年にもわたり、車線の少ない道路に車が多すぎるという問題に対しては、道路を増やすことで解決を図ってきた。でも新しい高速道路や橋ができるたびに、それがもっと多くの交通を引き起こす。経済学者のジルス・デュラントンとマシュー・ターナーは、車両の走行距離は新しい高速道路の新規建設延長とほぼ一対一で増加することを発見し、これを渋滞の基本法則と呼んだ。

交通問題は要するに、無料のものに対する需要を満たすのは不可能だということの反映だ。道路は建設にお金が掛かるし利用価値は高いが、アメリカのドライバーたちは無料で運転する権利が憲法の人権条項にでも書かれていると思っているかのようだ。ソ連は消費財に人工的に低い価格をつけていたが、その結果は空っぽの棚と長い行列だった。人々が無料で街路運転を許されたら基本的に同じことが起こる。

交通渋滞を減らす最高の方法を考案したのは、カナダ生まれのノーベル賞経済学者ウィリアム・ヴィッカリーだ。彼は地下鉄の料金設定問題を任されて「自家用車やタクシー、そしておそらくはバスもそうだが、これらの利用者は概ね、その利用が課す費用の増分に対応した費用負担を行っていない」と指摘した。人は運転するとき、時間、ガソリン、自動車の減価償却といった私的な費用は考慮するが、他のドライバーすべてにかかる費用——時間喪失——は考慮しない。自分が渋滞を引き起こすのは考慮しないので、高速道路を使いすぎる。

この問題に対する経済学者の自然な解決策は、その通勤の全費用についてドライバーに負担させることだ——つまり自動車が道の他の部分に与える影響についてドライバーが負担するよう課金するということだ。ヴィッカリーはこの洞察を、ワシントンDCのバス交通に関する報告で一九五〇年代末に展開し、ドライバーたちに自分の創り出す混雑について課金を提唱した。ヴィッカリーの洞察は、彼が身の回りの都市から霊感を受けたもので、これも自衛する都市のイノベーションの例だ。ＥＴＣの何十年も前に、ヴィッカリーはこうした混雑課金に電子システムを使うよう推奨した。そして料金は渋滞が最悪のラッシュアワーに一番高くなるようにすべきだと示唆した。

何十年もの経験でヴィッカリーが正しいことが証明された。道路を増やしても決して交通の遅れは解消されないが、混雑課金なら解消する。一九七五年にシンガポールは単純な渋滞課金を採用し、自動車の利用者は都心部で運転したらもっと課金されるようにした。いまやシステムは電子化され、高度になり、シンガポールは渋滞がない。二〇〇三年にロンドンは独自の渋滞課金を採用し、このときも交通量は大幅に減った。

だったらなぜ渋滞課金はアメリカでほとんど見られないのか？　政治が経済学を蹴倒すからだ。何千人もの自動車利用者に新しく課金するのはあまり人気がなく、結果として渋滞に捕まったドライバーたちは、何百万時間もの貴重な時間を無駄に失っている。当のヴィッカリーは、夜遅くの運転中に心臓麻痺で死亡し、ハンドルに覆い被さって死んだ。私はずっと、彼がそんな時間に運転していたのは渋滞を避けるためだったのだろうと思っている。

アメリカでは、渋滞は失った時間換算で何十億ドルをも無駄にしているが、発展途上国の都市では渋滞の影響はもっとひどいようだ。混雑はずっとひどい上、代替の交通手段、たとえば地下鉄などはあまり発達していない。建物は低層なので、結果として都市は広がっているし、歩道もひどいので、歩くという選択もあまり現実的ではない。ムンバイのような都市では、渋滞は都市生活の働きを完全に止めてしまう。だからこそ、渋滞を解消するのは別に便利さを求めての話ではないのだ。それは都市が、人々を出会わせるという最も基本的な機能を果たせるようにするためのものなのだ。

4.5 都市を安全に

人々を結びつけるという都市の利点は、渋滞と同じくらい犯罪によっても台無しになってしまう。恐怖は人々を鍵のかかった部屋に閉じ込め、お互いや都市生活の利点から切り離してしまう。そして恐怖は高密な都市クラスターに何千人もの人々を集める副産物としては実にありがちなものだ。都市の近接性は、アイデアや病気の拡散を可能にするが、同様に犯罪も可能にする。

何世紀にもわたり、都市の無秩序の恐れのために市民たちは、安全を求めて税金を払い、自由を犠牲にしてきた。初の近代警察が形成されたのはルイ一四世のパリでのことだった。当時のパリはおそらくヨーロッパ最大の都市で、まちがいなく暴力的な無法まみれだった。実はパリが一七世紀に初めて光の都市になったのは、同市の警察長官が、夜の町をもう少し安全にすべく大規模な街灯プロジェクトを開始したおかげなのだ。

ウィリー・サットンは、自分が銀行強盗をするのは「そこに金があるからだ」と答えたが、ほとんどの場合の犯罪は、貧乏人が他の貧乏人から奪うというものだ。犯罪被害者は貧しく、若く、男性が多い——犯罪の犯人たちと同じだ。人々が犯罪ギャングに加わる大きな理由の一つは、他の犯罪者から守ってくれるという約束だ。

世界の大半で、犯罪は圧倒的に都市部で起こる。一九八九年に人口一〇〇万人以上の都市に住む人の二割以上は、一年以内に犯罪被害に遭っていた。これが人口一万人以下の町の住民だと、一割以下になる。一九八六年のデータでは、都市の人口が倍になると殺人率は二五%高くなった。

都市で犯罪が多いのは、都市にくる貧困者が貧困にともなう社会問題もいっしょに持ち込むからで、その一つが犯罪だ。都市はまた犯罪を促進する。市街地は被害者候補を高密に集めるからだ。人通りの少ないいなか道で追いはぎをしてもなかなか喰っていけないが、地下鉄の混雑なら財布をくすねるためのポケットが無数にある。かつて計算してみたのが、犯罪に対する金銭的な見返りは、大都市圏のほうがそれ以外の場所より二割高い。

都市と犯罪の結びつきは、匿名性の高い大都市での警察の困難にも関係している。「クルー」というゲームでは、プレーヤーたちは可能性のある容疑者をだんだん絞り込むことで殺人事件を解決する。本物の警官もしばしば同じことをするが、都市では検討対象の容疑者がずっと多いので、手間も増える。結果として、どんな犯罪でも都市人口が倍になると、逮捕される確率は八％ほど下がる。

犯罪率はかなり正確に都市の規模と相関してきたが、都市同士で犯罪率を比べたり、時系列で犯罪率の変化を見たりすると、警察、所得など、計測可能なものとはまったく相関していない。リオのスラムは何かと銃をぶっ放すギャングで有名だが、ムンバイ市のスラムは通常はかなり安全だ。映画『スラムドッグ・ミリオネア』は犯罪者だらけだったが、ムンバイ全体での犯罪率は、インド都市部の平均よりずっと低い。ムンバイのスラムは、リオのファヴェーラや一九七〇年代のニューヨークの貧しい地域で感じたような危険な感覚はない。この違いは別にムンバイの警察が優秀だからではないし、ムンバイがリオより貧しいからでもない。

ムンバイのスラムが安全な理由として一番大きいのは、こうした地域が貧乏でも、社会空間としてうまく機能しているから、というものだ。これはジェイン・ジェイコブズが五〇年前に傑作『アメリカ大都市の死と生』で描いたグリニッジ・ヴィレッジと同じだ。こうした地域では、住民たちが街路や路地を監視している。何か問題があれば、すぐに見つかって対処されるし、それをやるのは警察ではなくコミュニティだ。

都市内でも、犯罪率ははっきりした理由もなしに上がったり下がったりする。公共の安全の変化を長期的に計測するにあたり、信頼できる形で使えるのは殺人だけだ。他の犯罪はいろいろな理由で過少申告されているからだ。警察があまりに無能だったり腐敗したりしていれば、公式の犯罪率はかえって下がる。人々が、そもそもほとんどの犯罪を通報しなくなってしまうからだ。

犯罪史家のエリック・モンコネンは、ニューヨーク市の殺人についてのデータを二〇〇年分集めた。一八〇〇年から一八三〇年にかけて殺人は減ったがその後増加に転じ、南北戦争中にピークを迎えた。一九世紀の間、ストリートギャングが移民の近隣を闊歩して、ニューヨークの警察が汚職で悪名高かった頃、ニューヨークの人口一〇万人当たり、年間三件から六件の殺人があった。汚職と殺人の間には弱い相関があるようではあって、一八六五年から一九六一年にかけてのデータで見ると、タマニー・ホールが政府を牛耳っていた汚職時代のほうが、改革政府の場合に比べて殺人事件はおよそ一二%多かった。でも一九世紀末に殺人は下がり、一九〇〇年以後には上がり、喧噪の一九二〇年代に一〇万人あたり殺人五・四件でピークに達したが、一九五〇年代には四・一件で底を打った全米の殺人件数は一九三九年から一九五九年にかけて二九%ほど下がった。一九六〇年から一九七五年にかけて、一九三〇年から六〇年にかけての改善はすべて消えてしまい、都市はかつてなく無法地帯になった。ニューヨークの殺人率は四倍になり、一九七五年には一〇万人あたり二二人になった。

犯罪率の変動の多くは、はっきりした理由がない。アメリカもニューヨークも、この間ずっと豊かになり人口も増えていた。貧困や都市の規模は、なぜある時期に犯罪が増加／減少したか説明できない。

一九六〇年から七五年にかけての犯罪の爆発は徹底的に分析されているが、その原因については相変わらず意見が分かれる。こうした増加は、この時期に若者の数が増えたせいではないかと思うかもしれない（犯罪を犯すのは圧倒的に若者だ）が、スティーブン・レヴィットの推計では、この時期の犯罪増加のうち若者数の増加で説明できるのはせいぜい二割とのこと。他の説明は、都市の工業経済の条件悪化、警察の有効性の低下などだが、やはり計測可能な指標でこれを本当に説明できるものはない。

時と場所による犯罪の不思議な変化は、都市でときどき生じる芸術や創造性の不思議な爆発の、悪玉兄弟とでも言えるかもしれない。どちらの減少も、社会的な交流の力を示すものだ。一人の芸術家——ブルネレスキ、ハイドン——が自分の都市で、一連のイノベーションに火をつける。同じように、一握りの犯罪者が都市を安全にする社会規範を破壊して、そのために犯罪がもっと魅力的になるのかもしれない。いまや会員数三万人超と言われる巨大ギャング団のクリップスは、若者ほんの数人が創設したものだ。都市は個人の影響力を——いい物も悪いものも——拡大し、そして個人の選択や才能はすさまじく予測不能なので、犯罪の波といった都市現象も、やはり理解しにくくなる。

犯罪の波は説明がむずかしくても、その影響は痛々しいまでに明らかだ。一九四〇年から六〇年にかけて、ニューヨークはアメリカの他の部分と同程度に健全だった。白人男性の期待寿命は、ニューヨークと全国とで六カ月以上の差がついたことはなかった。でも一九六〇年から九〇年にかけて、ニューヨーク男性と他の男性との期待寿命には二・七年の差がついた。地方部の男性は全体として、ニューヨークの男性よりも健康になってきていたのだ。このギャップは女性では見られない。理由の一部は、殺人被害者の大半は男性だからだ。

ニューヨークでの男性死者数増加にはいろいろな要因が関わっている。エイズがやってきてニューヨーカーたちを殺しはじめたが、これも死者はほとんど男性だ。一九六〇年から八〇年にかけて、心臓病での死者も増えた。これはドラッグ使用やストレスのせいかもしれない。ニューヨークのセントラルパークは、夜に足を踏み入れるのは勇敢かよほどのバカだけという一種の無人地帯となった。一九二五年に作詞家ローレンツ・ハートはこの都市を「少年少女のためだけに作られたすばらしいおもちゃ」と表した。五〇年後の同市は追いはぎのために作られたかのようだ——そして、どう考えても「すばらしい」ものではなかった。

でも一九七五年から二〇〇五年にかけて、ニューヨークの殺人率は一〇万人あたり二二人近くから六人をわずかに越えるくらいまで減った。この減少と同時に強姦、強盗など重犯罪ほとんどすべてが低下した。犯罪率の上昇に説明できない部分がかなりあったのと同様、犯罪の減少も計測や制御が不可能な社会的力の繁栄だ。ジョン・ドノヒューとスティーブン・レヴィットは、犯罪の減少に中絶合法化がある程度影響しているという説得力の高い主張をしている。

さらに警察とはまったく関係ない理由で犯罪率が変動することが多いにしても、警察は重要だ。ゲーリー・ベッカーが先鞭をつけた犯罪と処罰の経済学は、犯罪者とて完全に不合理ではない、という想定から始める。犯罪者も——一般人同様に——インセンティブに反応する。犯罪の期待処罰が大きければ犯罪は減るし、期待処罰は逮捕率と逮捕後の罰の厳しさで決まる。犯罪の合理性を想定すれば、しばしば九〇%を超える再犯率も説明しやすくなる。犯罪者が合理的で、牢屋に行く前に牢屋で何が期待できるか知っていれば、しばらく豚箱をくらったところで己の生業について考えを改めるわけもない。プロのバスケットボール選手が、ファールで何度か出場停止をくらったところで、プレーのスタイルが変わるとはだれも思わないだろう。逮捕前に犯罪がよい考えだと思えたのなら、逮捕後にそれが変わるはずはないのでは？

厳罰化にともない犯罪が減るという直感的な発想を支持する統計分析はたくさんあるが、多くの研究によれば、懲役期間が延びるよりは、逮捕率が上がるほうが犯罪低下につながりやすい。リオやボゴタといった南米都市のすさまじい殺人率は、殺人事件があまり有罪判決に至らないことで説明がつく。アメリカでは、殺人事件の半分は犯人が見つかる。ボゴタとリオでは、殺人者のうち牢屋に入るのは一割以下だ。犯罪を犯す費用がこんなに低いのでは、これらの地域で犯罪問題が実に極端なのも当然だ。ラテンアメリカでは、高い犯罪率に対して一番人気の高い対応は、犯罪にともなう貧困を改善することだった。残念ながら、この戦略は南米では効果がないし、北米でも効果がなかった。

アメリカ都市で犯罪と暴動が爆発した一九六〇年代、初期にみんなが同意したのは、都市を安全にするにはもっと繁栄させることだ、という見方だった。アメリカが貧困問題の解決に専念すれば、犯罪問題は自動的に解決する、というわけだ。暴動への対応として、カーナー委員会はアメリカが「今後三年で二〇〇万の職――公共部門で一〇〇万、民間で一〇〇万――を作るよう即座に行動し、ハードコアな失業者を吸収して、黒人白人を問わずあらゆる労働者にとって失業水準を目に見えて減らす」ことを提言した。

残念ながら、都市部失業者のために二〇〇万もの新しい職を作る方法などだれも知らず、もっと広く貧困全般の解決方法もわからず、この時代の都市製造業減少を抑える方法も知らなかった。さらに、所得を上げるだけで犯罪が激減するかどうかは、まるではっきりしなかった。一九六〇年代から一九七〇年代になって、リベラル派ですら犯罪防止アプローチとしてもっと直接的な法秩序を主張しはじめた。

一九七三年に、かつては共和党のリベラル派希望の星と言われたネルソン・ロックフェラーが、ロックフェラーのドラッグ法に署名した。これはどんな非合法ドラックであれ、四オンス以上持っていたら懲役一五年から終身刑を義務づけるものだった。一九七七年市長選で、エド・コッチは死刑賛成により他の候補と差をつけた。コッチの路線はその後継者たちにも受け継がれ、ルディ・ジュリアーニ市長などの警察の「割れ窓理論」の採用に至る。これは、地下鉄の改札破りによる無賃乗車といった軽犯罪でも強い罰則を求める発想だ。犯罪者が跋扈しているような都市の市民たちには、厳罰は当然大きく支持された。

一九八〇年から二〇〇〇年にかけて、アメリカの刑罰システムの収容人数——刑務所、牢屋、保護観察、保釈中の人々——は一八〇万人から六四〇万人に増えた。牢屋は犯罪者を更正させないが、抑止により犯罪を防止して、もっと重要な点として犯罪者を町から排除する。収監が犯罪水準に与える影響については大量の研究がある。通常は、刑期が倍になると、犯罪率は一割から四割下がる。スティーブン・レヴィットによれば、収監により犯罪を犯せなくなるほうが、抑止効果よりも重要だという。彼の古典的な研究では、アメリカ市民権連合による刑務所過密訴訟により犯罪者が出所した事例を使っている。釈放後、近くの犯罪率は上がり、彼の推計では収監者数が一割下がると、暴力犯罪が四％上がる。この推計を使うと、収監人口の増大で、一九九〇年代の暴力犯罪減少の四割が説明できる。

何百万もの若者が、非暴力的なドラッグ犯罪のために刑務所に送られた。こうした人々の一部は、野放しならもっと悪いことをしただろうし、だから収監で犯罪率は減っただろう。でもその多くは、まったく問題のない生産的な人生を送れたはずだ。彼らの自由と将来見通しをつぶすというのは、収監率を上げることで犯罪率を下げる代償としてはひどいものだ。こうした囚人とコミュニティによる費用が、公共の安全増加という便益で正当化できるかどうか、私にはわからない。でも将来は犯罪を減らすのにもっと苦痛の少ない手段を見つけたいと心から願う。

ベッカーの論理が示唆するように、犯罪水準を減らす別の方法は、警官をあっさり増やすことだ。一九九〇年代に、ニューヨーク市の警察人数は四五％増えた。全米でも警察の人数は一五％増えた。スティーブン・レヴィットの推計では、警察の人数が一〇％増えると、犯罪は五％下がる。この数字を認めるなら、警官の増加で全米の犯罪減少の七分の一が説明できるし、特にニューヨークで暴力が激減したうち四分の一はこれで説明がつく。警官を増やすのは無料ではないが、少なくとも刑期延長と同じくらいの費用対効果はあるようだ。

ただ飯にはありつけないものだろうか——警察を増やしたり、何百万もの若者を刑務所送りにしたりせずに犯罪を減らす方法はないものか？　この二〇年で、二つの戦略が広く取りざたされた。どちらも警察内部の情報流を改善するものだ。戦略の片方は技術を使う。もう一つは都市的なつきあいを使う。どちらも効果があるようだ。とはいえ、刑期増大や警察増強ほどの自信を持てる効果ではないようだが。

警察は昔から、指紋、自動車、嘘発見器、トランシーバー、一一〇番といった新技術を採用してきた。最新のハイテクの波は、一九九〇年代にニューヨークなどを襲った。ここでは革新的なデータ主導システムが、警察のリソースを問題地域に集中させるようにした。どうもその発端は公共交通警官ジャック・メイプルらしい。彼はニューヨーク公共交通網の地図に丸をつけて、泥棒がどこで起こりやすいかを目に見えるようにした。その地図を使って警官をどこに配置するかを決めたのだった。これは地図作りという点でも、都市の自衛イノベーションという点でもジョン・スノウの前例を踏襲している。

このシステムはだんだん高度になり、地下鉄駅で犯罪があれば、警官が大量にそこに集結する。地下鉄強盗の件数は激減して、メイプルの発想は新任上司であるウィリアム・ブラットン警察長官に拝借された。ブラットンとメイプルは、コンプスタットを造り上げた。これはコンピュータ化された統計システムで、各地区の主任やその上司たちが、犯罪がまさにどこで起きているかをリアルタイムで見て、適切に対応できるようにする。コンプスタットは、どこでリソースが最も必要とされているかをずばり示し、警官が自分の巡回中に起こった犯罪に責任を持つようにすることで、都市をもっと安全にした。

コンプスタットは先端新技術を使って警察執行を改善したが、「コミュニティ警察」は個人的なつながりを使った。根本のところで、コミュニティ警察というのは単に、警察がご近所とよい関係を保ち、対面のやりとりを使って犯罪防止につながる情報を集めよう、というものだ。犯罪者、特にギャングたちは、ご近所に守られていることが多い。これは怖がられているから、というのもあるし、また凶悪なギャングですら近所の面倒は見ることが多いからだ。でもコミュニティ警察の発想は単純だが、それを実行するのはかなり難しいこともある。

警官はしばしば地域ではよそ者だ。パトロールするコミュニティの人々とは、出身も人種もちがったりする。またこれまでは、警察の専門性を高めようとする活動の結果として、警官とコミュニティとのつながりは断ち切られがちだった。多くの都市は警官をローテーションさせた――定期的に警官を新しいご近所に配置換えするのだ。そうすれば、「クラバー」ウィリアムスのような汚職警官と、賄賂を渡す住民との結びつきがなくなって、汚職が減ると思ったのだ。でも一九六〇年代の暴動はしばしば地元グループが警官を攻撃するのが発端だったので、警察はもっとコミュニティとの関係改善に投資して、敵対的なご近所との関係を改善しようとした。

一九九二年にボストンのモーニングスター洗礼派教会で、葬式から対立するギャング同士のケンカが始まり、暴力騒動が起きた。おもに聖職者から選ばれたコミュニティ指導者の連合が組織され、テンポイント連合を組織した。これは宗教指導者の集まりで、市の貧困近隣における暴力を減らすために活動している。こうした指導者の支持を受けて、ボストンの警察は問題地域とのつながりが改善し、取り締まりもずっと実効的になった。犯罪率も激減した。

今日のボストン警察は、いくつものコミュニティ警察イニシアチブを持っている。たとえば「街路安全チーム」や多数の近隣諮問評議会などだ。こうした活動に携わる警官によれば、主要なコンタクト先になるのは女性が多く、したがって関係構築には少数民族や女性の警官がきわめて有効だそうだ。

知識をあちこちに広めるという都市の能力を活用した警察戦略には何も欠点はないが、コミュニティ警察やコンプスタットのようなプログラムが、犯罪率を大幅に下げたという明確なデータはあまりない。こうした手法の導入は、対照実験になっていることはほとんどない。だが多くの事例調査を見ると、確かにそれで街路は安全になっているようだ。

コンプスタットもコミュニティ警察も、二〇〇一年九月一一日に二機のボーイング七六七が世界貿易センターを破壊したときに死亡した、二七九四人のニューヨーカーは守れなかった。私の母が暮らす通りにある消防署には、未だにこの時に他界した英雄の写真が飾られているが。こうした多くのニューヨーカーたちの勇気にも関わらず、ニューヨークは立ち直れないのではと思った人も多かった。都市の集中は、文明の核心を攻撃しようとするテロリストたちにはあまりに魅力的な標的になると恐れたのだ。でも、都市がテロリズムの脅しに耐えられないという証拠はほとんどない。どの国を見ても、歴史的にテロは都市化も高層建築も阻止していない。エルサレムもロンドンも、昔からテロリスト活動に直面しているが、それで都市人口の増大が衰える気配はない。都市は強力なリソースを持つ——大規模な警察、目を光らせる市民、強いインフラなどだ。これらにより、今のところはきわめて恐ろしい脅威に対しても、都市は自衛できている。

4.6 健康上の便益

大量の人々が狭い土地に暮らしていると、すさまじい健康リスクが生じる。でも二〇〇七年現在で見ると、いまの死亡率が続いた場合、いまニューヨーク市で生まれた子供は、アメリカ全体の平均より一・五年長生きしそうだ。ロサンゼルス、ボストン、ミネアポリス、サンフランシスコなど多くの都市も、年齢調整済み死亡率が全米平均より低いのを誇っている。一平方マイル当たり五〇〇人以上の人口密度を持つ郡の平均期待寿命は、一平方マイル当たり一〇〇人以下の郡に比べ、九カ月長い。一九八〇年から二〇〇〇年にかけて、一平方マイル当たり五〇〇人以上の人口密度を持つ郡の平均期待寿命は、人口密度がそれ以下の郡に比べ、六カ月も多く伸びた。

ニューヨーカーのよい健康状態は偶然の産物ではない。水道の提供にはすさまじい公共投資が必要だった。マンハッタンの街路清掃には、強情で軍人まがいの指導者が、自分の部局の予算を大幅に増やす必要があった。多数の警官と収監率増大がニューヨーク市を安全にした。あらゆる戦いは、多額の支出をして公共セクターを拡大した、説明責任ある強い公共指導者が勝ち取ったものだ。発展途上国の問題を抱えた都市も、安全で清潔になるためには同じように困難なプロセスを経なければならない。

だがこうした投資は、大都市がいまや殺人地帯でない理由を説明できるだけだ。都市での伝染病減少や殺人減少では、なぜニューヨークのような都市が全米平均より健康なのか説明できない。一番わかりやすいのは、二五歳から三四歳のマンハッタン住民死亡率が全米平均より六〇％も低いのか、ということだ。こうした若い人々の死因トップは、事故と自殺だ。そしてこのどちらも、大都市では少ないのだ。この年齢層のニューヨーカーは、全米に比べて自動車事故で死ぬ確率が七五％も少ない。酔っぱらってバスに乗るよりは、飲酒運転のほうがはるかに危険で命にかかわるというわけだ。

若いニューヨーカーの自殺率は、全米平均の五六％ほどだ。これは、田舎のほうが自殺が多いという事実を反映している。アラスカ州、モンタナ州、ワイオミング州の自殺による死亡率は、マサチューセッツ州、ニュージャージー州、ニューヨーク州の二・五倍以上だ。これは、地理的に孤立していることで生じる孤独のせいかもしれないが、私がデヴィッド・カトラーとカレン・ノーバーグと共に若者の自殺について行った研究によれば、小さな町では大都市に比べて銃所持率が四倍だという事実も影響しているようだ。

若者の自殺の大半は火器によるもので、火器が多いと自殺も増えることは多くの研究で分かっている。これはちょっと不思議だ。自殺の方法は銃だけではないからだ。アメリカでは、銃所持の説明要因としては狩猟が最も強い。だから、狩猟免許の増加と共に若者の自殺が大幅に増えるのもこれで説明がつく。

若い都会人の死亡率が低いのは、大量のバスと火器の少なさを反映しているのかもしれないが、高齢者の死亡率の低さはもっと謎だ。五五歳から六四歳の人々では、全米の死亡率はニューヨークより五・五％高いし、六五歳から七四歳だと一七％も高く、七五歳から八四歳では二四％以上も高い。教育、雇用、所得の差では、このちがいは説明できないようだ。

ブルームバーグ市長は、タバコ税を大幅に引き上げて、合法的に喫煙できる場所を制限することで喫煙に対する戦争を宣言したが、ニューヨークは彼の就任以前から、国全体よりも健康な場所になっていた。たくさん歩き回るのでニューヨーカーは健康なのかもしれない。でもガンによる死者数が少ないのはどういうわけだろう？　ロサンゼルスもまた全国に比べてずっと健康だが、ロサンゼルスで歩く人はほとんどいない。私としては、都市生活が活発なので高齢ニューヨーカーたちが健康なのだと思いたいところだが、選択のせいもあるという可能性は否定できない。健康が衰えると隠居の可能性が増えるし、隠居は都市を離れてもっと暖かい場所に引っ越すことが多いのだ。

ニューヨーク、ロサンゼルス、サンフランシスコといった都市の健康ぶりは、密度がすなわち死を意味することがあまりに多かった過去と比べると、驚異的な逆転だ。人類史のほとんどを通じて、近接性は伝染病の拡大を可能にし、それが接近して暮らすようなリスクを冒す無鉄砲な連中を殺してきた。コレラと黄熱病の拡大を抑えるには、水道への莫大な投資が必要だったし、一九九〇年代に犯罪を減らすには警察への莫大な投資が必要だった。何百万人もが小さな土地面積に集まるためには、熱心な公共部門が犯罪や病気と闘ってくれることが必要だし、だからこそニューヨーク市の人々は、カンザス州地方部の人々に比べて大きな政府が好きなのかもしれない。

伝染病は続くだろう。クロトン水路がきれいな水をマンハッタンにもたらしてからも、一九一八年のインフルエンザ大流行やエイズは何百万人もの命を奪った。でも今日では、都市での病気拡大は公衆衛生への投資で抑えられ、都市の自衛イノベーションも相変わらず重要だ。エイズのウィルスが発見されたのは、病人を治療していたパリの臨床医が、パリのパスツール研究所にいたレトロウィルス研究者とつながったからだ。都市の健康は、都市生活の健康醸成面——よい病院、はやい情報流通、自動車や銃の少なさ——が、密度による病気拡大効果を圧倒できるかどうかに依存するのだ。

キャルホウンの警告は未だに傾聴に値する。都市の密度は見事な結果を生み出すが、一方ではコストもあるのだ。二四〇〇年前にペストがアテナイで猛威をふるったときには、世界は多くを失ったし、一九八〇年代にエイズがニューヨークを襲ったときもそうだった。犯罪と渋滞は未だに解消されていない。発展途上国の成長都市では、それらがもたらす費用は最悪だ。だがこうした問題は、都市の成功に対する解決不能の障害ではない。都市は自らの救世主を造り出す。たとえばジョン・スノウ医師、ワーリング大佐、ウィリアム・ヴィッカリーなど、都市を暮らしやすくするために戦ってくれる人々が出現するのだ。彼らが成功することも多いし、成功すれば都市地域は、暮らせるだけでなく楽しいものとなる。というのも才能が集中すると、都市は生産的になるだけではなく、おもしろいところになるからだ。

第五章　ロンドンは豪華リゾートか

ウィンストン・チャーチルとフランクリン・デラノ・ルーズベルトは、通常は意志強固で恐れ知らずの宿命に動かされた人物だと思われているが、ボンドストリートにあるブロンズ像に描かれた二人は、すわってタバコを吸い、どう見ても高価なフランス料理を食べ終えたとでもいう感じで、妻君のエレノアとクレメンタインがショッピングを終えるのを待っているかのようだ。この二人の友情のおかげで、ロンドンは最悪の時期を切り抜けることができたのだが、ブロンズ像の二人は、娯楽の場所というロンドン最新の転生ぶりを楽しんでいるかのようだ。ロンドンの華美がボンドストリートほどはっきりしている場所はない。そこに並ぶ商店は、ロンドンの過去の優雅な残響で、高価なおもちゃが並んでいる。えらくでかいグラフのダイヤ、パテク・フィリプの腕時計、シャネルのスーツ、クリスチャンルブタンの靴、そしてその時にサザビーで競売にかけられている何か。

ボンドストリートは世界の大都市遊技場の中心にある。それは見て買って味わって学ぶものでいっぱいの都市だ。値段を気にしないなら、ボンドストリートからすぐのクラリッジホテルで、アールデコの豪奢な滞在を楽しみ、ゴードン・ラムゼイの料理を食べられる。ボンドストリートに並行して走る、瀟洒なヴィクトリア時代以前からの店舗の集まりであるバーリントンアーケードを歩き、ピカデリーのほうに応談して、ピカデリーアーケードで売っている手の込んだウェストコートを見物すれば、まずはチャーチルのシャツを仕立てたニュー&リングウッド、彼が葉巻を買ったＪＪフォックス、彼の靴をあつらえたジョン・ロッブ、彼のワイン商店ベリーブラザース&ラッドが軒を連ねている。そして彼らはいまも、世界のエリート相手に商品を売っている。

もちろんロンドンには他のもっと高尚な楽しみもある。ロンドンの知的な装飾――リンネ協会、王立天文学協会、王立芸術アカデミー――はバーリントンのすぐ隣にある、すばらしいパッラーディオ様式の邸宅に入居している。ロンドンのタクシーで、ウェストエンドの劇場街にも、ナショナルギャラリーの至宝にもわずか数分。サミュエル・ジョンソンの以下の台詞はいまだに有効だ。「ロンドンに飽いたという人物は人生に飽いたのだ。というのもロンドンには人生で得られるものすべてがあるからだ」

楽しみは強力だし、ロンドンの喜びはカラーの旅行雑誌に載っているものだけではない。都市の喜びは都市の成功を左右する。才能は落ち着かないし、生産するだけでなく消費するのによい場所も探し出す。ロンドンのアメニティのおかげで、この市には『フォーブス』誌によれば億万長者《ビリオネア》が三二人集まっている。世界で最も金持ちのかなりの部分がいるわけだ。そうしたメガ金持ちのロンドン住人のうち、半分はイギリス人ではない。たとえばラクシュミ・ミッタルは、財産はインドで稼いでいるが、住んでいるのはケンジントンパレス・ガーデンズにある、二〇〇四年に一億ドルで買った邸宅だ。一部のこうした億万長者《ビリオネア》がイギリスにきたのはこの国の免税措置のおかげだが、イギリス内ではロンドン暮らしを選ぶ。これが金持ちであることを楽しむのによい場所だからだ。

典型的な一九世紀都市は、工場が生産で優位に立てる場所に立地したが、典型的な二一世紀都市は、労働者たちが消費で優位に立てる場所になる可能性のほうが高い。一世紀前なら、企業がリバプールやピッツバーグのような場所にしがみついていたのは、港湾や採鉱と言った自然の属性のためだった。輸送費が世界的に下がったおかげで、いまや企業は一つの地域に縛られることなく、人々の暮らしたいところに好きに立地できる。一部の例では、その自由は郊外やサンベルト地帯への立地を招いたが、ますますロンドンのような魅力的な都市は、企業や起業家たちを生活の質によって引きつけるようになっている。

私が一九七〇年代にマンハッタンで子供時代を送っていた頃、犯罪と汚れで多くの人にとっては不快な場所となっていたニューヨークから人々は逃げ出していた。ニューヨークはそんなにいい場所ではなかったので、住宅もあまり高価ではなかった。マンハッタンに住んで、郊外の職場に通勤するなどという正気でない真似をしたがる人はほとんどいなかった。一九七〇年代のスコセッシの古典映画などに描かれるニューヨークはひどい犯罪の場所だったが、二一世紀のニューヨークは金持ちの遊び場だ。二〇〇六年に不動産下落が始まるまでは、不動産価格は所得よりはるかに急激に上昇した。これは人々がニューヨークに住むためだけにかなりの金額を支払いたがっているという事実の反映だ。

ロンドンやニューヨークやパリがこんなに快適なのは、何世紀にもわたる建築や美術館や公園への投資が集まっているからというのもあるが、人間の創造性を拡大する都市の能力の恩恵も被っている。これは都市を生産的なばかりか楽しい場所にもするのだ。都市のイノベーションは、新種の工場や金融商品だけではない。新しい料理や芝居もある。何よりも、ロンドンのような場所に集まる人的才能の豊富さは、自分にとって興味深い人物と接触する機会を与えてくれる。億万長者《ビリオネア》がロンドンやニューヨークなどを好むのは、他の億万長者《ビリオネア》とつるむことができるからで、その方がたぶんお互いの独特な苦労や楽しみに共感してくれやすいからだろう。

人類が豊かになるにつれて、居場所を生産性だけでなく楽しみを基準に選ぶ人は増えてくる。なぜ都市が成功し、それが将来も繁栄を続けるかを理解するには、都心アメニティがどう機能して、消費者都市がどのように成功するかを理解しなければならない。

5.1 規模の経済とグローブ座

二〇〇三年に、オスカー受賞俳優のケヴィン・スペイシー（まちがいなく賢くて起業家精神を持つ）はロンドンに引っ越して、オールドヴィック劇団の監督になった。多くのアメリカ人はこの決定が、この利口な俳優に関するその他すべてのことと同様に、理解不能だと思った。スペイシーは生まれはニュージャージー州で、育ちはカリフォルニア州だ。どう考えても、ハリウッドはこんな大映画スターを捕まえておけるはずだ。演劇がそんなにお気に入りならブロードウェイがあるし、そこで彼は何度も成功を収めている。なぜあれほど人気あるエンターテイナーがロンドンの、しかもテームズ川の寂れた側にある劇場なんかに惹かれるんだろう？

ケヴィン・スペイシー（そしてその他世界のほとんど）にとってロンドンの劇場の魅力は、昔ながらの都市の魅力を反映したものだ。まず演劇用の劇場はかなりの固定費を必要とする。芝居を上演するだけなら五歳児にでもできるが、現代のウェストエンドの劇場体験には、大きな舞台、高度な照明や音響設備、そしてしばしば凝った内装も必要だ。固定費は、俳優たちが台本を覚えて役作りを完成するための時間も含まれる。これはほとんどの五歳児がすっ飛ばす部分だ。オールドヴィックは、ラムベスの貧しい観客にも手が届く芝居を上演したし、その他の劇場も一般人が見られるのは、そうした固定費が何千人にも分散されるからだ。

劇場やオペラハウス、美術館などの固定費は、それがなぜ都市と結びついているかを説明してくれる。大都市域は、大量の観客を持っていて、彼らは共同で高度な芝居の費用を負担できる。今日のブロードウェイは何千人もの観光客が支えているが、五〇年前のグレートホワイトウェイ劇団は、劇場の常連である大量のニューヨーカーを相手に芝居をしていたのだ。

英語圏における初の大きな劇場は、一五七六年にジェイムズ・バーベッジが建てたもので、その名は(まんまだが)シアターだった。一六世紀のロンドンはすさまじく成長し、ふくれあがる人口は娯楽に飢えていた。バーベッジは芝居小屋を市の近くに建てたが城壁の外に作った。それは規制外の地域で、評判の悪い売春宿や酒場や劇場などが営業できたのだった。

中世の芝居は主に宗教的なもので、ほとんどが教会の中で上演された。そこには上演のためのインフラが作られていた。ルネッサンスと宗教改革により、イギリス人は世俗的な芝居に興味を持つようになった。イギリス喜劇が初めて登場したのは一五五〇年代で、『ラルフ・ロイスター・ドイスター』『ガンマー・ガートンの針』といった芝居が上演されたが、いまやこれはエリザベス朝以前の芝居に興味を持つ極端な劇団以外はほとんど上演しない。一五六〇年代になると、舞台が観客席より上がるのが通例となった。宮廷芝居がそれ以前からそうした舞台を持っていたかどうか、という激しい学術論争がある。貴族も劇場プロダクションの需要を多少はもたらしたが、よほど芝居に傾倒した貴族ですら、何日も続けて同じ芝居を見たいとは思わなかったので、芝居一座はもっと広い観客を相手にするようになった。

バーベッジは女王陛下の寵臣レスター伯爵の庇護を受けていた。伯爵は鷹揚なパトロンだったが、一座は稼ぎを増やすためにしょっちゅう巡業した。巡業で俳優たちは、喰っていくのに十分な観客にアクセスできたが、でも移動の必要があるので、その分だけ上演は減った。だが中世の一時的な市が常設の商業都市に発展したように、巡業一座は定置の劇団に変形した。都市ロンドンの成長で、役者たちのほうがじっとして、観客のほうがやってくる仕組みが可能になった。今日のブロードウェイもそういう仕組みだ。バーベッジのシアターはこの伝統の発端であり、一連のエリザベス朝劇団がそれに続いた。カーテン座、ローズ座、グローブ座などだ。

ロンドン劇場の初期には演劇学校などなかったので、役者はお互いから学んだ。バーベッジの比較的有名な息子リチャードも、父親から学んでいる。もっと重要なこととして、一連の偉大な脚本家――マーロウ、ジョンソン、シェイクスピア――は市の演劇コミュニティで交流してイギリス演劇初の名作を作り出した。ロンドン演劇界で初めて文献にシェイクスピアが登場するのは一五九二年、ロバーツ・グリーンによる罵倒の中でだ。グリーンはいささか放埒な脚本家で、シェイクスピアのファルスタッフのモデルだったかもしれない。グリーン、トマス・キッド、マーロウはみんな大学出身で教育もあり、不良っぽい作家で、どうやらロンドンの高密な街路や酒場で、お互いから学びあい、おそらくはシェイクスピアも教えたようだ。

こうした交流についてはは切れ切れにしかわからないが、彼らの芝居は明らかにお互いをネタにしている――テクストのつながりは、つながった創造性のパターンを示唆している。グリーンはシェイクスピアを攻撃したが、それでも若きシェイクスピアはグリーンの小説『パンドスト』の構造を『冬物語』で拝借している。トマス・キッドは一五八九年に上演されたハムレットの原型を書いたと広く信じられている。キッドはまた、これまたシェイクスピアの原型となった「レア王」の著者候補の一人でもある(グリーンも候補だ)。キッドはイギリス演劇の野人たるクリストファー・マーロウと同じ部屋に暮らしていたが、このマーロウはスパイで無神論者で隠れカトリックで、タバコの大量使用者で、といった各種のひどいとされる行為により糾弾されていた。

シェイクスピアの演劇、たとえば『ハムレット』や『お気に召すまま』はマーロウの作品に直接言及している。『ベニスの商人』とそれに先立つマーロウの『マルタのユダヤ人』との関連は昔から研究されてきた。『ダイドー、カルタゴの女王』は、『アントニーとクレオパトラ』に影響を与えたとされる。フォースタス博士(訳注:マーロウの芝居の登場人物)とマクベスの道徳的な選択肢はかなり似ているようだ。ハーバード大のスティーブン・グリーンブラットなど一部の専門家は、彼らが個人的にも知り合いだったと確信している。ロンドンの演劇界など狭い世界だし、知り合わないほうがおかしい。

シェイクスピアとマーロウの結びつきは、シェイクスピアの偉大さをいささかも貶めるものではなく、天才はまわりからアイデアを拝借するだけの知恵があるということを思い出させてくれる。ロンドンは悲劇俳優もたくさん輩出してきた。彼らは芝居の中で演技することで学び、まわりの先輩役者から学んだ。シェイクスピアはまちがいなく演技能力をこうして学んだはずだし、二世紀後のエドマンド・キーンもそうだ。イギリス演劇の二〇世紀の巨人たち——ローレンス・オリビエ、ジョン・ギールグッド、ペギー・アシュクロフト、ラルフ・リチャードソン——は共演し、お互いを監督し合い、舞台の未来のスターたちを対面で指導支援した。オリビエは、オールドヴィックの全英シアターカンパニーの終身監督として、若きピーター・オトゥールの『ハムレット』を監督した。オールドヴィックに移ることで、ケヴィン・スペイシーは英語圏舞台の中心都市を選んでいたのだ。ここはいまなお、その教育と娯楽では他のどこにもひけをとらない。

ロンドンの大観客のおかげで、オールドヴィックは高価なプロダクションの固定費をカバーできたが、都市が大規模なので、もっと小ぶりの実験的な演劇も生き延びることができた。前衛的なコメディ劇団のセカンドシティは、一九五九年にかつては中国人洗濯屋だった安いシカゴの空間で始まった。小さなプロダクションだから観客が少なくても生き延びられた。客が一〇〇人も入れば十分だ。でもこれほどわずかな観客であっても、一九五〇年代のアメリカ地方都市でこんな最先端コメディの需要が見込めただろうか？　今日でも、ニューヨークやロサンゼルスのような大都市は、アップライトシティズン・ブリゲイドなどの実験的な喜劇演劇で相変わらず有名だ。

ライブ上演は、都市のイノベーション拡大と関連している。新しい芸術現象の初の胎動は、ほとんど常に電子的に配信されるずっと以前にライブで上演されるものだからだ。大都市の大きな観客は、ライブのDJに支払う費用をカバーしやすくする。たとえば一九七〇年代初期に、レコードを取っ替え引っ替えしつつターンテーブルを楽器のように使いはじめたDJクール・ハークなどだ。後にパフォーマーとなる人々、たとえば西ブロンクスのハウスパーティでハークを聴いた、グランドマスター・フラッシュなどは、そこに自分のアイデアを付け加えた。レコードが楽器なら、ボーカルを加えてもいいじゃないか？　グランドマスター・フラッシュとMCメレ・メルは、ラップとレコードミキシングを合体させた、初のブロンクスを拠点とするパートナーとして賞賛されている。ブロンクスのヒップホップDJ（ジャジー・ジェイ）、ラップのプロモーター（ラッセル・シモンズ）、パンクバンドで演奏していたニューヨーク大の学生（リック・ルービン）という都市的なコネクションを通じて始まったデフジャム・

レコードが、ランDMCやLLクールJ、ビースティボーイズといったアクトにより、ヒップホップを主流にしたのだった。

5.2 分業とラム・ヴィンダルー

今日では、大都市の晩の娯楽といえば、劇場での一夜よりはレストランでのディナーを意味する場合のほうが多い。そして芝居に行く人よりも外食にでかける人のほうがずっと多いので、ほとんどの都市では優れた劇場よりは優れたレストランのほうがずっと重要な誘客要因となる。アメリカ全体で見ると、二〇〇八年現在で、フルサービスのレストランで働く人よりは雑貨店で働く人のほうが一・八倍になる。でもニューヨークでは、この比率は逆転以上となる。マンハッタンでは、レストランで働く人は雑貨店で働く人の四・七倍いる。そして一九九八年から二〇〇八年にかけて、マンハッタンのレストランでの雇用は五五％増大した。

劇場は、固定費を負担する点で都市が有利であることを示すが、レストランは都市が分業と専業化を可能にすることからくる便益を示す。アダム・スミスは分業が市場の規模で制限されることを指摘し、「スコットランド高地のような無人の地における極小の村や一軒家では、あらゆる農民が自分の家族のために肉屋、パン屋、醸造屋を兼ねなくてはならない」と書いている。孤立のおかげで、各世帯は自給自足が必要だった。スミスの時代に、都市には肉屋も醸造屋もあった。今日では、都市は多種多様なレストランを持ち、めまいがするほどの料理スタイル、価格帯、雰囲気の組み合わせを提供している。

レストランまで三〇分かかる低密の準郊外では、家族は料理の上手い下手を問わず自炊する。この私がたまに、ひどい手料理を家族に押しつけるという事実は、それ自体が郊外生活に対する手厳しい糾弾材料といえよう。都市では、外食することで、訓練を積んでまともな食事をまとめる才能実証済みのコックを活用するほうが簡単だ。都市で食事をする人々は、最先端の厨房や瀟洒な食事室といった専門的なインフラも利用できる。そのコストは何百、何千人もの顧客に分散されるわけだ。

プロのコックがいるということ自体が専門特化の一種だが、もちろん大都市は、こんな大ざっぱな分業より遥かに進んでいる。ニューヨーク、サンフランシスコ、シカゴ、ロンドンでは、世界の遥か遠い場所の料理に的を絞ったレストラン、地理的に多様な調理スタイルを組み合わせた料理屋があり、それが金持ちも貧乏も多様な消費者に食事を提供している。

旅籠や酒場は昔からあるが、レストラン——つまり料理によって人々を集める場所ということ——が確立したのは一八世紀パリでのことだ。今日、初のレストラン主として挙げられているのはマチュラン・ロゼ・ド・シャントワゾーだ。食事する場所をあらわすのに「レストラン」という変な言葉を使うようになったのは、ロゼがパリジャンたちを頑健さへと回復、つまりレストラーする健康スープを売っていたからだ。都市の密度は、専門特化した製品の市場を創り出し、健康スープもその一つだったわけだ。ロゼの店は人々を別々に座らせて、食べ物の選択肢を提供し、料金も固定ではなく注文したものに応じて課金した。彼は巧妙にも、王家への公式配膳業者となることで、食べ物販売に対する配膳ギルドの厳しい規制を回避した。

ロゼのレストランの問題は、どうも食べ物はあまり美味しくなかったらしいということだ。健康スープは、最高のものですら必ずしもおいしくはないし、ロゼは起業家であってシェフではなかった。でもそのパリの高密環境に置かれたその食事場所は、イノベーションの波を引き起こした。一七八二年にラ・グラン・タヴァン・ド・ロンドレがパリに開店した。グルメの王者とも言うべきジャン・アンセルム・ブリヤ＝サヴァランによれば、そのシェフは「瀟洒な部屋、賢い給仕、趣味のいいワインとすばらしい料理という四つの重要ポイントを組み合わせた初の例」だったという。

大規模都市市場以前には、豪華な食事というのは世俗芝居と同じく、貴族の娯楽だった。自前のシェフや自前の芸人一座をまかなえるほど裕福な顧客は他にいなかったからだ。どちらの場合にも、都市の起業家たちは十分な数の客さえ集められれば、金のかかるパトロン制なしでもやっていけることに気がついた。当然ながら、それだけの顧客は都市にしかいない。演劇と料理が私的な楽しみから公的な楽しみになるにつれて、それぞれのイノベーションの知識はもっと容易に広まるようになった。よいレストランはシェフも訓練したし、また顧客が自宅の料理を改善するよう霊感を与えた。

レストランはパブやコーヒーハウスと同じで、都市空間の高い値段に適応する手段でもあった。都市アパートのキッチンは小さいし食堂などないことが多い。飲食を外でするのは、共用空間をみんなで共有する手段だ。おかげで都市住民は小さなアパートでもあまり狭い思いをせずにすむ。つまりある意味で、都市は人々を私的な空間から公共の場所に引っ張り出す。これは都市を社交の中心や顕示的な消費の中心にする。一九世紀の新興富裕層は、自前の大舞踏会を開催しなくても、グラン・ヴェフォールやマキシムにでかけて金持ちぶりを誇示できた。

都市は、数学やマーケティングのノウハウを広めたのと同じくらい確実に、大陸をまたがる調理知識の伝達路となってきた。マンハッタンのデルモニコは、アメリカで活躍した初の高名なフランス人シェフだったかもしれない。彼はニューヨークの華美なグルメたちに、ロブスター・ニューバーグやベイクド・アラスカなど、金ぴか時代の料理を提供し続けた。フランスのアイデアをロンドンに輸入した最大手はオーギュスト・エスコフィエで、パリとニースで修行してから、一八九〇年代にロンドンに渡り、サヴォイ・グリルとリッツで料理した。エスコフィエは、ピーチ・メルバやトゥヌルド・ロッシーニなど独自の料理も作り、生徒たちを訓練して、自分のアイデアをニューヨークのテーブルにもたらした。

エスコフィエがいたにも関わらず、四〇年前のロンドンの料理は創造的な料理よりはむしろ、スコッチエッグといったひどいポーク製品で有名だった。だが今日のロンドンは、世界最高のレストランをいくつか擁している。外国から才能を輸入して、賢い若者が相互に学べるようにすることで、ロンドンは億万長者《ビリオネア》や、その他あらゆる人々にとって、食事をするのにすばらしい場所へと発展を遂げた。ルー兄弟はフランスからロンドンにやってきて、ロンドン初のミシュラン三つ星レストランを作った。そしていまや至るところで顔を見かけるゴードン・ラムゼイなど、セレブ級のイギリス人シェフの新世代を育て、そしてそのシェフが他の人々を育てた。

ロンドンで最もエキサイティングなレストランには、フランスより遠くからアイデアを輸入したところも多い、インドはヴィクトリア女王の宝物の中でも最高の宝石で、彼女の時代以来、事業精神に富むインド人たちはロンドンにやってきた。今日では、インド生まれのロンドンっ子は二〇万人以上いて、同市の人口の五%以上はインド系だ。ルーマニア人がパストラミソーセージをニューヨークにもたらし、イタリア人がシカゴにピザを持ち込んだのと同様に、インド人たちはロンドンにラム・ヴィンダルーを持ち込んだ。ロンドンでのすばらしいインド料理は、移民がしばしば都市にもたらす利益の香り高い一例だ。大都市は十分多様なので、きわめて特殊な料理にでもかなりの需要があるが、アメリカの小都市はあまりに多様な舌に合わせなくてはならないので、あのへんてこなごたまぜである「コンチネンタル料理」なるものを出すしかないのだ。

今日ではもちろん、ロンドンのインドレストランは、単なるカレー屋ではない。二〇〇一年のミシュランガイドは、そのフランス高級料理の伝統を破って、ロンドンのインドレストラン二軒に星を与えた。この星の一つを獲得したシェフは、都市起業家の足取りをたどって自前のレストラン、ラソイ・ヴィネート・バティアを開店したが、これは二〇一〇年にザガットからもらった食事得点二七点に十分値するものだ。この得点は、ゴードン・ラムゼイが獲得した最高点より一点低いだけだ。ロンドン最高のインド人シェフは、インド生まれが多いが、同時に何年もロンドンのクッキング界という競争の激しい世界で過ごしてきた。彼らの料理は実験的で、アジアの伝統をヨーロッパ高級料理の華やかさで提供する。このインドとヨーロッパのフュージョンは、ムンバイのどんな料理にも勝るという主張にも一理ある。

都市アメニティがこんなにあれば、都会人は公的な楽しみに参加する率が高いのも納得できる。所得、教育、結婚状態、年齢について補正すると、一二カ月の間に都市住民のほうが田舎の人々に比べ、ロックやポップスのコンサートにでかける可能性が一九%高く、美術館や博物館に行く可能性は四四%高く、映画館にでかける可能性は九八%高く、バーで酒を飲む可能性も二六%高い。こうした高級な娯楽は、受動的なテレビではなく生の相互作用が特徴だが、裕福で教育の高い人々の参加が特に多い。もし世界がいまの調子でもっと豊かになり教育水準も高まれば、都市娯楽の長所はますます価値が高くなるだろう。

5.3 靴・アンド・ザ・シティ

食事と演劇は、都市が秀でている二つの分野だ。それ以外の分野としてはファッションがある。一八世紀ですら、ロンドンは世界最高の仕立屋を集めており、その現代版の多くはいまだにサヴィル・ロウで商売を営んでいる（これはボンドストリートやバーリントン・アーケードと並行した通りだ）。大量生産や安い流通費用のおかげで、オンラインやターゲット（訳注：紳士服の量販店と思ってほしい）でも祖父たちがうらやんだであろうような高品質の服は買える。でも圧倒的に多くの人々が、高価な衣服を着たり買ったりするのは、いまでも都市だ。

一九九八年から二〇〇七年にかけて、マンハッタンの服飾店やアクセサリー店で働く人の数は、五割以上増えた。不景気でこの数字はまちがいなく下がったはずだが、長期トレンドはまちがいなく強い増加傾向にある。インターネット通販の台頭にもかかわらず、ニューヨークのトレンディなブティックや巨大デパートが巨大化しつつあるのは、ニューヨークの裕福な市民が瀟洒な店の体験にプレミアムを支払いたがるからだ。アメリカのほとんどは、中流階級に奉仕するサービス経済だが、マンハッタンの売り子は都市高等ブルジョワや、ジミー・チューの靴を買いに郊外から乗りつける郊外人たちを相手にしているのだ。

マンハッタンのブティックの成功は、風や暑さ寒さから身を守ってくれる以上の服に対する欲望が増しているのを反映したものだ。都市で買った高価な洋服の需要は、人々を喜ばせる芸術作品、自分自身を世界に提示する助けとなるツールに対する欲望を示す。多様で複雑な都市では、服が着る人の関心や所得を示す。都市は社会的な多様性も高く、社会的な交流も多いので、服は他の場所よりは少し重要な役割を果たす。人口百万以上の都市の世帯は、非都市世帯に比べて女性服に対する世帯支出比率が四二％高いが、これもその一因かもしれない。

『セックス・アンド・ザ・シティ』で都会人が靴に見せる熱狂ぶりには、統計的な裏付けがあるとさえ言えそうだ。大都市世帯は、都市外の世帯に比べ、世帯支出比率で見てフットウェアにかける支出が二五％高い。これは都市の街路を歩くために靴の減りがはやいせいもあるのかもしれないが、おそらくはもっと高い靴を買っているのだろう。『セックス・アンド・ザ・シティ』でのように、魅力的な外見を示したいという都市の欲望は、大都市の密度が人々をロマンチックな形で結びつけるにも役立つことの反映でもある。これにより都市は伴侶の市場を創り出すが、これは独自の形で、労働市場に匹敵するくらい重要なのだ。

5.4 結婚市場としてのロンドン

ロンドンは創造的な飲料ミックス研究者もそれなりにいて、新しくときには驚愕するようなカクテルを生み出してくれる。たとえばセントマーチンズレーン・ホテルのバーで出される、ライチとエルダーフラワー・コリンズなどだ。だが多くの独身者と、一部の道を外れた既婚者にとって、おいしい酒はバー体験のごく小さな部分でしかない。バーはロマンチックな出会いの機会を作り出す。都市は他の場所よりも独身者をたくさん集める。その理由の一部は、都市の密度が伴侶候補に出会う確率を高めるからだ。高密地域に労働者と企業を引き寄せるのと同じ論理が、都市に男女を集めるのだ。

結婚市場としての都市の役割がわかれば、高密都市地域の異様な人口構成も納得がいく。二〇〇八年にマンハッタン島には、一五歳以上の住人が一四〇万人いた。このうち、およそ三分の一(四六万人)は既婚者で伴侶と同居している。人口の半数は未婚者で、一三・九万人ほどは離婚済みだ。アメリカ全体で見ると、一五歳以上の半数は結婚しており伴侶と同居している。マンハッタン住民は、二五歳から三四歳にかけて、他のアメリカ人よりも独身の可能性がずっと高いのだ。

高密都市が、若い独身者をひきつける理由はたくさんある。都市はがんばって働き知識を得るのによい場所だ。郊外が若い親に魅力的なのは、学校がよくて家が大きいからだが、都市が若い独身者を集めるのは、若くて独身だと楽しいことが多い場所だからだ。密度と、バーやレストランを梯子できることで、何千人もの他の若い独身者に出会えるからだ。そしてその何千人も、まったく同じ理由で都市にやってきている。

都市は独身者を集めるが、経済的に最も成功したカップルたちも引き寄せる。これは夫婦の両方が、大都市の労働市場でなら適切な仕事を見つけられるからだ。研究者ドーラ・コスタとマシュー・カーンは、どちらかが大卒のカップルの四割は大都市圏に暮らし、カップルの両方が大卒だと五割が大都市圏に住むことを発見した。

二〇世紀初頭、金持ち女性はほとんど働かなかった頃には、教育の高い成功した男性は、資源の豊富な後背地の奥地でも事業を運営できた。そこで妻がまともな仕事につけなくても、あまり関係なかった。今日では、大立て者事業者の妻は売れっ子の弁護士だったりすることが多く、たぶん何もないような場所には住みたがらないだろう。だからワシントンDCやロサンゼルスのような大都市は、ますますパワーカップルを引きつける。二人ともよい仕事が必要だからだ。

人々を結び合わせる都市の力は、恋愛関係に限った話ではない。都市に住む人々は、自分と興味がよくあう、もっと広範な友人たちと接触できる。パリは文芸サロンで有名だ。ニューヨークは、アルゴンキンのラウンドテーブルのような似た者同士の集団を持っていた。イタリアの祖国統一運動やアルゼンチンの一八三七年世代といった一九世紀の政治運動は、ミラノやブエノスアイレスのカフェや書店で行われた知的会話の中から生まれ出たものだ。低密な地域は、夕食を共にする相手の選択肢も狭まり、これまた都市の外に住む仕事以外の費用となる。

一八九二年にセオドア・ドライサーがインディアナの小さな町からシカゴにやってきて、『シカゴ・グローブ』紙の記者になった。その後四〇年かけて、彼はアメリカ都市生活の偉大な記録者となり、都市の労働者階級のつらい生活と、権力者たちの汚点を、等しい洞察力で描き出した。彼の小説で最高のキャラクターの一人は、処女長編『シスター・キャリー』の主人公キャリー・ミーバーだ。

この長編は、キャリーがウィスコンシン州の田舎から列車で工業都市シカゴにやってくるところから始まる。シカゴはキャリーに経済的な機会を与えるが、もっと重要な点として、田舎暮らしの息詰まる退屈からの逃避を与えてくれる。大都市の快楽と誘惑を楽しむうちに、彼女は都会人を何人か「破滅」させるが、でもドライサーは彼女の生活が、農場に残って近所の真面目な小作人と結婚した場合に比べれば、ずっと面白く楽しいものとなったことについては、まったく疑問の余地を与えない。

シスター・キャリーのいささか下賤な人生は、都市の楽しみの多さの反映でもあるが、また伝統的な社会の流儀が大都市では壊れがちだという事実の反映でもある。もしキャリーがウィスコンシン州の田舎で既婚者とあんなに不倫をしていたら、村八分になっただろう。シカゴでは、評判は下がるし上品な社会からは出入り禁止をくらうが、他の評判の悪い人々といくらでも遊べた。同じことがフランク・カウパーウェイトについても言える。これはドライサーの描いたアンチヒーローで、実在の市電長者チャールズ・ヤーケスをモデルにした人物だが、スキャンダラスなふるまいにもかかわらず、都市の仲間には事欠かなかった。よかれ悪しかれ、都市は昔から人々を社会的な慣習から解放してきた。村は規則を強制しやすい。そうした規則を破る人々は、社会的なつながりから切断されて、孤独に苦しむことになるからだ。ホーソンの緋文字をつけた人々のように。

でも大都市では、いつでも別のネットワークを試せるので、非政府集団は非合法の暴力に頼らない限り、厳しいルールを強制したりはできない。清教徒のボストンや、カルヴァン主義のジュネーブのように、しばらくは社会規律を保てたところもある。だがそうした規制は必ず、いずれは敗れる。都市にとってもっと自然な結果というのは、あまり制約のないパリやシカゴのような世界なのだ。

5.5 高賃金の欠点

ますます裕福になり教育も高くなる人々は、新しい楽しみを試そうとして、自然に大都市に惹かれる。大都市は目新しい楽しみが得意だからだ。目新しさはそれ自体が豪奢財だ。優れた普通の食事を毎日食べて飽きるだけのリソースを持てるのは、金持ちだけだ。世界がますます豊かになり不平等が増すにつれ、ますます多くの人々は、大都市で最も楽に手に入る、絶え間ない新しいハイエンドな体験にお金を出そうと考える。

大量の雑誌やウェブサイトが、あらゆる美術展のオープニングやレストランの開店、コンサートなど、バルセロナやロサンゼルスや東京のような都市で毎週展開される各種イベントをすべて抑えようと苦闘する――そしてまちがいなく失敗する。こうした体験はあまりに大量であまりにつかの間なので、それが都市の全体的な生活の質に与える影響は計測しようがないと思えるかもしれない。これだけのものを整理して、どの都市の暮らしの快適さが上がったり下がったりしているかを見極めるなんて不可能じゃないか?

経済学の根本的な原理の一つは、タダ飯なんか滅多にないし、市場はトレードオフを必要とするというものだ。投資家が収益率の高い資産を選べるのは、それ相応のリスクを負担した場合だけだ。郊外住民がもっと大きな敷地を手に入れるためには、通勤時間が長くなる。大都市圏を比較する場合には、賃金、物価、生活の質の三つの間でトレードオフが生じる。ほとんどの場合、高賃金と物価高は同時にやってくる。住宅費用が高いのは、高賃金都市へのアクセスの代償だ。だが物価と人々の技能について補正しても、実質賃金はあちこちでちがう。サンディエゴやホノルルなどの都市は、異様に実質所得が低いし、テキサス州ダラスやミネソタ州ロチェスターは、異様に実質所得が高い。

ではホノルルの人々は我先にダラスにかけつけるべきか? もちろんそんなことはない。高い実質賃金は、ロチェスターの凍える冬やダラスのうだるような暑さに対する代償だ。低い実質賃金は、サンディエゴやホノルルの楽しみを体験する費用なのだ。市場は大なり小なり機能するもので、都市が所得に比べて実に高い住宅価格を示す場合には、そこに何か素敵なものがあることは賭けてもいい。もし極度に魅力的な地域が高賃金と低物価を示していたら、何千人もの新規住民が押し寄せて、すぐに生活費用はつり上げられてしまうだろう。

かつて、賃金について補正した場合、どのアメリカ大都市圏がもっとも物価が高いかを推計したことがある。トップテンの都市のうち、九つはカリフォルニア州沿岸だった。残る一つはホノルルだ。所得に比べて物価がことさら低い場所を見ると、それはアラスカ州アンカレッジのような寒すぎる場所や、テキサス州ミッドランドのような暑すぎる場所だ。最下位一〇都市のうち、デトロイトやトレントンなどは犯罪や失業といった他の問題を抱えている。

実質賃金——その場所の物価で補正した所得——は、都市アメニティを評価するのに有効なツールだ。もし実質賃金が異様に低いところあれば、たぶん生活の質は高いのだろう。もし異様に高い実質賃金ならば、そこは何かがダメなのだろう。いささかパラドックスめいてはいるが、ニューヨークのような場所での実質賃金低下は、大都市のアメニティが全体としてずっと価値の高いものになったという最高の証拠なのだ。

一九七〇年には、都市の規模と実質所得との間には強い正の相関があった。地域人口が倍になると、実質賃金は三%増えた。同じ関係は一九八〇年でも成立した。一九七〇年代の戦場だったニューヨークでは、労働者はこの都市問題に耐えるために戦闘手当をもらう必要があったわけだ。こうした高い実質賃金は都市の失敗のしるしだ——痛々しい犯罪率と都市アメニティ崩壊のしるしであって、都市の成功を示すものではなかった。

一九八〇年以後、地域人口と実質賃金との関係は最初は横ばいで、その後はマイナスになった。二〇〇〇年には、人々はニューヨークに住むためなら実質賃金が下がってもいいと考えるようになっている。これはつまり、この人々は高物価で賃金増分が完全にかき消されてしまってもニューヨークにやってきた、ということだ。ニューヨークの生産性が下がったわけではない。生産性を示す市の名目賃金は空前の高さだ。でも住宅価格は、ニューヨークで暮らして遊ぶという強い需要に後押しされて、名目の稼ぎよりもっと上昇しているのだ。もし住宅価格が名目所得にくらべて高い上昇率を示せば（これは都市の快適さがずっと高まると起こる）、実質所得は都市が大成功する時期にはかえって下がることもある。マンハッタンは戦場から都会の遊び場に変わり、人々は低い実質賃金という形で、そこに住む特権に対して喜んで支払うのだ。

経済の論理からすると、所得に対して住宅価格が高いところは快適なはずだ。だから私は、ある場所の快適さについて把握する試みとして、アメリカの郡を、一九八〇年のメジアン所得に比べて住宅価格がどれだけ異様に高かったかで順位をつけてみた。平均すると、アメニティの高い郡、つまりこの指標で上位四分の一にいる郡は、人口が四割ほど増えた。この指標で最下位四分の一の郡は、平均で人口が横ばいだった。高アメニティ郡はまた、実質メジアン所得が二八％上がった。低アメニティ郡ではそれが一四％だ。消費者都市が台頭しつつあるのだ。

都市生活に対する需要の増加で、逆通勤も増加してきた。ある場所に住んで別の場所で働く人々は、ホームタウンのアメニティや低い住宅費用に対する評価を示している。ニューヨークの住宅費用が低くないのはわかっているが、ニューヨークに住んで他のところで働く人の数はますます増えている。全国的に、中心都市から郊外に通勤する人々の人口比率は、一九六〇年には二・四％だったのが、いまは六・八％だ。もっと多くの人々が、高い都市の物価を負担しつつ、他のところで働こうとしているというのは、大都市のアメニティがますます価値の高いものになってきた証拠だ。

魅力的な場所を示す他の変数、たとえば観光客の多さも都市の成功の先行指標となる。この相関はアメリカだけでなく、イギリスやフランスでも成り立つようだ。人々はますます、生活の質に基づいて地域を選ぶようになっており、魅力的な場所にやってくる高技能者たちが、地元経済を活性化する新しいアイデアを提供する。賢い起業精神のある人々は、都市経済力の究極の源であり、そうした人々は豊かになるにともない、もっと生活の質を気に掛けるようになる。

公的に提供されるアメニティの中で、高技能者をひきつけるのに最も重要なものは何だろう？　人々、特に高学歴者たちは、安全な街路や子供のよい学校には大金を支払う。消費者都市の重要性増大のおかげで、多くの自治体長は地方政府の基本的な仕事に専念するようになるはずだ。その基本的な仕事とは、街路の警護を保ち、公共の学校を改善することだ。レストランや劇場も魅力だが、安全や学校ほどは重要ではないし、また政府の介入でどうにかなるものでもない。レストランなどは活気ある都市には自然に登場するものだ。少なくとも、その都市がそうした楽しみに規制をかけすぎていない限り。

消費者の楽しみの重要性は、都市下降期の教訓にもなる。都市政府は財政難に対し、警察など都市サービスの削減で対応してはならない。都市が経済危機を絶対生き延びられないようにする一番手っ取り早い方法は、それを危険な無法地帯にしてしまうことだ。危険な街路は、都市再生に不可欠な技能労働者を追い払ってしまう。

ニューヨーク、ロンドン、パリは世界最先端の消費者都市だが、遊び場として成功した場所は他にもたくさんある。ヴァージニア州シャーロッツヴィルのような大学町は、多くの隠居者を集めた。ラスベガスはカジノを使って、全米で最も急成長をとげている大都市となった。実際、ラスベガスに入れ込んだ人々は、そこのレストランやカジノに夢中になりすぎて、住宅バブルの中でも最大級のものが生じてしまったほどだ。建設過剰の痛みが治まれば、ラスベガスはある種の楽しみを売りにして成功する、もっと通常の中規模都市へと復帰できるはずだ。

ニューヨークやロンドンやパリが直面する問題はちょっとちがっている。頑強な経済とたっぷりある楽しみのおかげで、これらの場所はきわめて望ましい場所となった。みんなそこに住みたがるし、需要を満たすだけの住宅がなければ、物件価格は高騰する。最高に魅力的な大都市がもっと住宅建設をしないなら、それはブティック都市になってしまい、最高の金持ち以外はそこの楽しみや実務的な長所を享受できなくなる。こうした成功都市での建設を阻む障壁が、次章のテーマとなる。

第六章　高層ビルのすばらしさ

パリのシャンゼリゼに沿って、凱旋門からルーブル美術館まで歩くと歴史の中を歩いているかのようだ。始まりはフランスの帝国勝利を祝う二〇〇年前の門だが、それはローマにある遥かに古い帝国のアーチ、タイタスアーチに着想を得たものだ。そして世界で最も有名な大通りに沿って進む。そこはマリー・アントワネットが馬車に乗り、ヒットラーが行進し、無数の観光客がアイスクリームを食べたところだ。そしてクリリョンホテルの前を通るが、そこはヘミングウェイが酒を飲み、ウッドロー・ウィルソンがヴェルサイユ講和会議の間に泊まったところだ。そして昔の王家が遊んだチュイルュリー庭園を横切り、終点となる美術館はもともと一二世紀の要塞として作られ、いまや何千年もの傑作を所蔵している。この散歩は、パリそのものと同じく、悠久に思える。変わることのない都市体験で、香港やシンガポールのようなダイナミックな都市の、変わり続ける街路風景とはかけ離れている魔法のような都市体験だ。

だがもちろん、パリにも創始者や建設者がいる。今日の都市は、過去を保全するのがいかに重要かを裏付ける見事な証拠に思えるが、もう少し歴史的な観点を持てば、パリはまたすさまじい変化を認めるのがよいことだという裏付けにもなる。人々が最も愛するパリのほとんどは、あるたった一人の人物、ジョルジュ＝ウジェーヌ・オースマン男爵の手になるもので、彼はパリを一代で作り替えてしまったのだった。

パリと言われて何を思い浮かべるだろうか？　サンジェルマン大通りを散歩してから、サルトルの昔のたまり場、ル・デュマゴでカフェオレなどはどうだろう。いまの通り道は、ブールミッシュ（サンミッシェル大通り）のようにオースマンの手になるもので、ぐちゃぐちゃの古い街路をまっすぐに切り出したものだ。さっき私が述べたシャンゼリゼ沿いの散歩のほうが好きな人も、オースマンの世界にいる。この街路と凱旋門は男爵以前のものだが、こんなにはっきりした視界をもたらす広場を計画したのはオースマンだ。パリの街路に並ぶ、あの五階建て建築の奇跡的な一様性がお気に入り？　それもオースマンだ。オペラ座は？　オースマン。これほどのフランスの華やかさの下には、上水と下水を分ける下水道がある。これまた男爵のおかげだ。一八五三年から一八七〇年にかけて、オースマンの事業でパリの建物の半分以上が破壊された。オースマンは、文字通り都市を救うためにそれを破壊したのだった。

パリは秩序ある全体だ。我々がパリの大モニュメントを愛でるのは、それが近くの建物にじゃまされずに見やすいからだ。パリは、草の根都市愛好家たちが推奨するような、段階的な密度の蓄積を通じて建てられていないのは明らかだ。いいや、パリが統一性を持つのは、それが単一の大建築者による計画の産物で、それができたのは帝国の上帝がそれだけの自由度を与えたからだ。

シェイクスピアの名言「都市とはその人々でなくてなんであろう」というのは真実だが、人々には建物が必要だ。都市は上に伸びるか外に伸びるかで成長する。そして都市が建設しなければ、人々は都市の近接性がもたらす魔法を体験できなくなってしまう。都市を保全するには、実はその一部を破壊しなければならないのだ。オースマンのパリを保存したいという現代の欲望は、過去の手の届くパリを、今日では金持ちしか楽しめないブティック都市にしてしまうのに一役買った。パリの歴史は、無一文の成長期をそこで過ごした偉大な芸術家がたくさん登場するが、今日のパリ都心に住める貧乏芸術家などいるだろうか？　都市が建設を制限しすぎると、停滞と上昇し続ける物件価格のリスクが高まる。

都市の過去のうち、最も美しい部分を保護するのには大きな価値があるが。都市は琥珀に封じ込めてはいけない。あまりに保全が多すぎると、都市は住民のために新しい構想のもっとよい建物を提供できなくなる。パリやニューヨークやムンバイにおける高さ規制は、都市計画専門家しか興味を持たない、どうでもいい些事に思えるかもしれない。でもそれはこれ以上はないほどの大まちがいだ。都市の歴史が拘束衣になってしまうなら、その都市は最大の資産の一つを失う。それは上へと建設する能力だ。

6.1　摩天楼の発明

創世記でバベルの塔の建設者たちは「以降、都市と塔を作ろう、その塔のてっぺんは天に届くように。そして大地の表に散在してしまわないように、我々に名前を作ろう」と語る。こうした元祖デベロッパーたちは、都市が人々を結びつけられることを正しく理解していたが、神様は彼らが天の栄光ではなく地上の栄光に記念碑を作ったことで彼らを罰する。過去二〇〇〇年のほとんどにわたり、西洋の都市建設者たちはこの物語の警告を心にとめ、最も背の高い建築物は通常は教会の尖塔だった。羊毛中心のブルージュは、布作りを記念する高さ一〇六メートルの鐘楼を建てた。近くの聖ドナトゥス礼拝堂という宗教建築を見下ろす世俗建築としては、これが最初期のものだ。

世俗的なブルージュでは、一五世紀末には羊毛が宗教を越えたが、他の場所では世俗構造物が宗教的な塔の高さを追い越すまでには、さらに四世紀かかった。一八九〇年まで、ニューヨークで最も高い建物はウォール街証券取引所から一ブロックのところにある、トリニティ教会（私の曾祖母が礼拝にひざまずいた所だ）の高さ八五メートルの尖塔だった。非宗教的な二〇世紀の真の始まりを告げるのは、この宗教建築がジョセフ・ピューリツァーの『ニューヨークワールド』を入居させるために建てられた摩天楼に追い抜かれた日なのかもしれない。ほぼ同時に、パリは高さ三〇〇メートルのエッフェル塔を建てて増大する富を祝った。これはノートルダム寺院よりも二〇〇メートル高い。

バベルの塔以来、高さは限られた土地にもっと空間を提供する方法でもあり、権力のシンボルでもあった。トリニティ教会の鐘楼とギュスターヴ・エッフェルのアイコンは、利用可能な空間は提供してくれなかった。それはそれぞれ、神様とフランスの工学技術に対する巨大モニュメントだった。ピューリツァーのワールドビルディングは、ピューリツァーの記念碑だったのは確かだが、同時にますます巨大化するニュース帝国を単一の建物に収容して、ジャーナリストや編集者やピューリツァー氏自身が交流できるようにするという、かなり実用的な手段でもあった。

何世紀にもわたり、ますます高い建物で、一定面積の土地にますます多くの人を詰め込むことが可能になった。しかもそのために、いくつかの悪名高い東京のホテルのように、棺桶サイズの部屋に人々を詰め込む必要もない（訳注：たぶんカプセルホテルのこと。）。だが一九世紀までは、上を目指す動きは、二階建ての建物がだんだん四階建てや六階建てに置き換わる、穏健な進化でしかなかった。一九世紀までの高さは建築費用と階段を人間がどこまで我慢して上れるかで決まっていた。教会の尖塔や鐘楼は天を突く高さにそびえたが、それはその塔が狭かったからで、またたまに鐘突きが上る以外はあまり上がる人がいなかったからだ。一九世紀に高い建物が可能になったのは、アメリカのイノベーターが、下層部の壁を異様に分厚くしないでも高い建物を建てられるようにしたのと、その中を安全に上下に移動する、という二重の問題を解決したからだ。

エリシャ・オーティスはエレベータを発明したわけではない。伝承では、アルキメデスがおそらくはシチリアで、二二〇〇年前に作ったという。そしてルイ一五世もヴェルサイユ宮殿に専用のエレベータを持ち、妾たちを訪問できるようにした。だがエレベータが大量輸送手段になるには、よい動力源が必要で、しかも安全でなければならなかった。マシュー・ボールトンとジェイムズ・ワットは、初期の工業用エレベータを駆動する初期の蒸気機関を提供した。こうしたエレベータはロープで引き上げたり、水圧ジャッキで押し上げられたりしていた。エンジンが改善されるとエレベータの速度や力も向上し、大量の石炭を炭坑から引き出したり、船から穀物を持ち上げたりできるようになった。

だが人間は、すぐに壊れて転落しかねない機械で長距離を上下移動するのにはまだ及び腰だった。オーティスは、ニューヨーク州ヨンカースの製材所で工夫して、垂直輸送から危険を取り除いた。彼は安全ブレーキを発明したのだった。これは列車でもエレベータでも使えるものだ。そしてその発明を、一八五三年ニューヨーク世界博覧会で展示した。オーティスは自分でロープ吊りのプラットホームに上がり、そして斧を持った人物が劇的にロープを切ってみせる。プラットホームはちょっと下がるが、安全ブレーキが作動して止まる。オーティスのエレベータは大いに話題となり、オーティスの会社は今日でも世界最高のエレベータメーカーの一つだ。

動力式安全エレベータを導入した最初のビル二棟は、どちらもニューヨーク市にあった。ブロードウェイと五番街の交差点にあるデパートと、アヴェニューホテルだ。一八七〇年代には、エレベーターはリチャード・モリス・ハントのニューヨークトリビューン・ビルのような、一〇階建てにもなる画期的な構造物を可能にした。大西洋の反対側では、ロンドンのセントパンクラス駅がやはり一〇階建てになり、そして高さ八〇メートルなので、ハントによるニューヨークの摩天楼よりはるかに高かった。

だがセントパンクラス駅の要塞じみた概観は、この建物の大問題を示唆している。この駅は、現代の摩天楼で最も重要なコスト削減要因を使っていないのだ。それは、耐荷重鉄骨構造だ。セントパンクラスやトリビューンビルなどの伝統的な建築は、背の高い建物の荷重を支えるのに、低層部の壁がものすごく強くなくてはならなかった。積み増すためには下部の壁がどんどん厚くならざるを得ず、おかげで本当に細長い尖塔を建てているのでもない限り、建築費がすさまじく上がってしまう。

耐荷重鉄骨構造は、摩天楼をほぼ決めてしまうものだが、使っている工学原理は初期のバルーン構造住宅と同じだ。バルーン構造住宅では、規格化された板――ツーバイフォー、ツーバイエイト、ワンバイテン――が構造物の荷重を支える。そして壁は基本的にはそのフレームにかかったカーテンだ。バルーン構造住宅は、一九世紀を通じてアメリカ地方部の住宅建設費用を引き下げた。摩天楼は、バルーン構造住宅と同じように、荷重はスケルトンフレームにのせる。ただしこのフレームは鉄骨造でそのための鋼鉄は一九世紀末にはますます安くなってきていた。

一八八五年にシカゴに建った、ウィリアム・レ＝バロン・ジェニー設計の高さ四一メートルのホームインシュランスビルは、本物の高層ビル第一号と言われるが、ジェニーが本当に高層ビルを発明したといえるかどうかについては、活発な建築上の論争がある。なぜこんな論争があるかといえば、高層ビルの開発は、他の都市の贈り物と同じく、社会的に何もないところからいきなり生まれたものではないし、また一気にできあがったものでもないからだ。ジェニーの「初の摩天楼」は完全な鉄骨構造を持たなかった。単に鉄鋼で強化した防火壁を二枚持っていただけだった。シカゴでもそれ以前に鉄鋼で強化した高いビル、たとえば二年前に建ったダニエル・バーナム&ジョン・ルーツのモンタウクビルなどはあった。ニューヨークのマッカロー・ショット・タワーやパリ近くのサン・ウェンドック倉庫など、鉄のフレームを使ったものは何十年も前からあった。

ジェニーの元祖高層ビルは寄せ集めで、自分のイノベーションと、建築家がたくさんいたシカゴではすでに出回っていたアイデアを貼り合わせたものだ。他の建設者、たとえばバーナム&ルート、そのエンジニアのジョージ・フラー、ルイス・サリヴァン(彼は元はジェニーの見習いだった)がそのアイデアをさらに発展させた。サリヴァンのブレークスルーは一八九〇年に摩天楼、セントルイスのウェインライトビルを設計したときだった。それは大量の装飾用レンガ積みから解放されていた。ジェニーの建物はヴィクトリア朝に見えるが、ウェインライトビルははっきりと、いまや各地の都市スカイラインを彩るモダニズムのタワー建築を示している。

アイン・ランドの長編『水源』は、ルイス・サリヴァンの弟子フランク・ロイド・ライトの前半生を軽く下敷きにしている。サリヴァンとライトは孤高のゲーリー・クーパー的な英雄であり、強情な個人主義の見本として描かれている。でも実際はちがう。彼らは都市のイノベーション連鎖に深くつながっていた偉大な建築家たちだった。サリヴァンの、形態は機能にしたがうという発想を発展させ、サリヴァンはジェニーを手本にし、ジェニーはピーター・B・ライトの耐火建築イノベーションに頼ったのだった。

彼らの集合的な創造物――高層ビル――は都市が同じ土地面積で、大量の床面積を追加できるようにした。都心不動産の需要増大の時期にあって、高層ビルは神の贈り物だった。問題は、こうした都心部はすでに建物が建っていたということだ。火事のおかげで白紙に戻ったシカゴなどを除けば、そうした都市は高く建てるためには取り壊しが必要となる。

空間需要はシカゴよりニューヨークのほうがずっと強く、高層ビルはマンハッタンに乱立するようになった。一八九〇年にピューリツァーのワールドビルディングはスチールの柱を何本か持ってはいたが、荷重を支えているのは相変わらず厚さ二・五メートルのレンガ積みの壁だった。一八九九年に、パークロウビルがワールドビルの高さを追い越して、鉄骨構造により一一七メートルまでそびえ立った。ダニエル・バーナムは東のほうに、その記念碑的なフラットアイアンビルを一九〇七年に建て、一九〇九年にワイトの全米デザインアカデミービルが取り壊されて、高さ二一〇メートルのメトロポリタンライフビルが世界で一番高い建物となった。一九一三年にはウールワースビルが二三七メートルとなり、一九二〇年代の建設ラッシュまでは世界で一番高い建物となった。

6.2 A・E・レフコートのそびえたつ野心

こうした高い建物は単なる記念碑ではない。それはニューヨークの成長と産業の拡大を可能にした。工場所有者や労働者たちは、高層ビルのおかげでもっと人道的で効率のよい空間が得られた。それを可能にしたのはマンハッタンの大建設業者たち、たとえばA・E・レフコートなどだ。

定石通りの一代記主人公のように、A・E・レフコートは貧しい生まれで、一〇代から新聞売り子と靴磨きで働き始めた。小売り業の常勤となっても、朝には新聞を売り、夜には靴を磨き続けた。そして一〇〇〇ドルのアメリカ国債を買うだけの現金を貯めると、それをシャツにピンでとめておいた。二五歳のとき、衣服業界の雇い主は引退を決めた。レフコートは、自分が会社を買い取ると申し出て、雇い主を仰天させた。一〇年にわたり、レフコートは事業を拡大させて、年商二〇〇万ドル（二〇一〇年の通貨価値だと四〇〇〇万ドル以上）にした。

一九一〇年にニューヨーク市は大反乱の打撃を受けた。衣料業界の労働者たち六万人が一〇週間にわたりピケを張ったのだ。まだ三〇代前半だったレフコートは、外套スーツスカート製造業者保護協会議長として、経営陣側で戦いを率いた。法廷は経営者たちを完全に支持しそうな気配だったのに、レフコートは仲裁を勧めた、後に最高裁判事となるルイス・ブランダイスの条件を受け入れた。これは後に平和のプロトコルとして知られるようになる。ピッツバーグのヘンリー・クレイ・フリックは、ホームステッドのストライキに対してものすごい暴力を使ったことで歴史に残ったが、レフコートは血みどろにならない、おそらくは利益も高い妥協点を見つけたことで賞賛に値する。

一九一〇年の夏、労働組合との交渉中に、レフコートは不動産開発業者としての新しいキャリアを開始した。手持ちの資本をすべてつぎ込んで西二五丁目にある一二階建てのロフトビルを買い、そこに自社を移した。似たような建物をもっと建て、衣料産業が古いタコ部屋工場から現代的な衣料地区に変身するのを助けた。古いダウンタウンの衣料地区は、港湾への近さという価値のためにそこにあったが、レフコートの新しい衣料地区はペンシルバニア駅とグランドセントラル駅との間にあり、鉄道の近さが決めてだった。鉄道は相変わらずニューヨークに輸送上の優位性を提供していたのだ。輸送技術は都市を形成し、マンハッタンのミッドタウンは、大量の人々を運べる二大鉄道駅を中心に建設されたのだった（岩盤も貢献したかもしれないが、その影響は大したことはなかったようだ）。

レフコートは、衣料作りよりも建設のほうがずっと気に入った。その後二〇年にわたり、彼は三一棟を建てたが、その多くは摩天楼だった。レフコートはあのオーティスのエレベーターをそびえたつタワーで使った。述べ敷地面積は六一ヘクタール、延べ床面積は一〇〇〇万平方メートル、収容総人数はトレントン市と同じ。『ウォールストリート・ジャーナル』は「彼はニューヨーク市で他の人が考えようともしなかったほど多くの歴史的建造物を取り壊した」と述べている。一九二〇年代初期には、スラムや貧民住宅や金ピカ時代の邸宅で有名だったニューヨークは、摩天楼の都市に一変していた。レフコートのような開発業者は毎年何千戸もの住宅を建て、おかげで市は成長しつつもそんなに物件価格は上がらなかった。

一九二八年には、レフコートの不動産は推定総額一億ドルとされていた。今日の価値に換算すれば、ビリオネアになっていただろう。彼は記念に、自分の名前を冠した全国銀行を開いた。レフコートの楽観論は株式市場暴落でも揺らぐことなく、一九三〇年には五千万ドルの建設を計画し、それが「建設にはすばらしい年になる」と確信していた。だがレフコートはまちがっていた。ニューヨーク経済が崩壊すると、不動産帝国も瓦解し、不動産は結局は出資者たちに切り売りされることとなる。彼が一九三二年に死んだときの価値はたった二五〇〇ドルで、バベル建設者と同様に、傲慢ぶりを処罰されたかのようだった。

私はレフコートが、他の多くのデベロッパーと同様に、現金よりは建物として後に遺したものを気にかけていたと思う。こうした建築物は、いまだにニューヨークを特別な場所にしている創造的な人々を入居させるのに一役買った。経済学者二人が、建物の高さが経済生産性に与える影響を見ようとして、高い建物を建てるときの費用をおさえる岩盤などの自然の特徴を持つところと、高い建物が自然条件で難しいところとを比較してみた。すると高密を実現しやすいところは、労働生産性も賃金も著しく高いことがわかった。

レフコートの最も有名な建物は、彼の名前すら冠していないが、ある音楽様式丸ごとを象徴するものとなった。ブリル・ビルディング・サウンドだ。一九五八年から一九六五年にかけて、ブリル・ビルディングで出会ったアーティストたちは「ツイスト・アンド・シャウト」「ふられた気持ち」、そしてなんともふさわしい「アップ・オン・ザ・ルーフ」など、次々にヒットを生み出した。都市は最終的には人々のつながりだが、構造物——A・E・レフコートが建てたようなもの——は、そうしたつながりを容易にする。高い建物により、レフコートは衣料労働者の生活をはるかに快適にして、他分野の創造的な精神のために大量の新しい空間を作り出したのだった。

6.3 ニューヨークを規制する

ニューヨークの上昇志向には、反対する人もいた。一九一三年に、敬意を集めた五番街委員会の議長(彼は建築家でもあった)は、「五番街を荒廃から救う」戦いを主導した。当時、五番街は相変わらずアスター家やロックフェラー家が所有する壮大な邸宅街だった。反成長活動家たちは、高さを一二五フィート(三七メートル)以下に抑えないと、五番街は谷間になってしまい、物件価格が暴落し、渋滞が起こり、市全体にとってひどいことになると論じた。似たような議論は、昔から、そして今なお行われている。委員長は、建築家としてはさておき、予言者としては今ひとつだったようだ。密度は五番街に何の問題も起こさなかった。

一九一五年、ニューヨークのダウンタウン中心部にあるブロードウェイとナッソー街の交差点に、エキタブル生命保険協会が高さ一六一メートルの巨塔を建てた。延べ床面積二〇万平方メートル近くで、市に三ヘクタール以上の影を落とした。この建物は、高さの敵たちの非難の的となり、みんなもっと太陽が見たいと言ったのだった。政治的な連合が生じ、ニューヨークの画期的な一九一六年ゾーニング規制を可決させた。これは建物を高くしたいなら胴回りをあきらめろ、というものだ。ニューヨークの多くの建物は階段状になっていて、高くなるにつれて細くなるが、これは一九一六年の壁面後退規制を満たすためのものだ。

この建築制限は建物の形は変えたが、一九二〇年代の建設ラッシュはほとんど止まらなかった。ものすごく高い建物は、不合理な熱狂の指標の一種となる。二〇〇九年時点のニューヨークの高層建築トップ一〇のうち、エンパイアー・ステートビルを含む五本は一九三〇年から一九三三年にかけて竣工している。もっと古い敷地の開発はすべて、ニューヨークの将来が無限に思えた一九二〇年代末のイケイケ時代に始まっている。A・E・レフコートのような開発業者はテナントがまちがいなく集まると思っていたし、銀行も喜んで融資した。

一九二〇年代末に、クライスラービル、ウォール街四〇番、エンパイアー・ステートビルはニューヨーク——つまりは世界——で一番高い建物を建てようと一大競争を展開した。ニューヨークで最も高くて目立つ建物である、クライスラーとエンパイアーステートがどちらも、アメリカを垂直都市から広がる郊外に移行させる車を売って作った資金で建てられたというのは奇妙な事実だ。実は、この競争に勝ったエンパイアー・ステートビルは、「エンプティ・ステートビル」とあだ名され、第二次世界大戦後までは空室が残り、赤字続きだった。施主にはありがたいことに、建設費も予想をはるかに下回るものとなった。大恐慌時代には、鉄鋼も安く大量に出回っていたからだ。

一九三三年以後の時期には、ニューヨークは高層ビル建設を控え、規制はますますややこしくなった。一九一六年から一九六〇年にかけて、当初のゾーニング規制は二五〇〇回以上も改定された。一九六〇年には、都市計画局は新しいゾーニング規制を可決したが、これは建物への規制を大幅に増やした。この四二〇ページにわたる規制は、空間の単純な分類——商業、居住、無制限——を、めまいがするほどのちがった用途地区に置き換えて、それぞれできわめて限られた活動しか認められないようにした。居住地区には一三種類あり、工業地区は一二種類、商業地区には四一種類以上あったのだ。

それぞれの用途地区は認められる活動の幅を狭く規定した。商業アートギャラリーは住居地区ではダメだが工業地区では認められ、非商業アートギャラリーは住居地区では認められるが工業地区ではダメだ。画材屋は住居地区や一部商業地区では禁止。駐車場の付置義務も、地区ごとにちがった。R5地区だと、病院は病床五つごとに駐車場を一台分設けなくてはならないが、R6地区だと、八病床ごとに一台分だ。この規制の重箱の隅つつき的な細部は、その看板規制によくあらわれている。「長期滞在アパートホテルを含む多住戸居住建築や、許可された非居住建築その他においては、同定用の標識が一つ認められる。その面積は一二平方フィート以下で表記されるのは許可された用途名称、建物の名称または所在地、あるいはその管理人の名前だけが認められる。」

規制はまた、ややこしいセットバックの仕組みを廃止して、容積率（ＦＡＲ）に基づくややこしい仕組みに置き換えた——容積率は、敷地面積に対する延べ床面積の比率だ。容積率上限が二（二〇〇％）なら、デベロッパーは敷地一杯に二階建ての建物をたてるか、あるいは敷地半分に四階建ての建物を建てられる。住居地区R1、R2、R3では、容積率上限は〇・五だ。R9地区では、容積率上限は七・五くらいだ。高さ制限は、建物の前に広場や公共空間を作ると緩和された。一九一六年の建築規制でできる標準的な建物は、歩道ぎりぎりから始まるウェディングケーキだったが、一九六一年の建築規制でできるのは、ガラスと鋼鉄の一枚板で、前面に公開空地があるものとなったわけだ。

6.4 高さが怖い

ニューヨークのゾーニング規制はますます厳しくなったが、新規開発に対する他の制限も厳しさをました。第二次世界大戦後に、ニューヨークは建設や賃料を過剰に規制する一方で、リンカーンセンターのストイヴェサント・タウンのような公共支援の建築をやたらに建てることで、民間開発をむずかしくした。だが一九五〇年代と一九六〇年代を通じ、公共プロジェクトも民間プロジェクトも、ますます草の根オルガナイザーたちからの抵抗に直面するようになった。その一人がジェイン・ジェイコブズだ。彼女のような人々は、大規模開発に対する反対を組織するのが上手になってきたのだった。

ジェイン・ジェイコブズは大都市の栄光には無縁の人物に思える。一九三四年にスクラントンのセントラル高校を卒業して、翌年にはニューヨークにでかけた。そのほうが北東ペンシルバニアよりはおもしろそうだと思ったからだ。コロンビア大学の夜学に通ったが、学卒資格は決して取らなかった。後に名誉学士号の申し出を大量に受けたが、絶対に受けなかった。私が彼女に会ったのは一九九三年だが、その地位を独力で築いてきたことで彼女が実に嬉しそうなのに驚いた。まずは『ヘラルド・トリビューン』にニューヨークに関するフリーランス記事を書くところから始め、やがては建築系の月刊誌『アーキテクチュラル・フォーラム』の副編集長にまで上り詰めた。建築家ロバート・ジェイコブズと結婚して、ウェストヴィレッジのハドソン通りで一家を育てようとした。

八〇代になってもまだまだ衰えを見せなかった彼女の驚くべき知性と、ニューヨーク市での経験は、多くの重要で正確な洞察につながった。一九五〇年代に、彼女はまともに機能している近隣を、周囲の街路から切り離された巨大高層棟で置き換えようとする都市刷新の試みが愚かなものだということをはっきり見てとった。単一用途の近隣が好きな都市計画の当時の常識に反発し、多様性を支持した。一九六〇年代に彼女は、都市が知識やアイデアを広げ、経済成長を実現するのに果たす役割を理解していた。一九七〇年代に、彼女は都市が緑の多い郊外よりも実は環境にとってよいのだと理解していた。彼女の洞察は、ニューヨークに暮らし、働く観察者としてのすばらしい才能からきていた。彼女の知識は、目を開いて歩き回ることからきた。これはいまでも、都市の仕組みを学ぶ最高の方法だ。

次第にジェイコブズは、都市開発をめぐる戦いにも参加するようになった。グリニッジヴィレッジ住民として、彼女はワシントンスクエア公園に道路を貫通させようという計画に反対した。ゾーニング支持者たちはますます単一用途のゾーニングを打ち出したが、ジェイコブズは混合用途ゾーニングの支持者となり、「ニューヨークを経済的に独立した島に分離して、果てしない悲惨な結果をもたらす」のに反対した。彼女は小売り商店の入らない公共住宅プロジェクトに断固として反対し、その単一用途が不毛性を生み出していると嘲笑した。リンカーンセンターは「死後硬直があらかじめ組み込まれている」

と批判した。

一九六一年、都市計画委員会の新ゾーニング計画が発効したその年に、委員会はグリニッジ・ヴィレッジ一六街区を破壊して刷新する計画についてジェイン・ジェイコブズとけんかになった。ジェイコブズは、プロジェクト停止の法廷命令を取り付けた。そして広範な支持者を集め、かれらは委員会の計画会合で演壇に駆け上がった。そして、市の役人と開発業者の間に汚職があることを匂わせる発言をした。やがて彼女が引き起こした騒動が大きくなり、かつてはプロジェクトを強く支持していた市長もあきらめた。

同年、市役所を打倒してから数カ月後に、ジェイコブズは傑作『アメリカ大都市の死と生』を刊行した。これは偉大な本で、二〇世紀半ばのニューヨークにおける歩行者生活を探究し賞賛する。市街の暮らしこそが都市生活と都市の安全の本質だと論じて、混合用途ゾーニング支持の裏付けとした。高密住居には反対し、それが住民を街路と分離させるという。背の低い建物の世界では、住民が家の外の街路を見張り、街路に目が向いていれば歩行者は安全になる。高層ビルの世界では、そうした住民は眼下の街路の暮らしには目を向けなくなる。

街路が高層ビルのために苦しむことがあるという彼女の主張には、ある程度の真実がある。少なくとも、そのビルの設計がまずくて街路生活を阻害する場合には。高層ビルに住む人々は、戸建てに住む人々よりも街路で犯罪にあう可能性が六％高い。これは潜在的被害者たちの個別属性を徹底的に補正した場合でもそうだ。大きなビルに住む人たちは、家に強盗が入る確率は低いが、ひったくりや追い剥ぎにあう可能性は高い。もっと豊かな人々だと、住居の高さと犯罪との間に相関はない。こうした事実について私なりの解釈としては、貧困者の多い高層棟は、通常は公共の低所得者向け住宅プロジェクトであることが多く、そうしたところでは貧困が集中しているし、一階に小売店舗が入ることもあまりないというものだ。こうした条件はつまり、街路がトラブルメーカーだらけになるということだ。

もっと混合環境になれば、買い物客も労働者も増える。豊かな地域には警備員がいる。まともな都市計画を多少なりとも使えば、高層棟でも十分に足下に交通量を確保できるので、街路を安全にしておける。高層棟だらけのマンハッタンのミッドタウンでも香港でも歩行者はたくさんいるし、犯罪は比較的少ない。

ジェイン・ジェイコブズの都市刷新反対は、さらに背の高い建物すべてを十把一絡げに嫌う方向に向かった。『アメリカ大都市の死と生』で、彼女は都市近隣が栄えられるのは、一エーカーあたり一〇〇から二〇〇世帯（訳注：一ヘクタールあたりおよそ二〇〇世帯から四〇〇世帯）いる場合だけだと論じた。それだけの住宅がないと、おもしろいレストランや店を支えられるほどの街路交通が生じないのだという。また、一エーカー二〇〇世帯は「危険のしるし」だという。近隣がその点を超えると、活気のない標準化に陥るリスクが生じる。私が育ったような典型的なマンハッタンのアパートは、延べ床面積およそ一二〇平方メートルだ。一エーカー当たり二〇〇世帯を収容するには、建物はおよそ六階建てとなる。ちょうどエレベータ時代以前に建てられたアパートの標準的な高さだ。

ジェイコブズは自分の住んでいた背の低い近隣の美徳はよく理解していたが、もっと背の高い建物の地区にもある強みは理解出来ていたかどうか、必ずしも明らかではない。マンハッタンの高層近隣は特に活気が欠けてはいない。十分に一階に活動があればすむ話だ。背の高い近隣にだって、おもしろい店やレストランはたくさんある。エーカー当たり三〇〇世帯以上というのは、もちろん万人の好みにあうわけではなかろうが、人間は多様なので、いろいろな住み方は必要だし、高い建物が好きな人もいるのだ。ジェイコブズ自身がグリニッジヴィレッジ的な近隣を好んだのはもっともなことだ——私だってヴィレッジは好きだ——が、自分の嗜好だけを根拠にしてはまともな政策にはならない。政府が一種類の都市だけを義務づけるというのは、政府が一種類だけの文学を強制するのと同じく、筋の通ったことではない。

ジェイコブズは中くらいの密度を信奉していたので、単一用途ゾーニングや新しい高速道路に反対したように、ニューヨーク大学の九階建て図書館といった高い建物にも反対した。彼女の都市のビジョンは、自分のグリニッジヴィレッジの近隣や、そこの酒場や思索家や低層タウンハウスにだけ根ざしたものだった。古い建物が好きだったので、新しい摩天楼では自分の好きな混合用途が実現できないと思ってしまった。

ジェイコブズが古い建物好きだったのは、混乱した経済学的な発想のせいだ。彼女は、古い低層の建物を保存すれば、なぜか物件価格や賃料が新興の起業家にも手の出る低い水準にとどまると思っていた。でも需要供給というのはそういうふうには機能しない。古い一階建ての建物を保存して、そこに建つはずの四〇階建ての建物に反対しても、賃料や物件価格は安くならない。むしろ新しい建物に反対すれば、人気ある地区はほぼまちがいなく手の届かない価格になる。住宅でもなんでも、供給を増やせば通常は価格は下がるし、不動産の供給を制限すれば価格は高くなる。

住宅供給と価格の低さは、単なる経済理論の問題ではない。場所の供給と不動産の価格を結びつける証拠はたくさんある。簡単に言うと、高価なところはあまり建築が行われず、建築がたくさん行われる場所は高価でないのだ。建築を制限する場所では、新規建設は低く価格は高いと示す論文はいくつかある。この分野で最も巧妙な論文は、建設に対する自然の障害、たとえばある地域が丘陵がちだといった条件を使い、建設の難しい場所は新規建設が少なくて物件価格も高いことを示している。

新規の四〇階建てビルそのものには、ふうがわりであまり儲からないような企業は入居しないかもしれない。でも新規の床を供給することで、建物は市の他の不動産に対する圧力を和らげる。新規の建設があれば、古い地域に高級化再開発を行っても物件価格上昇は控えめになる。空間を手の届く値段にして、貧しい人やあまり儲からない企業が居残れるようにするには、高さ制限と固定した建築物ストックではなく、成長が重要だ。成長は活気ある都市を、成功して多様なままにとどめてくれる。高さ制限は光を増すし、保存は歴史を守りはするが、そうした便益に対して何の対価もないようなふりをしてはいけない。

6.5 保存の害悪

ジェイン・ジェイコブズがその偉大な本を刊行したのと同じ一九六一年に、ペンシルバニア鉄道は古いニューヨークの駅を取り壊す準備をしていた。この鉄道は、鉄道時代の最盛期一九〇八年に、列車を奉じる神殿としてこの三三丁目の駅を建てた。古いペンステーションは驚異的な建築物で、ドーリス式の列柱やカラカラ帝の浴場を元にした待合室などもあった。その建築家はジェイン・ジェイコブズと同様に高さが都市生活の敵だと思っていたので、建物は低層にしろと固執した。

低層の決定は、この駅の寿命を縮めてしまった。建物は傑作建築として認知はされたものの、二〇世紀に鉄道輸送が落ち込むと、筋の通らないものとなっていった。一九五〇年代末までに、ペンシルバニア鉄道は立地のいいマンハッタン中央の物件からもっと価値を絞り出すと決意した。そしてボザール建築を潰して、今日のずっとファンの少ない駅舎と、三四階建てのオフィスビルに建て替えた。オフィス棟からの賃料収入で、鉄道収入の低下を多少は埋め合わせられる。

ペンシルバニア鉄道のやったことはすべてまったく合法だったが、古い駅舎は建築の目利きだけでなく一般通勤者にも愛されていた。美しい駅舎の取り壊しは、ニューヨークの美しい古い建築をペンステーションの運命から守ろうという、成長しつつある保存運動の結束点となった。一九六二年にロバート・ワグナーはランドマーク保存委員会を設立した。市長の動機について一切誤解が無いようにしておくと、この新しい機関の結成を発表した『ニューヨークタイムズ』の記事の副題はこうだ。「ワグナー、新機関に一二名を任命——建築家、ペン駅破壊を糾弾」

一九六五年には、不動産業界からの強硬な反対にも関わらず、ランドマーク保存委員会は恒久のものとなった。当初は、保存支持者にとってはもうしわけ程度のものにしか思えなかった。ランドマーク建築の数は七〇〇でごく少数であり、委員会の決定は市長がいつでもひっくり返せるので、制限がかかっているように見えた。

だがエントロピーと同じく、政府機関の権限はじわじわと増大することが多い。だから穏健でほとんど単なる看板だけだった集団が、いつのまにか市の相当部分に権力を及ぼしてしまうのだ。二〇一〇年春、ニューヨークのランドマーク委員会は二万五〇〇〇のランドマーク建築と、一〇〇カ所の歴史的地区を牛耳っている。マンハッタンで九六丁目以南の公園以外の土地は、一五%が歴史的地区になり、外観の変更はすべてランドマーク委員会の承認を必要とする。

二〇〇六年に、開発業者エイビー・ローゼンはマジソン街九八〇にある古いサザビー＝パーク＝バーネットビルのてっぺんに、二二階建てのガラス高層棟を作りたいと提案した。これは巨大なイーストサイド歴史地区の中心にある。建物自体はランドマークではなかったが、ローゼンとそのプリツカー賞受賞建築家ノーマン・フォスター卿は、もとの建物のファサードはそのままにしておこうと提案した。高層棟は、旧パンナムビルがグランドセントラル駅の上にそびえるように、古い建物の上にそびえることになる。コネのあるご近所は、高さが増えるのがお気に召さず、ランドマーク保存委員会に苦情を申し立てた。ニューヨークと不動産業界の両方について、その欠点を見事に描き出したことのあるトム・ウルフは、『ニューヨークタイムズ』に一五〇〇語のエッセイを寄稿し、ランドマーク委員会がこのプロジェクトを承認したら、それは委員会の使命に対する裏切りだと匂わせた。ウルフたちが勝った。

このマジソン街九八〇問題についての批判者（かく言う私もこの一人）に対して、ウルフ氏は『ヴィレッジヴォイス』紙に対し「連中の理屈を論理的につきつめれば、セントラルパークを開発しろということになるだろう。（中略）セントラルパークを建物だらけにすれば入居できる何千も何千もの人を考えたら、いやあ、これで問題解決だな！」と答えた。でもすでに高密な近隣を高層化するメリットの一つは、緑地（セントラルパークだろうと都心から離れたところだろうと）に建てずにすむということなのだ。保存支持者の観点からしても、ある地域を高層化すれば、他の古い建築を取り壊す圧力は減る。ランドマーク委員会が建物の取り壊しを決めたら、そこに建つ建物はなるべく高くするようにと要求したほうがいいのだ、と言えるだろう。

開発を制限する代償は、保存地区が高価になり金持ち専用になるということだ。平均だと、マンハッタンの歴史的地区に住む人々は、そうでない人々より七四％近くも裕福だ。歴史的地区内に住む人々のうち、大卒は四分の三だが、それ以外では五四％だ。歴史的地区に住む人々は白人確率が二割高い。ランドマーク保存委員会を説得して高い建物をやめさせる、歴史的地区の金持ち市民たちは、有象無象を閉め出そうとして最低敷地面積二・五ヘクタールを義務づけたがる、制約好きな郊外住民たちに相当するものだ。別に貧乏人がマジソン街九八〇に住む金が出せるわけではない。でもどこであれ新規の供給を制約すれば、自然体として需要を満たすのが難しくなり、それが至る所で価格を引き上げる。

住宅価格の基本的な経済学はかなり簡単だ――需要と供給。ニューヨークもムンバイもロンドンも、ますます住宅需要の増加に直面しているが、その需要が価格にどう影響するかは供給次第だ。十分な家を建てれば需要が増えても物件価格に当たる影響は弱まり、都市に暮らしやすくなる。これは何十万もの新規住宅を建設して物件価格高騰を防いだ一九二〇年代のニューヨークの教訓だし、また今日のシカゴやヒューストンのような、物件価格の高騰しない成長支持の都市の教訓でもある。一九五五年から一九六四年の戦後ブーム期に、マンハッタンは年一万一〇〇〇戸以上の建設を許可した。市の物件価格が高騰した一九八〇年から一九九九年にかけて、マンハッタンは年平均三一二〇戸の建設を認めた。新規の住戸が減れば価格は上がる。一九七〇年から二〇〇〇年にかけて、マンハッタン住戸のメジアン価格は、貨幣価値の変動を補正すると二八四%も上がっている。

ニューヨーク市では、高い建物のてっぺんに追加で一平方フィートを建設する値段は四〇〇ドル以下だ。まあ五〇階以上などの超高層ビルだと、この値段はかなり上がるが、通常の高層ビルだと、一二〇平方メートルのすてきなアパートを追加しても、一戸あたり五〇万ドルはかからない。地価はかかるが、四〇階建てのビルでは、その一二〇平方メートル住戸が使っている土地はたった三平方メートルでしかない。これだけ高層になれば、地価負担はかなり下がる。新規建設を制限する規制がなければ、住戸価格は建設費に近づいて、新規の住戸は五〇万ドルくらいになるだろう。もちろんヒューストンにすてきな延べ床二五〇平方メートルの一戸建てを建てる二〇万ドルの費用よりはかなり高いが、いまのニューヨークでそうしたアパートがいまや一〇〇万ドル以上の値段なのに比べればずっと低い。

土地がかなり限られているのは、シカゴのミシガン湖畔であるゴールドコーストも同様だ。マンハッタンほどの需要はないにしても、かなり高い。それでも、湖を見晴らす美しいコンドミニアムを、マンハッタンの類似物件に比べて半額で買える。シカゴの建設費はニューヨークよりは安いが、半分にはならない。大きなちがいは、シカゴの市政府はニューヨークより常に新規建設を奨励してきたということだ。とはいえ、ニューヨークでもブルームバーグ市長の登場でそれが変わりつつはあるが。ミシガン湖畔に乱立するクレーンが、シカゴを手の届く町にしているのだ。

新規建設を阻止しようと戦う人の大半は、自分が善玉だと思っていて、悪漢だとは思わない。マジソン街に新しい建物を建てると多くの有名人は明らかにご不満なようだし、ビル一棟で都市全体がさほど影響を受けるわけではないのだから。でも、そうした個別の建設阻止の決断が積み上がるということだ。ゾーニング規制、空中権、高さ制限、ランドマーク委員会などがあわさり、規制の網ができて、ますます建設がむずかしくなる。規制の波が強まるにつれて、ブルームバーグ政権までは、ニューヨークのビルは低層化していた。マンションビルをサンプル調査してみると、一九七〇年代のものは八割以上が二〇階以上だったのに、一九九〇年代に建ったものだとそれが四割だ。エレベータと鉄骨構造の高層ビルは、大量の生活空間をわずかな土地から得ることを可能にしたが、ニューヨークの建築規制はそのプロセスを止めている。

住宅供給の成長は、物件価格だけでなく都市人口も規定する。新規建設と人口成長との統計的な相関はどの都市で見てもほぼ完璧なので、ある地域で住宅ストックが一％伸びれば、人口もほぼ同じ割合で伸びる。結果として、ニューヨークやボストンやパリが新規建設を制限すれば、そうした場所の人口は増えなくなる。制限が強くなりすぎれば、需要が増えても人口が減ることさえある。金持ちの小規模世帯が、貧しい大規模世帯に置き換わるからだ。

ジェイン・ジェイコブズの、古い低層都市近隣の喜びや強みに関する洞察はまちがいなく正しいものだが、高密住宅の強みに対する不信は強すぎる。私はジェイコブズがニューヨークを離れてトロントに引っ越す一年前に生まれ、その後一七年にわたりマンハッタンで暮らした。うちの近隣は低層のグリニッジヴィレッジとは大違いだ。第二次世界大戦後に建てられた、両親のような中流所得者向けの低価格住宅を供給するための白いぴかぴかの高層アパートの中で育ったのだ。グリニッジヴィレッジほどチャーミングな近隣ではないかもしれないが、そこそこおもしろいレストランも、変わった店もあり、もっと変わった歩行者もいた。高層ビルはたくさんあったが、街路はそこそこ安全だった。機能している活気ある都市空間だった。垂直性と変化を受け入れた香港はもっと極端な例で、わくわくする街路生活がそびえる建物と完全に同居している。

全員が高層ビルに住めというのではない。多くの都市住民は、ジェイン・ジェイコブズと同様に、古い背の低い近隣が好きだ。でもかなりの人々はそびえる都市に住むのも喜ぶし、政府は彼らの夢を満たす高層ビルを止めてはいけない。高層開発を制限しても、おもしろい多様な近隣は保証されない。単に物件価格上昇が保証されるだけだ。

裕福な社会にいる人々は、快適で広々とした家を求め、期待する。今日のアメリカは、そうした家をサンベルトの郊外に建てており、それが人々を都市から引きずり出してテキサスに向かわせる。もっと多くの人々が都心に住むような都市の未来は十分可能なのだが、そのためには、そうした都市の中で最も望ましいものが、高い建物の建設を制約する規制の障壁を減らさなくてはならないのだ。

6.6 パリ再考

一世紀前には、パリとニューヨークは都市開発についてまったくちがうビジョンを提供していた。パリはトップダウンで作られた。皇帝がビジョンを持ち、その官僚男爵がそれを実現させた。ニューヨークのスカイラインは、何千ものあまり管理されない建設者たちが、市場の許容するものをなんでも建てることで作られた。ニューヨークはごちゃごちゃだが見事なジャムセッションで、傑出したミュージシャンたちが、まわりで起こっていることに最低限の注意しか払わなかった。でもパリは慎重に作曲された交響曲だった。ニューヨークのカオスのほうがダイナミックだが、パリ的秩序は安全な建物を作った。一九〇〇年に、アメリカ都市のほうがヨーロッパよりも火事がずっと多かった。今日では、新しい高層ビルがいささかでもニューヨークの本質的な栄光を変えると主張するのはつらい。でもパリの変化に反対する人々は、もっといい議論を持っている。

パリは昔から秩序だって美しかったわけではない。一八五〇年以前には、何十万人もの貧しいパリジャンたちが、狭い街路や古い建物にひしめいていた。パリは何世紀にもわたり土地利用規制を持っていた。アンリ四世が一五八九年にブルボン王朝を樹立したとき、建築規制も作って、パリの最も完璧なピアッツアとも言うべきヴォージュ広場を作った。でも市の何度か初期に試みた都市計画は、都市の迷路に埋もれてしまった。高密なパリの混沌は、犯罪者や、一七八九年以来の六〇年で王さまを三回も打倒した革命家にとって、保護を提供してくれた。一九世紀初期のパリはジェイン・ジェイコブズなら気に入ったかもしれないが、ナポレオン三世にはあまり理想的とは思えず、そのため彼はオースマン男爵に頼ったのだった。

カール・マルクスはナポレオン三世の支配を、その叔父のナポレオン一世の悲劇を笑劇として再演したものだと表現したが、第二帝政の都市刷新方針は、笑い事ではなかった。若きボナパルトが世界の都市建設に占める地位は、初代ナポレオンが軍事戦略家として歴史に占める地位にも匹敵する。ナポレオン三世がパリ再建に情熱を注いだ理由はいろいろ考えられる。革命家たちを宿す密集細街路を一掃し、騎兵隊が都市の反乱者たちを蹂躙できるような大通りを作りたかったのもある。でも皇帝は単に防衛しやすい空間を作っていただけではない。公共事業で人気を博し、美しい妃にもいいところを見せねばならなかった。

皇帝は忙しい人で、戦争も闘わねばならないし、歴史に残りたいと想ったのだ。だから自分に忠実で、金をかけて動かして首都を作り直すだけの意欲を持つ、超有能な官僚が必要だった。それがオースマン男爵だった。初代ナポレオンがワグラムでオーストリアを破る数カ月前の一八〇九年にパリで生まれたオースマンは、アウトサイダーであるドイツのプロテスタント一家の出身で、ナポレオン時代のフランスにおける厳しい能力主義の中で出世した。オースマンの祖父は、将軍だったのを皇帝によって男爵に取りたてられた。彼の父はナポレオン軍の供給業者だった。

オースマンはエリート校のリセ・アンリⅣで教育を受けた。これは今でも世界最高の学校の一つだ。それから法学と音楽を学んだ。一八三〇年に革命でブルジョア王ルイ・フィリップが戴冠し、オースマンは土木官庁に入り、ボルドー郊外の小さな町ネラクに派遣された。何年も地方部で苦労したが、ボナパルトの復帰でチャンスがやってきた。前任のセーヌ長官がナポレオン三世の壮大な都市計画を抑えようとしてクビになったとき、野心的な男爵はその後釜に入る機会にとびついた。

都市を再建したいなら、独裁者の後ろ盾があると役にたつ。オースマンはもっと民主的な時代なら絶対無理なことをいろいろやった。大量の貧困者を立ち退かせ、その家を幅の広い大通りにしてパリを壮大にした。リュクサンブール公園をどかっと削って街路を作った。サンジェルマン＝デ＝プレ寺院の監獄など、歴史的なランドマークも破壊した。この事業で二五億フランを使ったが、これは一八五一年のパリ市総予算の四四倍だった。これだけの支出と騒動で、パリは古くさく、かなりおんぼろでものすごく貧困な都市から、台頭する高等ブルジョワジーの都市リゾートになったのだった。

オースマンのイノベーションの一部、たとえばブローニュの森などは、パリをもっと美しく健康にするはずの公共空間だった。他のイノベーションは、歩行者の都市をもっと新しい鉄道やバスなどの交通手段にレトロフィットするための試みだった。オースマンはまたパリをちょっと高層にした。一八五九年に都市の高さ制限は、一六メートルから一八・六メートルになった。それでも、エレベータの豊富な二〇世紀に建てられた後の都市に比べれば、オースマンのパリは背が低いままだった。人々は階段を上らなければならなかったからだ。当時は、階段をのぼらなくてはならない最上階は安くなっていた。だからこそ、パリの屋根裏部屋で衰弱死する飢えたアーティストたちも、眺望だけはよかったわけだ。

オースマンの事業はエレベータの前ではあったが、乗合馬車と汽車よりは後だった。こうした高速移動手段に対応するため、かれは幅広でまっすぐな街路を作った。オースマンが大通りを通したとき、彼はそうした新技術に対応していたのであり、それはジェイン・ジェイコブズがロウアーマンハッタンで反対した高速道路の先駆けだった。後の多くの開発者同様に、オースマンにも批判者はいて、汚職や会計操作をしていると糾弾した。オースマンの開発に反対する正当な理由はいろいろあるが、でもこの鈍重なアルザス人は、何はなくとも正直だった。支出は巨額ではあったが合法だったのだ。

ギュスターヴ・カイユボットが一八七七年に描いた有名な、オースマンによる雨のパリの街路風景画がある。いまはシカゴ美術館が所蔵するこの絵では、過度にモニュメンタルで没個性な都市で、孤立した人々が無目的な人生を、不毛な壮大さに囲まれた中で送っている。この絵は、規格化とあまりに長い街区からくる街路生活の崩壊に関するジェイン・ジェイコブズの記述をうまくあらわしたものと言えるだろう。こうしたアパート建築の単調な灰色を嫌う批判者もいた。一部は、こんなに大量のパリジャン家族を追い立てたことからくる苦悶を声高に非難した。反帝国主義者たちは、ナポレオン三世の各種の記念碑を、中身のない形だけの支配者による、馬鹿げた自己顕示としか見なかった。

だがもし建築の目的がそれを体験する人々に喜びをもたらすことであるなら、オースマンのリメイクは大成功だった。オースマン以前には、人々はパリの醜さについて書いたものだ。それ以後は、パリは都市美とほぼ同義となった。何百万人もの観光客が毎年やってきて、オースマンの遺産を眺める。何百万人ものパリジャンは、彼の作った都市に住むために大枚をはたく。オースマンは、水道や列車をパリに入れるといった技術的な問題を解決しただけでなく、人類の大半が愛する都市を残したのだった。

オースマンは、世界の他のどんな古い都市でも体験したことがないほどの大変化をパリにもたらしたし、その結果は統合された都市の傑作だ。だが二〇世紀には、オースマンの成果は建築的なアイコンとなり、改訂不可能となってしまった。一八五九年に高さ制限が改正されてもう一階追加できるようになったが、一九〇二年には、大通りに面したところは高さは三〇メートルに、狭い通りはもっと低く制限された。これが半世紀続くことになる。

パリの規制は、一九一四年にフランツ・フェルディナンド皇太子が暗殺されてからの両大戦の四〇年間にはあまり意味を持たなかった。フランスの人々も経済も同年のドイツ侵攻で大きな打撃を受け、パリは陥落寸前となった。人口が維持できるかも怪しかった一九二〇年代や、不景気が猛威をふるう一九三〇年代には、都市再建などだれも興味を持たなかった。一九四〇年代はまたも戦争でフランスは貧窮した。フランス経済が復活したのはやっと一九五〇年になってからで、それとともに長く停滞していた首都も近代化しようという気運が生じた。一九六七年にパリ市評議会は高さ制限を撤廃した。権力を得たテクノクラートたちは新しい高いビルを欲しがり、またかつての古い中央市場レアールのような、目の毒と言われるものを処分したいと考えた。

ドゴールとポンピドーの下で、パリは少し建設を行った。一九六〇年代のパリは、一九二〇年代のニューヨークとはちがっていたが、市はついにまともな高層ビルを建てた。一九六九年には高さ二一〇メートルのモンパルナス・タワーが着工した、二年後にはレアールが一層されて、未来的なポンピドーセンター美術館が同年に竣工した。だがこの変化は、静的な都市に慣れ親しんだパリジャンたちを騒然とさせた。モンパルナスタワーはひどく嫌われ、教訓はパリ中心部では高層ビルは二度と許すまじ、というものだった。レ・アールも、かつてのニューヨーカーたちがペンステーションの取り壊しを惜しんだように、ひどく惜しまれた。フランスはアメリカよりはるかに規制重視の国で、政府が変化はダメと決めたら、変化は起きない。一九七四年の規制はパリ都心部を高さ制限二五メートルと定め、これが二〇一〇年現在でも続いている。

古いパリでは高層ビルは止められたが、周縁部では建設が認められた。今日では、パリの高層ビルはかなり高密だが離れた拠点に集まっている。たとえばラ・デファンスなどだ。ラ・デファンスはパリ都心の平らぶりと対照的にそびえたっている。四〇〇万平方メートル近い商業床を持ち、アメリカのオフィスパークのような雰囲気だ。はるか彼方に凱旋門を望む以外は、ラ・デファンスのスターバックスでラテを飲む事務職員たちは、ヴァージニア州クリスタルシティの拡大版にいるのと大差ない状態だ。

ラ・デファンスは、保存と成長のバランスを取る必要性に対して高層ビルを分離することで対応した。ある意味で、なかなか鋭い解決策だ。そこで働く人々は、メトロで二〇分、歩いても一時間ほどで古いパリに行ける。メトロが通っているので、ラ・デファンスの企業は旧市街に今でも残る、強力なフランス官僚機構ともつながれる。ラ・デファンスはヨーロッパで最も高密な商業中心だし、そうした高技能労働者の集団から予想される経済的な活気は十分に揃っているようだ。この区画のおかげで、パリは旧市街を手つかずのままで成長できる。

だがラ・デファンスでの建設は、パリ都心部のもっと素敵な地区での新規建設を完全に代替できるものではない。都心部では、供給不足が物件価格を天文学的なものにしている。本来なら、周縁部ではなく、需要が最も高い都心部に高層ビルを作るのが自然だ。パリ都心に新規の住宅がないため、小さなアパルトマンでも一戸一〇〇万ドル以上になっている。ホテルも一泊五〇〇ドル以上になったりする。都心部にいたいなら、金を払え。パリが魅力的なのでみんなその高価格を支払うが、でもそんな値段を無理強いされるのは、市の政府が地域に建てられる住宅の量を制限することにしたからだ。一般人はパリ都市部などにとても住めない。市が門を作って、中流所得の人は立ち入り禁止と定めたようなものだ。

世界最古の美しい都市に対し、ラ・デファンスは有望なモデルを提供する。都心は歴史的に、でも近くに何十万平方メートルも建てよう、というわけだ。高層地区での建設の制限が十分にゆるければ、これは地域全体にとっての安全弁を提供する。ラ・デファンスの大きな問題は、それがパリ都心から遠すぎるかどうかということだ。旧市街からの距離でパリは手つかずだが、歩いて歴史的なカフェでランチを食べる喜びをあまりに多くの人から奪ってしまう。

残念ながら、望ましい空間の提供による便益と、美しい旧市街の保存の願望とを共存させる簡単な方法は存在しない。私の嗜好からすれば、ラ・デファンスのような開発はパリ都心にもっと近く、もともとポンピドーが作りたいと思っていたモンパルナス駅近郊に建てたほうがよかったと思う。でも、パリはあまりに貴重だから、新開発とオースマンの大通りとの間にもっと距離を置けという人の気持ちもわかる。とはいえ、パリは極端な例だ。その他世界の大部分では、開発制限をすべきだという主張はずっと弱いものでしかないし、開発制限がすさまじい被害をもたらしたところといえば、インドのメガシティであるムンバイをおいて他にない。

6.7 ムンバイの失策

パリ都心やマンハッタンに住める一般人があまりに少ないのは悲しいことだが、それでもフランスやアメリカはやっていけるだろう。発展途上国で意味も無く高さ制限をすることからくる問題はずっと深刻だ。というのもそれは、極貧国を中所得国に変えるのに役立つ大都市にハンデを負わせるからだ。インドの都市をあまりに低層で高価にしてしまう規制はつまり、お互いや外部とつながりあえるインド人が少なすぎるということだ。発展途上国では、貧困はしばしば死を意味するし、都市成長を制約すると貧困増大は確実なので、インドの土地利用計画は生死に関わる問題なのだと言っても過言ではない。

ムンバイは驚異的な人的エネルギーと起業家精神の都市で、それは金融や映画の貢献から、ダラヴィのスラムにおける密集空間まで一貫している。もしこれだけの民間の才能が適切な政府を得たら、上下水道の提供といった市政府の中心業務をうまくこなしつつ、あまり民間に口出しをしたり規制しすぎたりはしない、うまく機能する公共セクターが実現するはずだ。発展途上国の呪いの一つは、政府がいろいろ手を広げすぎて、中心的な責務で失敗するということだ。市民にまともな水道も提供できない国は、為替レート規制なんかに手を出すべきではないのだ。

ムンバイの公共の失敗は、民間の成功と同じくらいすぐわかる。西側の観光客はムンバイのスラムでの野ぐそは避けられるが、市の失敗した交通ネットワークは避けられない。空港からランドマークとなるインド門のある旧市街までは二三キロだが、車で九〇分は優にかかる。鉄道を使えば少しは早いが、ラッシュ時のすさまじい混雑に敢えて加わろうという勇敢な西洋人はほとんどいない。二〇〇八年には、日に三人がその混雑した列車から押し出されて死んだ。ムンバイの平均通勤時間は片道五〇分で、アメリカの平均通勤時間の二倍だ。

市は建設によって渋滞を解消しようとはしてきた。高架高速道路で事態はちょっと改善されたが、すでに紹介した研究にある通り、高速道路の延長が伸びれば、ほぼそれだけ自動車の利用距離数も増える。ムンバイはあまりに潜在的なドライバーが多いので、新しい道路だけでは絶対に渋滞は解消しない。渋滞する街路を空ける最も費用対効果の高い方法は、シンガポールのひそみに倣って利用に課金することだ。

無料で何かを提供したら、人々は使いすぎる。ムンバイの道路は、ラッシュ時に牛車でふさいでしまうには価値が高すぎるし、火急の用のないドライバーに車利用をやめさせる一番簡単な方法は、公共空間の利用に課金することだ。渋滞課金は金持ち都市だけのものではない。道路が渋滞で完全に止まってしまうようなところではすべて使える。渋滞課金の先駆者シンガポールだって、それを始めた一九七五年には豊かではなかった。シンガポールと同様に、ムンバイも都心部を運転する人々に、日中ライセンスの紙を買わせて、それをフロントガラスに表示するようにさせればいい。でもこの戦略を困難にするのは、技術よりは政治だ。道があけば貧困者はすさまじく恩恵を受けるが、それでも同市は規則に違反する運転手に罰金を課すだけの政治的な意思を持っていないだろうと私は思う。

ムンバイの交通問題は、単なる交通政策のまずさだけでなく、もっと深い根本的な都市計画の失敗を反映している。一九六四年にムンバイは、市の大半に最大容積率一・三三％を課した。当時のインドはやたらにいろいろ規制をしたがっていて、高さ制限はイギリスで流行の都市計画思想にも合致する、都市成長の制限方法のように思えたのだ。

だがムンバイの高さ制限のおかげで、地上でもっとも人口密度の高い場所なのに建物の平均階高は一・三階止まりになってしまった。それでも人々はやってくる。ムンバイの経済活力は、生活条件が最悪でも人々を引きつける。高さ制限は都市成長を止めなかった。単に、移住者が少ない空間に詰め込まれることになっただけだ。ムンバイを平らにしたおかげで通勤時間も長くなり、おかげで過密にともなう渋滞は一層ひどくなる。

シンガポールもまた、イギリスの東インド会社の出店だが、ムンバイと違ってこちらの政府は世界で最も有能な一つだ。シンガポールは上水供給も見事だが、高層ビルは止めない。結果として、シンガポールのダウンタウンは背が高くて結びついており、見事に機能する。ビジネスマンはおたがいに近いところで働き、会議も歩いてすぐそこだ。香港はもっと垂直で、歩行者にはさらに優しい。高層ビルの間をエアコン付きの通路で移動できるのだ。ウォール街やマンハッタンのミッドタウンでは、移動はほんの数分だ。巨大都市東京でさえ、相当部分は歩いてまわれる。こうした大都市が機能するのは、その高さのおかげで多くの人が、ごくわずかな土地で働き、時には住めるからだ。でもムンバイは低層なので、みんなが渋滞にはまり、空間にはすさまじい支出が必要となる。

わずかな土地に一四〇〇万人が暮らす都市は、回廊状の高層ビルに収容すればいい。結ばれた垂直の不動産は、道路への圧力を減らし、二一世紀都市の血脈である人々の結びつきを容易にして、ムンバイの空間のすさまじい高価格を引き下げる。だがムンバイはコンパクトな開発を奨励するかわりに、人々を外へ押しだそうとしている。Emporis.com によると、ムンバイで高さ四九〇フィート（一四七メートル）を超える建物六棟のうち三つは今年建てられ、そして今後はもっと多くが建つはずだそうだが、それは一部の高さ制限が特に旧市街の外で少し緩和されたからだという。

ムンバイの容積率規制は少し緩和されたが、その変化は慎ましいものだ。その威力が続いていることは、多くの新しい高層ビルが大量の緑地に囲まれていることからもわかる。こうした空地のおかげで、高層ビルはひどく孤立してしまうので、移動は徒歩ではすまず、相変わらず車が要る。ムンバイが物件価格抑制と渋滞緩和を進めたいなら、デベロッパーには土地を最大限に使うように、ダウンタウンでの新規開発はすべて最低四〇階建てを義務づけるべきだ。デベロッパーが、少ないよりは大量の床面積を作るよう義務づけることで、政府は住宅を増やし、スプロールを抑え、物件価格を引き下げられる。

ムンバイが暮らして働くのにすばらしく生産的な場所であり続ける限り、新規の住民は押し寄せる。高さ制限は、人々を合法的なアパートではなく、低質で非合法のスラムに押し込めるだけだ。ある調査では、ムンバイの住宅は一人当たり三平方メートルしかないという。中国都市部では、これが一人当たり一四平方メートルだ。人々がムンバイでこんなに窮屈な思いをするのは、シンガポールのようなはるかに豊かな場所に比べても、ムンバイの不動産が高いからだ。シンガポールがムンバイより安いのは、あの繁栄する都市への需要が低いからではなく、シンガポールが建設業者に、同じ面積の土地にもっと多くの床面積を認めているからだ。

かつてムンバイ住民はそんな高層建築には手がでなかったが、いまなら多くの市民には手が届く。そして高層ビルが大量にあって安ければ、多くは高層ビルに住むだろう。ニューヨーク五番街のようなガラスと鉄の峡谷は、都市問題ではない。それは少量の土地に大量の人々と商業を収容する、まったくもって合理的な方法なのだ。ムンバイの海岸沿いに五〇階建てのビルが並ばないのは、ダメな政策のためでしかない。シカゴの湖畔は高層ビルが立ち並んでいるのだから。

都市の魔法はその人々によるものだが、そうした人々は、取り巻く建築物がきちんと使えなくてはならない。人々がまともに暮らし、お互いにつながりあうには、道路や建物が必要だ。デトロイトにあるヘンリー・フォード二世のルネッサンスセンターは、土地が大量に余っていて需要も少ない場所ではあまり意味がない。でも最も望ましい都市では、それがハドソン川沿いだろうとインド洋に面していようと、物件価格を抑えて生活水準を高く保つのに、高さは最高の方法なのだ。

6.8 三つの簡単な規則

世界の経済エンジンである都市の成功は、ますますゾーニング委員会や保存委員会による隠れた決定に左右されるようになっている。高密都市地域で建設を制限することには意味があるが、私ならいま建築を制約している規制の迷路を、三つの簡単な規則で置き換える。

まず、都市は現在の建築許可プロセスを、時間のかかる不確実なものから、単純な料金制にすべきだ。もし高層建築が日照や視界を遮って費用を社会にもたらすなら、そうした費用の適正な推計値を出して、建設者に課金しよう。ある活動が近隣にとって有害なら、その社会費用を推計して建設者に払わせる。ちょうど渋滞について運転手たちに課金するのと同じだ。そうした税金は、苦しむ人々に与えればいい。たとえば、新規の建設で日照を失う近隣などに渡すのだ。

そういうシステムの設計が簡単だというつもりはない。高さごとに社会が被る費用については、議論の余地がたくさんある。補償を受けられる近隣の規模については、もちろん議論百出だろう。だが、適正なルールを作って、それを一様に適用することはできるはずだ。たとえば、ニューヨークのあらゆる新規建設のデベロッパーは、すばやく建築許可をもらうかわりに、床面積当たり決まった補償金額を支払う。その一部は市の財政にまわり、残りはその建物から一街区以内の人々に支払われるという具合だ。

単純な税制は、現在の規制の迷路よりもはるかに透明性が高く、的を絞ったものとなる。今日では、多くのデベロッパーは高価な弁護士やロビイストを雇い、献金などで政治的な影響力を買い、それによって制度をくぐりぬける。それならば彼らにとっても、みんなに小切手を切ってくれるほうが簡単だろう。認められる建築を増やしたところで、デベロッパーが大もうけとなるわけではない。まともでストレートな規制は、新規開発が近隣にとっても都市全体にとってもよいものとなるようにできるはずだ。

第二に、歴史的保存は限られたよく定義されたものにしなければならない。フラットアイアンビルや旧ペンステーションなどの傑作をランドマークにするのはわかる。戦後の釉薬レンガ建築を大量に保存するのはばかげている。でも、この両極端の間のどこに一線を引くべきか？

私個人としては、ニューヨークのような都市では、ランドマーク委員会は保護できる建物の数を固定すべきだ。たとえば五〇〇〇棟にしよう。委員会は選択する建築上の宝石を変えてもいいが、ゆっくりやらなければならない。一夜にして規則を変えて、それまでは保護のなかったところの工事を止める、などというのはダメだ。もし地区を丸ごと保存したいなら、建物五〇〇〇棟をその地域に分散させよう。五〇〇〇棟では少なすぎるかもしれないが、でも何らかの制限がなくては、どんな規制官庁の権限も絶えず拡大しようとしてしまう。これは官僚の権益拡大のせいもあるし、コミュニティからの圧力のせいもある。

パリのように、実質的にある都市まるごとが世界的に愛されている場合、話はちょっと面倒になる。こうした場合には、都心にかなり近いところに、それなりの規模の土地を見つけて、超高密開発を認めることだ。理想的には、この場所は都心に十分近くして、そこの住民が旧市街の美しい町まで散歩を楽しめるようにすべきだ。

最後に、個別近隣は自分たちの特徴を保護するために、はっきり定められた権限を与えられるべきだ。ある街区の人々は、絶対にバーはいやだと思うかもしれない、別のところはバー大歓迎かもしれない。近隣を完全にトップダウンで規制するよりも、個別近隣が建築様式や用途について、独自の限られたルールを作ることが認められるべきだ。もちろんそれは、住民の相当部分が賛成しなくてはならない。そしてコミュニティは、高さ制限や過剰な規制で完全に建設を阻止する力は持つべきではない。そうでないと、地元コミュニティはＮＩＭＢＹ主義（訳注：自分たちだけの利益を考えて公共にとってよいものまで拒絶すること）の巣窟になってしまう。自分たちの隣で何が起きるかについては、市役所の計画担当者ではなく、一般市民が発言権を持つべきだが、残念ながらコミュニティによるコントロールは限られたものとならざるを得ない。というのも地元コミュニティは、建築禁止が都市全体に与える悪影響を考慮できないことが多いからだ。

偉大な都市は静的ではない――絶えず変化して、それに追随して世界も変わる。ニューヨークとシカゴとパリが創造性と成長のすばらしい噴出を経験したとき、都市は形を変えて新しい建築物を提供し、それが新しい才能やアイデアを収容した。都市は新しい建物で変化を強制することはできない。鉄錆地帯の経験が、これを裏付けている。だが変化が起きているときには、適正な新建築がそれを後押しできる。

だが世界の多くの都市は、新旧問わず新規建設や高密度を阻止する規則を大量に設けてしまった。ときには、こうした規則にはよい理由がある。たとえば真に重要な建築物を保護するといったものだ。だがときには、こうした規則は浅はかなＮＩＭＢＹ主義だったり、都市成長を止めようというまちがった試みだったりする。あらゆる場合に、建築制限は都市を過去にしばりつけ、将来の可能性を制限する。もし都市が上に伸びられないなら、外に伸びるしかない。都市内での建設が凍結されれば、成長は他のところで起こる。

ニューヨークやサンフランシスコなどが高層化できなかったために、アメリカ人は他の新規建設を容認する場所に押し出された。ヒューストンやフェニックスといったそれらの場所では、開発には制限がなく、結果として物件価格は低い。低価格のスプロールが持つ魅力――そしてその影響――を次章では検討しよう。

第七章　なぜスプロールは拡大したか？

ヒューストンダウンタウンの街路は、不気味なほどデトロイトのダウンタウンに雰囲気が似ている。どちらも、ニューヨークやロンドン、ボストンと、サンフランシスコなどの歩行者生活を持たない。デトロイトはいわば衰退の見本で、ヒューストンは急成長都市なのだが、市街を歩き回っても見分けはつかない。ヒューストン都市圏は二〇〇〇年から二〇〇九年にかけて一〇〇万人以上も人口が増え、アトランタとダラスに次ぐ全米第三位の急成長都市圏なのだ。

ヒューストンの大量の人々を見るには、ダウンタウンを離れる必要がある。たとえば市の西端にある、ギャレリア・ショッピングモールに行ってみよう。延べ床面積二四万平メートルのこの複合施設は、年間来訪者数二四〇〇万人で、ヒューストンで最大の集客施設だ。土曜日はいつでも、買い物客や観光客でごったがえし、人々はその公共空間をひたすら楽しんでいる。スプロール都市ヒューストンでも、密度を体験したいという欲望は消えていない。ギャレリアは都市的な特徴を持つ――大量の歩行者、オフィス、アパート、スケートリンク。というのもこのモールは、伝説的な都市空間をモデルに作られているのだから。ミラノのガレリア・ヴィットリオ・エマニュエレ、大広場でミラノ大聖堂ドゥオーモの対角線上にあるものがそのモデルだ。でもミラノの先達とちがい、ヒューストンのギャレリアは徹底的に空調が効いていて、外界とは壁で仕切られ、広大な駐車ビルに囲まれている。

ヒューストンのほとんどすべては、暑さと車に対応するよう建設されている。二〇世紀末に建てられたアメリカ都市を定義づける特徴は、自動車への対応だとすら言えるかもしれない。ちょうどブルージュやボストンのまがりくねる道が、歩行者の自然の道筋を中心に設計され、ニューヨークの格子状街路が乗り合いバスを支持したのと同様に、今日の新しい都市は現代の支配的な輸送形態である自動車を反映している。自動車嫌いはヒューストンを見てゾッとするかもしれないが、運転と暖かさと大きく安い家が好きな何百万ものアメリカ人は、ここがなかなか魅力的だと思っている。

アメリカのほとんどの「進歩的」な州や都市は、つつましい生活を大いに支持しているはずなのだが、中流所得のアメリカ人には最も縁遠い場所になってしまった。北東部では、最低敷地面積規制があるので、二〇〇八年の平均的な戸建て住宅は平均敷地面積が一エーカー（約〇・四ヘクタール）以上、全米平均の倍となっている。これに対し、南部のテキサス州ははるかに手が届きやすい。別にそれはこの州が貧困支持だからではなく、反建設ではないからだ。サンベルトのスプロール地域は、住宅政策がどうあれ何百万人も引きつけるだろうが、古い都市が愚かにも人々を遠ざけているのもそれに拍車をかけている。

私はこの地球に生を受けて三七年間のうち、三二年間を古い都市地域で過ごした——マンハッタン、シカゴ、ワシントンDCだ。非都市的な経験は、プリンストンやパロ・アルトといった大学町だった。またほとんど生涯にわたり徒歩通勤だった。でもそこで三人の平凡ながらすばらしい子供たちに恵まれたので、世帯拡大に直面した何百万人ものアメリカ人と同じことをした。郊外に引っ越して運転するようになったのだ。

中年男が都市を離れるのは、珍しいことではない。すでに見た通り、都市は圧倒的に若者を引きつけるのだ。マンハッタン住民のほとんど五分の一は、二五歳から三四歳の間だが、全米ではそれがたった一三％だ。それでも、都市好きの私としては、郊外移住の決断についてもう少し説明してもいいだろう。いかなる狂気の発作で、私は人々ではなく鹿ダニをご近所に選ぼうなどと思ったのか？

自分の郊外移住がまちがいだったかは、いまでもわからないが、引っ越しには論理的な理由があった。生活空間が広いこと、よちよち歩きが転んでもいい柔らかい芝生、ご近所がハーバード卒だらけなのがいやだったこと、通勤がそこそこ短いこと、そして学校がよいことだ。都市を離れるとは、手の届く優秀なレストランに通えなくなるということだが、幼子が三人もいては、どこに住もうとあまり外食はできない。マサチューセッツターンパイクのおかげで、ボストンで私が重視するもの——ノースエンドのお菓子カノーリ、美術館のフランダース絵画、ローガン空港——にたどりつく時間もそんなに増えない。

この章はまさにそうした計算に関するものだ——低密な場所で自動車中心の生活をするのがいかに魅力的で、それが私を含め数々の人々を引きつけたかということだ。古い都市は車中心の地域と競争しなければならないし、汝の敵を知れというではないか。ヒューストンで車中心の生活を選ぶ人々がいかに邪悪かをわめきたてると、感情的に満足が得られる人もいるだろうが、そんなことをしても古い都市にもっと人を引きつける役には立たない。何百万人もの人々にとって、サンベルトの郊外地の魅力は本物だ。でも全国や地方における政策が改善すれば、古い都市ももっとうまく競争できるようになる。

私やあなたが個人として準郊外を好きか嫌いかというのは、公共政策には関係ないはずだ。政府はたまたまある人が魅力的だと思うライフスタイルを押しつけてはいけない。政府の仕事は、人々が望むような人生を選べるようにすることだ。もちろん、彼らにはそのライフスタイルの費用は払ってもらわねばならない。だが今日の公共政策は、私を含む人々に対してスプロールを強く奨励しているのだ。

もし反都市的な公共政策の三連星とも言うべき、マサチューセッツターンパイク、住宅ローン金利補助、都市の学校問題がなければ、私も郊外に引っ越したかどうか。スプロール支援政策を排除しても、あらゆる衰退都市が復活するとは限らないし、郊外も死に絶えはしない。でも、徒歩の都市がうまく車と競合できるような、もっと健康な都市システムはできる。発展途上国では、これがなおさら重要になる。途上国では都市がまだ流動的で、アメリカ式のスプロールに彼らが全面移行してしまったら、運転とエネルギー消費はすさまじく増加するからだ。

7.1 自動車以前のスプロール

輸送技術はコミュニティを形作るし、現代のスプロールは自動車の申し子だ。都市を定義づける結びつきは、常に何らかの交通手段が関係していた。スプロールは都市密度の反対ではない。それは地方の孤立となる。スプロールする準郊外に住む人たちは、近隣や商店、雇い主、レストランにもアクセスできる。ただ車が必要なだけだ。スプロールは何世紀も前から、人々が移動に自分の足以外のものを使い始めたときから始まっていたし、その後は船、馬、乗合馬車、エレベータ、地下鉄、自動車はどれも、都市の配置やその成長に影響を与えてきた。ニューヨークのワシントン広場やバルセロナのエシャンプラなど、いまや都市愛好家に大人気の古い近隣は、かつてはスプロールだったのだ。

成功した新しい交通手段は、通常は三段階を経る。まず、技術的なブレークスルーで、高速移動手段の大量生産が可能になる。たとえば蒸気機関車や自動車などだ。二段階目は、その新しい技術に対応すべき、新交通ネットワークが必要なら作られる。第三に、人々や企業が地理的な所在地を変えて、この新しい交通様式を利用する。

初の交通革命は、一万年ほど前の、家畜化された輸送用動物だ。これはどうやら中東で始まったらしい。輸送動物は、新しい道路ネットワークは必要としない。馬もロバもラバもラマも、人間の行けるところならば概ねどこへでも行けるからだ。だが輸送動物たちは、人間の地理を確かに変えた。都市歴史家ポール・バイロックは、家畜以前に食料を移動させるのはあまりにむずかしかったので、人々は食料源の近くに住むしかなかったという。輸送家畜は、集中した都市の大衆に喰わせられるだけの食料を運びやすくして、都市を可能にしてくれた。

車輪は八〇〇〇年ほど前のメソポタミア起源らしいが、現存する最古の車輪は五〇〇〇年前のロシアのものだ。エジプト人やインド人は、少なくとも紀元前二〇〇〇年時点では車輪を持っていた。デューンバギーに乗ったことのある人なら知っていることだが、車輪は別に舗装道路は必須でない。それでも、道路があると車輪交通は大幅にスピードが上がる。これは特に、平らで乾燥した地面のない場所ではそうだ。インカ人は車輪を発達させなかったが、それはおそらく、インカ帝国の山がちな地形では家畜のほうがうまく機能したのが原因だろう。

道路の建設と維持は、強力で裕福な文明を必要とする。よい交通は、コロセウムでの血みどろの見世物よりもはるかに多くの栄誉と富をローマにもたらした。ローマ帝国の大都市を支えていたのは車輪輪送で、これはスペインやエジプトから運んできた大量の穀物を、非農業都市住民のために船から町へと運んできたのだった。市内では、ローマ式の碁盤の目街路が荷車に対応した。ローマの陥落後、道路維持能力も消え、道路がないと車輪も価値を失った。輸送動物が復活した。舗装が再登場したのは、フランスの大統一者であるフィリップ二世など中世盛期の中央主権化された政治力が登場してからだ。かれは一三世紀にイギリス人をノルマン地方から押し出して、ローマ時代以来初めてパリを舗装しはじめたのだった。

馬による移動をめぐる中世のイノベーション、たとえば鐙や鞍についてはいろいろ書かれてきたし、それによってそれに先立つ馬的イノベーション、たとえば少なくとも五〇〇〇年前に、人間が馬に乗れるようにした品種改良や訓練といったものの重要性が高まった。だが世界の高密居住で非遊牧民的な部分では、馬はエリート向けの輸送技術だった。個人の輸送のために、巨大な生命体を維持管理するのは、ほとんどの一般農民や町民にははるかに手の届かないことだった。馬が大量の人を運ぶようになったのは、その費用が大量公共交通を通じて分散負担できるようになったときが初めてだった。

哲学業界では、ブレーズ・パスカルはキリスト教に関する思索で知られ、数学者は彼の幾何学や確率理論への貢献でパスカルを知っている。パスカルの有名な賭けは、もし神様が存在する確率が少しでもあるなら、善行を行うほうがよいというものだが、これはいまだに学部生の雑談のネタだ。だが都市研究者の間では、パスカルの栄誉はバスの父であることだ。一六六二年にパスカルは初の公共バス路線を創設し、パリを馬車で運ばれるという特権のために五スーを課金したのだった。

パスカルのバスは、当然ながら儲かりそうな見通しが出るにはかなりの規模が必要なギャンブルだった。固定路線沿いだけにバス路線を走らせるのは、顧客が十分いなければ成立しない。一七世紀のパリの舗装と人口ははバス路線を可能にするほどのものではあったが、大成功といえるほどではなかった。真のバス時代到来は、都市人口が劇的に増えた一八二〇年代で、馬に引かれたバスがパリやニューヨーク、ロンドンに登場するようになった。

ニューヨーク市で初の公共交通は、一八二七年にブロードウェイを走った一二人乗りの乗合馬車だった。ニューヨーク市の道路は劣悪でバスはスピードがだせず、所有者は線路を敷いた。やがて線路ネットワークが作られて、そうした乗合馬車はそこを走った。出資したのは民間事業者だが、それまではオープンだった道路の優先通行権を与えたという意味では、市からの補助もあった。

徒歩で三〇分の通勤は、平均的な歩行者だとたった二キロ半ほどしか移動できない。乗合馬車はその到達範囲を優に倍に広げたので、金持ち向けのアップタウン近隣の成長が可能になった。乗合馬車の運賃はたった五セントから七セントだったが、通常の労働者は一日一ドルの稼ぎしかなかったので、相変わらず徒歩だ。自動車と同じで、バスも金持ちの交通手段として始まった。金持ちだけを選択的に加速することで、バスは金持ちが都心から脱出する動きに先鞭をつけた。ニューヨークでみんなが歩いている頃の金持ちは、ボウリンググリーンで暮らしていた。これは埠頭にすぐアクセスできる都心の場所だ。乗合馬車ができると、金持ちはアップタウンのもっと低密な地区から通勤できるようになり、郊外パターンが始まった。

ニューヨークやボストンの旧市街と新市街の間にははっきりしたちがいがある。古い地区は歩行者時代にできて、ごちゃごちゃした無計画な街路を持つが、車輪交通が中心になるとずっと秩序だった都市ができる。ニューヨークの一八一一年碁盤の目における、最低幅員五〇フィート（一五メートル）の直線街路は、大量の馬を使った車両に対応したものだ。その中には当時まだニューヨークに登場していなかった乗合馬車などもあった。

バス以前には、いまや五番街南端の土地はニューヨーク最貧部の一つで、初期の黒人地区と墓地があった。一八二六年に市はそこに大きな土地を買った。それがワシントン広場で、市はそれを練兵場にした。乗合馬車により、かつてはほとんど田舎の出先だったこの場所が、金持ち商人の通勤するホームベースとして十分考えられるようになった。金持ちニューヨーカーは頑丈な連棟住宅を建て(いまだに残っている)、市の緑地の眺めを楽しんだ。ワシントン広場はいまや都市空間の原型だが、当時は原郊外であり、高速な輸送形態が金持ちに遠くまでの移動を許し、敷地の広い大きな家を買えるようにしたことで成長したのだ。一九五〇年代にジェイン・ジェイコブズがワシントン広場公園に貫通する道路に反対したとき、彼女は一九世紀のスプロールを二〇世紀のスプロールから守ろうとしていたのだった。

乗合馬車の次の一歩は、馬の筋肉以外のもので車両を動かすことだった。マシュー・ボールトンは、蒸気機関が車輪を動かせることを理解しており、リチャード・トレビシックが一八〇四年に初の実用機関車を作った。蒸気機関の信頼性があがり、客車が快適になると、起業家たちは鉄道ネットワークを敷設しはじめた。都市内の鉄道網は既存道路やトンネル、高架などに作られた。路面に鉄道を通すと安いが、高価な市の不動産を使うし、騒音と煙が大量に出た。世界最大の都市ロンドンは、高速交通の需要が最も高かったので、一八六三年に地下鉄の先鞭をつけた。ほとんど即座に、二万五〇〇〇人の乗客が確保された。

トンネルの中に蒸気機関を走らせるのは歩行者にはありがたいが、煙まみれの車両に乗っている乗客には嬉しくない。ニューヨークでも街路の需要は多かったので、トンネルではなく高架を採用した。ニューヨークの地下鉄は一九〇四年まで待たねばならないが、それに先立つ三〇年以上にわたり、蒸気機関車はマンハッタン上空を走っていた。高架鉄道網に何千万ドルもが注ぎ込まれ、それを運行しているのは金ぴか時代の最も悪名高い強欲資本家、ジェイ・グールドやチャールズ・ヤークスなどだった。

こうした鉄道網のおかげでニューヨーク市はさらにスプロールが可能になった。マンハッタンの高架鉄道北端の駅は、当初は島のあまり住宅がない北部を見たいという観光客が利用していた。高架鉄道のおかげで、ハーレムに暮らしつつ、時速二〇キロもの高速でダウンタウンの職場に通勤できるようになった。私の祖父はそうした高架でアクセス可能になった、マンハッタン北部の近隣で育った。ある意味で蒸気機関による一九世紀都市の成長は、都市拡大の大爆発に見える。

だがこうした蒸気機関車は、初期の郊外も作り出していた。ワシントン広場が乗合馬車時代のスプロールなら、フィラデルフィア・メイン鉄道は蒸気で作られた郊外の元祖例ともいうべきものだ。一八六〇年代に、ペンシルバニア鉄道はロウアーメリオン町域に一一五ヘクタールの土地を買い、そこにブリンマー町を作った。当初は、ここに新築された住宅は週末用の別荘だったが、鉄道が高速になると、新種の郊外生活が生じてきた。ワシントン広場がヘンリー・ジェイムズやエディス・ワートンの描くエリートのニューヨーク市民を住まわせたように、メイン鉄道はケーリー・グラントとキャサリン・ヘップバーンが『フィラデルフィア物語』で演じた金持ちフィラデルフィア市民たちの住宅を提供した。

ヴェルナー・フォン・ジーメンスは、一八八一年ベルリンで、都市鉄道を電力で動かすという次の一歩を踏み出した。馬無し。蒸気無し。頭上の架線か下の三本目のレールからの電力で、すべるように動く車両のみ。電気は高密都市の大量輸送手段にぴったりだった。ただし路面電車や電車は、二つのネットワークを必要とした。一つは鉄道そのもののネットワーク、もう一つは電力網だ。フランク・スプレイグは、ヘンリー・フォードと同じく、トマス・エジソンが集めた天才の一人だ。またフォードと同じく、スプレイグもエジソンの元を離れて、交通イノベーションで都市生活を一変させた。彼はトローリーポールを発明し、これで架線網を通じて都市中の車両に電気がもたらされた。一八九〇年代末になると、都市風景はトローリーだらけだった。ジーメンスとスプレイグは、都市が外に広がるだけでなく上に広がるにも貢献した。ジーメンスは電気エレベータを発明した。スプレイグはスプレイグ＝プラット・エレベータを共同発明したが、これはもっと高速で安全だった。電車や路面電車は、都心へ遠くからやってくる移動の値段を引き下げたが、一九世紀末には都市は、外に広がると同時に上にも広がったのだった。

路面電車は、それ以前の乗合馬車と同様に、世界中の都市内で人々を移動させた。バルセロナのグラシア通りは、世界で最も建築的に重要な都市で、アントニオ・ガウディ、ジョセップ・プイグなどカタロニア建築異人たちの傑作が並んでいる。この通りは、幅の広い美しい大通りで、旧市街の縁にあるカタルーニャ広場から始まって、路面電車があって初めて成立した一九世紀の地区、エシャンプレを通り抜ける。エシャンプレは旧市街の城壁の外だったが、その壁が一八五〇年代に取り壊されると、市は新地区の設計コンペを開催した。コンペに勝ったのはイルデフォンス・セルダだ。彼は土木技術士で、この地区の八角形街区を計画した。ニューヨーク市の碁盤の目は判で押したような均質性のため、多くの都市計画家には嫌われているが、セルダの計画はその目先の変わった創造性で絶賛されている。彼がそんな計画にしたのは、交通上のイノベーションに対応してのことだ。エシャンプレの八角形は、大型の蒸気機関車両が容易に曲がれるよう意図されているのだ。

エシャンプレは、最初は馬車で往き来する場所だったが、一九〇〇年にグラシア通りを通る路面車両が電化された。新交通のおかげで、この地域には金持ちカタロニア人が押し寄せることとなり、彼らは市で最高の建築家にお金を出して自宅を設計させた。ガウディのうねる傑作カサ・ミラは、服と結婚に金をかけることで有名だったデベロッパーのためのものだし、別の名作建築カサ・アマトリエールはチョコレートの大立て者が施主だ。

一九世紀にはいくつか公共交通のイノベーションが起きたが、二〇世紀の都市では、たった一つの交通イノベーションがすべてを圧倒した。それが内燃機関だ。ケルンという都市が結びつけたニコラウス・オットー、ゴットフリート・ダイムラー、ヴィルヘルム・マイバッハというドイツ人三人が、四ストローク内燃機関を作り出し、これで世界初のガソリン式バイクを一八八五年に走らせた。二〇〇キロ離れたマンハイムでは、カール・ベンツが独自のガソリン駆動二ストロークエンジンを開発して、一八八六年にはモートルヴァーゲンの特許を取った。自動車生産における主要イノベーションはドイツ人のものだったが、アメリカ人、特にヘンリー・フォードはその大量生産について貢献した。一九二〇年代末までに、アメリカ人たちは二三〇〇万台の車を走らせていた。自動車は列車とはちがい、既存道路でもそれなりに動いたし、もともと道路は一九世紀にだんだんアスファルト舗装になりつつあった。ヘンリー・フォードのT型車は頑健な車両で、一般人にも修理ができるくらいシンプルで、未舗装路面でもそこそこの速度で移動できた。

だがドライバーたちは間もなく、自動車はなめらかなアスファルト舗装を持つ専用高速道路ならずっと高速に動けることに気がついた。アメリカは、新種の輸送手段に対応すべく高速道路網の建設に取りかかった。ニューヨーク州は、一九〇八年にパークウェイ網の最初の部分を開通させた。これはドライバーたちに、時速四〇キロという目もくらむ高速で都市にすぐアクセスできるようにするためだった。一九二〇年代になると、連邦政府は全国に舗装道路のネットワークの計画と資金提供をとりまとめるようになった。一九二一年の連邦高速道路法は、州による高速道路プロジェクトに対して半額補助を定め、これにより七五〇〇万ドルが支出された（二〇〇七年ドル換算で七・六五億ドル）。一例は、ニューヨークの大建設官僚（そしてジェイン・ジェイコブズの宿敵）ロバート・モーゼスによる、ロングアイランドに建設されたパークウェイなどだ。彼はまた、自動車専用高速道路の世界最高の専門家にして支持者の一人でもあった。大恐慌のとき、ニューディール政策により人々はルート66（ボビー・トループとナット・キング・コールの歌と、ジョン・スタインベックの散文により名高い）などの高速道路舗装作業に従事した。『怒りの葡萄』に登場する農地を失った移動労働者たちは、この「マザーロード」に沿ってカリフォルニアに向かったのだった。

アイゼンハワー大統領は、高速道路に対する連邦政府の肩入れぶりを大幅に増強した――この肩入れは現在も続いている。軍事的な成功には、機動力がしばしば重要となるが、将軍たちがしばしば交通改善に熱心なのはそのせいかもしれない。ワシントン将軍は運河に情熱をかけ、アイゼンハワー将軍は高速道路が大好きというわけだ。アイゼンハワーの州間高速道路が史上最大の公共事業プロジェクトと呼ばれるのは、理由のないことではない。今日では、この高速道路網は七万四〇〇〇キロの道路を擁し、それが連邦と州の支出何百億ドルもかけて建設維持されている。高速道路に対する連邦支援の大規模ぶりのため、公共支援を使って路面電車を廃止させた、自動車メーカーたちの悪魔めいた陰謀をかぎ取る人もいる。確かに自動車メーカーは、他のほとんどの企業と同様に競合相手を倒したいとは思っており、それはバスや路面電車だったこともあるだろう。でもそれが陰謀だったとしても、その展開は万人に注目され、大量の世間的な支持も受けていた。アメリカ人たちは車が大好きで、高速なハイウェイ網建設に何十億ドルもかけるのを喜んでいた。

ヘンリー・フォードの組み立てラインが自動車時代の第一フェーズで、高速道路網が第二フェーズだったなら、大規模郊外化と自動車中心都市の台頭が第三フェーズだ——人々による新しい交通技術への反応ということになる。所得と人口の成長率は、高速道路網に含まれた都市圏のほうが著しく高かった。道路の多いところでは郊外地の成長もはやく、都市は空洞化した。ブラウン大学の経済学者ナサニエル・ボーム＝スノーは、「高速道路が都心を通過すると、一本ごとにそこの人口は一八％減る」と試算している。こうした計算の潜在的な問題は、郊外化が進みそうなところを狙って多くの高速道路が作られた可能性があるということだが、ボーム＝スノーはこの問題について、軍事目的で一九四七年に計画された高速道路だけに注目することで対応している。乗合馬車や路面電車と同じく、自動車はアメリカの都市を一変させた。

アメリカが自動車に対応して都市を再編しはじめたのは一九二〇年代以来だが、当時は郊外で自動車中心の生活を送るのは、一般のアメリカ人にとっては高価だった。フィッツジェラルドの描くニック・キャラウェイは、ジェイ・ギャッビーに比べれば貧しいとはいえ、平均よりはずっと金持ちだったが、ロングアイランドからは列車通勤だった——美しい無能なゴルフ客に相乗りさせてもらうとき以外は。大量郊外化は、大恐慌と第二次世界大戦で一時的に止まったが、兵隊たちが戦争から戻ってくると、本格的に始まったのだった。

7.2 アーサー・レーヴィットと量産住宅

その帰還兵の一人が、設営部隊中尉ウィリアム・レーヴィットだった。レーヴィットはイギリス出身の弁護士の息子で、一九〇七年にニューヨークで生まれた。ニューヨーク大学を中退して、兄のアーサーと建設業界に入り、兄は設計に進んだが、ビルは事業側を担当した。二人は一九三〇年代に二〇〇〇戸を建てたが、これは主にロングアイランドの金持ち客相手だった。レーヴィットは中所得アメリカ人向けの大規模住宅開発の試みは始めたものの、初期の成果はどう見ても玉石混交だった。第二次世界大戦前に建設された、ヴァージニア州ノーフォークの一六〇〇シャックプロジェクトは、一九五〇年になってもまだ売れ残りがあった。

戦後、レーヴィットは建設業界のヘンリー・フォードになろうと決意した。大規模に安い製品を作ろうと思ったのだ。父と兄とともに、彼はロングアイランドのヘンプステッドで約五〇平方キロメートル以上の用地をまとめた。レーヴィットのおかげで地価は一エーカー当たり三〇〇ドルから三〇〇〇ドルに高騰し、ジャガイモ農家は潤った。レーヴィットはノーフォークでやったような、最下層向けの商品を出す気はなかった。少なくとも当時としては高品質な製品を建てようとした。住宅の設備は最新で建設もしっかりしていた。コミュニティのすべてを計画したのはレーヴィットだった。そこには公園も学校も、大量の緑地もあった（今もある）。

その結果であるレーヴィットタウンを見て、『ニューヨーカー』のルイス・マンフォードなどのお高い批評家たちは卒倒しそうになり文芸的な糾弾を放ったものの、低価格で比較的よい物件だったので、一般人には大人気となった。似たような様式の農場風住宅や、コロニアル風住宅が果てしなく並ぶ単調さを非難した批判者たちは、正しかったかもしれない。だが人々がそれまで暮らしていた貧困者向け住宅も、建築的な傑作とはとても言えない。もっと重要なこととして、社会学者ハーバート・ガンスがレーヴィットタウンに関する記述で述べているように、批評家たちは「視覚的な関心、文化的多様性、娯楽、美的な快さ、多様性（できればエキゾチック）、感情的な刺激」を重視する「観光客的な視点」から書いている。レーヴィットタウンで住宅を買った通常の居住者が求めているのは「快適で便利で社会的に満足できる生活の場だ——美的に快いのは確かに結構だが、まず何よりも日々のニーズにとって機能的であることが求められる」

建築専門家は確かに、様式的な洗練を一般の住宅購入者よりずっと高く評価しがちだ。芸術の鑑賞は、結局のところ専門家の仕事なのだから。でも住宅購入者は、大金持ちでない限り、床面積や敷地面積、現代的な設備、よい学校、仕事へのアクセスを重視しがちだ。

フォードと同じく、レーヴィットはコスト削減を強硬に進めた。労働組合を閉め出したので、ピケが張られたこともある。いささか眉唾とも思える話だが、ピケに参加していたある人物はレーヴィットの家が大いに気に入って、一軒買ってしまったとか。組合を避けることで、レーヴィットは最新の建設技術を使えるようになった。たとえば彼の採用したスプレー式のペンキは、効率を下げることで雇用を作り出すルールに違反していた。中間業者は排除して、材木からテレビまでなんでもメーカー直販で買った。自前の釘工場を作った。住宅生産は二六の工程に分解され、それが無数の下請けに出された。今日でもなお、成長する郊外地域の新築住宅が、古い場所に建った注文住宅よりずっと安い最大の理由はこの量産だ。同じ地域に何千何万もの住宅を一気に建てることで、レーヴィットは快適な最新の住宅を、一九五〇年に一戸八〇〇〇〇ドルで販売できた。これは二〇〇九年の通貨価値に換算すると、六万五〇〇〇ドル以下だ。

レーヴィットの平均的な住宅購入者たちの年収はその半分くらいだった。新築のレーヴィット住宅にぽんっと八〇〇〇ドル出せた人はあまりいなかっただろうが、連邦政府は住宅補助金をじゃぶじゃぶ出していた。復員兵援護法により、退役軍人は頭金なしで住宅ローンが借りられたし、連邦住宅庁（FHA）は中所得の住宅購入者に対し、ローン金額の九五％まで保証をつけた。政府保証の住宅ローンのおかげで、レーヴィットのお客は現代的な設備満載で緑の空間に囲まれた住宅を買うのに、四〇〇ドルを用意すればすんだ。レーヴィットの八〇平方メートルのランチ住宅は、いまでは小さくて趣きさえあるが、すし詰めの救貧住宅に住んでいたニューヨーカーたちにとっては、それは当時のマック邸宅なのだった。

連邦住宅政策も州間高速道路支出も、反都市を意図して設計されたものではないが、まちがいなく都市に打撃を与える。高速道路プログラムは国中を結びつけるためのものだが、高速道路に補助金を出すことで、人々の自動車通勤を奨励することになってしまった。住宅ローン金利控除と住宅ローン政府保証を通じて持ち家を推奨するのは、住宅ローン市場の不完全な部分と言われるものを補正しつつ、不動産を持つ市民たちを作り出すことで、自分の国と利害の一致した市民をつくろうという意図から実施された政策だ。公的な持ち家支援補助の中で最大のものは、住宅ローン金利を税控除できる制度だったが、これは住宅政策として始めたものではなく、金利支出全般を税控除の対象にしようとする副産物として生じたものだ――所得税制の中でほとんど偶然の部分だが、それが人々の生活に大きな影響をもたらした。大きな家の購入に補助を出すのは、人々が都市を離れるのを奨励することになってしまった。連邦住宅庁の住宅ローンは、圧倒的に郊外の中流階級集中地にばかり向けられた。それは連邦住宅庁の係員にとって、貸し倒れの危険がなさそうな地域と思えたからかもしれないし、これが新規住宅建設の集中しているところだったからかもしれない。政府は復員兵へのごほうびとしてもっと大きな家を与えようとしたが、そういう大きめの家は郊外にあることが多かった。持ち家住宅は圧倒的に単世帯住宅で、郊外にありがちだ。公共が持ち家政策を進めると、それは同時に人々の都市離脱を進めることになる。

一九四〇年代にレーヴィットタウンが建設されたとき、公共交通へのアクセスはまだ住民にとって重要だった。そこには鉄道駅があり、多くのレーヴィットタウン住民たちはマンハッタンの職場へ鉄道通勤した。だがアメリカの郊外は、バルセロナのエシャンプレのような古い高密地域に比べ、遥かに車依存になっていった。レーヴィットタウンでは、人々は駅に行ったり町中で用事をすませるにも車が必要だった。さらに多くの初期住民は通勤に自家用車の乗り合いを行った。これはいまでも行われているが、おおむね貧しい住民中心になっている。それでもレーヴィットタウンはハイブリッドだった。近場での運転に車はいるが、長距離の移動のためにはまだ鉄道と結ばれていた。

7.3 アメリカを車中心に再建

マスタープラン型の郊外コミュニティが、ウィリアム・レーヴィットの道をたどるにつれて、公共交通との結びつきが完全に消える例がますます増えてきた。成長中のサンベルトのスプロールでは、企業は単一のダウンタウンに集まるよりは、地域一帯に分散している。アメリカの大都市圏上位九八カ所で、職の半分は都心から一六キロ以上離れたところにある。買い物は従来のダウンタウンではなく、車中心に設計されたショッピングモールだ。安いトラックや高速道路が、企業を港湾、鉄道ヤード、五大湖の水系などから解放してくれた。

自動車中心の郊外は、ワシントン広場やバルセロナのエシャンプレで始まったスプロールへの移行における最新段階だが、自動車中心のコミュニティは、どんな古い地区ともちがった雰囲気を持つ。これまでの交通イノベーションはすべて、多少は歩きが必要だった。バス停や鉄道駅から職場や家までは歩かなくてはならない。徒歩交通があることで、古いコミュニティはそこそこ密度を保った。だが自動車はそれを変えた。歩く必要性をなくしたことで、自動車は人々が占有できる土地面積を飛躍的に増大させた。結果として、密度と自動車利用との間には反比例関係がきわめて強い。様々な都市の平均で見ると、人口密度が倍になれば、自動車通勤者の比率は、おおむね六・六％下がる。

自動車そのものも、乗合馬車や高架鉄道や徒歩よりずっと空間を必要とする。五番街を歩く歩行者にとって、〇・九平方メートルあれば十分だし、人が多ければ歩行者たちはずっと少ない面積でも文句を言わない。そんなに大きくない車であるホンダ・アコードでも、車自体が一〇平方メートルを使う。左右に五、六〇センチ、車間距離が数車体分となると、車が高速道路で閉める空間は優に三〇から四〇平方メートルに達する。徒歩から自動車への移行に伴う、必要空間の四〇倍増を考えると、なぜ自動車中心の都市ではあれほどの土地が高速道路に提供されているのかがよくわかる。

そして車が場所ふさぎなのは、アスファルト上を疾走している時だけではない。じっとしているときにも場所が要るのだ。典型的な駐車スペースは、一二平方メートル以上——標準的な職場の区画《キユービクル》と同じくらいだ。自動車通勤はつまり、その人が仕事で必要な面積をほぼ倍増させる。古い高密都市では、それだけの空間は駐車ビルが必要だということで、これには一台当たり五万ドル以上もかかる。

自動車と、世界の高密旧市街とのミスマッチを見れば、車が大量の新たな低密居住空間の建設につながったのもわかる。これはときに、古い都市の周縁部にあったり、あるいはサンベルトのどまんなかにまったく独立して生まれたりする。一九世紀末、高層ビルが高くなり、路面電車の郊外地が建てられたが、その変化も自動車のまわりに作られたすさまじい空間の創造に比べれば小さく思える。

アメリカのスプロールは、単世帯用戸建て住宅と裏庭に過大な価値を置く、イギリスの文化遺産の名残なのだという人もいる。でもヨーロッパがいまだにアメリカよりも都市的なのには、明らかな理由がある。多くのヨーロッパ都市は古いし、何世紀もの天才の建築的遺産を楽しめる。パリ都心に住むのは、ほとんどのアメリカ大都市に住むのとは根本的にちがう。ヨーロッパの政府はガソリンに高い税金をかけて、高速道路支出を控えることで自動車の進出を抑えた。過去三〇年のフランスにおけるガソリン税は、アメリカの平均ガソリン税の八倍くらいだ。一九九〇年代半ば、アメリカでのガソリン一ガロンが一ドル近い値段だったとき、イタリアやフランスでのガソリン平均価格は、一ガロンあたり五ドル近かった。

世界七〇都市の比較で、マシュー・カーンと私はある国がガソリン税を引き上げると、開発の密度が四〇%以上増えることを発見した。当然ながら、自動車の保有率も下がる。ガソリン税が高くても、ヨーロッパ人が裕福になるにつれて、アメリカ人と同様に車の運転が増えてきた。今日では、距離ベースで見た旅客交通の八四%は、フランスでは自動車で行われている。イタリアでは、一〇人ごとに車六台。フランスとドイツではそれが五台と五・六六台になる。それでもアメリカのほうが車は多い——アメリカ人一〇人ごとに七・七六台の車がある——が、ギャップは大幅に縮まっている。

ヨーロッパでの自動車保有が増えるにつれて、ヨーロッパ人も郊外に移住している。スプロールの根底にあるのは、文化ではなく車なのだ。ヨーロッパ環境局からの報告によれば、一九五〇年代以来、ウィーンやマルセイユ、ブリュッセル、コペンハーゲンといった都市での新規建設の九割以上は、「低密居住地区」で起きたという。イタリアは世界屈指の見事な都市文化を持つ。ミラノ市のほとんどの観光客は、壮大なドゥオーモとちかくのガレリア・ヴィットリオ・エマニュエルの強い印象を抱いて故郷に帰る。だがデトロイト市とセントルイス市と同じく、ミラノ都心は何十万人もの人々を失ってきた。その多くは、もっと車を重視する郊外に引っ越している。ライプツィヒ市を守ろうと戦う人たちは、同時に強い郊外化の波とも戦っている。

人々があっさり車を嫌いになってくれれば、古い都市にはありがたいだろうが、それは起こりそうにない。先進国の個別通勤者にしてみれば、車は時間をたくさん節約してくれる。「はじめに」で述べたが、二〇〇六年アメリカでは、平均の自動車通勤は二四分かかる。公共交通だとそれが平均で四八分だ。公共交通の問題は、バス停や地下鉄駅まで行くのに時間がかかり、バスや列車がくるまでに待ち時間があり、降りる駅からさらに最終目的地まで歩く時間がかかるということだ。この時間費用は、行程の総距離にかかわらず、バスや地下鉄だと二〇分ほどになる。バスや地下鉄通勤者が駅や停留所一つ分も乗らないうちに、自動車通勤者の総通勤時間と同じ時間がかかってしまっているわけだ。

一部の都市論者は、ガソリン価格が上がれば自動車中心の生活も終わると期待しているし、確かに高いガソリン価格は密度をもっと魅力的にする。だが都市にとっては残念なことに、自動車の工夫が郊外を有利にしてしまう。現在のガソリン価格が倍になったら、リッター一〇キロほどの車で年間四万キロ走る世帯のガソリン費用は三〇〇〇ドルほど増える。だが、この一家がプリウスに変えれば、この増分を完全に帳消しにできる。すでに郊外インフラには大量の投資が行われているので、ガソリン価格が激増してもアメリカ人は車をあきらめそうにないと思う。高いガソリン価格は、むしろ発展途上国のスプロールをへらす見込みが高い。途上国では郊外部のインフラがまだ調っていないし、貧困者のほうがコスト増大に敏感だからだ。

古い都市は、アメリカ人を都心生活に引き戻すのにガソリン価格上昇にも人々の突然の変心にも頼れない。だが自分たちの住民のトリップを加速することで、都市生活をもっと魅力的にはできる。都市のバス通勤は、ロンドンやシンガポールでやったような形で改善できる。これは街路を走る自家用車の数を、混雑課金で減らせばいいのだ。もっと重要な点として、新しいコンパクトな高層開発は、二四分の自動車通勤より早い唯一の通勤を提供できる――一五分の徒歩通勤だ。ニューヨークなど多くの都市では、かつて貧困だったトライベッカのような近隣が、中核業務地区に徒歩通勤を提供できるために復活をとげている。これは、アメリカを公共交通から自家用車に押し出した、時間価値の増大がまさに原動力となっている。都市は競合できるが、低価格住宅と短時間通勤を提供してくれる、画期的な新デザインが必要だ。でも今日では、最も創造的な開発は郊外で行われているのだ。

7.4 ウッドランズにようこそ

今日では、都市はレーヴィットなどが造る比較的簡素な郊外と競争しているだけではない。サンベルトの準郊外に建てられたはるかに魅力的な開発とも競争しなくてはならない。これは安さと広さと大量のアメニティを供えているのだ。ヒューストンの北五〇キロほどのところ、一一ヘクタールに及ぶ森林の中にあるウッドランズには、九万二〇〇〇人が暮らしている。レーヴィットタウンは今日では、ヘクタールあたり一〇戸が建っており、このテキサス州郊外に比べると三倍も高密だ。ウッドランズの土地二八％は、公園などの保護緑地にあてられている。

ウッドランズの構想は、天然ガスの大立て者ジョージ・フィディアス・ミッチェルによるものだ。彼もまたレーヴィットと同じく移民の子だ。ミッチェルの父サヴァース・パラスケヴォポウロスといい、ギリシャの山間地にある一〇〇平方メートルほどの土地を捨てて、鉄道敷設作業員となった。やがて靴磨きとドライクリーニング屋をテキサス州ガルヴェストンで開店した。息子ジョージは魚を釣ってそれを観光客に売りつける商売をしながら育った。観光客は、それを自分が釣ったと称して自慢するわけだ。ジョージはテキサスA&M大学に行って地質学と石油工学を学んだ。首席で卒業し、第二次世界大戦中はアメリカ陸軍工兵司令部に所属した。戦後は天然ガスのヤマ師的な試掘を開始した。これは当時需要がきわめて大きかった。都市は家庭の暖房や調理に石炭を使うのを禁止する規制を作りつつあったからだ。この規制反対者たちは、費用が莫大になると論じたが、彼らは人間の創造性を見くびっていた。ミッチェルは天然ガス産業の指導者となり、石炭や石油よりもアメリカ都市暖房の手段としてはるかにエコな方法をもたらした。

だからジョージ・ミッチェルが環境保護論者的だというのも、驚くことではないかもしれない。テキサスの地下水原を汚染したという意地悪な糾弾が多少あるのを除けば、ミッチェルはグリーンエネルギー支持者という評判を確立してきた。これはテキサスのヤマ師としてはかなり異例だ。一九六〇年代に彼は不動産にも進出することにして、ヒューストン市の北部五〇キロにある森林の中にある広大な都市を構想したのだった。無人の地のさなかに巨大な新コミュニティを作るには大金が必要だったので、ミッチェルは自分の場所作りの夢のために何百万ドルもつぎ込まなくてはならなかった。住宅都市開発庁は、ウッドランズに五〇〇〇億ドルの融資保証を行った。だがその保証には条件があり、環境に配慮しなくてはいけないことになっていたのだ。

そこでミッチェルは環境コンサルタントとして、グラスゴー出身でフィラデルフィア在住のイアン・マクハーグを雇った。そしてこう言った。「このプロジェクトはウッドランズという名前にしたんだから、プロジェクトが終わったときにちゃんとウッドランド（森）があるようにしてくれよな」。ミッチェルのエコ感覚は、マクハーグの『デザイン・ウィズ・ネイチャー』に大きく興味を覚えた。これは地域の自然生態系を強調する都市計画に関する本なのだ。ミッチェルとマクハーグは共にウッドランズを造った。コミュニティの成長は遅かった。真の郊外開発で必要不可欠とされるショッピングモールですら、一九九四年まではできなかった。だがヒューストン市が拡大するにつれて、ウッドランズは爆発した。人口は一九九〇年代に倍以上となり、二〇〇〇年から二〇〇八年にかけてさらに四割増えた。

ウッドランズ住民の過半数は大卒で、メジアン世帯収入は一〇万ドル以上だ。またこの所得水準からすれば、家にかけているお金は驚くほど少ない。国勢調査局によると、ここの平均住宅価値は二〇万ドルほどだ（もちろんもっと高い住宅はあるが）。私が見学した、かなり壮大な三〇〇平方メートルの売り家は、三〇万ドルをかなり下回る金額だった。

ウッドランズの経営で最もおもしろく、ほとんど都市的な側面は、それが社会資本を重視していることだ。ウッドランズが機能するのは、まさにそれが単なる孤立した個人の集まりではないということだ。それは人々の結びつきを情勢するように社会インフラを設計してある。一九七五年にミッチェルは、ウォートンビジネススクールで学んだルーテル派の司教を雇い、ウッドランズ宗教コミュニティ結社を運営させた。これはいまではインターフェイス（Interfaith）と改名しており、「このニュータウンにおける宗教コミュニティや人的なサービスをすべて計画する」のが役目だ。司教はスクーターを買って引っ越し用トラックを追いかけ、やってきた新住民と顔をあわせる。インターフェイスは、ウッドランズが社会活動、特に宗教活動用の土地をきちんと確保するようにさせた。宗教的な争いほど地域をきな臭くしてしまうものはないので、インターフェイスは宗教的なメッセージが肯定的なものだけになるよう留意している。九・一一同時テロ後には、インターフェースはユダヤ教のラビにパレスチナ人のために祈ってもらい、イスラム指導者にユダヤ人のために祈ってもらった。

ウッドランズの世帯の半分近くは、一八歳以下の子供を持っているし、ウッドランズは学校が売り物の一つだ。伝統的な公立高校が二校あり、科学技術アカデミーもある。私立高校も四校あり、二つは宗教的で二つは一般私立だ。ウッドランズは、教育水準の高い住民が子供の教育に気を遣うのを知っている。大都市がもっと高学歴住民を集めるような高質の学校提供にこれほどの関心を示すようになったのは、ごく最近になってからだ。

明らかに、ウッドランズの顧客はゴルフも重視する。この開発にはゴルフコースが七つある。またヒューストン交響楽団の夏の拠点があり、巨大でピカピカのショッピングモール、レストランも一五〇軒以上ある。開発者たちは、徒歩の地域すら造った。そこでは人々はそぞろ歩きしつつ買い物できる。ただしテキサスの気候は必ずしもそぞろ歩きには向いていないことも多く、モールで買い物をする人々のほうがずっと多い。もちろん、ほとんどの人はウッドランズのモールにも、徒歩のダウンタウンにも車でやってくる。この地域とヒューストン市を結ぶバスはあるが、この地域の通勤者で公共交通を使う人は三％以下だ。ミッチェルとマクハーグの環境重視主義の大きな皮肉は、大量の樹木やエネルギー効率の高い住宅を持ったエコなコミュニティを造ろうとしているのに、その家主たちはあまりに運転するので、そうした環境的な便益のほとんどが相殺されてしまうことだ。さらに、次の章で述べることだが、テキサス州はあまりに暑く湿潤な気候なので、こうした家やレストランの冷房がどうしても大量の炭素排出をもたらす。

ウッドランズはヒューストンの都心にある高層ビル街からは五〇キロなので、住民たちは通勤がすさまじく大変だと思うかも知れない。カーナビサービスのマップクエストによれば、ウッドランズからヒューストンまでは車で三七分となっているし、この楽観的な見通しはラッシュ時ではなく、あまり車がないときを想定したものだ。だが二〇〇六年から二〇〇八年の調査で、国勢調査局によればウッドランズの平均通勤時間は二八・五分だそうだ。というのも、そこに済む人の相当部分は、そもそもヒューストンになど通勤しないからだ。住民の三分の一はウッドランズ自体で働いている。コミュニティには自前のリサーチパークがあり、そこには数々のエネルギー会社の本社が入っている。企業が都心にしがみついていたら、郊外化は長距離通勤で制約されていただろうが、アメリカの高速道路のおかげで、世帯だけでなく企業も郊外化できるようになった。ヒューストン市の職の五六％は、都心から一六キロ以上離れたところにある。企業は当然ながら、ヒューストン北部の郊外に住む大量の潜在的な社員に近いところに移転したのだった。

ウッドランズの経営陣によれば、住民の多くは、たった一五分しか離れていない空港にも通勤している。多くの郊外コミュニティは、シカゴのオヘアなどのように、空港を中心に成長した。このパターンはある意味で、人々や企業が埠頭や鉄道ヤード近くに立地する昔ながらの傾向とまったく同じだ。

極度に熱烈な都市愛好家でもない限り、ウッドランズは魅力的な場所だ。無数の賞も受賞し、たくさんの住民が引きつけられている。コミュニティは、高質な施工、快適な設備や環境の組み合わせを提供し、ニューヨーク郊外やカリフォルニア沿岸よりはるかに安い。ウッドランズの成功を見れば、なぜ実に多くの人がヒューストンのような場所に移住しているのかも説明がつく。

7.5 蓼食う虫も――なぜヒューストンに一〇〇万人も移住したのか

ヒューストンについては意見が激しく分かれる。それを支持する根っからのテキサス人たちは、そこが大好きだ。多くの沿岸住民やヨーロッパの都市愛好家たちは、そこが悪魔の住み処だと思っている。反テキサス論者たちは、そこの政治も、自動車も、気候も、文化（またはその欠如と言われるもの）も、狩猟も、石油産業も、とにかくアメリカ第四位の都市で起こることすべてを嫌っている。確かにそういう人は、ヒューストンに移住すべきではない。

だが二〇〇〇年国勢調査以来、そうではない人々が一〇〇万人以上もヒューストン都市圏に移住している。ヒューストンは、アトランタやダラス、フェニックスなどのサンベルト都市と共通点が多く、これらの都市もアメリカで最も急激に伸びている都市圏だ。古い都市の支持者たちが本当に自分たちの都市を支援したいなら、ヒューストンの悪口ばかり言わず、そこを理解する努力をすべきだ。

ヒューストンが何百万もの住民に提供するもので、ニューヨークやデトロイトなどの古い場所が提供していないのは何だろうか？　ヒューストンが赤錆地帯に対して持っている主な利点は所得だ。デトロイトを取り巻くミシガン州ウェイン郡では、二〇〇八年のメジアン世帯は年収五万三〇〇〇ドルだ。ヒューストンを取り巻くテキサス州ハリス郡のメジアン世帯収入は、六万ドルだ。二〇一〇年六月に、テキサス州の失業率は八・二%だった。ミシガン州ではそれが一三・二%だ。赤錆地帯がもっとテキサス州と張り合いたいなら、もっと経済を立て直す方法を見つけなければダメだ。都市統計が示すように、そのためにはもっと技能集積が必要となる。

だがニューヨークはヒューストンより教育水準が高いし賃金も高い。それなのにヒューストンのほうにもっと人が集まっている。サンフランシスコやニューヨークに住んでもいい人たちがヒューストンに惹かれているのは、そちらのほうが経済が強いからでもないし、気候がいいからでもない。ヒューストンでは、気温が三〇度を超える日が年に九八日もあるのだ。だが焼け付くような夏はあっても、ヒューストンは中流階級の人々に、手の届く魅力的なライフスタイルを提供することで成功しているのだ。

世界の支配者であるなら、ニューヨーク以上の場所は考えられないだろう。マンハッタンは金持ちになるにはすばらしい場所だし、そのお金を使うにもすばらしい場所だ。お金さえあれば、セントラルパークを見下ろす広々とした豪邸に住み、バーニーズで買い物をして、ル・ベルナルディンで食事をして、子供を世界最高の私立学校に通わせることもできる。ニューヨークはまた、貧乏な人にもかなりいい場所だ。たとえば、周辺区の小さなアパートにすし詰めになっている移民たちなどだ。公共交通のおかげで車は要らない。社会サービスもそこそこあるし、ガーナやグアテマラよりははるかに高い、入門レベルのサービス分野での職もたくさんある。

だが、ゴールドマンサックスのパートナーでもないし、貧しい移民でもない人はどうだろう? 子供二人の平均的なアメリカ世帯で、技能面でもアメリカの所得分布中央で、嗜好も中流のライフスタイルを望んでいるなら？　ニューヨークとヒューストンで迷っている中流所得世帯について、経済的な生活面の実態をよく考えた見るとなかなか有益なので、これから数ページかけてそれをやろう。

平均的なアメリカ世帯の稼ぎは、二〇〇六年には年収およそ六万ドルだった。共働きが通例だが、片方はパートが多い。ほとんどの中所得者はサービス産業にいて、看護士や営業担当や店舗の責任者をやっている。二〇〇〇年国勢調査では、登録看護士はヒューストンでは平均年収四万ドル、ニューヨークでは五万ドル稼ぐ。小売り責任者は、ヒューストンでは二万七八〇〇ドル、ニューヨークでは二万八〇〇〇ドルを稼ぐ。それほどアイデア集約的でない産業で働く人々は、金融関係者や出版社ほどはマンハッタンから経済的な恩恵を被らないのだ。ニューヨークの高い所得を反映するため、ここではこの中所得世帯が、ヒューストンでなら六万ドル、ニューヨークでなら七万ドル稼ぐと想定しよう。

この両地域で、それだけのお金でどんな住宅が買えるだろうか？　アメリカ国勢調査によれば、ヒューストン都市圏における平均的な戸建て住宅は、二〇〇七年でおよそ一二万ドルほどだ。同市の住宅の四分の三以上は、済んでいる住民自身が二〇万ドル以下の価値だと評価している。全米不動産業協会は、二〇〇九年第三四半期にヒューストンで売れた住宅のメジアン価格を一六万一〇〇〇ドルとしている。私が二〇〇七年春にインターネットショッピングをしてみたら、ヒューストンでは二〇万ドル以下で売りに出ている住宅がたくさんあった。それも比較的新しくて、ベッドルーム四室以上ある。一部は居住空間三〇〇平方メートル以上で、プールつきのところもあった。一部はゲーテッドコミュニティにあり、そのほとんどすべては素敵な近隣にあるようだった。

私は人生最初の三七年間を、おおむね東海岸で過ごしたが、暮らした家はヒューストンで一六万ドルで買えるものよりもずっと質素なものばかりだった。しかも支払った金額はその何倍もした。マサチューセッツ州のケンブリッジで買った最初の家に保険をかけたとき、テキサス出身の保険業者は、こんな小さな家にこんな大金を払ったんですかと言ってわらった。その家を売ったときには、『ボストン』誌が写真を掲載し、こんな凡庸な家でも高価になってしまったという事例にした。二〇〇六年の国勢調査によれば、ロサンゼルスの平均住宅価格は六一万四〇〇〇ドルで、ニューヨーク市の平均住宅価格は四九万六〇〇〇ドルだ。

こうした平均的な家は、ニューヨークの年収七万ドル世帯にはまったく手が届かない。この一家が住宅くじ引きに当たって補助金つきの住戸に入れない限り、マンハッタンはほぼ問題外だ。スタッテンアインランドなら、三寝室で浴室二つの実に快適な家を三四万ドルほどで買える。たとえば、映画『ワーキングガール』でメラニー・グリフィスが演じたテス・マギルの家があるニュー・ブライトンは、中古住宅なら三七万五〇〇〇ドルでよりどりみどりだ。こうした家は新築のヒューストン住宅のような設備はないが、一九〇平方メートルの居住空間は得られる。あるいは中所得一家なら、クイーンズの、たとえばハワードビーチやファーロッカウェイなどに、寝室が二つか三つのマンションを買えるだろう。

頭金としてなんとか三万五〇〇〇ドルひねりだせれば、金利負担など年間の住宅費は、ニューヨークでは二万四〇〇〇ドルほど（物件価格は三四万ドル）で、ヒューストンなら九七〇〇ドルだ（物件価格一六万ドル）。ヒューストンの家のほうがずっと大きいし、値段もずっと安い。ヒューストンとカリフォルニア沿岸部を比べても、この差は同じくらいだろう。ヒューストンがなぜこれほど多くの中所得アメリカ人に魅力的なのかは、この安い物件価格が何より大きい。

一八七六年のテキサス州憲法は、南北戦争後の再建時代に大きな政府批判を狙って書かれたもので、州所得税について無数の障害を設けている。結果として、テキサスには州や市が徴収する所得税がない。

ヒューストン住民は、不動産税は払うので、これが一六万ドルの家なら四八〇〇ドルほどかかる。ニューヨーク市でなら、この世帯は地方不動産税として三四〇〇ドルくらい、それに市と州への所得税でまた三四〇〇ドルほど取られる。この州税と市税のちがいで、ニューヨークに住むとテキサスに比べてさらに二〇〇〇ドル負担が増える。こうした税金の差はバカにはできないが、でも中所得アメリカ人にしてみれば、住宅費用のほうがずっと大きい。住宅支払いと連邦税と地方税を払うと、ヒューストンの一家は手元に三万七〇〇〇ドルが残る。ニューヨークの世帯は、稼ぎは一万ドル大きいのに、この時点で残金は三万ドルしかない。

さて、テキサス州の人は確かに大人一人に一台車が必要だ。それ以外に動き回る方法はない。平均で、年収六万ドルのアメリカ世帯は、交通関連支出が年に八五〇〇ドルかかる。この金額だと、テキサス州ではかなり安い車二台の割賦とガソリン、保険がぎりぎりまかなえる。ニューヨーカーたちは、そもそも車を持たずに節約できるが、スタッテンアイランドやクイーンズの外側に住んでいれば、通勤は公共交通でも、日用品の買い出しや子供の移動などで、一台くらいは車がほしいだろう。するとおそらくニューヨーカーたちは、テキサス人たちに比べて、交通関係の支出が年額少なくとも三〇〇〇ドル少ないと思われる。

ニューヨーカーは移動にかけるお金は少ないが、金銭的な得は時間的な損失で帳消しになる。最新の国勢調査データ(二〇〇八年)では、ヒューストンの通勤時間は平均二六・四分だ。ニューヨークのクイーンズだと、平均通勤時間は四二・七分だ。スタッテンアイランドでは、平均通勤時間は四二・一分になるし、しかもこれは乗り換えマラソンのようなものとなる。まずは家からフェリーに徒歩かバスでたどりつこう。フェリー自体は二五分しかかからないが、そこからマンハッタンの最終目的地まで行かなくてはならない。ウォール街への通勤なら、たった四五分ですむかもしれない。ミッドタウンまで通勤するなら、全行程で優に一時間だ。すべてひっくるめて、マンハッタンで働く大人は公共交通に乗ることで、毎年一二五から二五〇時間余計に通勤にかけていることになる。この時間損失はつまり、通勤で三週間から七週間の勤務時間を失うに等しい。

公共交通のファンは、そっちのほうが運転よりずっと楽しいと論じる。確かにそういうときもあるが、すし詰めのマンハッタンの地下鉄は、天国よりは地獄に近い。自動車なら、運転手は温度も調整できるし、ソール・ベローでもブルース・スプリングスティーンでも聴けるし、その背景の雑音は地下鉄より低い。通勤者の嗜好に関する調査を見ると、人々は運転時間よりも、公共交通の中の時間のほうを嫌っているようだ。

自動車と家と税金の支払いが終わると、テキサス人たちの残金は二万八五〇〇ドル、ニューヨーカーたちは二万四五〇〇ドルだ。でも同じ金額でもヒューストンのほうが使い出がある。アメリカ商工会議所研究協会（ＡＣＣＲＡ）は、全国各地の地元価格指数を出していて、そこにヒューストンとニューヨークのクイーンズも出ている（ニューヨークのスタッテンアイランドはない）。住宅を除けば、価格差が最大なのは日用雑貨で、ＡＡＣＲＡによればヒューストンに比べてクイーンズのほう五割ほど高い。クイーンズでは、Ｔボーンステーキは三ドルも高い。鶏肉もニューヨークのほうが五割高い。こうした価格差を補正すると、税引き後、住宅費用後、交通費後の実質所得は、クイーンズ住民では一万九七五〇ドルをちょっと下回る。それがヒューストン住民だと、所得の絶対額は一万ドル少ないのに、三万一二五〇ドルとなる。ヒューストン一家のほうが五八％も豊かということだ。

教育など公共サービスはどうだろうか？　通常の公共学校なら、ヒューストンの世帯とスタッテンアイランドの世帯でかなり似たものとなる。ニューヨークの一家が子供を市のスーパースター級公立学校、たとえばストイヴェサントに入れたら、無料ですばらしい教育が得られることになる。だが子供が大秀才でなくても、ヒューストンの住民は少しお金を出して、スプリングブランチなどもうちょっと高価な学区に移住するという選択肢がある。ここの二〇〇八年統一学力試験（ＳＡＴ）得点は平均一〇五八点で、多くのニューヨーク郊外より高い。ニューヨーカーたちも、郊外に移住すればよい学校に行けるが、物件価格と通勤費用はスプリングブランチにまともな家を買うための二二万五〇〇〇ドルより遥かに高くなるだろう。

　ということで、締めますとヒューストン住民は悠々と中流階級に属し、パッパジートで最高のテックスメックス料理を食べ、ギャレリアで買い物をするだけのお金がたっぷり残る。学校の選択もバカにしたものではないし、通勤もかなり短時間で快適だ。ニューヨークのスタッテンアイランドやクイーンズに住む一家は、家計の帳尻を合わせるのに苦闘し、人生のつらさを絶えず思い知らされる。アメリカ人何百万人にしてみれば、ヒューストンに引っ越すという決定は明らかに経済的に筋が通っている。アメリカの東西海岸部の高価な都市がテキサスともっとうまく競争したければ、どうやってもっと普通の人々に手の届くものになれるかを考えなくてはならない。中所得の人々にとって、テキサスで最大の経済的な長所は税が低いとか所得が高いとかではなく、家が買いやすいことなのだ。

7.6 なぜサンベルトの住宅は安いのか？

なぜヒューストン、およびアトランタやダラスやフェニックスは、アメリカの東西海岸部の都市よりこんなに安いのか？　短期にわたる不合理な熱狂によるバブル期には、住宅価格はほとんど異常に高騰する。二〇〇二年から二〇〇六年にかけてラスベガス住宅価格がなぜ異様にも倍増したのか（そしてそれはその後、同じくらいの下落を見せた）は、この経済学者の手にはとてもおえない。だが長期的には、住宅価格は一般に伝統的な経済学の法則に従う。それがラスベガスのように、一時的にずれることもあるが、その後は慌てて平常に戻ることになる。

物件価格は、需要と供給の相互作用を反映する、住宅でもなんでも、高価格は需要が高くて供給が限られている場合にのみ継続する。低価格は、需要が少ないか供給が豊富かのどちらかだ。水への需要は大きいが、コップの水はしばしば無料だ。それは水がたっぷりあるからだ。うちの子という逃げられない観客のために描かれた、私によるクマさんのひどいスケッチは、供給がいかに制約されていても絶対に高い値段はつかない。低品質は確実に低い需要と低い価格をもたらす。

ある大都市圏での住宅需要は、その地域で稼げる賃金と、その場所が提供する他の楽しみを反映している。都市圏ごとの差のうち三分の二は、一人当たり所得と気温変数二つで説明できる。平均で見ると、その地域の世帯所得が一％高ければ、そこの住宅価格は一・三五％高くなる。一月の平均気温が華氏五度（摂氏二・八度）暖かいと、物件価格は三％上がる。その都市圏の所得が一九八〇年から二〇〇〇年にかけて一ドル増えるごとに、物件価格は一・二ドル上がった。

アメリカ東西海岸部の高価な地域では、高い所得と第五章で論じたような楽しみのために、需要は堅調だ。カリフォルニア州サンタクララ郡ことシリコンバレーは、すばらしい地中海性気候と、アメリカ平均より六割高い所得水準を持つ。当然ながら、人々は大金を払ってそこに住もうとする。二〇〇五年から二〇〇七年にかけて、サンタクララ郡の平均住宅価格は八〇万ドル近く、全米平均の四倍以上だ。その後物件価格は下がったが、最近の売上げデータによると、サンノゼ大都市圏（サンタクララ郡も含む）は二〇〇九年第二四半期には、アメリカの大陸部分では相変わらず最も高価な物件だった。

でも、サンタクララ郡の高い物件価格は、よい気候と高い所得以上のものが影響している。二〇〇一年から二〇〇八年までの八年間、サンタクララ郡は新規の戸建て住宅をたった一万六〇〇〇戸ほどしか許可しなかった。これは、土地二〇ヘクタールごとにたった一軒ということだ。需要が爆発的に増大しているのに、地域の戸建て住宅のストックは五％も増えなかったことになる。同時期のアメリカの平均的な建設率に比べると三分の一以下だ。シリコンバレーがこの八年間で、あと二〇万戸建てていたら、標準的な住宅統計によれば、よい気候と高い所得にもかかわらず、住宅価格は四割下がっていたはずだ。

二〇〇一年から二〇〇八年にかけて、テキサス州ハリス郡（これはヒューストンを含む）は実際に、二〇万戸以上の新規戸建て住宅建設を認めた。これは二ヘクタールごとに一軒という計算になる。建設が豊富なので、ヒューストンの物件が安いのも納得できる。もちろん、ヒューストンの住宅はどうがんばっても、シリコンバレーの住宅ほどは高価にならないだろう。少なくともカリフォルニア人のほうが稼ぎがよく、夏も過ごしやすい限りは。でもヒューストンの経済は赤錆地帯の経済のほとんどよりもずっと強いし、多くのアメリカ人は確かに、中西部の寒さよりは、暑くて湿潤な気候のほうがましだと思っているようだ。ヒューストンに住みたがる人は多いが、それでも建設が容易なので価格は低いままなのだ。
物件価格の低いところがすべて、新規建設が豊富なために安いわけではない。経済崩壊と寒冷な気候のおかげで、デトロイト暮らしの需要は限られてしまい、だからそこの物件価格は実に低い。デトロイトの平均世帯収入はアメリカ平均より四八％低く、平均的な住戸価格は九万ドルと、アメリカ平均の半額だ。デトロイトの凍える冬は、所得だけから予想されるよりも市の物件価格をさらに引き下げている。実際、デトロイトの住宅価格は新築費用より低いので、民間開発がほぼ起きないのは確実で、おかげで人口は引き続き減少する。物件価格が新築を可能にできないほど低いなら、新しい住戸はできず、新しい人もこない。デトロイトのような場所では、市内の建設活動が皆無だからこそ、物件価格の低迷が低需要からきているのがわかる。ヒューストンのような場所では、物件価格が低いのは大量の供給によるのだとわかる。市内には大量の新規建設が行われているからだ。

住宅がたっぷりあれば、物件価格が低くなるだけでなく、最近のアメリカ経済をゆるがしたような物件価格の急変動も緩和される。二〇〇二年五月から二〇〇六年五月という近年のバブルの頂点で、アメリカの住宅価格は六四％も上昇した。この数字はケース＝シラー住宅価格データによるもので、大都市圏二〇カ所を対象に、同じ家の売買履歴を見ることで家の質変化による影響を避けている。このデータにヒューストンは含まれないがダラスは入っていて、ここは似たような住宅市場を持っている。ダラスでの物件価格は、この四年のバブル期に物件価格が八％しか上がっていない。これはインフレ率より低い。ピーク後の三年間で、アメリカの物件価格は平均で三二％下がったが、ダラスの物件価格は五・五％しか下がらなかった。アメリカの大半では物件価格が一気に激減したが、全米不動産販売業協会のデータが示すように、ヒューストンの物件は驚くほど安定している。平均売約価格は二〇〇七年に一五万二五〇〇ドルで、二〇〇八年には一五万一六〇〇ドル、二〇〇九年は一五万三一〇〇ドルだ。

ヒューストンにおける物件価格は、世界中の住宅市場の極度な上下変動にもかかわらず横ばいだった。これは建設が需要の変化に対応したからだ。二〇〇六年の住宅ブームの頂点では、ハリス郡は二万戸以上の住宅に建設許可を出した。この建設で物件価格は低いままだった。二〇〇八年になると建設は半減したし、その建設の減少により市場の下落も緩和された。

弾性的な住宅供給は、通常は物件価格のバブルを制限する。一九九六年から二〇〇六年にかけて、建設がきわめてむずかしいアメリカの二六都市での物件価格は、実質価値で九四%上昇したが、供給制約が最も少ない二八の都市では、上昇率はたった二八%だった。一九八〇年代の建設ブームでは、不動産価格は供給制約のある地域では二九%上がったが、弾性的な場所では三%しか上がらなかった。柔軟な住宅供給は、住宅購入の異常なブームに対する完璧な特効薬とは言えない。ラスベガスやフェニックスでは建設の障害はほとんどないが、それでもこうした地域は巨大なバブルを体験して、痛々しい暴落を迎えた。でも、供給が弾性的ならこうした出来事は起こりにくくはなる。

テキサスの建設業者が、こんなに多くの新しくて安い住宅を供給できるのは、ヒューストンでの標準的な家を建てる物理的な費用が、一平方フィート当たり七五ドル（一平方メートル当たり八三〇ドル）ほどだからだ。テキサス州だろうとその他土地がたくさんある他のどこだろうと、住宅価格が住宅建設費に比べてそんなに高くなるべき理由はない。テキサス州とカリフォルニア州をあわせれば実に大量の空間があるので、世界中がこの二州に住んだとしても、一人当たり土地が一六〇平方メートルもらえる。アメリカは土地が豊富なので、全国的に見て住宅は、通常は物理的な建設費の二五%増しくらいの値段しかしないということだ。

だがアメリカ東西沿岸部での住宅価格は、建設費よりもすさまじく高い。ロサンゼルスでは、建設費はヒューストンより二五％高いが、物件価格は三五〇％以上も高い。ヒューストンとマンハッタンの比較はもっと難しい。建物を上に伸ばすのは横に広げるよりずっと高価だからだ。でも近年では、マンハッタンの新築コンドミニアムの価格は、上に伸ばす物理費用の二倍以上だ。アメリカ東西沿岸部の物件の高価格は、建設費以外の何かが作用しているのだ。

アメリカ沿岸部の高価格に関する最も普通の説明は、土地が希少だから高い、というものだ。確かにマンハッタンにはあまり土地はないし、だからこそ人々はお金をかけて高層化する。でも、高層ビルにもう一階追加するには土地はあまり要らない。だから土地の欠如では、マンハッタンの物件価格がなぜ追加の階を建設する費用に比べてそんなに高いのか、という説明にはならない。さらに、サンタクララ郡やニューヨーク州のウェストチェスター郡といった高価な郊外地では、世帯当たり土地面積は実はヒューストンより広い。テキサス州ハリス郡では、人口密度は一ヘクタール当たり九人だ。ウェストチェスターとサンタクララでは、それがそれぞれ八・六人と五人だ。そうした場所には土地はたくさんある。ただ、そこに建設できないだけだ。

土地はすべて等しいわけではない。平らな土地は建設も容易だ。丘陵地は問題だ。ペンシルバニア大ウォートンビジネススクールの経済学者アルバート・セイズが地域の地形について行った研究では、山や水といった建設の自然障害が、大都市圏ごとの住宅供給のちがいを説明するのに一役買うという。ヒューストンは平らだし、ウェストチェスター郡もほとんど平らだが、シリコンバレーの大半はずっと上下差が激しい。だが、サンタクララ郡の六割が急峻すぎて家を建てられないにしても、残った土地の平均密度は、一ヘクタール当たり一二・五人または五軒だ。どう見ても過密とは思えない。

サンタクララ郡をはじめアメリカ東西沿岸部の大半は土地不足に悩んでいるが、その不足は規制が作り出した物で、自然の産物ではない。私はブライス・ワードとジェニー・シュッツとの共同研究で、大ボストン都市圏全体における土地利用規制の影響を計測しようとした。この都市圏には一八七市町が含まれるが、その大半は、一三〇〇平方メートルかそれ以上の最低敷地面積規制をかけていた。こうした場所のほとんどでは、土地のうち集合住宅を建設できる土地は一〇%以下としている。

過去三〇年にわたり、マサチューセッツ州の町はますます厳しい規制をかけて、新規開発や敷地分割を制限している。ある自治体は、「大きな水たまり」ができるところにはすべて建設を禁止している。湿地保護は重要だが、ここまで極端にすると、環境保護は単なる身勝手な開発忌避主義でしかなくなり、近くにきたどんな新規建設にも反射的に反対するだけとなる。

マサチューセッツ州では、土地利用規制が多ければ多いほど、新規建設は減る。各種の規則が一つ増えるごとに、建設は一割減る。地域全体で見ると、最低敷地面積が一〇〇〇平方メートル増えるたびに、一九八〇年から二〇〇二年の建設は一割減っていた。これは別に驚く話ではない。土地の量は固定だ。一軒当たり必要な土地が増えれば、家は少なく値段は上がる。ちなみに最低敷地面積が一〇〇〇平方メートル増えると、物件価格は四%上がる。カリフォルニアの成長抑制政策も、やはり新規建設の量を減らし、物件価格を押し上げた。実は同じパターンが全米で見てもあてはまる。アメリカの高価な東西海岸部で住宅供給が制約されているのは、土地がないからではなく、公共政策のおかげで建設がむずかしくなっているからだ。

これに対し、ヒューストンは昔から開発万歳だった。そもそもこの都市を開発したのは、ニューヨーク州北部からやってきた不動産開発業者二人で、入植予定者に対して真水と気持ちのいい海風を約束してここを造ったのだった。その後一五〇年にわたり、ヒューストン商工会が主導する地元企業の利害に動かされて、ヒューストンは巨大都市になった。何よりも市の指導者たちは、新規建設を邪魔するものが一切ないようにした。ヒューストンは、ゾーニング規制がない点で、アメリカのどの都市ともちがっている。ヒューストンでは、他のどの地域よりも開発業者たちが、開発の制約は恵まれない人たちに手の届かない都市を造ってしまうのだと論じて、それが認められてきた。こうした議論は露骨に我田引水ではあるものの、まったくの正論でもある。ヒューストンの何でもありの成長機会は、アメリカの西海岸や東海岸にいる各種の進歩的な改革論者たちに比べ、低価格住宅を提供するのに遥かに成果をあげてきたのだ。

一九二〇年代初期、ニューヨークもまた建設業者の天国で、結果として住宅は手の届く価格に抑えられた。戦後になると、ニューヨークはますます開発を制限して、民間供給の欠如に対して賃料制限と公共住宅で対応しようとした。この戦略は悲惨な失敗となったし、それはヨーロッパでも同様だった。大量に安い住宅を供給する唯一の方法は、開発業者に活躍させることだ。

レーヴィットタウン、ウッドランズ、その他何百もの大規模開発が実に安く作れるのは、量産されるからだ。量産は服や自動車を万人の手の届くものにしてくれた。住宅市場にも同じ影響がある。ニューヨークやサンフランシスコは、貧困者向けに低額住宅を提供したいと口では言うものの、一般にはとても手が届かない。テキサス州は社会住宅などにまるで興味を見せたことはないが、安い住宅建設の面では全米の先駆者だ。高価格の古い都市が競争したいなら、ヒューストンの真似をしてもっと建設を認めなくてはならない。

7.7 スプロールの何がいけないの？

一九世紀には、経済がアメリカ都市の成長を左右した。人々は経済を駆動するシカゴのような場所に引っ越した。二〇世紀には、ますます裕福になった人々は、賃金だけでなく生活の質に基づいて選択をするようになった。ロサンゼルスの初期の成長は、その油田と港からきたが、同時にその気候が引退した中西部の農民や、あまり居住地を気にしない作家たちにとって魅力的だったというのもある。たとえばL・フランク・ボーム（『オズの魔法使い』の作者）や、『ターザン』著者のエドガー・ライス・バローズがそうだ。人々がもっと生産的なところに引っ越すと、国全体が経済的に活性化する。人々が快適な場所に移動すると、人生をもっと楽しむようになり、もっと温暖なところに移動すると、消費エネルギーが減る。

だが二〇世紀末に、全国でも地方でも、公共政策が都市変化にあまりに大きな役割を果たすようになった。これまで見たように、アメリカでの急成長地域——アトランタ、ダラス、ヒューストン、フェニックス——が成長しているのは、高賃金や温暖な気候のせいではなく、そこの政府がカリフォルニアや北東部の古いコミュニティよりも新規開発に優しいからだ。アメリカの将来の道は、自分たちの生産的で快適なコミュニティにこれ以上人を住まわせまいとする、地元ゾーニング委員会の気まぐれで決まってしまっている。

人々の郊外移住については、まったく別の政策群が同じくらい重要な役割を果たしたが、その役割はほとんど目に見えない。私はかなり変わり者なので、自分の生活を根拠にして他人の生活について何か推測するのはなるべく避けるようにしているのだが、郊外に移住しようという決断はごく普通のものだし、ほとんどは共通の要因に左右されたものだ。本章の冒頭で、自分が郊外に移転した力は上げた。居住空間、転びがちな乳幼児のための柔らかい芝生、雇用主からもっと距離を置くことで人生を多様化すること、短い通勤時間、よい学校。この五つの要因のうち、公共政策とは無関係なものは二つしかない——芝生とハーバード大学からの距離だけだ。

妻と私は、外食しても特に目立たないところに暮らしたいとは思っていたが、だからといって郊外に住むべきだということにはならない。ボストンに引っ越してもよかった。ボストンだって魅力的で快適な都市だ。でもボストンが落選した理由の一つは、チャールズ川を渡って都市部のアパートから八キロ通勤するのは、郊外から二四キロ車を走らせるのと、時間的に変わらないということだ。早めに家を出れば、その自動車通勤は、連邦政府による潤沢な補助金を受けた州間高速道路のおかげで、二五分もからない。私の通勤そのものは、高速料金で造られた高速道路を使うのだが、空港に車で向かうときには、州と連邦補助金でかなり負担された最近の高価な延長部分を使う。公共政策の問題として見ると、私はいまでもこの延長部分の地中工事に使われた一五〇億ドルの意義については疑問視しているのだが、ローガン空港への運転にそれを使わない手はない。私の通勤が安上がりな理由のもう一つは、アメリカの政府がヨーロッパ政府とはちがい、ガソリンにあまり課税しないせいだ。

私たちが郊外に移ったもう一つの要因は、居住空間の値段だ。ケンブリッジは新規建設を強く制限しているので物件価格は高いが、私のいる郊外も新規開発をやたらに制限するので、人為的に値段がつり上がっている。ここでの都市と郊外との大きなちがいは、連邦政府が住宅ローンの金利を税控除させてくれるので、持ち家保有を大幅に補助してくれるということだ。この補助金のおかげで賃貸よりも保有が安上がりとなり、持ち家支持ということはつまり反都市ということだ。
　アメリカの政治家と持ち家政策との長く情熱的な情事は、アメリカ経済を駆動する都市にとっては呪いだ。集合住宅に住む人々の八五％以上が、借家住まいだ。単世帯戸建て住宅に住む人々の八五％は持ち家だ。この関連は、統計上の偶然の結果ではない。戸建て住宅を人々が借りると、あまり手入れをしない。持ち主は、自分の重要な資産をいっしょうけんめい手入れするのが、賃借人はそうではないので、賃貸にすると年間の減価償却が一・五％はやくなる。その一方で、集合住宅では区分所有にすると大きな頭痛の種だ。協同組合の委員会を荒らす闘いがどんなものか考えてほしい。マンハッタンでは、住宅ユニットの七六％は賃貸だ。連邦政府が持ち家を推奨するのは、暗黙のうちに高密な都市から出ていけと奨励するに等しい。

　郊外化を推進する最も重要な要因は、学校制度かも知れない。大都市は多くのよい理由で貧困者をひきつけるが、貧困世帯の子供を教育するのは、都市の学校システムにかなりの負担をかける。大都市の学校は、生徒一人当たりの支出は多くの郊外学区と同じか多いくらいなのに、テストの成績はずっと低い場合が多い。大都市にすごい学校があってはいけない理由はない。パリは世界最高クラスの高校を持っているし、多くのアメリカ都市はすばらしい私立学校や学区なしのマグネットスクールを持っている。大都市が優れたレストランの天下となる、競争と密度の力をもってすれば、教育の場だってすばらしくなるはずなのだ。

　だがアメリカの公立学校システムは、基本的には都心部の学校については、公立学校がほぼ独占せざるを得ない仕組みになっている。恵まれない子供たち何十万人に対し、基本的なものを提供すべく苦労せざるを得ない公共独占は、中上流階級の親たちが望む一流の教育はなかなか提供できない。少なくとも、中上流階級の人々だらけの均質な郊外に比べれば、どうしても苦労は増える。アメリカの公立学校システムは、もっとよい公立学校を見つけたい人々が引っ越しを余儀なくされるものなので、都市に対してこれまた無用な呪いをかけるものとなっている。

すでに述べたとおり、この問題は左派の政策に移行しても、右派の政策に移行しても解決できる。アメリカがフランスを真似て、全国的に国が出資する高質な学校教育を採用すれば、都市地域から脱出する理由も減る。アメリカが大規模にバウチャー制度を採用し、親が好きなところに子供を通わせられるなら、都市の競争により都市はもっとよい学校を開発するようになり、都市住民も子供を郊外校に通わせられるようになる。現状のシステムにもよいところはある。小学区に対して地元が意見できるというのは、こうした学校の子供たちに優れた教育を提供できる。でも都市にとっては、それはひどい結果となっているのだ。

郊外はそれ自体が本質的に悪いわけではないし、ヒューストンにはいいところがたくさんある。多くの人にとって、サンベルトのスプロールは無理のないものだ。でもヒューストンが体現するようなスプロールはまちがった公共政策で推奨されてきた。ヒューストンの成長の欠点は、この地域自体にあるのではなく、別の場所にある。もっと涼しくて経済的に生産的な場所が、規制を使って開発を妨害し、住宅を手の出ない値段にしてしまったことがいけないのだ。郊外や郊外住民を批判しても意味はない。まちがっているのは政策や規制であり、それがあまりに多くのアメリカ人を都市から追い出していることなのだ。

郊外の人為的な急拡大は、相変わらずがまちがった政策の産物でしかないという事実は、不安な都市愛好家には多少は希望を与えてくれる。そうした政策が永続的である必然性はないからだ。二〇〇五年には、テキサス州出身の共和党所属の大統領が絶えず持ち家社会を批判して、テキサス改革パネルを指名した。このパネルは住宅ローン金利控除を大幅に縮小することを提言した。連邦住宅政策の反都市性が弱まれば、大都市ももっと魅力的になるだろう。

さらに、アメリカの成長が続けば、郊外の便益の重要性は下がる。巨大で空いた高速道路によるすばやい通勤は多くの人にはありがたいものだが、スプロールが続けばその高速道路もますます混雑する。すでに、自分の時間を高く評価する人々が、かつては荒廃していたダウンタウンのトライベッカ地区（ニューヨーク）などに戻ってきて、徒歩通勤の利点を確保しようとしているのは見た。今日の郊外学校は、平均すると大都市の学校より優れている。だが別に、そうでなくてはいけないという不変の法則があるわけではない。都市の人的資本と競争の力を活用した、よい運営の都市学校は郊外に勝てるし、実際に勝つこともある。かつて大都市は常に犯罪がつきまとうかに思われたが、でもそんなこともないようだ。都市こそが育児に最適な場所と広く認められるような時代がくることも十分に考えられる。

都市に害するまちがった政策をなくすのは筋が通ったことだ。というのもスプロールには便益だけでなく費用もあるからだ。他の多くの成長地域と同様に、スプロールする郊外は水や衛生、渋滞と苦闘しなくてはならない。そして最大の経済的な問題は、郊外のオフィスパークが、伝統的なダウンタウンと同じレベルの知的興奮をもたらせるか、ということかもしれない。こうしたオフィスパークがもたらすランダムな交流ははるかに小さく、しかも特定産業ばかりが集中し、イノベーションにおける分野を超えた飛躍の可能性を減らしてしまう。

最も懸念されるのは、発展途上国もまたアメリカの大半を支配する自動車中心のライフスタイルを採用するのではないか、ということだ。サンパウロほど茫漠とした都市もない。そこではいくつもの高層ビル都心が、インナーシティから外に広がっているのだ。市街地は何キロにもわたって広がる。サンパウロ郊外の多くは、発展途上国の貧しい居住地で、人々は公共交通で通勤し、欧米でならまともな家とも呼べない小さな家に暮らしている。だがヒューストンの郊外のような裕福な地区もたくさんある。似たような場所はバンガロール、ムンバイ、カイロ、メキシコシティなど、世界中の成長都市ならほぼどこにでも見られるのだ。

もし全世界がヒューストンのようになってしまえば、地球の炭素排出は激増する。ヒューストンの住民は、生活について非常に理にかなった郊外の論理を持ってはいるが、全米最大級の炭素排出者だ。三〇度を超える日があんなに多くて湿度も高いので、ヒューストンは大量に電力を消費する。運転が多いので大量のガソリンも使う。インドと中国では都市化が続くし、それはよいことだ——地方部の貧困に未来はない。でもその都市化した住民がエレベータ中心の高密都市に暮らし、自動車中心のスプロール地域には暮らさないでくれたほうが、地球にとってはずっとありがたい。

第八章　アスファルトこそ最高のエコ

一八四四年の快適な四月のある日、若者二人がコンコード川沿いの森へ散歩にでかけた。その時期にはあまり雨がなく、水位も低かったので、二人は「適切にもインディアンのように流れから食料を調達できたのである」。靴屋からもらったマッチを使って、フェアヘイブン池の近くで、二人は松の切り株の中に焚き火を起こした。この恐れ知らずの探検家二人は腹を減らしていて、どこかでチャウダーを料理したいと思っていたのだった。

釣りを容易にした雨不足は、その調理場所付近の草を乾燥させ、燃えやすくしていた。風が焚き火を草に燃え移らせ、「二人のまわりのものすべてが火船さながらに燃えやすかったため、炎は急速性をもって広がり、鎮火せしめるまでに何時間もを要したのであった」。片方は町に駆け出して警告したものの、火は消せなかった。一二〇ヘクタール以上もの原生林が、この若い二人の娯楽人による軽率な炎により焼け落ちた。

森林火災防止のマスコット、スモーキー・ザ・ベアならば、このお話を使って子供たちに森林火災の危険性を教えるかも知れない。でも少なくとも犯人の一人は、頑固に自分の罪を認めようとしなかった。「私は森に炎を放ったが、それ自体として何ら悪いことをしたわけではなく、今にしてみれば雷でその火事が起こったとしても同じことだ」。コンコードの他の住民たちはそんなに鷹揚ではなく、無理もないことだがずっと悪い見方をして、過失による放火だと考えた。そして若き放火犯を「どうしようもないゴロツキ」で「軽率屋」と呼んだ。『コンコード・フリーマン』紙の記事は、古風な一九世紀のニューイングランド人が、スモーキー・ザ・ベアを召喚したかのような趣だ。「この極度の軽率さによる不幸な結果を、娯楽のために森を訪れる人々が胸に留め置かれんことを祈るものである」

この改悛しなかった森林火災犯は、ヘンリー・デヴィッド・ソローだ。あまり職につかなかったこのハーバード大学卒業生は、その後環境保護主義の世俗的な聖人となった。ソローの『森の生活』は、影響力が時代と共に増大する一方という珍しい本だ。存命中は、二年にわたる独居を描いた日誌はほとんど注目されなかった。だが二〇世紀には世界的ベストセラーとなり、何百万人もがそれを読んで、世界中の環境意識の高い高校教師の教材となっている。

ソローは森を愛していたが、彼はまた都市的な知識人の連鎖に加わった一人だった。彼は一九世紀初期の知的温室ともいうべきハーバード大で教育を受けた。もっと重要なこととして、彼は創造的な思想家だらけの町コンコードで、ラルフ・ウォルドー・エマーソンの薫陶を受けた人々の驚くべき集団の一人だった。エマーソンは天才たちを集め、そして時には資金も出した。その中にはハーマン・メルヴィル、ナサニエル・ホーソン、マーガレット・フラー、ブロンソン・オルコット、ルイーザ・メイ・オルコット、そしてソローなどがいたのだ。

ソローはエマーソンの超越論者サロンの一人だったが、都市の交流よりは田舎の孤立の美徳を称揚した。『森の生活』の序文で、エマーソンはソローが「文学における偶像破壊者で、仲間に何かしてもらっても滅多に御礼も言わず、相手を軽視する一方で、自分が他人に何かしてあげると恩着せがましくふるまった」と書いている。もしソローが町であれほど多くの賢い人々とつきあったことがなければ、孤独な生活についてあんなにうまく書けただろうか？　だが『森の生活』の雄弁な韻律は、森での孤立の美徳を説く。ソローやその弟子たちは都市の美徳をほとんど見ようとしなかったが、『コンコード・フリーマン』紙の地方部での娯楽に関する警告についても彼らはほとんど考慮しなかったのだった。

ソローの森歩きは、森林自体に与えた恩恵よりは、彼の魂に与えた恩恵のほうがはるかに多かったようだ。そして私が田舎に引っ越したことは、環境をひたすら破壊しただけだった。私は比較的慎ましい都会のエネルギー利用者から、大量の炭素排出者になってしまった。私のコンパクトな都会の住まいはすぐに暖房できたが、私の広々とした家をニューイングランドの冬に暖めるには何百リットルもの灯油が要る。すこしばかりエネルギー利用を節約しようとしたら、母に孫たちを凍死させる気かと怒られた。照明とエアコンと電気製品のおかげで、電気代は三倍になった。もちろんほとんどのアメリカの非都市部と同様に、自動車依存になったので大規模雑貨店に行くたびにガソリンをおよそ四リットル近く燃やす。都会生まれで大学院まで運転免許もなかった人物としては、かなりばかばかしく思える。

私の物語は、ソローと同じく、本質的な論点を示している。都市は木々に囲まれた生活よりもずっと環境によいのだ。森に住めば、自然に対する愛情を示すにはいいかもしれないが、実はコンクリートのジャングルに住む方がはるかに地球に優しい。ヒトは破壊的な種で、ソローのようにそのつもりがなくても破壊してしまう。森を燃やし、石油を燃やし、どうしてもまわりの風景を破壊してしまう。自然が好きなら、自然に近寄らないことだ。

一九七〇年代にジェイン・ジェイコブズは、高層ビルに集まって住み、徒歩通勤すれば環境への被害を最小化できると論じた。この論点は、デヴィッド・オーウェンが著書『グリーンメトロポリス』で雄弁に論じている。被害が最大になるのは、なんとしても緑に囲まれて暮らしたいと思うときだ。低密はどうしても移動を増やし、それにはエネルギーが要る。生活空間が広がればいいことはもちろんあるが、大きな郊外住宅は同時にずっと多くのエネルギーを消費する。

温暖化ガスと地球温暖化との関係についてはまだいろいろ論争があるし、温暖化が地球に及ぼす影響についても不確実な部分がたくさんある。私は気候学者ではないし、こうした論争じみた議論に新たに貢献できるものはあまりない。でも最近の地球気温上昇が人為的なものかを疑う人であっても、炭素排出を大量に増やすと環境リスクがあることは認識できるはずだ。

地球温暖化が本当に危険だと信じる人はだれでも、高密都市居住が解決の一部だということを理解すべきだ。今後五〇年で、中国とインドは貧しい地方国ではなくなるし、それはよいことだ。彼らも、それ以前の欧米と同様、畑から都市生活に移行する。もし何十億もの中国人やインド人が緑の郊外や、その郊外につきものの大きな家や自動車に固執するなら、世界の炭素排出は高騰する。一部の環境保護論者は、どうもこれらの国をずっと田舎のままにとどめたいと思っているようだ。ありがたいことに、そういう選択肢は存在しない。田舎のままということは、貧困とそれに伴う弊害も残るということだ。重要な問題は、アジアが開発するにつれて、それが郊外ドライバーの大陸になるか、都市的な公共交通利用者になるかということだ。

環境保護論者は、高密都市でのエコ生活を主張してほしいが、そのためにはコンクリートへの反感を捨てなくてはならない。今日では、地球に優しい世帯は子供にドクタースースのおとぎ話「ロラックス」を読ませる。これはかつて美しかった風景を、無神経な都市が破壊してしまうのを描いたお話だ。真の環境保護論者なら、こんな本はリサイクルボックスに叩き込み、ロラックスの誤謬を批判しよう——都市は環境に悪いという誤謬だ。エコな未来へのガイドとしては、ヘンリー・デヴィッド・ソローよりは、ウィリアム・レ＝バロン・ジェニーやA・E・レフコートのような高層ビルの先駆者のほうがふさわしいのだ。

8.1 田園生活の夢

もちろん低密生活をほめそやす人物として、ソローだけをあげつらうのは不公平だ。何千年にもわたり、著述家たちは自然に還れと言い続けてきた。これは都市に水道ができるまでは、多少は筋が通っていた。古典詩人ホラチウスは、父親の農場を離れてアテナイとローマで教育を受けたのだが、「著述家たちのコーラスが、すべて声を一つにして、町を嫌悪し聖なる刺激を渇望する」と書いている。一九世紀初頭、昔ながらのイギリス田舎生活の喜びは、史上最高に近いPRチームを獲得した。ワーズワース、コールリッジ、キーツ、シェリーといったロマン派詩人たちはみんな、田舎の壮大さを称揚したのだった。

こうした詩人たちは、工業による都市化の最初の爆発に反応していたわけだ。紡績工場よりは、秋や西風に詩情を見いだしやすいというのはわかる。バイロンはイギリス上院におけるラッダイト運動の数少ない擁護者だった。ある意味で、ソローがウォールデンで過ごした年月は、ワーズワースの湖畔での生活をもっと極端にしたものだ。確かに、一九世紀の都市では人生は苛烈で荒っぽく、短かったので、その病気と無秩序から逃れるという点ではどちらも頭が変だったわけではない。

ロマン派の自然に対する愛は、建築や都市計画といったもっと実用的な技芸にも広がった。ジョン・ラスキンは一九世紀初期のロンドンで育ったが、芸術批評家としての彼は画家に対し「一目散に自然に赴きなさい（中略）何も拒絶せず何も選ばずに」と推奨している。彼は工業化と古典芸術形態の特徴である規格化を嫌った。自然とゴシック建築のむら気のほうが好きだったのだ。

ラスキンはまた都市計画の初期の推奨者だった。彼は「都市のどの部分からも、徒歩数分で完全に新鮮な空気と草と遙かな地平線の眺めに到達できる」のを推奨した。念頭にあったのは、コンパクトな城壁都市で、その「城壁のまわりには美しい庭園と果樹園のベルト」が取り巻いているのだ。ラスキンのメッセージは大西洋を渡るとちょっと変容をとげた。アメリカで都市の高層ビルを可能にしたピーター・B・ワイトは、当初はアメリカにおけるラスキンの最も熱狂的な弟子だったのだ。

自然を楽しむのは贅沢品の一種なので、人類が豊かになるにつれて環境保護論が強まってきたのはそれが原因だろう。空腹な人は、「遙かな地平線の眺め」のためにまともな食事をあきらめろと言われても嫌かもしれない。マンチェスターの紡績工場にやってきた貧困農民たちは、食卓にパンを持ち帰るためには自発的に自然を放棄した。だが一九世紀を通じて世界が豊かになるにつれて、ますます多くの人々が、都市密度にちょっと緑を混ぜたいと思うようになってきた。空地は初期の工業都市における汚れた空気や水から、わずかばかりの解放を与えてくれたのだ。

歴史的には、豊かな人々は都市と田舎を組み合わせるために、家を二つ持った。冬の間は都市で過ごす。暑い夏、病気が猛威をふるう時期には、金持ちは都市を離れて田舎の領地に向かった。だがこの二家屋モデルは比較的珍しいままだった。というのも二つ家を建てるのは、都市住民が田舎にアクセスする手段としてはあまりに高価だからだ。アメリカの総住宅戸数は一・二八億戸だが、そのうち娯楽用の別荘は三〇〇万しかない。

もっと手の届く代替案は、田舎を都市に持ち込むことだ。都市計画家たちは昔からこれをやろうと苦闘してきた。ラスキンはこの理想の一変種を提案した。グリーンベルトで囲まれた小さな町だ。都市計画でのそびえ立つ巨人エベネザー・ハワードは一八九八年に古典『明日の田園都市』を執筆し、ラスキンのビジョンを知的にも文献的にも具体的なものにした。ハワードの田園都市は、たっぷりした土地に取り囲まれて、そこから食料、きれいな空気、レクリエーション空間が都市住民に提供される。二〇世紀の間、グリーンベルトはイギリス都市計画の標準装備となった。今日のロンドンのグリーンベルトは、約五〇〇〇平方キロ以上をカバーしている。トロントのものはもっと大きく、こうした自然の輪は、アメリカの太平洋岸北西部でも人気がある。

だがロンドンのグリーンベルトは、この戦略の限界も示している。ロンドン中心部にいたら、グリーンベルトはとても徒歩圏内などにはない。公共交通で優に一時間はかけないと、ロンドンの市域外には出られない。グリーンベルトは都市成長を制約することになりかねない——これは長所も短所もある——が、大都市住民の日常生活に木々を持ち込んでくれたりはしない。

この短所を補うために、一九世紀都市計画者たちは公園を作った。アメリカでは、ひなびた景観を都心部に持ち込むのを得意としていたのはフレデリック・ロー・オルムステッドだった。ニューヨーク市におけるオルムステッドのセントラルパークは、きわめて高密な場所の真ん中に人造の森の不思議をもたらした、驚くべき例であり続けている。オルムステッドはまたボストンにエメラルドのネックレスを与え、シカゴのジャクソンパークを作り、デトロイトにベルアイルを提供した。バッファローやルイスヴィル、ミルウォーキー、モントリオール、ワシントンDCに緑地を作り、バークレーとスタンフォードのキャンパス設計も手伝った。個別のプロジェクトについては議論もあるかもしれないが、オルムステッドの創造物に恵まれた都市住民のほとんどは、彼が高密都市に葉触りをもたらして緑化したことに感謝している。

だがグリーンベルトもセントラルパークも、都市と田舎を融合させる方式として主流にはならなかった。むしろ何百万もの人々は、はるかに極端なアプローチを採用した――ソローとワーズワースの主張をずっと完全に実施したのだ。一九世紀末から、郊外開発は田舎邸宅もどきを一般人にも手の届くものにした。ブリンマーからヒューストンのウッドランズまで、開発業者たちは広々とした樹木の多い敷地に住宅を建ててきた。共有された公園や長ったらしい田舎への旅といった不便に我慢しなくても、ソローのように自前の木が玄関のすぐ外にある環境に住めるではないか、というわけだ。

安くて高速な交通の台頭により、木々の中に暮らしつつ都市で働くことが可能となった。路面電車で、マサチューセッツ州ブルックラインのような町が可能になった。ここは緑地を提供しつつ、高密都市へのアクセスも提供したために成長した。一八四一年の説明によれば「このブルックラインという近隣はすべて、一種の修景された造園のようなもので、アメリカにこのようなものは例がありません。ある小屋や邸宅から別のものへと小道が続き、なんとも言い難いほどにチャアミングです」。これをほしくならない人はいないだろう、少なくとも手の届く値段であれば。

当のオルムステッドも郊外建設ビジネスに手を染めた。一八六九年に、シカゴの周縁部にリバーサイドを設計したのだ。これはアメリカ初の「計画的」郊外コミュニティかもしれない。パートナーのカルヴァート・ヴォーと組んで、彼は碁盤の目状の街路の規則性をいやがり、自然の道筋に沿って曲がった道を採用した。敷地は広く樹木も豊富だった。現代郊外の誕生だ。

それでも、一九二〇年代の時点ですら、多くの都市分析家たちは樹木の並ぶ郊外生活へのトレンドを読み損なった。レイモンド・フッド（後にロックフェラーセンターを設計）やヒュー・フェリスなどの建築家たちは、バットマンのゴッサムシティのような都市の未来を描き出した。実は、フェリスのドローイングこそがバットマンのコミックのネタもとになっているのだ。彼らはますます高い建物が、多層式高速道路と組み込み式の飛行機ハンガーで結ばれた、垂直の世界を思い描いた。ル＝コルビュジェの未来の都市は、ずっと多くの緑を持っていたが、それでも大規模な高層ビルの世界だし、フリッツ・ラングの一九二七年映画『メトロポリス』は、この都市未来の究極的な暗いビジョンを描き出している。

実際には、一九二〇年代は垂直なアメリカの絶頂期となった。一九三〇年から一九三三年にかけて、高さ二五四メートル以上（これは今日の西欧で最も高い高層ビルの高さだ）の新しいビルが五本開業した。アメリカは、その後三六年にわたり、それほど背の高い建物は一本も建てなかった。上への動きは、ロックフェラーセンターよりはブルックラインやリバーサイドに似た場所の成長の前に、影が薄れてしまった。路面電車で、都市に近いのに葉の多い暮らしが、そこそこの数の金持ち都市住民には可能となったし、そして自動車のおかげで、中産階級ならだれでも郊外に住めるようになった。自動車がやがてエレベータを追い越すにつれて、アメリカ人の大半は、都市と自然を組み合わせた郊外地に住むようになった。

自動車のおかげで人々は郊外化できたが、環境保護論者たちはその一方で都市内の何百万ヘクタールもの土地を保護して、人々が田舎をたえず体験できるようにした。サンフランシスコ地域の美しい風景の中には、果てしなく続く山並みや保護された海のながめがたくさんある。シリコンバレーのコンピュータ界大立て者たちは、すばらしい気候に恵まれているだけでなく、世界で最も厳しい土地利用規制で開発から守られた、美しい背景にも恵まれているのだ。

アメリカは、広範なウォールデン式生活への道を歩んでいるかのように見えた。そこではみんなが緑に囲まれて暮らすのだ。でもその途上のどこかで、何かが環境的におかしくなった。ラスキンとワーズワースが夢見て、ハワードとオルムステッドが設計した田園生活の夢は、実はエコロジー的には悪夢だった。ソローの森林火災が示すように、自然の中に暮らすと環境にはひどい結果をもたらしかねない。低密居住への移行は、フェリスのそびえたつメトロポリスのビジョンより、はるかに自然を傷つけることになったのだ。

みんなすでに、オスカー受賞の元副大統領や気候学者たちから、二酸化炭素排出が地球を温暖化しているのだという恐ろしい警告は聞いているだろう。地球の温度は六〇年近くにわたって上昇し続けている。同時に、大気の中にある二酸化炭素も増加し続けている。二酸化炭素濃度が増えると、温室効果で気温が高まるとされている。これは大気中の気体が赤外線放射を吸収して、その下の陸地を暖める気候変動に関する主流仮説の基本的な見方では、温室ガスが増えれば、赤外線吸収が増えて、地表温度が上がる。

ニューイングランドやアメリカ中西部の冬に耐えている人々にとって、二月の気温がちょっとでも上がるのは結構な話に思えるが、残念ながら地球気温上昇からくる副作用は、ほとんど万人にとってひどいものになる可能性がある。世界の最貧者たちは赤道近くに住んでいて、気温が上がれば彼らが特に困る。北極南極の氷は急激に溶けているようで、ニューヨークや香港などの海辺の都市を脅かし、ひどい洪水を起こしかねない。そして海洋温度が上がれば、もっと不安定で嵐の多い気候が世界中に出現しかねない。

温度は確かに各種の理由で変動するが、炭素排出のすさまじい増大がやはり気候に激しく影響しかねないという事実は変わらない。人類は何千年もかけて現在の気候に適応してきた。もし炭素排出がその環境を大幅に改変するなら、その費用は莫大なものになりかねない。ちがう気候からくる潜在的なリスクは、世界が二酸化炭素排出増加を抑えるために大きな行動を取るのを合理的にしている。そしてその中には、もっとエコな場所への建設を奨励し、環境を破壊する場所への建設を減らすことも含まれる。

8.2 汚れた足跡——炭素排出の比較

マシュー・カーンと私は、アメリカ中の新規住宅について炭素排出一覧を作った。全国各地に標準的な新築住宅を建てたときの炭素排出量が知りたかったので、主に過去二〇年で建てられた家をもとに推計を行った。

二〇〇六年に、アメリカは二酸化炭素を六〇億トンほど排出した。これは世界の他の部分から輸入する財に関連した排出は含んでいない。この値は、世界の二酸化炭素排出のほぼ五分の一で、中国以外のどこよりも多いし、ヨーロッパと南米の排出量を足してもアメリカには及ばない。世帯の炭素排出のうち、家と車をあわせると四割だ。アメリカの総排出でも、家と車が四割になり、世界の炭素排出の八％となる。アメリカの二酸化炭素排出のうち二割ほどは住宅のエネルギー消費関連で、さらに二割ほどが、自動車関連のものだ。

ガソリン一ガロンを使うと、二酸化炭素がおよそ二二ポンドほど発生する（一リッター当たり二・六キログラム）。これはガソリンの精製や流通にかかる炭素も考慮しての数字だ。アメリカの平均的な一家は年間一〇〇〇ガロンほどのガソリンを買う。これは二酸化炭素一〇トンほどにあたる。アメリカの世帯は、自動車中心の生活を完全にあきらめるよりは、燃費の高い車に買い換えるほうがありそうだが。歴史的に見ると、いろいろな期間で各種の人々のガソリン使用量変化を左右するのは、燃費ではなく、総移動距離だ。いまの自動車は平均で一ガロンあたり二二マイル（一リッター一〇キロほど）の燃費で、大きな差がでるのは、それで年間五〇〇キロ運転するか五〇キロ運転するかという部分だ。そしてこれは、その人が都市に住んでいるか郊外にいるかで左右される。

カーンと私は、ガソリン利用と強く相関しているのは、地域の人口密度と都市への距離だということを発見した。一平方マイル当たり一万人（一ヘクタール当たり三九〇〇人ほど）の人口密度を持つ国勢調査区に住む平均的な世帯は、年間六八七ガロン（三六一〇リッター）のガソリンを使う。人口密度一平方マイル当たり一〇〇〇人（一ヘクタール当たり三九〇人）の調査区だと、年間一一六四ガロン（四四二三リッター）を使う。住んでいる近隣の密度が関係してくるのは、ほとんどの自動車利用は都心への通勤ではないからだ。人々は日用雑貨を買い物したり、外食したり、学校への子供の送迎などに何百万キロも運転する。ある地域の店舗や学校の密度が、そうしたトリップの平均距離を左右する。都市では、レストランに歩いて出かけることが多い。低密地区だと、外食は片道二五分の運転を必要とする。

世帯収入と世帯規模を補正すると、世帯あたりのガソリン消費は、人口密度が倍になるごとに一〇六ガロン（四〇二リッター）減る。この推計を見ると、もし平均的な北東部世帯が、一エーカーあたり一世帯から五世帯へと移行すれば、その家族のガソリン消費は三五〇ガロン（一三二五リッター）減るということになる。この事実を見ると、ガソリン消費を減らすには公共交通以外のやり方もあることがわかる。人々がもっと高密地区に住めば、相変わらず自動車通勤を続けたとしても、車での移動距離は減るのだ。

公共交通も炭素を排出するが、ほとんどの公共交通は、個人用ガソリン燃焼装置で長い距離を走るのに比べれば、ずっとエネルギー効率が高い。たとえば、ニューヨーク市の公共交通システムは、年間で軽油一・六億リッターと、一四八億メガワットの電力を使って、乗客に二六億トリップを提供している。計算すると、トリップあたり〇・四キロの二酸化炭素排出だ――平均的な車のトリップで出る四キログラムの二酸化炭素に比べれば、一〇分の一でしかない。

カーンと私は、年収六万ドルほどの平均的な世帯がどのくらいのガソリンを消費するか、全米すべての国勢調査区と、都市圏ごとに推計を行った。サンプル地区のほぼすべての地区は、年間一〇〇〇ガロン（約三八〇〇リッター）のガソリン消費だったが、ニューヨーク都市圏の平均世帯だけは、年間八五〇ガロン（約三二三〇リッター）以下だった。アメリカの人々全体でみると、公共交通で通勤する人より自動車通勤する人のほうが一五倍多いが、ニューヨーク市の住民は自動車通勤より公共交通利用率が二倍高い。

全米どこでも、大都市は運転が少ない。平均で、人口が倍増すると、世帯当たりの車による二酸化炭素排出量は年間一トン近く減る。南部の都市は特に運転が多く、ニューヨークよりガソリン消費が七五％以上も多い。グリーンヴィル、南カロライナ、ナッシュヴィル、テネシー、オクラホマシティといったサンベルトの都市は、低密で建設されて職場も大きく散在しているので、そこの住民のガソリン消費は全国トップクラスだ。

ほとんどどの都市圏でも、都市住民は郊外住民よりガソリン消費がずっと少ない。予想されることだが、都市と郊外の差が最大なのは、古いニューヨークのような地域だ。ここでは平均的な都市世帯は、郊外の世帯に比べてガソリン消費が年間で一一〇〇リッター以上も少ない。だが、都市と郊外の差がトップクラスの地域には、アトランタやナッシュヴィルなども含まれる。別にナッシュヴィルやアトランタの都心であまり車が使われないということではない。郊外での運転がやたらに多いということだ。こうした事実を見ると、都市密度は北東部の古い地域で炭素排出を減らすだけでなく、急成長中の新しい地域でも減らすだろうと言える。

都市が郊外よりもエコなのは、都市住民の電気利用が少ないからだ。電気機器は住宅電力消費の三分の二を占める。各都市圏ごとの電力消費の差を説明する最大の要因は、夏の暑さだ。誰でも冷蔵庫や電気器具は使うが、場所ごとの差を本当に生み出すのはエアコンだ。戦後期にアメリカのサンベルト地帯が台頭したのは、安く涼しい空気があればこそだ。エアコンがなければ、ヒューストンの年間九九日に及ぶ三〇度超の真夏日などだれも我慢できない。

アメリカで電力消費が最低の大都市地域はカリフォルニア沿岸部と北東部だ。サンフランシスコとサンノゼは、調査対象の大都市圏の中で、夏が最も涼しいところだし、電力消費もそれに応じて最低だ。これに対して、ヒューストン、ニューオーリンズ、メンフィスといった暑く湿潤な都市は電力消費がトップクラスだ。こうした場所では、夏の間は人工的な気候がないとほとんど耐え難い。

電力使用を押し上げる要因は、暖かい七月だけではない。大きい高密都市では人々の家が小さく、電力使用も小さい。平均的な単世帯戸建て住宅は、五戸以上ある集合住宅のアパート一戸分に比べ、八八％も多くの電力を使う。平均的な郊外世帯は都市世帯に比べて二七％も電力消費が多い。所得と世帯規模について補正すると、都心部の住民は私たちが分析した四八都市圏のうち、四四カ所で電力使用量が少なかった。もっと集中した都市圏、たとえばニューヨーク、ボストン、そしてラスベガスですら、もっとスプロールしたダラスやフェニックスに比べれば、電力消費が少ない。

アメリカのもっと暖かい地域では、電力が暖房に使われることもあるが、でもアメリカの暖房は主に天然ガスが使われており、それが住宅の炭素排出のほぼ五分の一を占める。家庭暖房は、実は昔に比べるとずいぶんエコになってきた。もともとは薪を燃やしていて、これはやたらに炭素を出す。それから石炭に移り、おかげで第二次世界大戦後までアメリカ都市の空は暗かった。だんだん各都市は、石炭から切り替えるよう強制を始め、運のいいことに、石炭が廃止されるときに、アメリカ西部からの天然ガスがずっと入手容易になった（そしてジョージ・ミッチェルが一山あてた）。灯油はもっと古い熱源で、あまり使われていないのに、いまだに家庭の炭素排出の一割を占めている。灯油は天然ガスよりずっと多くの炭素を出すからだ。

家庭暖房の排出で、スノーベルト地帯は温暖なカリフォルニアよりはエコ度が低く見える。デトロイトとミシガン州グランドラピッズは、天然ガス消費量で大都市圏のトップだ。バッファロー、シカゴ、ミネアポリスもすぐ後を追っている。これに対し、フロリダは天然ガスをほとんど消費しない。マイアミは一月の夜でもかなり暖かいのだ。

世帯炭素排出の総量推計を出すには、運転、電力、暖房からくる排出量を足し合わせ、そこに公共交通を足せばいい。たぶん、都市のほうが郊外よりエコだと知っても、もはや読者は驚かないだろう。だが大都市圏同士を比べると、その差は個々の都市での都市部と郊外との差よりさらに大きい。カリフォルニア沿岸部は、全国で圧倒的にエコな場所となる。最も炭素を出すのは、南部の深奥だ。全米五大エコ都市圏は、サンディエゴ、サンフランシスコ、ロサンゼルス、サンノゼ、サクラメントだ。炭素排出最大の五大都市圏は、ヒューストン、バーミンガム、ナッシュヴィル、メンフィス、オクラホマシティだ。この両極端のちがいはすさまじい。サンフランシスコの世帯は、同じくらいのメンフィス世帯より炭素排出が六割少ないのだ。

北東部や中西部の古い都市は、この両極端の間のあちこちにいる。カリフォルニアよりは電力を使うがヒューストンよりは少なく、暖房に使うエネルギーは多い。ニューヨークは高密度のおかげでエコ度が高い。デトロイトはモーターシティの名に恥じず、排出量がずっと高い。

8.3 環境保護主義の予想外の影響

では、このデータをどう解釈しようか？ 単純にいって、土地開発政策を変えることで排出を削減したいなら、アメリカ人はもっと高密で都市的な環境に住む人を増やすべきなのだ。もっと多くのアメリカ人がカリフォルニア沿岸部に引っ越すべきだし、テキサス州に住む人は減らすべきだ。カリフォルニア州はすばらしい気候に恵まれており、夏の冷房も冬の暖房もあまり要らない。ヒューストンやアトランタに住むのは、住むだけでもかなり多くのエネルギーを使う。だったら、なぜもっと多くのアメリカ人がカリフォルニア州に住んでいないのか？

どう見ても過密のせいではない。カリフォルニア州の沿岸地域は驚くほどオープンだ。シリコンバレーを通るルート二八〇を車で運転すると、開けたエデンの中を運転しているかのようだ。サンタクララ郡では、一エーカー当たり二人（一ヘクタール当たり五人）しか住んでいない。湾のすぐ北にあるマリン郡は、一人当たり一と四分の一エーカー（一ヘクタール当たり二人）だ。これにたいし、メリーランド州のモンゴメリー郡では、一エーカー当たり三人（一ヘクタール当たり七・五人）イリノイ州クック郡では、一エーカー当たり九人（一ヘクタール当たり二二・五人）近い。マンハッタンは一エーカーあたり一一一人（一ヘクタール当たり二七七・五人）だし、これは毎日働きにやってくる大量の労働者は入っていない。

カリフォルニア沿岸部は、現在より何百万人も多くの人々を収容できるのだが、こうした沿岸地域の成長は、戦後のピークから大幅に減った。一九五〇年から一九七〇年にかけて、サンタクララ郡の人口は三〇万人未満から一〇〇万人以上へと三倍以上に増えた。だが一九九〇年から二〇〇八年にかけて、サンタクララ郡の人口は一五〇万人から一七六万人へと、一七・八％しか成長していない。全国平均以下だ。過去一七年にわたり、シリコンバレーは地球上で最も生産的な場所の一つだったのに、その人口増は全国に遅れを取っている。

カリフォルニア沿岸部が成長しなかったのは、あまり住宅を建てなかったからだ。あまり建てないところはあまり成長しない。カリフォルニア沿岸部の建設減少は需要減によるものではない。二〇〇七年に、全米不動産業協会の発表したサンフランシスコとサンノゼのメジアン住宅価格は八〇万ドルを超えた。不動産暴落の後でも、これらの地域はアメリカ大陸部で最も高価な二地域で、二〇一〇年第二四半期の住宅価格は平均六〇万ドルほどだ。カリフォルニアの物件価格は、新規建設に対するすさまじい制約のおかげで高く維持されているのだ。たとえば、マリン郡では最低敷地面積が二四ヘクタールだ。こうした規則に、ますます多くの土地を保護公園や野生動物地域として開発禁止にしている政策が追い打ちをかけている。二〇〇〇年には、ベイエリアの土地の四分の一は永遠に保護されている。つまり開発不能ということだ。

多くの環境保護論者は、サンフランシスコ湾での開発制限を大勝利だと考える。「湾を救え」運動のパイオニアたちは、水辺での開発を阻止するために結成されたが、アメリカの環境保護における象徴的な存在となった。「マンモスの友」裁判は、カリフォルニア州の新規プロジェクトすべてに環境影響調査を義務づけたが、画期的な勝利だと思われている。カリフォルニア州の開発制限支持者たちは、しばしばエコロジーの英雄だとされる。でも実はちがう。

カリフォルニア州における開発反対派たちは、州の水源が不足しているので建設制限が必要なのだとすぐに反論するだろう。でもカリフォルニアは、もともと乾燥した農地の灌漑にあれほど水を使わなければ、水は一二分にあるのだ。カリフォルニアの都市や郊外は、毎年一〇七・三億立方メートルの水を使う。カリフォルニアの農業は補助金つきの水をもらっていて、灌漑に毎年四一九億立方メートルの水を使っている。アメリカには作物育成に向いた湿潤な地域はいくらでもある。水を農地から都市に向ければ、カリフォルニアはすぐに、ずっと高い人口密度を維持できるだけの水を供給できるし、それでアメリカの炭素排出も減少する。

カリフォルニアの成長制限は、州をエコに見せかけることはできるが、結果としてアメリカ全体ではかえって環境を破壊し、世界的な炭素排出を増やすことになっている。ヒューストンの開発業者は、カリフォルニアの反成長運動に感謝すべきだ。所得が高くて気候も神々しいカリフォルニア沿岸部での建設が止まっていなかったら、サンベルトのあまり快適でない場所に、あれほどの生活需要など生まれなかったはずだからだ。

開発に反対する人々は、全国の新規開発の量は左右できない。それが自分の裏庭では起こらないようにできるだけだ。全国レベルで見ると、建設量保存の法則とでも言うべき原理が働いているらしい。環境保護論者たちがエコな場所での建設を止めれば、それは環境に被害を与える場所で起こる。成長反対にエコ議論を使うことで、環境保護論者たちは気候の悪いところに新規の住宅を押し出して、実はアメリカの炭素排出を増大させているのだ。

一九七〇年代のカリフォルニア州環境品質法は、先駆的な法律だった。それはあらゆる政府の開発プロジェクトが、着工前に環境影響調査を行うよう義務づけたのだ。一九七三年には、環境的に活発なカリフォルニア最高裁はこの法律が、地元政府によるプロジェクトだけでなく、地元政府の許認可するプロジェクトも含むのだと解釈した。これはつまり、州内のほとんどあらゆる大規模建設ということだ。二〇〇八年にカリフォルニアの規制は、環境影響調査五八三件を実施させた。これは連邦ガイドラインに対応して全米で実施された五二二件の環境影響調査に比べてもずっと多い。こうした環境評価調査は新規建設を高くして遅らせ、結果としてもっと高価にしてしまう。

環境影響調査の大きな欠点は、それが不完全だということだ。各調査は、そのプロジェクトが承認された場合の影響だけを評価し、それが却下されて、カリフォルニア州最高裁の権限外となる別のところで建設が起きたときの影響は考えない。こうした調査の不完全さのおかげで、環境的な手札は常にカリフォルニア州での建設に不利に作用し、新規建設を止めるほうが常にエコであるかのように見せてしまう。完全な影響調査なら、カリフォルニア州での建設を認めれば別のところでの建設、たとえばラスベガス郊外の、かつては見事な砂漠だったような場所への建設が減る、ということを指摘するだろう。カリフォルニア州での建設阻止による完全な環境費用を評価すれば、州の環境政策はエコというより環境破壊に見えるだろう。

8.4　皇太子と市長——二つのエコビジョン

環境保護運動は、きちんとした秩序だった動きとはとても言えない。アメリカでは、オーデュボン協会のバードウォッチャーもいれば、活動家のグリーンピースもいるし、アパラチア山脈トレイルのハイカーたちもいれば、トヨタ製ハイブリッドを運転する人もいる。ヨーロッパでは、運動はもっと成功しているし、もっと広範だ。これほど多様で成功した運動は、どうしてもまったくちがった世界観の人々を引きつけてしまう。たとえばイギリスの皇太子プリンス・オブ・ウェールズと、「レッド」ケン・リヴィングストンは好対照をなす。リヴィングストンは、いまは労働党の政治家で、一九八一年から一九八六年までは大ロンドン評議会議長として、そして二〇〇〇年から二〇〇八年にかけてはロンドン初の市全体の市長として、ロンドンを率いてきた。リヴィングストンは、「二酸化炭素排出が引き起こす気候変動」は「人類が直面する唯一最大の問題だ」と述べた。チャールズ皇太子は、気候変動が「人類への最大の脅威」と述べた。どちらも地球を救うべくベストをつくしているが、人類の「最大の脅威」以外の点では、二人の見方に共通点はまったくない。

皇太子は一九四八年にバッキンガム宮殿で生まれ、すぐにカンタベリー大司教によって洗礼を施された。リビングストンはその三年前に、大司教の宮殿を囲む伝統的に貧困なラムベスで生まれている。チャールズ皇太子は史上どんなイギリス王よりも正規の教育を大量に受け、エリート私立校やケンブリッジ大学に通っている。リヴィングストンの教育は見栄えのするものではなく、まだ十代の頃に実験助手として働くようになり、やがてロンドンの『サンデータイムズ』紙が報告するように「小ラットに腫瘍を培養していた」が、一九七一年にはラムベス市評議会議員として選出された。

リヴィングストンは一九七〇年代を、ランドン＝ラムベス労働党の中で出世するのに費やした。一方のチャールズ皇太子は立派な王族として、王立海軍に入り、ジェット機やヘリコプターを飛ばし、やがては自分の船である戦艦ブロニントンの艦長となった。一九八一年、若き皇太子がダイアナ・スペンサー妃とシンデレラ・ウェディングを果たしたことで、彼はメディアの爆発に取り囲まれた。同年、リヴィングストンはグレーターロンドン評議会の議長となり、これはまともな政治分析よりは三面のエロ写真のほうで知られるあるタブロイド紙をして「アカのケン、ロンドン王に戴冠」という見出しをかかげさせた。世界の半分は、皇太子とダイアナ妃の結婚式を見たくて必死だったが、ケン・リヴィングストンは出席を拒否した。

一九八〇年代に、二人とも都市計画への関与を深めた。「ロンドンの王さま」たるリヴィングストンの旧来の環境保護論は、一部の領域では顔を見せたが、他の所では見せなかった。リヴィングストンは、公共交通料金を抑えれば人々は車を使わなくなり、渋滞と公害がおさまるのだと、強硬かつしつこく主張した。住宅を増やすべく戦ったが、高層ビルには反対した。特にテームズ川の南部に、高層ビルの「ベルリンの壁」を建てろというリチャード・ロジャースの計画には反対した。一方のチャールズ皇太子は、持続可能な農業の支援者と、モダニズムの敵として、公的な評価を確立しはじめた。プリンス・オブ・ウェールズはまた、コーンウォール公爵でもあり、そのコーンウォールの領地は有機農業を推進し、遺伝子組み換え食品の高収量を排除する機会を与えてくれた。チャールズ皇太子は、伝統的農業が好きなだけでなく、伝統的な建物も好きだ。一九八四年には、王立イギリス建築家協会での形式的な演説となるはずだったもので、モダニズム建築に対する厳しい批判を行ったことで話題になった。

チャールズ皇太子は「第二次世界大戦前のロンドンは、おそらくどんな大都市に比べても最も美しいスカイラインの一つを持っていたはずだ」というノスタルジックなビジョンを提示する。これに対し、ナショナルギャラリーの拡張案は「大いに愛されているエレガントな友人の顔にくっついた、化け物じみた吹き出物」だ。皇太子は「なぜ何もかも垂直で、まっすぐで、曲がらず直角ばかりで——機能的でなければならないのか」と問うた。彼はロンドンの壮大な一八世紀大邸宅の隣に、ミース・ファン・デル・ローエ設計のモダニズム高層ビルの反対運動に参加した。チャールズ皇太子はこの高層棟を「巨大なガラスのかたまりで、シカゴダウンタウンのほうが向いている」と呼んだ。このタワーを支持する数多くの建築家の一人はリチャード・ロジャースだった（そして私の父も）が、なんというか、皇太子が勝った。ロンドンにはミース風の高層棟は建たない。

チャールズ皇太子による伝統的なイギリス建築のための闘いは、未だに収まることなく続いており、またパウンドベリーの「モデルコミュニティ」のための戦いも続いている。自分のコーンウォールにある農業領地に、皇太子は理想的なイギリス町のビジョンを建設しており、「初期ヴィクトリア朝の市場町のようで、建築が一八三〇年に止まってしまったかのようだ」と評されている。王室の庇護を受けたことで、パウンドベリーのプランナーであるレオン・クリアーはかなり活躍するようになった。クリアーはまた、ニューアーバニスト運動の知的な主導者の一人だ。ニューアーバニズムは「既存の都市センターや町を一貫性のある都市圏地域の中で再生し、スプロールする郊外をほんものの近隣や多様な地区のコミュニティに再編し、自然環境を保全し、建築遺産の保存を目指す」とのこと。

パウンドベリーは、アメリカのニューアーバニズム系コミュニティよりずっと保全重視だ。アメリカのほうは、たとえばフロリダ州シーサイド、メリーランド州ケントランド、ノースカロライナ州ブレイカウェイ、そしてディズニー社の町であるフロリダ州セレブレーションなどがある。こうした場所も確かに自動車依存を減らそうとはしているが、その狙いは環境と同時に社会的な面も大きいようだ。セレブレーションでは、通勤者の九一％は車通勤だ。パウンドベリーでは、近隣の地域よりも自動車通勤比率は高い（六四・五％）。パウンドベリー住民の四分の三は、買い物に車ででかける。こうした地域は、リヴィングストンのロンドンにおける頑固な都市愛好家よりはむしろ、伝統的な小さな町という発想が好きで、ただし車もたっぷりほしい人々にとって魅力なのだ。

こうした地域の家は小さくはない。だからエネルギーもたっぷり使う。セレブレーションの家の七割は単世帯戸建てで、パウンドベリーの住宅のうちアパートはたった一七％だ。ニューアーバニズムのコミュニティは、アメリカ全体よりは分譲マンションの比率は高いものの、それでもほとんどが伝統的な大邸宅で大量のエネルギーを使う。たとえば、フロリダ州シーサイドの売り家をざっと見ると、二〇〇平方メートルから三五〇平方メートルほどの家が見つかる。都市の一〇〇平方メートルアパートとはおおちがいだ。やはりニューアーバニストのメリーランド州ケントランズも、四寝室、五寝室ベッドルームだらけで、湿潤なメリーランドの夏には大量のエアコンが要るだろう。

チャールズ皇太子はもっと単純で農業的な世界を渇望するようだが、ケン・リヴィングストンのエコビジョンは、持続可能性とダイナミックな都市成長を組み合わせている。ロンドン市長になると、彼は車に対して劇的な一歩を踏み出した。当初、ロンドンの市内幹線路に入るときには全ドライバーが五ポンド支払うよう義務づけた。この金額は後に八ポンドになった。ウィリアム・ヴィッカリーが提唱してから四〇年にわたり、人々が自分の行動の社会費用に対して支払うべきだと考える経済学者にとっては、渋滞課金は魅力あるものだった。一人が運転すれば、万人にとって渋滞が起こる。だから運転課金は道路をもっと賢く使うのによい方法だ。ケン・リヴィングストンはいつもながら恐れ知らずで、渋滞課金は彼にとって経済学者通例の効率性に対する愛情以上の理由で魅力的だったのだ。リヴィングストンは渋滞課金が、人々を車から地下鉄に切り替えさせ、環境を助ける手段だと考えた。また、法制としても進歩的だと考えた。車を運転するのは金持ちだし、バス利用者は貧困者だからだ。ドライバーに課金してそのお金を公共交通に使うことで、リビングストンはあまり豊かでない支持者たちに訴えかけていたわけだ。

渋滞課金は即座に、ロンドンの街路に劇的な影響を与えた。最初の二週間で、車は二割以上減った。全体として、その後二年にわたり渋滞は三割減り、公共交通利用が激増した。リヴィングストンの虎の子政策は、古い都市の交通手段である列車やバスを優遇することで、ロンドンを都市化し、ついでに環境も支援したのだった。

市長としてリヴィングストンは、ロンドンでの高層建築の美徳も理解するようになった。皇太子の反対にもかかわらず、ロンドンは上に成長を始めていた。ポストモダン的なナンバーワン・ポウルトリービルは、チャールズ皇太子に言わせると「一九三〇年代のラジオみたいだ」とのことだが、ミースタワーが建つはずだった場所にこれが建った。もっと重要な開発として、カナダの開発業者が古い埠頭の場所に高層ビルを建てていた。カナリー・ウォーフは、ロンドンの金融サービス業に対して現代的な場所を提供したのだった。

リヴィングストンが反成長論者から規模の支持者へと転向したのは、大都市の長となったことからくる視野の拡大を反映したものだ。リヴィングストンは、他のほとんどあらゆる大都市の市長と同じく、税収基盤を拡大したがった。ロンドンの金融屋たちはあまり好きではなかったが、それでも彼らの所得は、貧しい有権者たちの生活向上に役立つ。都市がグローバル化した世界で競争しなくてはならないという事実は、筋金入りの反ビジネス政治家ですら、派手な高層ビルの支持者にしてしまえる。そうした高層ビルに入居する人々の税金が、社会プログラムの資金になるからだ。リヴィングストンはまた、人々をロンドンに集めれば環境によいことも認識した。都心のほうが家が小さいし車も使わないからだ。

チャールズ皇太子とリヴィングストン市長は、どちらも根っからの環境保護主義者だ。ケン・リヴィングストンは、気候グループ低炭素主導者賞を受賞した。チャールズ皇太子も環境の賞を受賞している。ハーバード大学医学部の健康と地球環境センターの、地球環境市民賞を受け取りに付き人二〇人を従えて大西洋を渡ったときには、かなりの熱狂を引き起こしたほどだ。

だが彼らの環境保護ビジョンは、正反対だ。皇太子は地方的で伝統的なものだ。彼は過去を振り返り、昔ながらの暮らしと伝統的な建物への復帰を願う。リヴィングストンの環境保護論は、都市的で急進的だ。かれは高い建築物と公共交通だらけの大胆な未来を想像している。モダニズムの建築家であるリチャード・ロジャースは、リヴィングストンの建築都市開発ユニットの議長を務めた。この委員会報告「コンパクトシティのための住宅」の序文で、リヴィングストンは高密建築を採用してロンドンのグリーンベルトやコミュニティ空地を保護しようとした。これに対し、チャールズは高層ビルを「常軌を逸した男根彫刻であり、がっかりするほどありきたりなアンテナでもあって、何らかの職人芸よりはむしろ建築的なエゴを雄弁に物語る」と糾弾している。

どちらの環境保護論が効果的だろう——リヴィングストンの大都市モダニズムか、チャールズ皇太子の農業的ユートピア主義か？　原理的には、伝統的な地方コミュニティはかなりエコだ。人々があまり暖房せず、移動せず、伝統的な郊外の娯楽だけやっていれば、炭素排出も少ない。一方で、都市を運営するにはどうしてもある程度のエレベータや公共交通用の電力はいる。本当に人々が、一五世紀の田舎農民のように暮らしてくれるのであれば、地方のエコタウンはきわめてエコになる。

だが人々は中世の農奴のような暮らしはしたくない。低密地域にしか住めないなら、たくさん運転して、快適な冷暖房つきの大きな家をほしがる。でも都市では、レストラン、バー、美術館といった共用空間を共用することになる。都市モデルは、本当の人々が使うときにはエコになる。それはデータの示す通りだし、その理由も明らかだ。高い地価で私的空間が制限されるし、高密なので自動車利用の魅力は大幅に下がる。都市生活は持続可能な持続可能性なのだ。地方部のエコタウンは持続可能ではない。

8.5 最大の戦い——インドと中国のエコ化

欧米での高密建設は炭素排出を減らすが、これからの都市開発をめぐる最も重要な戦いは、インドと中国で行われるものだ。二〇〇〇年のアメリカ住宅のうち半分は一九七〇年から二〇〇〇年に間に建てられたものだから、仮に三〇年後でも、アメリカの住宅ストックの半数は新築だとしよう。高密化の努力がどこでも成功すれば、運転や家庭電力使用からの排出は半減するかもしれない。これはすばらしい成果だろう。アメリカの世帯炭素排出は二五％減るわけで、アメリカの総排出も一割減る。だがこれほどの壮大な変化があっても、世界の炭素排出はたった二%しか減らない。だからといって何もしなくていいわけではないが、でもアメリカが気候変動に対する長期的な戦いにおいては、ちょっとした余興程度でしかないというのを示すものではある。アメリカは車中心のインフラにすでに何兆ドルもつぎ込んでいるし、先進国はどこも急には変われないのだ。

インドと中国は激変しており、アメリカより遙かに多くの人々がいる。インドと中国の炭素排出が、アメリカの一人当たり水準になってしまうと、世界の炭素消費は人口が増えなかったとしても、一三九%増大する。アメリカでの高密度開発を支援することで得られる最大の環境的な便益は、中国やインド人に対し、外に広がるより上に建てろと説得しやすくなることかもしれないのだ。

今日のアメリカは、世界第二位の炭素排出国だ。平均で、アメリカ人は一人当たり年間二〇トンの二酸化炭素を排出する。カナダ人もたくさん運転するので、一人当たりではほぼ同じくらいの排出になる。西ヨーロッパはずっとエコだ。イギリス人の排出量は年間一〇トン未満だ。イタリア人は八トン。フランス人は、大量の原発を持っているので、一人当たり年間たった七トンの二酸化炭素しか排出しない。

中国人の年間二酸化炭素排出は、年間一人五トン近い。インド人だと一トンだ。中国の一人当たり炭素排出がアメリカ水準になったら、これは毎年の炭素排出が二〇〇億トン増えるということだ。世界の炭素排出は六九%増える。だがインドと中国のエネルギー消費がフランス水準で止まれば、世界の排出量は三割増ほどで止まる――この増分なら、アメリカなどでの炭素削減により相殺できそうだ。だからこうした国々が現在のアメリカのエネルギー利用や開発パターンを真似たりせず、炭素排出を慎ましいヨーロッパ並みに抑えるよう奨励することはとても重要なのだ。

今日の中国の炭素排出は、もっぱら工業による。かつてピッツバーグやマンチェスターを取り巻いた黒煙のように、それは台頭しつつある大工業力の副産物だ。今のところ、中国の世帯は驚くほどエネルギー消費が少ない。マシュー・カーン、ルイ・ワン、シキ・チェンと私は、年ごとに中国の世帯炭素排出を分析した。アメリカでやったのと類似の調査だ。ワシントンDC地域の平均的な世帯は年間四三トンの二酸化炭素を排出するが、北京の平均的な世帯はたった三・九九七トンしか出さない——そして北京は中国で最も炭素排出の多い都市の一つなのだ。検討した中国都市の六割以上では、世帯あたり二酸化炭素排出量は年二トン以下だった。中国の石油首都で最も炭素排出の多い都市である大慶ですら、アメリカで最もエコな都市サンディエゴの排出の五分の一しかない。

中国の世帯排出は、暖房と電力が中心だ。国が発展するときには、まず暖房で、エアコンはずっと後だ。アメリカで最も炭素排出の多いところは暑く湿潤だが、中国で現在最も排出が多いのは寒いところだ。中国はいまは暖房はしても冷房はしないのだ。アメリカの世帯排出の半分は個人の輸送手段によるものだが、中国排出で車からくるのはたった十分の一ほどだ。運転とエアコンが比較的少ないことで、現在の排出水準は低く抑えられているが、ますます豊かになる中国人たちが、アメリカ人なら当然と思っているぜいたく品を見送るとはとても期待できない。そして何より、インドにおいてはエアコンは中国よりもっと広まるはずだ。

一世代前なら、中国もインドも圧倒的に地方中心だった。環境的な被害もあまりなかった。貧乏なところの常として、エネルギーをほとんど使わなかったからだ。だが五〇年ほどの間に、西洋では何世紀もかかったのと同じ工業化と都市化が実現している。その結果は、エネルギー消費量の避けがたい爆発で、それがこんにちは石油価格を押し上げ、将来的には炭素排出をすさまじく増大させかねない。

中国とインドが伝統的な農業に専念してくれればと願いたくもなるが、二〇億から四〇億人もの人々を永続的な貧困による窮状に追いやるのは、気候変動に対する解決策とは言えない。中国とインドの農業中心の過去は、高い乳児死亡率と飢餓を意味している。永続的な貧困とは、何十億人もの人々が、ハイテク医療の支援がないとかかってしまうあらゆる疫病にかかるということだ。貧困は専制主義の温床でもあるので、インドと中国が貧しいままなら、他の国の人々は、強力で専制的な近隣国に伴う軍事リスクに直面することになる。だが、繁栄と成長を、少ない環境リスクと組み合わせる中道がある。その道とは高密都市居住であり、アメリカ的な準郊外の車依存に向かわないことだ。

インドと中国の成長パターンは、希望と困惑の入り混じったものだ。よい方としては、両国の大都市はすさまじく高密だ。ムンバイは一平方マイル当たり五万人以上いる（一平方キロメートル当たり約二万人）。ニューヨーク市の倍の密度だ。コルカタとバンガロールは、一平方マイルあたり二万人以上だ。（一平方キロメートル当たり約七八〇〇人）。香港から川を渡った中国本土にある、急成長大都市の深圳は、一平方マイル当たり一万五〇〇〇人以上いる（一平方キロメートル当たり約六〇〇〇人）。こうした密度は、バスや列車やエレベータには好適だが、自動車利用は実質的に不可能だ。もし中国の将来が、よい公共交通と高層住宅で快適な超高密の場所になれば、世界はずっと安泰だ。

だが警鐘も見られる。上海と北京は、それぞれ人口二〇〇〇万人と一七〇〇万人で、実に広大な場所であり、ニューヨークと比べて人口密度は十分の一、ロサンゼルスと比べても密度は半分だ（一平方マイルあたり二六〇〇人、一平方キロメートル当たり一〇〇〇人）。インドでも中国でも、自動車利用は急増している。中国の自動車保有は、二〇〇九年に合計六〇〇〇万台となり、年率三〇％で増大している。この増加率が数年続けば、中国は二〇二〇年までに五億台の車を持つことになるだろう。一方、インドのタタグループは二五〇〇ドルの車を作ったことで話題になった。そしてタタの自動車はインド人一〇億人にハンドルを握らせることになりかねない（渋滞に我慢できればだが）。インド人ドライバー一〇億人は、かなりの炭素を排出する。

8.6 もっと賢い環境保護論を求めて

エネルギー狂のアメリカ人たち――私もその一人だ――がアジア人たちにもっと節約しろと説得する、というのはかなりひどい偽善の香りがする。ある高名な経済学者はこれを、「ガソリン喰いの四駆ドライバーたちが、自転車乗りの国に向かってスクーターはやめろと言っているようなものだ」と述べる。私のぶざまな郊外生活は、もちろんエコ生活のお手本なんかではない。西洋が地球温暖化について多少なりとも道徳的な発言権を得る唯一の方法は、まず自分たちの排出をなんとかすることだ。一人当たり炭素排出でアメリカが先進国トップである限り、中国やインドをはじめとする発展途上国に対しては、我々のエネルギー大量消費ライフスタイルを真似る以外のことは納得させられないだろう。

西洋もまた、もっと賢い環境保護論を採用する必要がある。環境保護運動の第一フェーズでは、単に人々に自然を気にかけさせるのが狙いだったので、それを具体的にどう政策化するかは社会の意識向上ほどは重要でなかった。今日では、かかっているものがずっと大きい。土地保全というだけで、見当外れでも反生産的でも何でも支持するわけにはいかない。むしろ気候変動に意味ある影響をもたらすような提案だけに専念しなくてはならない。

賢い環境保護論は、各種の環境保護政策の意図せざる副作用についても考え抜き、実は便益より害のほうが大きいものはちゃんと見分ける。ベイエリアに新規建設を許さない保護論者たちは、アメリカで最もエコな場所への建設を阻止している。すると建設量保存の法則により、建設は結果としてアメリカの環境を破壊する場所で実施されるということだ。ロラックスの誤謬にまどわされ、地元の緑地保護のために都心の高密開発に反対する人々は、開発が準郊外の周縁部に移って、人々の運転が増えるよう保証していることになる。

賢い環境保護運動は、インセンティブを活用しなければならない。ケン・リヴィングストンの渋滞課金は、価格を使えば人々を車からおろす威力があることを示した。これは他の都市でもできる。世界中で、世界排出税を採用し、炭素排出による被害に対して人々に課金すればいい。実際の税金の規模は、炭素排出の真の費用をいちばん正確に試算できる専門家がはじき出す必要があるが。基本的な原理はみんなが受け入れるべきものだ。炭素排出に対して課金しない限り、排出は減らない。大きな政府の反対者たちが、こうした政策が単に政府にとっての追加歳入源とされるだけではないかと懸念するのはわかる。でもこの懸念を減らすには、その税金を市民たちにエネルギー配当として払い戻すという公的なコミットメントをすればいい。ちょうどアラスカ州が市民に対し、原油収入から年間配当を支払っているようなものだ。

豊かな国はまた、貧困国にインセンティブを与えてエネルギー消費を減らさなければいけない。中国に対し、エネルギー消費をもっとフランス式に、と説教はできるが、こちらも自分のリソースを提供しなければ馬耳東風だ。この種の移転――「石油を使わなければ現金」とでも言おうか――が直面する政治的なハードルは巨大だ。すでに孤立主義者たちの金切り声が聞こえてくる。でも、そこにかかっているものはあまりに大きい。もし先進社会が発展途上国のもっと燃料効率の高い技術を補助できるなら、あるいはもっといいのは、発展途上国に無料で提供できる、新規の燃料効率の高い技術開発に補助を出せるなら、途上国は生活水準を向上しても、エネルギー利用はあまり増えないかもしれない。だが燃料効率だけが唯一の答えではなさそうだ。ジェヴォンズのパラドックスは、エンジンや設備の効率が高まれば利用も増えると戒めているからだ。

未来がエコになるならば、もっと都市化しなくてはならない。高密都市は、車を減らして冷暖房負荷の少ない小さな家をもたらす。いつの日か、炭素排出まったくなしに、運転したり家を冷やしたりできるようになるかもしれない。だがその日までは、アスファルト舗装ほどエコなものはないのだ。

人類と地球のために、都市こそが今もこれからも未来の波だ。未来へとつながる都市の成功には、いくつかのモデルがある。次の章では、今世紀とその後に栄える種類の都市がどんなものかを検討しよう。

第九章　都市の成功法

「幸せな家庭はみんな似たり寄ったりだが、不幸な家族はそれぞれ独自の不幸を持っている」というトルストイは正しかったかもしれないが、都市の場合には、失敗は似たり寄ったりだが、成功は独自のものに思える。ライプチヒ市の、窓に板を打ち付けた近隣をうろついてみれば、ここがデトロイトだと言われても信じてしまうだろう。空き家はイギリスだろうとオハイオだろうと、同じような陰気さを漂わせる。だがバンガロールをボストンとまちがえたり、東京をシカゴとまちがえたりする人はいない。成功した都市は常に大量の人的エネルギーを持ち、それがちがった形で自己主張して、常に独自の空間を定義づける。

香港都心の輝く高層棟を結ぶ、エアコン付きの空中歩行者路は、いくつもの大陸で見つかるようなチェーン店だらけだが、そこが香港以外の場所だと思う人はほとんどいないだろう。東京とシンガポールも高層ビルやチェーン店は多いが、香港とはまったくちがうし、お互い同士も似ていない。香港はどう見ても多文化だが、東京は圧倒的に日本で、部外者には実に理解しにくい独特の感性を持っている。シンガポールは、香港よりさらに西洋人にオープンだが、街路はあまり混雑しておらず、規則もはるかに厳しい。三都市とも食べ物はすばらしいが、料理はやはりまったくちがう。生のマグロと広東のアヒルを混同したり、シンガポールでの食事を実に楽しくしている他民族混合料理をまちがえたりする人はいない。

だが、あらゆる成功した都市は確かに共通点を持つ。成功するためには、都市は賢い人々を集めて、彼らが協力して働けるようにしなくてはならない。人的資本なしの成功した都市などというものはない。今日では、特に発展途上国だと、高技能の人々は伝統的な学校でよい教育を受けている――とはいえ、最も重要な知識は通常は卒業後に獲得されているのだが。時代がちがえば、そして今日でももっと貧しい場所では、エネルギッシュな起業家たちはヘンリー・フォードやジェイムズ・ワットのように、ほとんど正規の教育を受けていない。最高の都市は、技能の混合があり、あまり持たざる者が、たくさん持てるようになるための道を提供するのだ。

だが、才能をひきつけるやり方は都市ごとにちがう。一部の例だと、強い政治力や筋の通ったビジネス重視政策が、高技能の人々を引きつける。東京が一七世紀に世界最大の都市の一つになったのは、徳川将軍がそこを実質的に日本の首都にしたからだ。三〇〇年後、そこは未だに日本のベスト&ブライトストを集め続けている。香港とシンガポールは、しばしば無秩序なことも多い地域において、経済的自由の砦としての地位を確立することで繁栄した。

他のボストンのような都市では、高等教育の長い伝統が相変わらず成功に結実している。ミネアポリスとアトランタでも、地元大学が都市経済のアンカーとして機能している。他の地域では、高技能者は生活の質を求めてやってくる――パリを定義づける楽しみや、ドバイを発達させるとシェイクが考えているものだ。最後に、他の魅力が十分あれば、シカゴのように新規建設の障害をなくすことで、他の所よりも安上がりに暮らせるようにして優位に立てる。

本章では、こうした各種の都市が成功にたどりついた道筋をふりかえる。都市の卓越に至るやり方は一つではないし、その成功の源はしばしばきわめてその国特有のものだ。デトロイトは――東京のように――きわめて中央集権的な国の首都になり、大量の国立大学を造ってもらえれば大成功するだろう。だが、そんな言うまでもない情報は、ビング市長にいったいどう役にたつのだろうか？　赤錆地帯は、東京やシンガポールの強みが持つ固有の源をもっと繊細に理解するほうが有益だろう。そうすれば盲目的な模倣は避け、傑出した都市の成功物語から、地元にも適用できる教訓を引き出せるだろう。

9.1 帝都東京

一五九〇年に戦国武将秀吉が日本を統一した。その死後、仲間だった徳川家康がかわって日本の主人となり、その新しい城の城下町、江戸が日本の実質的な首都となった。無力な天皇は京都の桜の中に暮らし続けたが、政府の本当の業務は徳川将軍を取り巻く都市で実施されたのだった。

日本における将軍の権力は、現代のヨーロッパ王家が自国で持つ権力よりずっと大きい。日本の米歳入の半分は将軍の手元を経由していた。国の政府が中央集権化されると、首都はそれだけ大きくなる。人々は、アリがピクニックに惹かれるように、権力に惹かれるからだ。うまく機能する民主主義は、権力の回廊から遠くに暮らす人々にさえ政治的な権利を与えられる。専制主義は通常はそれをしない。結果として、専制国家での最大の都市——ほぼまちがいなく首都だ——は、平均で国の都市人口の三五％を持つ。安定した民主主義の最大の都市は、国の都市人口の二三％しか保有しない。一八世紀末には、江戸は人口一〇〇万人で、世界二大都市か三大都市の一つとなっていたのだった。

徳川将軍は一八六八年に打倒され、明治の王政復古で天皇の権限が復活したが、江戸の規模にはほとんど影響しなかった。明治天皇は宮廷を京都から江戸に移し、それを東京（東の首都）と名付けた。古い将軍の城が皇居となり、今でもそれが続いている。一八六八年以降、東京は繁栄した中央集権国の政治首都となり、それが東京の成功を確保している。

明治以降、日本は開国して西洋と貿易することで成長した。明治以前ですら、日本はかなり教育水準が高かったようで、おかげで工業化への移行は急速でスムーズだった。一九四五年以来、日本は世界の偉大な経済サクセスストーリーで、これは一九九〇年代の日本の「失われた一〇年」における経済停滞を考慮してもかなりのものだ。

まだ日本が貧しかった一九六〇年でさえ、人々の教育水準は驚くほど高かった。当時、日本の平均所得はアルゼンチンやチリよりも低く、フランスの平均所得の半分だった。だが平均的な日本男性は学校に七・四年通っていて、これはフランス、オランダ、スペインよりずっと多い。この教育がジャンプ台となって、日本は経済的に離陸し、おかげで東京は高技能都市であり続けた。強力な首都は、どうしても日本のスターたちを過剰に集めることになるのだ。

一九八〇年代に、日本は永遠の経済成長が約束されているかのように見えたので、専門家たちは日本の成功を、ちょっとでも特徴的なものすべてに結びつけようとした。たとえば、政府が特定企業や、エレクトロニクスや自動車といった特定産業を強力に支援することなどだ。日本の通商産業省は、昔から多くの企業に資金提供など各種の支援を行ってきた。だが通産省は、どんな都市や国家経済開発機関でも望めないほど多くの専門家を雇ってきたにもかかわらず、通常は勝ち馬を当てるよりは負け犬をひいてしまった。産業政策は必ずしもまちがいではない――後でシンガポールの政策については議論する――が、通産省の失敗はベンチャー資本家のまねごとをしたがる都市指導者に対する警鐘となるだろう。日本の経済力は、その労働者や事業者たちの技能を反映したものであり、政府の経済プランナーが優秀だったおかげではない。

それでも、東京中心の政府官僚たちの権限は、なぜ首都がこんなに大きくなったかという説明の一助となる。通産省の支援がほしければ、物理的に省の近くにいるほうがいい。国会や無数の官僚たちの近くにいるのはやはり有益だ。フランスなど、他のきわめて中央集権的な国でもそうだが、最も有能な日本の若者は、まず通産省のような政府機関でキャリアを積み、生涯にわたり有益となる人脈を育む。才能は権力のまわりに集まり、東京は政治とビジネスと楽しみの莫大な集積になったのだった。

東京の物理的な構造はこの現実を繁栄している。市のどまんなかに皇居があり、ここを囲む何ヘクタールもの土地は、下々の民には毎年一日以外は入れない。皇居の外には大規模な政府の建物がある――日本の大規模な公共セクターの頭脳だ。ビジネス街や、東京の都市的遊び場である銀座ショッピング街などは、もう少し外にある。この都市は、ワシントンＤＣとニューヨークをひとまとめにしたようなものなのだ。

だが東京の規模は手に負えるものだし、多くの点でアジアの急成長メガシティの数々にモデルを提供してくれる。日本の官僚は、民間のベンチャー資本家には勝てないかもしれないが、彼らは賢明にも東京が高層化するのを許したし、すばらしい公共交通網を作った。街はきれいで安全だ。日本の島国文化における絹のカーテンは、部外者には比較的入りにくいものなので、ここが世界的な才能のメッカとしてニューヨークやロンドンのライバルになることは決してないだろう。でも日本は大量の賢い、教育の高い人々を持っている。彼らがお互いへの近接性と国の政府への近さのために東京にやってくるなら、東京は成功した都市のモデルの一つであり続けるだろう。

9.2 マネジメント良好都市——シンガポールとガボロン

世界の相当部分はひどい政府の下で苦しんでいる。だから行政が優れた都市は、それだけで優位に立てる。この事実を最も如実に示す例は、かつてのイギリス東インド会社の拠点である香港とシンガポールだ。東京は成長国の中心だったので大きくなったが、香港とシンガポールが成功したのは、近隣の大国とは政治的に分離していて、まったくくちがった場所だったからだ。近くの国よりもよい政府を企業に提供することで成功し、規則は公平に適用され、投資を優遇した。その政治制度が人的資本を集め、それが彼らを偉大にしたのだった。

イギリス東インド会社の成功もまた、才能を集めて権限を与える能力のおかげだった。その才能の一人が、トマス・スタムフォード・ラッフルズだった。ラッフルズは奴隷貿易商の息子で、ジャマイカ沖合の海で生まれた。父親はラッフルズが一四歳のときに破産して死んだので、ラッフルズは事務員として東インド会社に入った。一〇年後、同社の現地主任の秘書補佐としてマレーシアに赴き、マレー的なものすべてにどっぷり漬かった。ナポレオン戦争中に、イギリスがジャワを制圧するのを手伝ってから、ラッフルズはインドネシアで自治権を与えられ、そこで実に奇妙ながらいかにもイギリス的な、驚くほどのアマチュア学者ぶりと道徳的使命、そして海賊的な野望の組み合わせを発揮したのだった。ラッフルズの『ジャワ史』は一八一七年に書かれ、いまでも十分読むに耐える。彼は動植物が大好きで、ペットにマレーグマの子供を飼っていた。後にロンドン動物園の初代園長にもなっている。父親の職業にもかかわらず、ラッフルズは奴隷貿易もアヘン貿易も禁じた。もっとも重要なこととして、彼はシンガポール、あるいはライオン都市という名の、マレー半島の先っぽにある島に、交易所を造る権利を東インド会社に与えるように交渉したのだった。

その後一四〇年にわたり、第二次世界大戦中の日本占領を除けば、シンガポールは大英帝国の輝く宝石だった。島の位置は、マレーシアとスマトラの間の海峡で、アジアのシーレーンどまんなかにある理想的な港となった。この港と、イギリスによる法治のおかげで、中国の混乱から逃げ出してきた華僑の商人たちを引きつけたのだった。

一八五〇年に中国の広東省で大反乱が起き、その後の血みどろの内戦は死者二五〇〇万人とも言われる。一二年後、戦争がまだ続いているさなかに、リー・ボクブーンは広東を離れて、イギリス配下の海峡居留地の安全を目指したが、ここにシンガポールも含まれていた。一家は栄え、そのひ孫リー・クァンユーはシンガポールのラッフルズ大学で学び、その後ケンブリッジ大学に入った。日本がシンガポールを占領したとき、リーはタピオカ製の糊を売る一〇代起業家となった。第二次世界大戦後、弁護士となってイギリスからの独立を目指して戦った。当初、イギリスから独立したシンガポールはマレーシアの一部になるはずだったが、一九六五年に清教徒的で知的に苛烈なリーと、マレーシアの享楽的な貴族指導者との間に埋めがたい亀裂が生じ、シンガポールは独立都市国家となった。

シンガポールの初代首相リーは、莫大な課題に直面することになった。五五五平方キロの領土は人口一九〇万だが、天然資源も水も食料もないし、仲のよくない大国二つ、マレーシアとインドネシアに囲まれている。かのラッフルズがこの小さな都市の成功について賭けをしていたら、倍率はかなり高いものを要求したことだろう。だがふたを開けてみると、地方部の後背地のない独立都市であっても、生き延びられるどころか繁栄できたのだった。

一九六五年のシンガポールの所得は、アメリカの五分の一ほどだった。だがその後四〇年にわたり、この都市国家の経済は平均成長率年八％以上となった。これは世界トップクラスだ。一九六〇年代のシンガポールは貧しい掘っ立て小屋の街で、屋内トイレも珍しいほどだった。今日のシンガポールはきらめく第一世界の都市で、一人当たりＧＤＰは世界最高水準だ。

シンガポールの成功は、賢い人の高密集積が、驚くほど有能な公共セクターに恵まれたときに、イノベーションを起こして繁栄するという驚くべき能力を反映したものだ。リーは矛盾するようでいながらきわめて効果的な、自由市場資本主義と国家主導工業化の組み合わせを実施した。ラッフルズの介入主義傾向を受け継ぎ、貯蓄を補助して、つば吐きなどの悪行に罰金を科し、酒に重税をかけた。シンガポールは外国人ギャンブラーを巨大な新カジノに呼び寄せて、喜んで儲けようとはするが、自国民の賭博は奨励しない。シンガポール人はカジノに入るだけで七〇ドル以上を支払わなければならないのだ。

シンガポールは――日本と同様に――教育に投資した。一九六〇年には、シンガポールの成人は平均で就学期間がたった三年、レソトやパラグアイの大人以下だし、日本の半分以下だった（訳注：現在の平均就学期間は一一・五年）。一九九五年には、シンガポールの一三歳児は国際数学科学テストで世界トップとなり、その後もシンガポールはしょっちゅう一位を記録している。この成績は、自家製の人的資本に対するコミットメントの反映だが、シンガポールの技能はまた、まともな政策や信用できる法制度に惹かれた有能な外国人たちの流入も反映している。

シンガポールの産業政策は、日本よりも成功しているようだ。おそらくそれは、リー・クァンユーがベンチャー資本家を演じるよりは教育者に徹したからだろう。人々を衣料産業に、それから製造業、ついでエレクトロニクス、さらにバイオ医療生産に移すことで、リーは人々に新技能習得を促したのだった。

アイルランドやイスラエルのような場所では、派閥紛争が土地を巡って争い、何十年も無駄にした。シンガポールの成功は、面積などどうでもいいことを実証している。この都市国家は、土地がなくても繁栄したというだけではない。おそらくはかれらが繁栄したのは、まさに場所が少なかったせいかもしれないのだ。シンガポールがまさに天然資源に恵まれなかったからこそ、リーは国際資本を引きつける適正な政策を採用せざるを得なかった。天然資源による思わぬ利益が、腐敗した無能で破壊的な政治家や政策の持続を可能にしてしまうために、国がかえって悪くなるという逆説的な傾向については、大量の文献が存在する。

第三世界の相当部分は、昔から汚職まみれだった。リーは、第一世界の投資家たちは袖の下などではなく、法治を求めると知っていた。だからまさにそれを実現することで、シンガポールを第三世界から引き揚げた。リーは司法の独立を保護した。官僚たちを正直にするため、給料を高くして、不正に対する罰金はさらに高いものにした。「ピンクパンサー」のクルーゾー警部は、手癖の悪い妻の高価な毛皮について、彼女は家計の切り盛りがうまいのだというあり得ない言い訳をする。シンガポールでは、マダム・クルーゾーの支出だけで警部も有罪になる。というのも、豪勢な生活だけでも官僚の有罪証明として十分だからだ。ヨットと田舎の別荘を持っていたニューヨークの警官「クラバー」ウィリアムスは、シンガポールでなら日本の不動産でうまく投機をしたなどという言い逃れでは通用しなかっただろう。

シンガポールの法治を昔から補ってきたのは優秀なインフラ、特に港湾だ。世界銀行によれば、シンガポールは貿易と輸送に最高の物流を持つ。よいインフラと法治が外国人を引き寄せ、彼らは島に技能を持ってきた。そしてシンガポールは、すばらしい空港とナショナルエアラインを保つことで、外国人来訪をさらに容易にしている。

シンガポールが外国人を集める理由の一部は、わずかな土地面積と天然資源不在、赤道直下のうだるような場所を考えたとき、きわめて高い生活水準を提供してくれるからだ。ニューヨークはクロトン上水路からすぐに水を輸入できるが、シンガポールには後背地はなく、常に水不足となっている。ごく最近までは、水の大半をマレーシアから輸入していたが、いまや脱塩工場を建設し、三六・五億ドルの大深度トンネル下水システムを建設して、この問題を解決した。これは二〇〇九年には水プロジェクト・オブ・ザ・イヤーを受賞した。理由は「水道技術と環境保護への貢献」のためだ。このシステムは全長四八キロで、深さは地下二〇メートル以上であり、下水を処理して処理水は再利用する。

世界第二位の高密居住国では交通渋滞必至と思われるかも知れないが、シンガポールの街路は渋滞課金を一九七五年に導入したおかげでスムーズに流れる。当初はシンプルだったリー・クァンユーのシステムは絶えず進化を続け、現在では電子料金アーチが電子的に全市の車に課金する。あらゆる車はトランスポンダーを積んで、それが何らかの資金源に結びつかねばならず、結果としてこの高密アジア都市で車を運転するのは容易だ。渋滞のない道路ではバスもすばやい。もっと長距離なら、同市の鉄道も安全で高速だ。通勤時間は、住宅がしばしば都心から遠いのに、三五分程度だ。

シンガポールの街は安全で清潔で、しばしば街路樹がある。リー・クァンユーは、ライオン都市が緑地を保つには上に伸びるしかないと理解しており、二〇〇九年時点で高さ一四七メートル以上のビルが四二本ある。これはロンドンやパリの三倍以上だ。シンガポールを訪れるアメリカ人は、なぜアメリカの都市もこのくらいきちんと運営されていないのかと不思議に思うが、無理もないだろう。

アフリカ南部にあるボツワナの首都ガボロンの成功は、シンガポールほどすごいものではないが、近隣諸国の実に多くがすさまじい問題を抱えていることを考えれば、ずっとめざましいものかもしれない。どちらの都市も、発展途上国の多くの都市の通例である不潔さと汚職を克服するのに、強硬なマネジメントを活用してきた。一九六六年にボツワナがイギリスから独立したときには、世界最貧国の一つだった。その後三五年で、世界第二位のGDP急成長を実現し、いまやサブサハラ・アフリカで繁栄した国の、上位二位か三位には入る。ガボロン市は一九六五年に創建されたが、いまや人口二〇万人で、これは全国人口の一割にあたる。

ボツワナの成功は、よい統治と天然資源のおかげだ。初代大統領セレツェ・カマは同国を一四年間統治したが、伝統的な部族の長であり、オックスフォードで教育を受けた弁護士でもある。リー・クァンユーと同じく、汚職と戦い、税金を抑え、財産権を保護した。アフリカの多くでは、ボツワナのダイヤモンドのような天然資源は内戦をもたらしたが、ボツワナは天然資源を使って、物理資本と人的資本への投資を行った。一九六五年から二〇〇〇年にかけて、ボツワナの平均就学期間は、一・三四年から五・四年にのびた。これで同国は、サブサハラのアフリカで最も教育水準の高い国の一つとなった。

ガボロン市の成長はボツワナの成長と並行しており、一九七一年から二〇〇一年にかけて人口は一〇倍以上に増えた。その慎ましいモダニズムのスカイラインは、国の端にある、プレトリアに向かう鉄道に隣接して建てられた。公共交通はうまく機能するし、外部世界ともしっかりつながっている。そしてガボロンは、同国の高等教育の主な源であるボツワナ大学のキャンパスを二つ擁している。

アフリカのほとんどと同様に、ガボロン市もエイズでひどく苦しんだが、政府の病気への対応——誰にでも無料で抗レトロウィルス剤を提供——は人道的だしそこそこ効果をあげ、HIV陽性の人々の期待寿命を大幅に引き上げた。ガボロンをパリとまちがえる人はいないが、それでもアフリカ都市の中では驚異的な成功例で、その主因は政府が立派なことだ。世界最貧地域では、成功はなによりもまともな政治制度と教育投資の反映であり、ガボロンもこのためにうまく機能する都市となっているのだ。

9.3 スマートシティ——ボストン、ミネアポリス、ミラノ

シンガポールとガボロン市は、独立国でもなければ首都でもない都市にとっては、不完全なモデルでしかない。また、まともな経済政策が当然のものとされる地域の場所にとってもお手本にはならない。シンガポールが成功したのは、一部は教育に投資したからで、一部は近隣諸国とよい方向に差別化できるような経済政策を選んだからだ。これだけの権限を持つ都市は、アメリカにもヨーロッパにも、インドにも中国にもない。もっと大きな国では、経済政策は自治体レベルではなく、国レベルで決まる。一般にいって、欧米はかなり法治が確立しているから、この点であまり頭角をあらわすわけにもいかない。一大きな国の中にある都市が教育水準を左右するのも限度がある。移転してくる人々はよそで教育を受け

ているることが多いからだ。

実は、どのアメリカ都市の教育が最も高いか、そして多くの場合は成功しているかを左右するにあたり、歴史的な偶然が大きな役割を果たしている。二〇〇〇年の大卒率のちがいは、統計的には一九四〇年の教育水準で説明できる。ある地域の成人人口のうち、一九四〇年の大卒比率が五％以下なら、平均でその地域の人口は、大卒率が一九％以下となる。一九四〇年の大卒比率が五％以上なら、二〇〇〇年では平均で二九％が大卒者となる。こうした効果は、歴史をずっと遡っても見られる。ボストンも、ニューヨークと同じく、一九七〇年代以来めざましい復活をとげた。この復活は、最近の政治と同じくらい、一六三〇年代に行われた決定のおかげだ。

ボストンの創建者はジョン・ウィンスロップとその友人たちで動機は主に宗教的なものだった。ウィンスロップが新世界にやってきたのは、「世界のこの部分に福音をもたらし、異教徒たちが全き存在となれるように助け、そしてかの地でイエズス会どもがそびえ立たせんとする反キリストの王国に対する堡塁を築くことで、教会にとって大きな意義を持つ貢献をする」ためなのだった。ウィンスロップやその仲間の反イエズス会ヒステリーはまったく誉められたものではないが、その恐怖に満ちたローマとの競争は、ボストンの教育成功における出発点だった。

多くのプロテスタントと同様、初期のボストン人たちは神様のご意志を知る最も確実な手段は、聖書を読むことだと信じていた。そして「反キリストの王国に対する堡塁」における重要なレンガとして教育を捕らえていたので、一六三五年にボストンラテン学校を創設した。翌年には四〇〇ポンドを大学に割いたが、これは一六三五年における植民地税収の半分以上の金額だ。残り三七五ポンドと四〇〇冊の書籍が、ケンブリッジ大学で教育を受けた清教徒司教ジョン・ハーバードの遺産からきた。こうした投資でマサチューセッツは、「聖なる本の教えを信仰する信徒たちの教区連合であり、当時世界に存在していたもっとも識字率の高い社会かもしれない」ものとなった。

ボストンの人的資本が重要だったのは、この都市と地域には輸出する価値のあるものがほとんどなかったからだ。ニューイングランドの気候は古いイングランドの気候ととても似ているので、ボストンが外国に出せる物は、イギリスで近場で手に入るものばかりだった。だがボストン人たちは、銃や聖書といったヨーロッパの工業製品を買いたいと思った。当初は、ボストンは一種の植民地時代版ネズミ講のように機能していた。第一波の移民たちが、食料や衣服といった基本的な生存用の品を、次の移民の波に売る。新しい移民たちは、ジョン・ハーバードのようにお金を持ってやってきたからだ。

ネズミ講の問題は、永遠に指数関数的な拡大が必要だということだ。そしてボストンの成長は、内戦によりイギリス国内にプロテスタントのコモンウェルスが設立されたことで止まった。その後、ボストンの市民たちはいろいろ金儲けの実験を試してみた。たとえば鉄加工や印刷などだ。でも最初の刷新は、技能よりは運のおかげだ。一六四七年に西インド諸島の豊かな砂糖植民地を飢餓が襲った。植民者たちは食料探しにあちこちに船を送り出し、その一隻がボストン湾にたどりついたのだった。これにより、植民地時代にボストンを反映させた三角貿易が始まった。ボストンは基本的な生活財を南の豊かな植民地に送る。そこでは、土地や奴隷が貴重すぎて、食品や材木などの生産には使えなかったからだ。植民地は、砂糖とタバコを旧世界に輸出した。工業製品はボストンに輸出され、その代金はカリブ海に食品や材木を売ったお金で支払われた。

この三角貿易におけるボストンの先行者利益は長続きはしなかった。ニューヨークのほうが川もいいし、南部に近かった。フィラデルフィアは豊かな農地に囲まれていた。ボストンはまたも失速し、そしてまたも一九世紀初期に再生した。ニューヨークを大西洋横断輸送のハブとした船舶技術の改善が、ボストンの船乗りたちに世界的な貿易ネットワークの創設を可能にした。船が高速化して旅が長くなったことで、ボストンから出発する費用の高さを相対的に引き下げ、何世紀もの航海で蓄積されたボストンの海運人的資源の価値を高めた。ボストンには最高の船乗りや商人がいて、果ては中国や南アフリカにまで貿易ネットワークを構築した。

だが、帆船特化の人的資本は、蒸気船の台頭と共に価値を失い、一九世紀半ばにはボストンはまたも再生を遂げねばならなかった。今回の中心は製造業だ。ハーバードで教育を受けた、船舶輸送一家の御曹司フランシス・カボット・ローウェルが一八一〇年にイギリスに旅行して、マンチェスターの動力紡績の知識をボストン地域に持ち帰った。ローウェルの紡績機は、市外の川が動力だったが、エンジンが小さくなると、工場は市域内に建つようになった。

一九世紀には、この地域の経済復活と並行して、学術機関が華開いた。そしてボストンの活発な宗教的モザイクの各部分が、独自の大学を創設したのだった。普遍救済派がタフツ大学を一八五二年に、イエズス会はボストンカレッジを一八六三年に、メソジストがボストン大学を一八七一年に、弁護士から転身した素人説教師がウェルズリーを一八七五年に創設した。もっと重要なものとして、ハーバード大学のローレンス科学校や、土地贈与大学のＭＩＴなどが、技術知識伝達のために創設された。

二〇世紀に鉄道と都市工場の利点は多くの都市で失われ、一九七〇年代にはボストンも抜け殻状態になっていた。不動産価格は建設費用より遥かに下だった。学校のバス通学をめぐるすさまじい紛争などの民族抗争が市を引き裂いた。だがボストンは、ニューヨークと同じくまたも再生をとげ、今回の再生は何世紀にもわたり構築された教育機関に大きく依存していた。

ボストンのポスト工業時代の成功は、工学、コンピュータ、金融サービス、経営コンサルティング、バイオテクノロジーを基盤にしていた——どれも教育指向の産業だ。若いMITのエンジニア、ヴァネバー・ブッシュが大学のルームメイトと組んで、アメリカン・アプライアンス社を創設し、それがレイセオンとなり、同社は過去八五年にわたり、最先端科学の応用、特にミサイル開発を続けてきた。レイセオンの現在の本社は、かつての時計の町ワルサムにあり、ケンブリッジ貯水池からルート一二八まで見下ろしている。このルート一二八は、コンピュータのハブとしてかつてはシリコンバレーとしのぎを削ったところだ。一九五〇年代と六〇年代には、MITやハーバード出身のエンジニアたちがワングラボラトリーズやデジタル・エクイップメント社（DEC）といった企業を作り出し、それがボストン都市圏のあちこちに立地して、成長するコンピュータ産業のシェアをめぐってIBMと競った。絶頂期のワングは従業員三万人、DECは一二万人以上だった。ワングとDECが潰れる前から、バークレーの経済学者アナリー・サクセニアンはボストンのコンピュータ産業の斜陽を預言した。ボストンのオフィスパークで孤立した企業は、都市の密度からくる先鋭性を失った、というのだ。

ありがたいことに、ボストンはコンピュータ産業の没落を相殺するだけの新技術をたくさん生み出していた。ニューヨークと同じく、ボストンは昔から金融サービスのイノベータで、一八二七年には初の事業信託、そして一八九〇年代までには初の投資信託、あるいはクローズドエンド・ミューチュアルファンドを作っている。

フィデリティ投資は、長いことエドワード・C・ジョンソン二世に率いられていたが、蝶ネクタイ姿の彼はエクスター校、ハーバードカレッジ、ハーバードロースクールの産物だ。彼がフィデリティに持っていたビジョンの中にはリスク投資、ファンドの大衆向け販売、そして何より、真面目な株式研究をしつこいほど行うといったものがある。これはすべて、アメリカ金融業界の一八番となった。

ボストンはまた、経営コンサルティングも誕生させた。一八八六年にMITの化学者アーサー・D・リトルが自分で会社を興し、フリーランスの科学研究を始めたのだ。過去一二〇年にわたり、この会社は多くのイノベーションをもたらした。高高度用酸素マスクから、在庫管理のコンピュータ技術、アメリカン航空の先駆的なSABRE予約システムなど。もっと重要なこととして、アーサー・D・リトルはジャック・トレイナーやフィッシャー・ブラックのような賢い人の訓練場であり、そこからのスピンオフとしてはボストン・コンサルティング・グループが生まれ、そこからさらに独自のスピンオフであるベイン&カンパニーなどが生まれた。

ボストン地域は長いこと、バイオ医学研究の中心だった。ハーバード医学部の教授たちは、ハーバードヤードにある小さなチャペル（私がよく講義に使う）で、アメリカ憲法が制定される以前から死体解剖を行っていた。だがその市の市民だけを治療していても、将来イノベーションのための資金は捻出できないことが多い。だから医学知識が都市の成功を作り出すには、市は健康を「輸出」する方法を考案しなければならなかった。ボストンは、ボストン以外の人々を治療のために市内の病院に引き寄せることで技能を輸出している。ちょうど非ボストン人たちが地域の大学に集まるようなものだ。ボストンはまた、新しいヘルス技術を開発販売することでバイオ医学技能を直接輸出している。

ウォータータウンで始まったボストン・サイエンティフィック社は、小さな医療機器の初期のパイオニアで、その後この地域は無数のバイオ医学研究企業を生み出してきた。バイオジェンやジェンザイムといったこうした企業は、地域の人的資本を活用している。ノヴァルティス社など外国企業も、技能労働者を求めてケンブリッジにやってきた。ノヴァルティス社のケンブリッジ事務所は、ニューイングランド・コンフェクショナリー社、NECCOウェファーの製造元がもともとあったところに立地している。都市経済学者は一時、ケンブリッジは決して、トップ産業の低迷から立ち直れないだろうと思っていた。高技能都市が自らを刷新する能力を見くびっていたわけだ。

＊＊＊

多くの人は、ミネアポリス市もすでに見捨てたかもしれない。この都市は、一九五〇年から一九八〇年にかけて人口の三割を失い、都市ルネッサンスの自然な候補とはとても思えない。冬の厳しさはボストンを蹴倒すものだし、川辺の立地からくる当初の優位性は、第二次世界大戦後はほとんど無意味になった。だがミネアポリスは、ボストンやニューヨークと同様に、復活した。二〇〇九年には、ミネアポリス都市圏の一人当たり個人所得は四万五七五〇ドルで、中西部では最も所得の高い都市圏となり、全米でも二五位だ。

この市の成功の秘密は教育だ。市の成人の四七・四%は大卒で、ミネアポリス地域でも、その率は三七・五%であり、アメリカで人口一〇〇万人以上の都市圏の中で、教育水準第七位となっている。もともとこの地域に入植したスカンジナビア系ルーテル派は、学習についての信念を持ってやってきたこともあるが、何よりもミネアポリスのきわめて教育の高い人口は、そこが土地を提供した大学、ミネソタ大を反映している。ミネアポリスのきわめて驚異的な経済的サクセスストーリーは、この学校とある程度結びついている。

メドトロニック社は、年商一四六億ドルで、従業員三万八〇〇〇人、創業一九四九年だ。ミネソタ大学の電気工学の学生が、義弟と組んでガレージで医療機器を作り始めた。同社の初期の成功は、一部はウォルト・リレハイのような人々との人脈のおかげだった。彼はミネソタ大学教授で、開胸手術の先駆者であり、小さな電池駆動のペースメーカーの必要性を理解し、メドトロニック社にそれを作らせた。ミネアポリスの巨大小売り業社ターゲットの成功は相当部分がボブ・アーリックのおかげだが、彼もミネソタ大学の卒業生で、同社のチェーン店の物流とスタイルのブレンドを生み出すのに貢献した。ターゲット社はウォルマートやKマートといった大規模量販店よりちょっと高級路線を狙っているが、これは洗練されたアーリックにふさわしい。彼はアフリカ美術のコレクターで、楽器博物館の後援に一財産つぎ込むような人物なのだ。

ミラノもまた、元は製造業の巨人で、それがポスト工業化時代に大規模な復活をとげた。その成功の一部は教育にある。一八世紀に、マリア・テレジア皇帝は一連の学校改革を始めた(そしてその資金はイエズス会の富を没収したものを当てた)。これがミラノ周辺の教育や近場のパヴィア大学を活性化した。パヴィア大学は数学者二人を教育して、その二人は再統一時代にイタリアの教育を先導することになる。その後、二人はミラノ工科大学、通称ポリテクニコや、後にミラノ大学となるアカデミーなどの高等教育機関を創設する。ポリテクニコは世界的で、ドイツの工業学校をモデルにしており、起業家の育成所となった。その中にはゴムの男爵と言われるジョヴァンニ・バティスタ・ピレリがいた。

ピレリはポリテクニコ最初期の卒業生の一人だ。成績優秀のため三〇〇〇リラの賞金をもらい、それを使ってヨーロッパ周遊旅行をして「イタリアにとって新しいかあまり普及していない産業」――つまりゴムの使用について学んだ。ピレリはヨーロッパの工場をめぐり機械を視察して最新の管理手法を学び、教育を使ってアイデアをイタリアに持ち込んだ。今日のピレリはタイヤで最も有名だが、同社はまた情報技術のパイオニアでもあった。初のタイヤを作る以前、一八七九年から、ゴム絶縁の電信ケーブルを作っていたのだ。このハイテクビジネスのおかげでピレリは独自の研究チームを設置し、そこにはポリテクニコ卒のエンジニアがたくさん就職した。

ミシュランは美味しい食事と結びついたが、ピレリは製品とデザインのつながりを確立した。多くのタイヤ会社はどうでもいいカレンダーを配るが、ピレリ社の美麗なカレンダーは芸術作品たろうとする。グッドイヤー社のアクロンにある本社ビルは、何の変哲もないオフィスビルだ。ピレリ社のミラノの本社は建築アイコンで、一九五〇年代にこれを建てたジオ・ポンティもポリテクニコ卒業生だ。ポンティはデザイン雑誌を二誌創刊して編集し、その片方(『Domus』)はまだ続いている。彼は陶器やボトルや椅子を設計していた工科大学の教授で、その作品には超軽量のモダニズムの傑作、スーパーレジェーラも含まれる。ポンティは、教育が時には美を改善することを教えてくれる。そしてこれまたミラノの持続性の一要素となった。

工業のおかげでイタリアとミラノは第二次世界大戦後に復活したが、アメリカの赤錆地帯で製造業没落を起こしたのと同じ、グローバリゼーションと技術変化の力のため、ミラノの人口も一九七〇年以降は急減した。だがボストンやミネアポリスと同様に、人的資本はアイデアが機械より高価値な現代においてミラノが刷新を果たすのを可能にした。市の人口は二〇〇〇年から二〇〇八年にかけて増大し、二〇〇八年にミラノの一人当たり生産性は、イタリアの地理領域の中で最高で、全国平均の五四%も上だ。今日では、ミラノの労働者の四分の三はサービス業で、金融が大きな比率を占める。ちょうどニューヨークやロンドンと同じだ。またこれらの都市と同様に、ミラノはファッションのハブでもある。

ミュチャ・プラダとパトリツィオ・ベルテリは高い教育を受けたカップルだ。彼女はミラノ大の博士号を持つ。夫はミラノから二時間の、ボローニャ大学で工学を学んだ。ベルテリは、エンジニアの厳密さをブランドの経営とマーケティングに適用する。プラダの記事は、ポコーネという防水ナイロンのように最先端であることが多く、プラダ店舗は即時の在庫情報を集められるRFIDタグを早い時期から採用した。ハンドバッグがハイテクの杖でスキャンされると、バッグの画像が大量の画面から流れ始める。プラダとベルテリはもちろん、勉強よりは実践から学んだものの方が多いが、その成功とスタイルはやはり正規の教育の徴が刻まれているのだ。

ヴェルサーチ一家は、ミラノファッションの人的資本の反対側代表だ。ジャンニ・ヴェルサーチは確かに建築を学びはしたが、二一歳で大学を離れ、学習の多くは母親のドレスショップで働くことから得たものらしい。かれのスタイルは、プラダやアルマーニの国際的なクールではなく地元の豪奢さで、イタリアのバロックの過去から大量に拝借している。数々のヴェルサーチ製品を飾るメデューサの頭は、ミラノの武器屋フィリポ・ネグロリも使ったもので、皇帝のパレード用の盾に使われた。ヨーロッパの人的資本は一〇〇〇年もの文化を反映しており、それが企業にとっても街にとっても、比較優位をもたらす教育を提供する。ミラノの場合、あれだけのデザインの才能は、都市を衣服やハンドバッグの活発な輸出所にしているだけではない。都市をもっと楽しく、住んでエキサイティングなところにして、生産だけでなく消費する場所にしている。これまた都市の成功への道だ。

9.4 消費者都市――バンクーバー

バンクーバー市は、世界でもなかなか快適な暮らしができる場所として才能を集めている。バンクーバーの一五歳以上人口のうち、四分の一は大卒以上だ。カナダ全体だとこの率は一八パーセントにとどまる。同市は世界生活の質ランキング首位の常連で、それが何千という才能ある移民を毎年集めるのに貢献している。

もちろんバンクーバーはボストンやミネアポリスや、それを言うならシンガポールには手の届かない自然の長所を持っている。一月の平均気温は三度で、ボストンやミネアポリスよりずっと暖かい。七月の平均気温は一八度で、これまたボストンやミネアポリスより涼しい。さらには豊かな海岸線、美しい山、見事な田舎を加えれば、この都市がとんでもなく自然に恵まれていることはだれにも否定できない。だがバンクーバーは、この恵みをおどろくほど見事に活用した。

バンクーバーは林業の町で、自然港湾を持ち、一八八六年にカナダ太平洋鉄道の大陸横断路線の西側終点になったために重要となった。同年に大火災で旧市街が一掃されたために、バンクーバーとその最大の地主であるカナダ太平洋鉄道が、まっさらな土地から再出発できることになった。よい下水道、トローリーバス、堅牢で安全な新建築が作られた。市評議会は、当時は軍基地の一部だった五〇〇ヘクタールは公園用にとっておいてほしいと要求し、これがいまでも市で最も快適な緑地の一つとなっている。一九一五年には、ブリティッシュコロンビア大学が創設され、市はよい教育を受けた市民の源を得た。バンクーバーは二〇世紀にはおなじみのパターンをたどった。人口は大恐慌で停滞し、一九六〇年代から一九八〇年代初期までの郊外化のピークで減少した。だがその後、市は人口四一万五〇〇〇人から六一万人へと五割近く拡大した。バンクーバーのブームは、生活の質に対する熱意に満ちた注意、高層化する意欲、そして才能あるアジア人移民の流入に支えられてきた。

多くの面で、バンクーバーは繁栄した非アメリカ都市とそっくりだ。街はきれいで、セーフティーネットも立派で、税金は高い。バンクーバー独自の特徴としては、その物理的な骨格と、その構造を活気づかせている、驚くほど多様な人々の集合だ。市には都市計画の哲学さえある。バンクーバー主義という、空地と景観を保証する高くて細い高層ビル、大量の公共交通で定義づけられている。

バンクーバー主義の父と言われることが多いのはアーサー・エリクソンだ。彼はバンクーバー生まれだったが、第二次世界大戦にはイギリス軍に加わって戦った。戦後はフランク・ロイド・ライトに啓発されて、モントリオール市のマギル大学で建築を学び、世界中の建築を研究する奨学金をもらった。世界放浪を終えてバンクーバーに戻った彼は、ブリティッシュコロンビア大学で教鞭を執り、人脈の強いジェフリー・マッシーとの建築パートナーシップを始めた。マッシーの父レイモンドは有名なカナダ人俳優で、叔父はカナダの総督だった。

バンクーバー市がまだカナダの端っこにある小さな町だった一九五五年の時点で、エリクソンはそびえたつスカイラインというビジョンを持っていた。彼の「プラン五六」はいまでも高層都市の驚異的なビジョンであり、そこでの建物はニューヨークのようにひとかたまりにはなっておらず、波打つカスケード状にエレガントに配置されて、都市の自然美を補うようになっている。エリクソンは夢見るだけでは終わらなかった。一九六三年には、ブリティッシュコロンビアのサイモン・フレーザー大学の建築コンペに勝った。同大学はいまやカナダ最高の大学の一つだ。二年後に、エリクソンは林業の巨人マクミラン・ブローデルに選ばれて新オフィス棟を建てることになり、本当にバンクーバーのスカイラインを変えるチャンスを与えられた。これは二七階建てで延べ床五万平方メートルの「コンクリート製ワッフル」で、いまでは建築的なアイコンとなっている。一九七〇年代にエリクソンはロブソン広場を設計した。これは一三万平方メートルの市民センターで、裁判所とUBCダウンタウンキャンパスと大量の空地を組み合わせたものとなった。

エリクソンは国民的な偶像となり、「トロント・グローブ&メール」紙のお悔やみ欄では「我が国が生み出した史上最高の建築家」と呼ばれた。エリクソンに師事しにバンクーバーにやってきた中国移民ジェームズ・チェンは、一九九五年以来、バンクーバーで二〇階以上の建物を二〇本以上設計している。チェンは緑のガラスとコンクリートの組み合わせで有名で、これがバンクーバーに独特の外見を与えている。よい計画のおかげで、こうした建築物の多くは、チェンが設計したバンクーバーで一番背の高いリビング・シャングリラのように、混合用途となっていて、通勤を減らして都市のダウンタウンが夜中に無人にならないよう配慮されている。よい計画のおかげでこれらの建物の間隔は十分に取られ、採光と眺望とたっぷりした空地を提供している。

そしてよい都市計画は、カナダのきわめて筋の通った移民政策のおかげで、バンクーバーが人的資本を集めるのに貢献した。この市の人口の丸四割は外国生まれで、市民の四分の一はアジア生まれだ。さらにその移民たちは、カナダ全体と同じで圧倒的に高技能だ。二〇〇六年にカナダに来た人々の過半数は大卒で、地元カナダ人よりもはるかに教育水準が高い。さらに博士号を持つカナダ人のうち半分近くは外国生まれだ。

カナダは土地はいくらでもあるし、カナダ生まれの人々の出生率は、人口維持水準を遥かに下回る。

カナダが成長しているのは、同国にやってくる年二〇万人もの移民のおかげだ。アメリカと同じで、カナダも自国生まれの国民の親戚を多少は優遇するが、大半の査証は、通称独立移民に与えられている。この査証は得点システムに基づいて提供され、そのシステムはカナダ政府によれば「教育、語学力、雇用経験、年齢、就職先の有無、適応性」に基づいて決まる。カナダは特にアジア人には魅力的だ。香港が中華人民共和国の一部になる前に逃げ出してきた香港人の多くはカナダにきた。バンクーバーにこうした移民が集まったのは、太平洋岸の寛容な都市で、アジア人コミュニティが確立しているからだ。一〇人の五分の一は中国人だ――イギリス系と自称する人々の二六%よりわずかに少ないだけだ。

こうした移民は、バンクーバーを文化的に興味深く経済的に重要にするのに貢献した。ジェイムズ・チェンは、市のスカイラインの相当部分を作った。香港からきたチャン一族は、バンクーバーで最も気前のいい慈善家だ。レストランから高層ビルから投資会社まで、バンクーバーの移民たちは風光明媚な林業の町をグローバル都市にするのに貢献してきた。

9.5 成長都市――シカゴとアトランタ

都市の失敗を扱った本書第二章の教訓の一つは、住宅需要の少ない衰退都市に建設してもいいことはないし、そびえ立つスカイラインが衰退都市を復活させると思うのはまちがっているということだった。スプロールについて述べた第七章の教訓の一つは、ヒューストンが安価な住宅でかくも多数のアメリカ人を集めたのは、十分に需要のあるところで建設が制限されている結果なのだということだった。建物がある場所の拡大を可能にしてエキサイティングな人々を集められるのは、そこがサンベルトのスプロールだろうともっと古い都市だろうと、他の要因で需要が十分に伴っている場合なのだ。

私が一九八八年にシカゴのサウスサイドに引っ越したとき、そこはすばらしい都市だったが陰気だった。巨大な石造建築、たとえばボザール様式の科学産業博物館がシカゴ大キャンパスへの途上でドライバーを迎えてくれるが、それはこの都市の輝かしい過去に比べて現状がいかに悲惨かを物語るものとなっていた。大学近くの近隣は壮大な邸宅がたくさんあり、かつてはシカゴの牛肉長者やモハメッド・アリなどが住んだようなところだが、いまは地域の犯罪率が高いために、建設費の数分の一の価格で売りに出ていた。

一九七〇年から一九九〇年にかけて、シカゴ市は人口の一八％近くを失った。クリーブランドやデトロイトに比べればずっと少ないが、ニューヨークやボストンよりははるかに多い。一九七六年に長いこと市長を務めたリチャード・J・デイリーが他界してから、シカゴは市長が五人交代したが、誰一人として権力をまとめられず、犯罪率も減らせなかった。だが一九九〇年以外、シカゴは中西部の大都市として成長した数少ない都市となった。その市民はミネアポリスやボストンほど教育水準が高くないし、天候はすさまじくひどい。

シカゴは、密度の便益を提供しつつも、いまだに安上がりで快適であることで成功している。市の経済は情報重視産業、たとえば金融やビジネスサービスに依存しており、こうした産業は特に密度を重視するらしい。金融事業家、たとえばヘッジファンドマネージャのケネス・グリフィスがシカゴを選んだのは、規模があり、教育の高い労働力がいて、組織の必要とする専門家とサービスを提供してくれるし、それでいながら生活の質も高く維持され、マンハッタンに比べれば、家族で暮らすのも容易な豊かな中西部の雰囲気を保っているからだ。

この都市の市長を長年勤めたリチャード・M・デイリー（もう一人の長期のデイリー市長の息子）は、アメリカで最も有能な都市指導者であることを実証してみせた。彼は都市が成功するには、事業優遇環境とまともな生活の質を提供するしかないと知っている。就任したときは、植樹がやたらに好きだった。多額の民間寄付を募って、市のミレニアム公園を作った。公立学校を自分の管轄にして改善した。また建設を熱狂的に支持した。無数の新しいビルのおかげで、シカゴはニューヨークやサンフランシスコに比べ、はるかに手の届く都市になった。

シカゴの建設のおかげで、ケン・グリフィンの下で働くような人々が惹かれる、高品質で魅力的な不動産が大量にできた。二〇〇二年から二〇〇八年にかけて、シカゴは六万八〇〇〇軒分の建築許可を出した。これは二〇〇〇年の住宅ストックの六％ほどだ。同じ時期に、ボストンが出した住宅建築許可は八五〇〇軒、二〇〇〇年の住宅ストックのたった三・三％だ。シカゴは、同じくらいの規模でずっと低密なカリフォルニア州サンノゼに比べ、三倍の建築許可を出している。シカゴ人のうち、一〇・八％が一九九〇年以降に建った家に住んでいる。これはニューヨーカーの七・六％や、ボストン人の八・三％より遥かに高い。さらにシカゴは大量の建設をその長く美しい湖畔に許可したが、ニューヨークはセントラルパークに面した採光の街区をほとんどすべて「保存」することにした。

シカゴの不動産は、ボストンやニューヨークに比べて新しいし安い。国勢調査データによると、メジアン賃料はシカゴに比べてボストンのほうが三〇％高く、住宅価格は三九％高い。全米不動産業協会によると、シカゴ大都市圏における二〇一〇年第二四半期のマンション成約価格メジアン値は一八万六〇〇〇ドルでこれに対しボストン地域では二九万ドル、サンフランシスコでは四〇万五〇〇〇ドルだった。

シカゴ都心では、六五万ドルで新築ガラスタワーに一六五平方メートルの三ベッドルームのマンションが買える。ニューヨークでそんな物件を買おうとしたら、少なくとも倍はする。

シカゴはまた、大量にオフィスも作っている——一九九〇年から二〇〇九年にかけて、少なくとも四〇〇〇万平方メートルの新規オフィス床が都市圏内に建設された。この新規床のおかげで、事業の費用が抑えられる。シカゴのオフィス賃料は長年にわたり、ボストンやサンフランシスコより三割安い。

ボストンやサンノゼのような他の都市では、保存主義者や低密ファンたちにより、市の指導者は新規建設を制限するようになったが、デイリーは建設を認める。なぜだろう？ あの大量のクレーンは、高技能労働者が生活する構造物を作るからだ。住宅費用が下がれば、雇用主の払う賃金も少なくて済むので、シカゴは経済的な競争力が高まる。市長はそれを知っているし、シカゴが東西海岸部に比べて費用が安上がりでないと生き残れないのも知っている。建設は、バッファローやデトロイトのような場所は救えない。需要がとにかく低すぎるからだ。でももっと魅力的な場所なら、新規建設の障害を減らせば、大きな比較優位が生まれる。

無制限の建設は、多くのサンベルト都市が成功する重要な理由の一つだった。ヒューストンやマイアミがその例だ。でも急激に拡大しつつ教育水準を高めるのに成功した都市は一つしかない。アトランタ都市圏は、二〇〇〇年から二〇〇八年にかけて一一二万人を加え、これは全米でダラスに次ぐ成長だ。これだけの成長は大量の建設なしにはあり得ない。これはスプロールする郊外と、オフィスやマンションを擁するピカピカのダウンタウン高層ビルの両方が建てられた。アトランタのオフィス空間は、一九九〇年以来五〇％以上増え、結果としてそのオフィス床は通常はシカゴと比べてさえ二割は安い。

アトランタの成長につれ、ますます教育水準も高まった。中心都市は、大卒成人比率がミネアポリスと同等で、アメリカのアテナイを自称するボストンよりも高い。フルトン郡の成人の四七%は学部卒の学位を持ち、ニューヨーク州のウェストチェスター郡やコネチカット州フェアフィールド郡、あるいはカリフォルニア州サンタクララ郡より高い教育水準だし、マサチューセッツ州ミドルセックス郡とも同じくらいだ。アトランタの教育は、歴史と教育推進政策と住宅を反映している。

アトランタは古い大学がたくさんある。南北戦争の後で北軍の中心地だったし、また歴史的に黒人中心の大学とされる驚くほどの多くの大学は、その時期に作られたものだ。エモリー大学とジョージア工科大学（こちらははっきりとマサチューセッツの大学を真似て造られた）もまた、南北戦争後の数十年で開校している。

もっと最近では、ジョージアは州の宝くじ収入を使ってホープ奨学金を拡充することにした。これは州内の大学に通う、学業優秀な生徒全員に対して鷹揚な金銭支援を与えるものだ。社会不平等を正す手段としてはこの政策は失敗している。というのもその相当部分は金持ちに圧倒的に流れているからだ。でも自分の子供の教育を重視する高技能両親をひきつける手段としえ、そして才能ある学校を州内に引き留める手段としては、このプログラムは明らかに成功だ。

アトランタは、ヒューストンと同じく、強力な経済界を持ち、それが昔から地域の成長を後押ししてきた。このコミュニティは教育と高層建築の価値を理解している。結果として、アトランタは教育の高い人々に驚くほど安い住宅を提供していて、それがすでに教育水準の高い都市圏に、もっと教育の高い人々を引きつける一助となっている。二〇〇〇年から二〇〇八年にかけて、フルトン郡の大卒比率は全国に比べて七割近く急速に高まった。

9.6 ドバイは多くを望みすぎ

ドバイは帝都になる機会はついぞなかったが、ここまで議論した他のほとんどあらゆる戦略を試してみたようだ。歴史的にはドバイは、香港やシンガポールと同様に、よい立地とよい経済制度を持つことで成功してきた。ドバイは一八九二年にイギリスの庇護下に入り、二〇世紀初頭には、インドに近いことでインドと中東とを自然に結ぶ都市となった。ドバイは多少の石油も出たが、市の本当の成長は港湾のおかげだ。これはサウジアラビアなど、他の国からの黒い黄金を輸出する拠点となっている。

だがドバイの港湾が扱うのは石油だけではない。市は優れた最新のインフラと、ビジネス優遇制度を提供することで、国際貿易で競争力を高めている。ちょうど香港が、かつてはきわめて制約の多かった共産主義中国の隣で経済的自由のオアシスとして栄えたように、ドバイは近隣よりもよい経済制度を提供することで栄えている。ジェベル・アリ・フリーゾーンは、税も規制もない自由を与えることで企業を集めている。ドバイは、中東の近隣国よりビジネス優遇というだけではない。そのよい法制度と優れたインフラは、規制過剰のインドよりもビジネスをしやすいので、地域全体の自然な商業ハブとなっているのだ。ムンバイでは、働くのはドバイで週末だけ帰国するビジネスマンにたくさん出会う。

インド人たちはドバイを仕事場として見ており、遊び場とは思わないが、ドバイの首脳陣はそこを石油積み出し港から消費者都市にして、金融関係者や起業家をひきつけようと考えた。この二つの都市機能は密接に関連している。中東全域の人々が、クウェートやカイロよりはドバイに行きたいと思えば、ドバイはビジネス中心として成功できる。ドバイが中東で最もエキサイティングな暮らしの都市になれば、ビジネスマンも集まり、それによりドバイは単なる観光地以上のものになる、というのがその発想だ。

ちょうどラスベガスが、もっと厳しい州では違法となる娯楽を提供することで成長したように、ドバイが成長できたのは地域の相当部分を縛る宗教的な制約から比較的自由なためだ。シェイク・モハメッドの個人的な信仰はどうあれ、さすらいのビジネス人たちに負けず劣らず自由な心を持つ都市を造ってもかまわないようだ。

ドバイは娯楽と商業の中規模センターとしてなら容易に成功できたはずだが、シェイク・モハメッドの野心はそれをはるかに越えている。二〇〇八年にドバイは、地上最大の建設現場の一つだった。ブルジュ・アル・アラブは人工島に建てられ、建設時点では高さ三一三メートルで世界で最も高いホテルだった。巨大スイートが二〇二室あるだけだ——最小のものでも一六七平方メートルある。高さ八一八メートルの混合利用ビルが二〇一〇年に開業した。現在の世界で最も高い人造構造物だ。ドバイモールは内部空間五五万平方メートルを擁し、延べ床一一二万平方メートルで、世界最大級のショッピングモールだ。シェイク・モハメッドは、人工島三〇〇個でできた群島を構想し、それを慎ましくも「ワールド」と名付けた。さらにビジネスベイというビル二三〇棟の中心業務地区、ディズニーワールドより大きくなる予定のドバイランドなども計画している。

原理的には、建設と生活の質を組み合わせるのは適切なことだが、シェイクの建設のすさまじい規模は、彼の都市で現在の需要を満たす水準をはるかに上回るものだ。デイリー市長は、民間開発業者に建設を認めているだけだ。シカゴの建設は、民間が独立に、値段が建設費をカバーするものになると判断した結果を反映している。シェイク・モハメッドは巨額の公共資金を投資しているので、ドバイの建設は相当部分が、いまよりすさまじく大きな都市が栄えるというシェイク自身の判断を反映している。だが、市場はシェイクの熱狂をいささか不合理と見ているようで、ドバイは二〇〇九年に債務不履行を起こした。隣のアブダビに助けてもらって、ドバイはかろうじてもっと派手な失敗の苦痛を逃れたのだった。

シェイクの歴史に対するビジョンは総じて正しい。ドバイのような都市は、生活の質を高めることで、純粋に経済的な成功モデル以上のことを実行する必要がある。都市の成功には建設が必要だ。でもだからといって、あらゆる場所がニューヨークや上海になれるわけではない。都市建設者は壮大なビジョンが必要ではあるが、同時にリアリストでなければいけないのだ。

第一〇章　結論――フラットな世界に高層都市

あなたの所有物や利用物の中で、だれか別の人が造らなかったものはほとんどない。人はきわめて社会的な種で、アリやテナガザルと同様に、モノを一緒に造るのがとても得意だ。アリの巣が、個別の虫の能力をはるかに超えたことをやるように、都市は孤立した人間ができるより遥かに大きなことをやる。都市は協力を可能にする。特に人類の最も重要な創造物である知識の共同生産を実現するのだ。バンガロールやロンドンの高密な廊下では、アイデアが人から人へと容易に流れ、人々は才能ある人々のまわりにいるためだけに、高い都市物価にも我慢する。そうした知識の一部が自分にも移るかもしれないからだ。

ルソーの書いた「都市は人類という種のどん底である」というのは有名だが、彼は完全に正反対の理解をしていた。都市こそは、人類を最も輝かせる共同作業を可能にする。人類は他の人から実に多くを学ぶので、まわりに人が多い方が学べるのだ。都市密度は、他人の成功や失敗を見ることからくる絶え間ない新情報の流れをつくりだす。大都市では、人々は共通の関心を持つ仲間を選べる。ちょうど一九世紀パリでセザンヌとモネが出会ったように、あるいは二〇世紀シカゴでベルーシとエイクロイドがお互いを見つけたように。都市は見たり聞いたり学んだりするのを容易にする。人類の本質的な特徴はお互いから学ぶことなので、都市は私たちをもっと人間的にするのだ。

その都市の起源がどんなに凡庸なものだろうと、都心の集積は魔法のような結果を生み出せる。ローマ時代の兵士がセーヌ川の島に定住したのは、それが敵対的なゴール人に対する防衛に好都合だったからだ。そのつつましい出発点から二〇〇〇年かけて、パリジャンたちは大量の文化、経済、政治的イノベーションを生み出した。オランダの中世都市は羊毛取引のために創られたが、都心の密度のおかげでその市民たちは、現代世界で初の共和国革命を醸成できた。シカゴの立地は、中西部のブタを東部に送るときの屠畜場として理想的だったからだが、驚異的な建築家の集積をもたらした――ジェニー、バーナム、サリヴァン、ライト――そしてかれらが集合的に高層ビルを発明した。上海は綿花の街だったが、一九二〇年代にその密度は音楽や映画、動画のイノベーションの波を創り出すのに貢献した。

芸術運動は、ある場所――たとえば一五世紀フィレンツェや一九世紀パリなどで発達する。一八世紀ウィーンでは、ハイドンが交響曲のアイデアを友人モーツァルトやその弟子ベートーベンに伝えた。高密都市で近接して暮らす画家や作曲家たちが練り上げる、芸術的イノベーションの大いなる連鎖は、ジャンクボンドやレバレッジド・バイアウト、不動産担保証券を与えてくれた、もっと実利的な都市イノベーションの連鎖と驚くほど似ている。

評論家や批評家たちは昔から、情報技術の改善が都心の優位性を過去のものにしてしまうと論じてきた。アラスカ州のアンカレッジ市にいながらにしてウィキペディアで学べるのに、なぜニューヨークの物価を支払う必要が？　でも数十年のハイテクでは、何百年もの進化には勝てない。サイバー空間でのつながりは、食事や微笑やキスの共有とは同じにはならない。ヒトという生物種は主に、仲間の人間が放つ聴覚や視覚や嗅覚的なヒントから学んでいる。インターネットはすばらしいツールだが、対面で学んだ知識と組み合わせたときに最大の効果を発揮する。これはインターネット起業家たちがバンガロールやシリコンバレーに集中していることが物語っている。ハーバード大学経済学部の学生は一人残らず技術を絶え間なく使うが、同僚や教授とも絶え間ない対面の会合を得ている。最も重要なコミュニケーションはいまでも対面であり、電子アクセスは知的運動の地理的中心にいることとの代替にはならない。

長距離をはさんでつながるコストの低下は、近くに固まることとの利点を高めただけだ。五〇年前には、ほとんどのイノベーターは地元レベルで活躍した。高い輸送費のため、よいアイデアを世界中に売ることですぐ儲ける能力は制約されていた。今日では、ロンドンやニューヨークや東京のトレーダーは、世界の裏側にある値づけの不適切な資産を利用して儲けられる。距離の死はデトロイトの財生産者には地獄で、彼らは日本の競合に負けてしまったが、ニューヨークやサンフランシスコやロサンゼルスのアイデア生産者たちには天国で、彼らは技術やエンターテイメントや金融のイノベーションで何十億と儲けた。金融の世界は、繰り返す下降期のために苦境にあるが、それでもその集合的な知性がいずれは新たなブームを引き起こすことは確信していい。

国は今でも戦争するし、政府は自分の市民を虐殺する。世界の相当部分はまだ貧しいし、豊かな国の多くの人は、本来なれるほどの幸せを感じていないし、万人の環境が危機にさらされている。こうした課題に直面するには、人類は可能な限りの力が必要で、その力は高密都市地域の人をつなぐ回廊に宿っている。これほどまでに都市が必要だという事実は、私を将来について楽観的にしてくれる。世界は新しいアイデアの力を認識している。人々はいまでも都市に集まって、成功に必要な技能を得ようとする。

そうした技能が獲得されるにつれて、新しいアイデアが増殖し、イノベーションが起きる。

もし賢明に政策を選べば、先に待つのは新しい都市のエメラルドグリーン時代だ。都市周縁部での自動車中心の暮らしはもちろん続くが、それと並行して都心近くの高密開発も起こる。ダウンタウンの真ん中に、人々に大量の空間を与えるもっと高層化したタワーも建てられるが、環境的な持続可能性と、よい支援と、大量の街路生活を提供する形で建てねばならない。マンハッタンやパリや香港の楽しみを味わえるのが、限られた特権階級だけでなく、万人であるようにできる。だがこれを実現するには、スプロールより都市を奨励しなくてはならない。身動きのとれない現状にはまりこむのではなく、偉大な都市を前進させる変化を受け容れなくてはならない。

何をやっても都市に住みたがらない人はいる。彼らはソローのように、空地と緑の木に囲まれていたいと思うだろう。そんな森の生活ができる金持ちは、都市に住むよう強制してはいけない。でもあまりに多くの人々は、社会がおかしたまちがいのために市外に住んでいる。都市成長を無理強いしてはいけないが、都市生活の開花を人為的に制約する障壁は取り除かなくてはいけない。

10.1 都市に競争の公平な機会を

本書の中心的な主題は、都市が人類の強みを拡大するということだ。人類という社会的生物種の最大の能力は、お互いから学ぶ能力だ。そして対面のほうが、深く十分に学べる。また、都市の成果——それがブルネレスキのフィレンツェだろうと、フォードのデトロイトだろうと——は世界全体に恩恵をもたらすことも示そうとした。民主主義と大量生産は、都市の贈り物のごく一部でしかない。都市で生まれるアイデアは、いずれその市の境を越えて広がり、その他世界をも豊かにする。マサチューセッツ州はボストンと共に興隆しては衰退する。ちょうどマハラシュトラ州がムンバイと命運を一つにしているように。あまりに多くの国が都市地域を不利にして、そうした地域が国の強みの一つ——いや、唯一最大の強みかもしれない——だというのを見ようとしない。都市は別に施しはいらないが、競争の公平な機会は必要だ。

経済学者はしばしば個々の企業に対して、収益性がどうすれば上がるかを助言する一方で、ある企業を他より優遇する産業政策については非難する。これは偽善的に思えるかも知れないが、まったく論理的だ。実は経済学の核心にあるのは、企業が最もうまく機能するのは政府が公平なアンパイアとして監督する市場で熾烈に競争する場合だという信念だ。同じことが都市にもいえる。人々や企業をめぐって地方政府が競争するのは健全なことだ。競争は都市にもっとよいサービスの提供を促し、費用を下げる。国の政府が、ある特定の場所をひいきにするのはよいことではない。ちょうど特定の企業や産業にばかりてこ入れするのがよくないのと同じだ。企業は競争するほうがずっといいし、都市も独自の競争優位を見つけるほうがずっといい。

この市場に対する信念は冷酷に思えるかもしれないが、そうではない。私はこの競争の結果として苦しむ人々を保護するのには反対しないし、社会は恵まれない人にもっと手をさしのべるべきだとも思う。もちろん貧困削減に対する私の信念は個人的な意見であって、経済学的な洞察によるものではない。経済学は所得再分配についていろいろ言うことはある——税金はやる気を削ぐか？　格差は成長に有害か？——だが経済学者たちは、最大の問題についてはこれという知恵はないのだ。その問題とは、お金持ちから金を取り上げて貧乏人にあげるのはよいことなのか、というものだ。これは哲学者、政治家、そして有権者の心の問題だ。でも衰退企業や衰退都市にリソースを投げてあげるのは、通常は困っている人々を助けるにあたり、恐ろしく非効率なやり方だということなら経済学者は指摘できる。貧しい人を助けるのは政府のやるべきことだが、貧しい場所や経営能力の貧しい企業を助けるのは、政府の仕事ではない。

都市は公平な競争の場があれば競争できるが、過去六〇年にわたり、アメリカの政策は競争の場を都市にとって大幅に不利なものとした。住宅、社会サービス、教育、交通、環境、そして所得税ですら、アメリカの政策は都市地域に不利になっている。都市はこうした不利にも関わらず生き延びてきたが、それは都市が実に多くのものを提供できるからだ。だが、まさに都市が経済や社会にきわめて重要な役割を果たすからこそ、それを抑えるような人為的な障壁はなくさねばならない。政策がもっと空間的に中立ならば、世界はずっと生産的で公正になる。空間中立性については、本書三四八頁からの衰退都市とスプロールに関する政策の議論で触れる。

10.2 グローバル化を通じた都市化

アテナイが地中海世界最高の頭脳を引きつけて以来、何千年にもわたり都市は多様な文化からの人々を集めて成長してきた。今日の最も成功した都市――ロンドン、バンガロール、シンガポール、ニューヨーク――はいまでも大陸同士をつなぐ。こうした都市は多国籍企業や国際ビジネスマンを引きつける。

その経済モデルの重要な一部は移民であり、それはトップの高級取りと最下層の労働者の両方にあてはまる。グローバル都市の成功は、貿易と移民についての国の政策に左右されるのだ。

オープンな都市が閉鎖的な国の中に存在することはできない。二〇世紀初頭、アルゼンチンは世界でもっとも開かれた国の一つで、ブエノスアイレスは活気あふれる国際都市となり、イギリスやスペイン、イタリア、そしてスウェーデンからさえも起業家が集まった。だが二〇世紀が進行するにつれて、アルゼンチンは国境を閉ざし、ブエノスアイレスは孤立した場所となり、その美しい古い建物は、訪問者たちにもっとダイナミックでコスモポリタンな過去を思い起こさせるだけとなった。一七九〇年から一九七〇年にかけて、アメリカの都市人口はある一〇年間を除けば、ずっと一九・五％以上の増加を示した。アメリカの都市成長が大幅に減ったのは、一九三〇年代の経済停滞と、関税による国境の実質的な閉鎖の時代だけだ。

父は一九三〇年にベルリンで生まれたが、これはドイツやその近隣諸国すべてがそこそこ民主的だった時代だ。一九三〇年代は世界にとってひどい経済的な時代で、貿易をほぼ停止させたアメリカのスムート・ホーレー関税といった政策でさらに悪化した。経済が停滞すると、ドイツ、オーストリア、スペインのような国は民主主義から専制主義に移行した。やがてヨーロッパは戦争の狂気へと陥った。世界は、商業と知的交換という都市の理想から、専制者が封建的な農業の過去を華美に奨励する戦場に変わってしまった。

国同志の財やサービスの自由な流れは、都市にとっても世界にとってもよいことだ。自由貿易の制限は、アメリカ人が日用品を買うのを高価にするし、主要な貿易相手国にも被害を与える。消費者が安い外国製品を活用できるようにして、我が国の生産者には適応するよう強制したほうが、関税の壁の影に隠れるよりずっとよいのだ。

衰退産業に大量の援助を与えるといった産業政策は、国際貿易と成長都市を脅かす。何年にもわたり、アメリカは――立派なことだが――そうした政策を声高に批判してきた。企業は補助金や保護なしに、公平な場で競争すべきだという理念の旗を振ることで、我々は国にも世界にも多くの利益を与えてきた。アメリカがその原則をあきらめて、支援を国内生産者には向けるが、アメリカに工場を設置する外国企業には与えなければ、それは暗黙にわが国への外国直接投資を抑えていることになる。また。他の国に対して自国生産者を優遇してアメリカの生産者にはハードルを上げろと言っていることにもなる。あらゆるところで自由貿易と国際投資を可能にする政策を貫くほうがずっといい。

都市の成功には移民も必須だ。過去二〇年のニューヨークやシカゴの成長は、相当部分がこの都市にやってきた何十万人もの移民に負うところがおおきい。都市は移民にはよいし、移民は都市にとってよい。繁栄した国に移民が来ることの最大の受益者は移民自身だが、アメリカも定住してくれた才能ある多くの人々から恩恵を受けている。都市は特に才能流入で恩恵を受ける。外国人は都市地域が国々を結びつけるという重要な役割を果たすのに貢献するからだ。多様な文化は都市をもっと楽しくする。これはロンドンにたくさんできた、優れたインド料理屋が示す通りだ。都市と国全体は、カナダやニュージーランドのようにもっと高技能移民を受け容れるようにすれば、もっと利益を得られる。

過去一〇年にわたり、自国主義の危険な亡霊がアメリカやヨーロッパの一部に復活している。この感情は目新しいものではない。一八四〇年代にはアメリカ党、別名知らざる党が、増加するカトリック系アイルランド人やドイツ人移民に反対して台頭した。一九二〇年代にはクークラックスクランが、反移民ヒステリーの波に乗って北部の都市にも登場した。アメリカが偉大な国になったのは、一九二一年までにその岸辺に流れ着いた一連の人的才能のおかげだと私は思っており、その流れを第一次世界大戦後に閉じたのは、アメリカによる最大のまちがいの一つだと思っている。貧困国から富裕国への移民は、貧困者を豊かにする最高の方法の一つかもしれず、そして歴史を通じて、アレクサンダー・ハミルトンからgoogle共同創設者セルゲイ・エリンまで、移民たちは驚異的なことをアメリカにおいてアメリカのためにやってくれた。今のところ、移民反対者たちは共和党も民主党も支配するには至っておらず、ホワイトハウスにいるのも移民の息子だが、新国民主義は相変わらず脅威だ。先進国は、アメリカへの移民の流れを増やす、特に高技能労働者の定住を認める H-1B 査証の数を増やすことで利益を得られる。

10.3 人的資本に手を貸そう

教育は、都市の成長の指標としては一月の気温に次いで最も信頼できる予測指標で、これは特に古い都市についていえる。一人当たり生産性は、その都市の教育水準が高ければ都市圏人口とともに急上昇するが、そうでなければ増えない。都市と学校は相補的だし、そのために教育政策は都市の成功にとって不可欠な要素だ。

アメリカでは、二〇〇七年に大卒者の年収は五万七〇〇〇ドルで、高卒のみの人は年収三万一〇〇〇ドルにとどまった。言い換えると、大学に通うことで稼ぎは八割増えるわけだ。都市全体や国全体を見ると、教育の影響はもっと大きくなるようだ。都市圏の大卒者数が一割増えると、個人の所得は教育水準によらず、七・七%増えるのだ。

　国別に見ると、就学年数が一年増えると、一人当たり産出料は三七%増える。これはかなり驚異的だ。というのも、就学年数が一年増えると、個人の賃金増加率は普通は二割以下だからだ。学校と国の生産性とのすさまじい相関の一部は、他の計測不能な国民的属性を反映したものかもしれない。だが私は、国レベルでの就学によるリターンが高いのは、ご近所の教育水準が上がることからくる追加の便益すべてがそこに含まれるからだと考えている。たとえば、もっと信頼できて腐敗の少ない政府などだ。

　トマス・ジェファソンは「もし国が無知で自由で、しかも文明状態であることを期待するなら、それはこれまでもないし、この先もあり得ないものを期待しているのだ」と書いた。教育と民主主義の結びつきが強いのは、教育が民主主義を作り出すからで、民主主義が教育にもっと投資するからではない。たとえば、一九九〇年以降のワルシャワ条約諸国の政治史を見ると、チェコやポーランドのように教育の高いところは、教育の低いカザフスタンのようなところよりもずっとよかった。国ごとの義務教育の研究を見ると、こうした法律のおかげで教育が多い国の人々は、もっと市民参加が強い。教育は地域の経済的な見通しを改善するだけではなく、もっと公正な社会を作るのにも役立つ。貧しい子供によい教育を与えるのは、彼らが繁栄した大人になる唯一最高の方法かもしれない。

　教育礼賛は容易だが、学校制度の改革はむずかしい。三〇年にわたる研究によれば、単にこの問題にお金をつぎ込むだけでは、ほとんど成果が挙がらない。少人数学級制度は生徒の成績を改善はするが、ごくわずかだ。もっと早めに介入するヘッドスタートなどでは成果も大きいが、本当に教育を改善するには全体を改革せねばならず、お金を増やすだけではダメだ。

　ボストンやニューヨークのチャータースクールに関する最近の研究は、こうした学校に所得の低い生徒が通うと驚くほどの成績向上が見られることを示している。こうした結果は、恵まれない地域における教区学校の有効性を示す以前の研究ともうまく合致する。フランスなど多くの欧州諸国が示すように、大型の国家独占でもよい学校制度を提供はできるが、競争のほうがもっとよい結果となる。社会主義的なスウェーデンですら、子供たちにもっと選択肢を与えるシステムに切り替えた。

都市は競争や多様なイノベーションを奨励することで成功する。公立校の独占はこうした利点をどちらも破壊する。十分にお金と有能な行政があれば、優秀な純公共教育に万人がアクセスできるようになるかもしれないが、アメリカの文脈では、これはかなりありそうにない。よい学校は、学校教育における競争と多様性を増やすような政策からくる見込みが高い。たとえばチャーター学校や、公立学校制度の選択制などだ。

学校の質における最大の要素は、都市の成功と同じく、人的資本だ——つまり教師の能力だ。研究を見ると、よい教師と悪い教師の有効性にはすさまじい差があることがわかる。チャーター学校はしばしば公立校よりよい結果を出すが、これは一部は、よい教育者を選べるからだ。教職員組合は、賃金をあげればよい教師が集まると論じていて、それは正しい。でも教師の給料と業績とを連動させるのに反対するのはまちがっている。出来の悪い教師を守ろうと戦う教職員組合は、子供たちよりも身内を優先しているのだ。

他の研究を見ると、学校のカリキュラムも影響する。一九八〇年代から始まった、数学と科学の訓練を増やす運動は、生徒たちの成績を上げたし、特に貧困児童には効果があったようだ。学校は、成功にとってますます重要になる理数系基礎知識を教える教師を獲得し、維持するのに専念しなくてはならない。

都市にとって、学校教育への投資は二つの利得をもたらす。生徒たちの技能は増し、それでその都市はやがてもっと生産的になる。もっとよい学校はまた、教育の高い親をもひきつけるので、その都市はすぐさま生産的になる。賢い都市を作り出す唯一最高の方法は、有能な人々をひきつけて訓練する学校を作ることなのだ。

10.4　助けるべきは貧乏な人で、貧乏な場所ではない

多くのポスト工業都市における教育の低迷を見ると、こうした都市がなぜ再生に苦しんでいるのかも説明がつく。そうした都市はまた、大量の企業を単一産業に集中させるというモデルが起業とイノベーションを潰してしまうために苦しんでいる。アメリカ史を通じて、古い地域は常に新興都市に追い越されてきた。一八〇〇年には、全米の二〇大都市のうち、六つはマサチューセッツ州にあった（ボストン、セーラム、ニューベリーポート、ナンタケット、グローチェスター、マーブルヘッド）。一九世紀末には、この中で大都市として残ったのは一つだけだった。人口が西部に移動して、アメリカの内陸水路沿いに大都市を造ったからだった。マサチューセッツの街が相対的に衰退したことで、そこの住民は困ったが、国全体にとってはいいことだった。

今日では、都市の衰退に苦しむのはそうしたマサチューセッツ州の街が衰退するのにかわり台頭してきた一九世紀末の都市だ。二〇世紀後半はこうした都市に大打撃を与え、最近の不景気がさらに追い打ちをかけた。こうした都市で苦しむ人々は支援を受けるべきだが、都市変化を凍結したり、都市衰退を

人為的に遅らせたりしてはならない。人々がサンベルト地帯に移住したのには立派な理由があるのだし、国全体としてデトロイト市の人口をそのピーク時の一八五万人に戻すべき理由はない。国の政府は人々の悲惨を減らすべきだが、都市変化の大きな方向性を押しとどめようとすべきではない。こうした流れは引き戻すにはとにかく強すぎるし、それをやろうとすべき理由などまったくない。

何十年にもわたり、連邦政府は都市刷新の無益な試みに補助金を出してきた。たとえばバッファロー市の軽軌道鉄道などがその例だ。そしてこれが、高速道路や住宅ローン金利控除といった反都市政策の埋め合わせになるかのようにふるまってきた。だがこうした政策は経済的にほとんど筋が通らないし、そうした都市に住む貧困者の助けにもならない。

貧しい人々を助けるのは単純な正義だ。貧しい場所を助けるのは、はるかに正当化しづらい。なぜ政府は、人々に実質的に賄賂を渡してまで衰退地域に暮らすよう仕向ける必要があるのか？　なぜ古い地域に人々をとどめるためだけに、成長地域にハンデを負わせる必要があるのか？　さらに、場所への投資は必ずしもそこに住む人々の利益にならない。デトロイト市がポールタウン住民を強制退去させたとき、その人たちは助かったと言えるか？　ビルバオのグッゲンハイム美術館近くに住んでいた賃貸人は、家賃がやたらに高騰してしまったので、このアートギャラリーのおかげで本当に被害を被ったかも知れない——とくに現代アートや建築が趣味でない人は。

人々と場所との紛争が全国的な注目を集めたのは二〇〇五年、カトリーナ台風がニューオーリンズ市の相当部分を破壊したときだった。ブッシュ大統領は都市刷新作業に入り、「偉大な都市ニューオーリンズは必ず復活する」と宣言した。彼は、あまり有益な結果を生みそうにない高価な目標に対し、連邦政府を縛るべきではなかった。ニューオーリンズが経済的な絶頂を迎えたのは一八四〇年、南北戦争前の南部における大きな港だった時代だ。同市は一九六〇年以来人口を減らしていたが、それはデトロイトと同じで、技術パターンの変化のため、企業がこの市の港にアクセスしなくてもよくなったからだ。そしてリバプールと同様に、コンテナ化のおかげでその港湾での労働者も減ったからだ。

カトリーナ台風は大きな人間的悲劇で、ごく普通の人間らしさから、人々は台風の被害者を助けようとする。でもここでも、可哀想な人を助けるのは可哀想な場所を助けるのとはちがう。実際、あの嵐で生み出された移住者たちについての新しい研究によれば、ニューオーリンズを離れた子供たちは、同程度のとどまった子供たちにくらべて、学習水準が高いという。ダートマス大学の経済学者ブルース・セーカードートによれば、カトリーナ台風でニューオーリンズから移住した子供たちは、テストの成績が大幅に上がったそうだ。脱出で最大の恩恵を被ったのは、もともと成績の悪い学校にいて、ニューオーリンズから完全に去った子たちだった。

善意の都市支持者たちは、ニューオーリンズ市での現実の苦しみに動機づけられ、同市の再建に最大二〇〇〇億ドルの支出を提案した。これは台風以前に市に住んでいた老若男女問わず全員に対し、一人当たり四〇万ドル以上となる。あるいはずっと広いニューオーリンズ都市圏の全世帯に二〇万ドルずつ配るのと同じだ。ニューオーリンズの人々としては、それだけの金額を直接、小切手か住宅や学校バウチャーでもらうほうがよかっただろう。そんな大金が建設業者にまわるだけよりは、直接もらうほうがずっといい。住宅の耐久性がなければ、ニューオーリンズはどのみちずっと小さな都市になっているはずだったのだ。みんなニューオーリンズのジャズは大好きだが、はるか昔に経済的な意義を失った場所に対し、インフラ投資を一〇〇〇億ドル以上もかけるのは、まったく筋が通っていない。政策議論を、何やら都市復活の淡い夢にくるむと、ばかみたいに高価なプロジェクトがいきなりまっとうに見えてしまうのだ。

　政府はニューオーリンズやデトロイトやバッファローの問題に無関心であってはならない。都市はアメリカ最貧層の多くの人々が暮らしている。そして人道的な社会はそうした人々を助けねばならない。だが、国の政策はそうした人々に、どこで暮らすことを選ぼうとも競争に必要な技能を与えることを重視すべきだ。彼らにある一つの場所にだけ留まるよう奨励してはならない。何よりも、あらゆる子供はよい学校と安全が手に入れられるべきだし、連邦政府はアメリカの子供たちにどうあっても投資すべきだ。かれらの住まいがヒューストンだろうとニューヨークだろうと、デトロイトだろうと。

10.5　都市貧困という課題

　都市はかなり格差のある場所にもなり得る。都市は世界最高の金持ちと最下層の貧困者を集める。貧困は都市の衰退に伴うこともあるけれど、貧困はしばしばその都市がうまく機能している証拠でもある。都市が貧困者をひきつけるのは、そこが貧困者に暮らしやすいところだからだ。でも人々が集まれば、病気が拡大しやすく、水も汚染されやすくなる。こうした密集する人々の中で貧困者比率があまりに多いと、そうしたリスクは高まる。貧困者はこうした問題に対して自分で対処するためのリソースが限られているからだ。地元レベルでは、人々と貧困が大量に集中すると、密度の費用に対処するための強い政策が必要となる。きれいな水と安全な街は、西側の都市も獲得するのに苦労したし、今日の発展途上国でもひとりでに登場するものではない。西側では、健康で魅力的な都市を造るのは巨額の金銭的な投資と、しばしばかなり強権的な政府介入を必要とした。ジョージ・ワーリングは、街路清掃人のせいで困った市民たちの機嫌をいちいち気にしていたら、決してマンハッタンの街路をきれいにはできなかっただろう。シンガポールが清潔で安全な街の提供をうまく実行できたのは、他の多くの政府に比べて制約が少なかったからだ。

だが、最強の都市ですら、都市貧困の費用を自分だけでは負担できない——そして負担すべきでもない。一九六〇年代と一九七〇年代には、裕福な都市住民や中流階級の都市住民たちは、都市内格差に取り組む費用を負担したくないこともあって、郊外に逃げ出した。金持ちの居住地は、しばしば都市の政治的な境界のすぐ外に設けられ、富裕層は都市の近くにはいられるが、そこの税金は負担せずにすむし、そこの学校にも通わずにすむようになっていた。公平な機会とは、人々がご近所や機会への願望に基づいて暮らす場所を決められるということで、貧困者のための負担を避けられるかどうかに基づいての選択ではない。

ある国の貧困者は全市民の責任であって、たまたま同じ行政区に住む人々だけの責任ではない。貧困者にとっても都市にとっても、社会サービスが自治体より国レベルの資金負担になっていたほうが公平だ。こうした問題の一部は、州や国が貧困地域に支援をすることで多少は改められるが、中流階級の人々はそれでも都市を逃げ出し、貧困者のための負担を避けるインセンティブが多すぎる。

すでに論じた通り、アメリカの教育システムにおける欠点の一つは、あまりに多くの子供があまりに少ないことしか教わらずに学校を出てしまうことだ。第二の問題は、地元主体の学校制度のおかげで、人々はよい学校に通うために郊外に出る強いインセンティブができてしまうということだ。郊外のほうが都市よりよい学校を持つべき本質的な理由はない。パリは世界最高の公立高校を持つし、アメリカ最高の学校の一部は、大都市の私立学校だ。でもインナーシティの貧困と地元負担の公立学校のおかげで、都市の公立校はしばしばひどいことになっている。一部の例では、これは運営上の問題のせいだが、最高の運営の学校でも、都市貧困は教育者にとってすさまじい課題を作り出す。

貧困児童は、行儀に問題がありがちで、家での訓練も少ない。支出を一定になるよう補正すると、裕福な児童ばかりの学校は貧困児童ばかりの学校に比べ、試験の成績がずっと高い。だからといって、貧困者が学業優秀になれないということではない——優秀な人はたくさんいる——だが、貧困が教育をむずかしくするということではある。公立校はその学区のあらゆる子供たちを集めるので、大都市における貧困の存在のため、金持ちはそこを逃げ出して、自分たちだけの集まりを作るということにもなる。

現状に比べて、あまり反都市でない代替方式はある。地域のバウチャー方式は、家族の住所と子供の通う学校との結びつきを破れる。大都市の学校が、高密大都市で華開く競争と多様性の力を活用できれば、都市の学校も改善しだす。大都市の学校への支援を増やすのも、高価ながら、同じ土俵での競争を可能にするのに有効だ。成績別に生徒をまとめる、たとえば学力別学級編成やマグネットスクール方式なども、都市の公立校教育を賢い子供の親にとってもっと魅力的にする。学力別の反対者たちは、それが恵まれない子供たちからよい仲間を奪ってしまうと反対する。でももし成績優秀な仲間がどのみち郊外に脱出してしまうのであれば、貧困生徒は結局その仲間ができない。そうであれば、豊かな家族が都市にいるほうがまだいい。

貧困者の近隣が、自分たちだけで貧困の金銭的、社会的な重荷を負担しなければならないなら、そうした近隣の住民は立ち去り、都市がさらに貧しくなり、貧困者はますます孤立する。はるかにましで、もっと実際的なアプローチは、もっと高次の政府が貧困の追加費用を相殺するような形で資金を分配することだ。マサチューセッツ州など多くの州では、自治体の貧困度に応じて州からの自治体への補助金額が増える。これは筋が通っている。貧困の問題に対処しなければならない都市に、もっと支援を提供すれば、裕福な人々が都市を離れるインセンティブは減る。

10.6 消費者都市の台頭

もちろん、成功する都市は貧困者だけでなく金持ちも引きつける。都市が安全で健全になると、ますます富裕層にも魅力的になってきた。今日のニューヨーク住民は、その楽しみを享受するためならプレミアムを支払ってもかまわない。今日のロンドンやニューヨークやパリの成功は、一部は消費者都市としての強みを反映している。ますます繁栄した世界は、今後も都市が提供する革新的な楽しみをもっと重視するようになると思うべき理由はいくらでもある。都市イノベーションのボトムアップ的な性格から考えて、最高の経済発展戦略は、賢い人々を集めて後は好きにさせることのようだ。

だが、どうすれば都市は消費者都市になって、高技能居住者を集められるのだろう？　あるビジョンは都市学者リチャード・フロリダが広めたもので、芸術やオルタナティブな生活様式への寛容性と、おもしろくてエキサイティングな都心を強調する。第二のビジョンは、昔から都市の任務だった中核的な公共サービスの改善を重視するものだ。つまり、街の安全や通勤時間短縮、よい学校などだ。都市の指導者のリソースは限られているのが通例だ。万人のためにすべてをやるわけにはいかない。私のように、都市はすべてこのビジョンのどっちも少しずつやるべきだと考える人であっても、どこに都市政府の歳入や指導者のエネルギーを投資すべきかという問題は常に残る。

ある意味で、この二つのビジョンの相対的な魅力は、理想的な市民としてどんな人物を思い浮かべるかで決まる。最初のビジョンは、カフェやパブリックアートがお気に入りなので、プルーストを読む二八歳の黒いタートルネックの人物が念頭にある。第二のビジョンは、中核の都市サービスに注目しているので、四二歳のバイオ技術研究者を想定しており、家族がシャーロットにいるのとボストンにいるのとで、家族にとってどっちが快適かを心配している人物だ。三〇代、四〇代、五〇代の人々は二〇代のざっと三倍はいるので、都市が単に若者とヒップな人々の磁石となるだけで生き延びられると思うのはまちがいだ。

私だって都市文化はよいものだと思うが、美的な介入では都市の基本のかわりには決してならない。セクシーな公共空間は、危険ならばあまり職をもたらさない。パリのカフェがいくらあっても、公立学校システムがダメなら、親が子供を通わせたいとは思わないだろう。都市への通勤が長時間の苦痛であるなら、都市にいくらクールな美術館があっても、企業は郊外に向かう。

10.7 NIMBY主義の呪い

都市や郊外居住地では、変化に対する反対とは、新規開発をブロックして新規のインフラプロジェクトを止めるということだ。住民たちは要するに「うちの裏庭には造るな（NIMBY）」と言っているわけだ。ニューヨークのような古い都市では、NIMBY主義はしばしば建築保全や環境保護の隠れ蓑をまとっている。過去を思い出させる最も美しい建築を保存しようという立派な試みを、どうでもいい建築だらけの広大な近隣を凍結させるための手段に歪めてしまうのだ。きわめて魅力的な都市で、こうした変化への反対が持つ最悪の側面は、建物の高さが低いままで新築住宅が減るため、物件価格は高く、都市が金持ち以外には住めなくなってしまうということなのだ。

残念ながら、人々がなぜ変化に反対するかは容易に理解できる。

・葉の生い茂る郊外に家を買った。いまはあまり他の家もないので、それが気に入っている。だからこそここを買ったのだ。ところが隣の地主が、三ヘクタールの敷地にタウンハウスを二五軒建てようとしている。当然怒るだろう。そんなためにこの町にきたわけじゃないのだ。近所の工事も、ご近所が入居してきたときの追加の交通もごめんだ。いまのままがいいのだ。

・マンハッタンのアッパーイーストサイドにアパートを買った。眺めはすばらしい。だが開発業者が通りの向かいに高層ビルを建てようとしている。自分の窓の正面だが、景観を奪われるのはいやだ。さらに、そこに引っ越してくる新人たちが気に入るかどうかもわからない。この近隣は引っ越してきたときのままでいてほしい。いまのままがいいのだ。

・ボストンの三階建て住宅に二〇年住んできた。大学が数街区向こうに、現代美術館を建てようとしている。アパートからも見える。たぶん地域にたくさんの部外者がやってくるだろう。そもそも現代美術はあまり好きじゃない。いまのままがいいのだ。

これはＮＩＭＢＹ主義の現実世界の例だ。事例ごとに見ても、これ以上は包括的になれない。だれかが近隣を変えようとしている。高密、高層、芸術的な場所には住みたくない。いまのままがいい。これ以上に理にかなった主張があるか？

だが、まともに思えるNIMBY主義でも、ひどい結果をもたらしかねない。新規建設を止めるのは、その人にはよい考えに思えるかもしれないが、その新しい敷地分割やアパートに住みたかったはずの人々には費用をかけることになる。新しい私立美術館を止めれば、多くの住民には魅力的で、地元経済に寄与する大量の観光客を連れてきたはずのアメニティを都市から奪うことになる。変化に反対する人々の利害は、わからないわけではないが、その利害は公共の利害とは一致しないのが通例だ。

さらに、これらの事例のそれぞれで、怒れるご近所は、自分の左右したいと思う物件を所有すらしていない。この例で、三ヘクタールの敷地の持ち主はその土地を所有している。それは都市開発業者だって大学だってそうだ。変化の敵たちは、要するに他人の財産をコントロールしたいと思っている。この観点からすると、成長を止めるのは現状を維持するというよりはむしろ、他人の権利を奪い、他人の財産の価値を引き下げることなのだ。

NIMBY主義の人気の背後には、二つの強力でからみあう心理学的なバイアスがある。最初のものは現状バイアスと呼ばれ、これは現状に対する過度に強い執着を指す。このバイアスを示す有名な実験の一つは、人々はあるマグを買うのに支払う金額に比べ、その同じマグをもらったときにはかなり多めの金額をもらうまで手放そうとしない。第二のバイアスは影響バイアスだ。これは人々が、負のショックによる幸福度への影響を極度に過大に見積もるバイアスだ。新築高層ビルの反対者たちは、それができたら生活が惨めになると思っているが、でも実際にはすぐに新しい状況に適応する。

過去四〇年にわたり、アメリカではほとんど気がつかれない財産権の革命が起きている。人々が自分の土地財産をどう使うのも勝手だった制度から、ご近所たちが成長と変化を制限するすさまじい力を持つシステムに変わってしまった。こうした権利の革命の一部はよい方向のものだが、かなりの部分は悪い方向に作用している。

変化がすべてよいものとは限らないが、世界がもっと生産的で安く、エキサイティングで、革新的で、環境に優しいものになるためには、かなりの変化が必要だ。国レベルでは、連邦政策が成長地域を犠牲にして古い場所を保存しようとするときには、それは成長に対するまちがった反対だ。地元レベルでは、活動家は自分のコミュニティでの成長と戦うことで変化に反対する。その活動は理解はできるが、地元にばかり専念することで、その行動が持つもっと大きな意味が捕らえにくくなってしまっている。魅力的な場所で新規開発を止めると、そうした地域に現在は住んでいない人にとって、住宅がもっと高くなる。こうした高い住宅価格は、こんどは企業の開業も高価にしてしまう。自然に炭素排出が低いカリフォルニアのような地域では、開発を阻止すればその分の開発は、もっと環境に優しくないカリフォルニア州内陸部やフェニックス市郊外などに行ってしまう。地元だけの環境保護主義は、しばしばダメな環境保護主義なのだ。

古い都市では、保全主義者たちが変化の大きな敵となり得る。彼らは美と歴史を根拠に議論を展開する。私はかれらの価値観は大いに尊重するものだが、その力は制約されるべきだとも信じている。多くの建物は保存すべきだが、都市の繁栄には成長が必須だ。建築の宝の保護と変化容認との適切なバランスを取るのは、確かに難しい。サンフランシスコやニューヨークですらかなりむずかしいし、人類史が石に刻まれているパリやローマとなるとなおさらややこしくなる。鍵は、変化が認められた空間を最大限に活用することだ。別に古い都市の最も美しくて重要な建築を手荒に扱えなどと言うのではないが、再建が許されたところでは、なるべく多くの開発を認めるのが筋が通っている。賢い建築保全は新しい建物を高くするべきであり、低層を要求すべきではない。高く新しい建物を建てることで、他の古い記念建築を取り壊す圧力も下がる。

変化を許容する重要性は、アメリカや他のどこでも新しいインフラ建設を考える場合にはっきりしてくる。住宅やアパートの民間開発を遅らせたのと同じ力が、都市や社会全体に便益を与える都市のメガプロジェクト建設も、はるかにむずかしくしてしまう。フランス、ドイツ、日本では、高速鉄道サービスが何十年も前から都市を結んでいる。一九九四年にアムトラックは、そうした鉄道サービスをアメリカに導入しようとして、アセレア線を導入した。アセレアは、時速二四〇キロに達し、ニューヨーク–ボストン間を九〇分以下で結べるので、列車は飛行機に比べて高速でエコな交通手段となる。だがNIMBY主義的な政治のおかげで、アムトラックはアセレアがそれだけの速度を出せるまっすぐな線路を引けない。現在の曲がりくねった路線では、平均速度は一三八キロで、ニューヨーク–ボストン間は三時間だ。今日の政治環境では、高速鉄道の経済的、環境的な利点が費用を上回る場合でも、コミュニティが反対すれば路線をまっすぐにするのは不可能だ。

ときどき、自分が育った近隣に戻ってみる。一番街と二番街の間の、六九丁目だ。うちの古いアパートビルから通りを挟んで、まだブラウンストーンの高級住宅が建ち並んでいるし、この場所がかつて持っていた人種アイデンティティを思い出させるマジャール教会もある。こうした高級住宅や教会が高層アパートに建て替ったら悲しいだろうか？　そうかもしれない。だが、そうした建物は他の多くの子供たちが、私のように、ニューヨークで育つという驚きを味わえるようにしてくれる。私なら、建物よりは絶対に人々の肩を持ちたい。

発展途上国では、過剰規制に反対すべき理由はさらに強くなる。ムンバイのような急成長都市では、高さ制限は人々が垂直に広がらず、水平に広がることを強制するので、すさまじい被害を与える。そのためにすさまじい渋滞が生じるからだ。ムンバイなどの発展途上のメガシティでは、使い物になるよい不動産建設を阻む規制など有害無益だ。都市は貧困脱出の道であり、都市成長を阻止することで発展途上国は人為的に貧しくなっているのだ。

10.8 スプロール偏重

過去一世紀において、何千万人もが都市を離れて郊外に移住した。都市大好きな私ではあるが、その人々の選択を責めるわけにはいかない。この私も郊外移住したのだから。でも、都市の条件を不利にして、都市地域を離れさせる人工的な要因を造るシステムなら批判できる。すでに、都市の裕福な住民が貧困住民のニーズに対して支出するよう期待するとどんな問題が起こるかは議論した。住宅と交通政策においては反都市政策がますますあらわで、自国や世界を豊かにする都市に害を与えるよう、意図的に設計しているのではないかとさえ思えてしまう。

連邦住宅政策の中心にあるのは、住宅ローン金利控除だ。これは住宅保有者が住宅ローン負債に対する金利支払いを、最大一〇〇万ドルまで税金から控除できるようにするものだ。アメリカ人の持ち家率は六割以上なので、この政策は不可侵なものとなったが、大きな欠陥を抱えている。住宅ローン金利控除は神聖不可侵だが、ちゃんとした居場所が必要なのだ。この制度はアメリカ人が極端に借金して住宅に賭けるようにうながす。これは二〇〇六年から二〇〇八年の住宅バブル大崩壊後には特に馬鹿げて見える。持ち家補助は、人々の支出を奨励することで、実は住宅価格を押し上げる。そして控除の便益は圧倒的に、金持ちのアメリカ人に集中している。年収二五万ドル以上の世帯の控除は、年収四万から七万ドルのアメリカ世帯の控除額の一〇倍以上なのだ。

環境的な配慮からすれば、小さな住宅での倹約生活を奨励するような税制に向かうべきだ。住宅ローン金利控除は、正反対に向かわせ、人々にもっと大きな家を買わせるが、それは郊外にあることが多い。第二次世界大戦後に、レーヴィットタウンやウッドランズのような居住地への移動が起きたのは、持ち家優遇税制により後押しされた。大型敷地の大型住宅の楽しみを享受できた人々に文句を言うつもりはないが、連邦税制が大きな家を買う人々に補助を出すべき理由はない。この問題を緩和しつつ、アメリカ中産階級に被害を与えない方法は、住宅ローン金利控除の上限額をもっと穏健に、三〇万ドルくらいに引き下げることだ。

住宅ローン金利控除は、七〇年にわたる連邦の持ち家政策の一部だ。政府出資のファニーメイやフレディーマックのような機関は、昔から住宅ローン市場を奨励するために、暗黙の、そして最近は公然とした政府資金を提供されている。連邦住宅局と退役軍人局は昔からアメリカ人に持ち家を奨励してきた。確かに持ち家にはある程度の社会便益はあるが、持ち家を補助するのは都市には有害だ。住宅保有者は確かに投票率も高く、地元の問題解決にも参加する——そして銃もたくさん持っている。こうしたことに補助金を出す価値はあるのかもしれないが、望ましい活動は当然ながら直接補助したほうがいい。人々に限度額目一杯借りて、住宅市場の上昇に賭けるような真似を奨励することで補助すべきではない。二〇〇六年から二〇〇八年の住宅市場大暴落は、人々に手持ちのすべてかそれ以上を、不動産市場の浮沈に賭けさせるのがいかに愚かだったかを見事に示している。

都市部地価の高価格は、自然と集合住宅へと向かう。そしてこうした住戸の八五％は賃貸だ。持ち家型協同組合やコンドミニアムは可能だが、そうした複雑な所有権構造は、それ自体がまた問題を引き起こすし、だからこそあまり例がない。持ち家住宅の相当部分が非都市地域にあれば、持ち家に補助金をだすと都市に被害がおよぶ。

オバマ大統領は、セオドア・ルーズベルト以来発の都市型大統領だが、二〇〇九年の景気刺激予算案のインフラ部分は、これまでのアメリカのインフラ支出のほとんどと同様、都市アメリカに不利なものとなっていた。二〇〇九年三月から九月の一人当たり景気刺激支出は、アメリカで人口密度最低の五州では、その他の州より二倍も高かった。これは驚くべきことではないのかもしれない。これらの州はアメリカの人口の一・二％しかいないのに、上院議員数の一割を左右しているのだから。でも、だからといって人口密度の低いところにリソースを過大に振り向けるのがいささかでも適切になるわけではない。特に、これは不況対策となるはずだったのに、人口密度最低の五州はこの不景気でも、失業率は二〇〇九年一二月時点で六・四％どまりで、そのままでも十分やり過ごせたのだ。

過去二〇年にわたり、人口密度上位一〇州への交通投資は、一人当たりで見ると最下位一〇州の半額だ。景気刺激パッケージも古い式を使っているので、この比率は変わらない。我々はインフラ投資を使って、高密都市地域の人の流れを円滑にするより、アメリカ地方部のアクセスを改善しているのだ。だが通勤時間が長くなるのは、低密地域よりは混み合った大都市のほうがずっと可能性が高い。一〇大都市圏の平均通勤時間は、国全体の平均の二割増しなのだ。

ホワイトハウスの運営予算局は連邦高速道路プログラムについてこう書いている。「予算はニーズやパフォーマンスに基づくものではなく、このプログラム用の予算は相当額が事前に確保されている」。一九五〇年代に、州間高速道路プログラムのおかげで人々は都市脱出がずっと容易になった。低密地域に補助を続けることで、交通支出は人々を都市アメリカから引き離し続けている。

確かに、都市部での交通支出はむずかしい。大規模都市プロジェクトはやたらにお金がかかる。ジェイン・ジェイコブズと大建設官僚ロバート・モーゼスとの、ロウアーマンハッタン高速道路をめぐる有名な戦いが教えてくれるように、人々がすでに住んでいるところに建設するのは、何もないところでの建設に比べ、どうしてもはるかに大きなコミュニティの反対をもたらす。さらに、あまりに多くの都市交通プロジェクトが、これ以上インフラを必要としない衰退都市につぎ込まれてしまった。結局、そうした都市を定義づけるのはまさに、人々に比べて建築物が大量にあるという特徴なのだから。ますます混雑する都市の機能をもっと高める形で建設を進めなくてはならない。よいプロジェクトと、デトロイトのピープルムーバーのような愚行とのちがいは、よいプロジェクトは大量の利用者に目に見える便益を作り出すということだ。ダメなプロジェクトは、単に開発業者に儲ける機会と報酬をもたらすだけだ。

低密地域への過大な交通投資を整備する人は、彼らがガソリン税をもっと支払っているのだから、そういう地域には気前よくすべきだと論じる。ガソリン税は、交通投資のための連邦資金の主だった歳入源となる。もしそうならば、高密地域は所得税をたくさん払っているので、その分気前よくしてほしい。アメリカの所得の半分は、二二の大都市圏が稼ぎ出している。連邦政府が税収に基づいて資金配分を決めたら、大都市にはずっと多くの連邦予算がつくはずだ。

だが、都市の支払う所得税のうち、都市に戻す部分を増やせという議論とはちがい、ガソリン大量消費州にもっと交通プロジェクト資金を提供しろという議論は、一見しただけでおかしいのがわかる。ガソリン税の主要な存在意義は、ドライバーたちが道路利用で引き起こす社会的費用の一部を負担させることだ。基本的な経済学では、もしドライバーが公害と渋滞を増やすなら、そうした費用を課金されるべきだと延べる。でも彼らの支払うガソリン税が高速道路に再投入されてしまい、それによりもっと運転を補助することになるならば、ガソリン税の便益はほとんど消えてしまう。都市に公平な競争の場を与えるためには、ドライバーはガソリン利用が引き起こす公害について課金されるべきだし、道路を増やすという形でそのお金を取り戻すべきでもない。

外部性を正しく相殺するガソリン税を造り出すには、ドライバーが郊外や交通事故や渋滞で、ずばりどれだけの被害を他人にもたらすかを知る必要がある。最近のある論文は、こうした費用をすべて足し上げて、一ガロンあたり二・三〇ドルという数字を出した。ここからすると、いまのアメリカのガソリン税は安すぎるが、ヨーロッパのガソリン税は高すぎるかもしれない。アメリカがヨーロッパのモデルのほうに動けば、スプロールに住む多くの人々は、コンパクトな生活のほうがいいかもしれないと思い始めるのはまちがいない。連邦政策の反都市バイアスを終わらせるのは、郊外ドライバーに対してその講堂の環境費用を課金するということも意味するのだ。

所得税ですら、大都市生活に対する課税だと考えられる。大都市では人々が生産的なので、稼ぎも高い。高額所得を課税することで、非大都市圏の単純な生活がもっと魅力的に思えるのだ。所得税は、稼ぎを増やしてもあまり魅力的でないようにしてしまうし、人々は都市でのほうが稼ぎが大きい。別に所得税を廃止しろとか言いたいわけではないが、税の反都市的な影響に制約をかけるのは筋が通っている。もっと多くの税収を、それを支払った地域に還流させるべきだ。都市に課税してアメリカ地方部の建設に役立てるのは、繁栄の都市的エンジンに危害を与える愚かな政策だ。

10.9 エコシティ

スプロールに補助金を出す費用の一つは、アメリカの炭素排出が本来よりも高くなっていることだ。都市はエコだ。高密居住して歩く方が、低密の郊外に住んでどこへでも車で出かけるよりはずっと環境に優しい。行動の環境負荷について人々に課金するというまともな環境政策が持てないことで、危険な反都市バイアスもできてしまうのだ。

郊外好きな人は郊外に住んでもかまわないが、その選択は郊外化の真の費用と便益に基づくものであるべきだ。郊外住民は、都市住民よりずっと多くのエネルギーを使い、ずっと多くの炭素を排出する。炭素排出についての適切な値づけは、インドや中国のような場所では特に重要だ。彼らの生活様式決定は、世界の将来的な炭素排出を左右するからだ。

気候変動に対するもっともストレートな対応方法は、単純な炭素税だ。エネルギー利用者たちが、自分たちの行動の社会費用分を課税されれば、燃費のよい車に乗り、もっとエネルギー効率の高い住宅に暮らすだろう。またエネルギーを節約する大都市のほうが魅力的だと思うだろう。エネルギー利用に適切に課金しないことで、エネルギーを大量消費する郊外のライフスタイルを暗黙に補助しているのだ。

今後四〇年にわたり、インドと中国は急激な都市化を続ける。彼らの土地利用に関する決断は、エネルギー消費や炭素排出について巨大な影響を持つ。高密居住で公共交通を使えば、全世界が恩恵を受ける。もしスプロールすれば、高エネルギー費用と炭素排出増大でみんな苦しむ。西側が炭素排出を縮小すべき重要な理由は、ＳＵＶでモールにでかける我々が、インドと中国にエコを奨めるという偽善をなくすためでもあるのだ。

10.10 都市の贈り物

都市の輝く尖塔は、人類が到達できる偉大さを指し示しているが、それはまた人類の傲慢をも示す。最近の不況は、都市のイノベーションが価値を創るだけでなく破壊もできるのだということを痛々しくも示す。あらゆる下降期は、世界や都市にとっての大きな課題となる。商業と金融市場が収縮すると、都市地域は苦しむ。税収が減ると、都市は基本サービス提供にも苦労する。失業が増えると、そうしたサービスはさらに負担が重くなる。これはすでに貧しい都市では特に言えることだ。

だが我々の都市の未来は明るい。大恐慌のときですら、大都市の明かりは薄れたりしなかった。都市の持続的な強みは、人類の極度の社会性を反映している。相互に接続するという人の能力は、人類の決定的な特徴だ。ヒトが種として成長したのは、群れで狩りをして、獲物を共有したからだ。心理学者スティーブン・ピンカーは、集団生活（これは都市生活の原始版だ）が「ヒト的な知性の進化の舞台を整えた」と論じる。ヒトは文明と文化を同時に発達させ、絶えずお互いからや過去から学んでいる。本からgoogleまで新技術は、ヒトの根本的な社会性を変えられなかった。対面でなくても学ぶのを容易にはしたが、それでも相手と直接会うことで得られる追加の利点は排除されてない。実は、新技術は新しいアイデアからの収益を増やしたため、対面共同作業からのリターンも増えたということだ。

二〇世紀末にかけて、輸送費の低下がかつての大工業都市の持つ生産優位をなくした。自動車はアメリカ人たちを郊外に運び、サンベルト地帯の自動車中心都市へと向かわせた。こうした出来事は、多くの古い都市地域をひどいめに会わせたが、それでも都市の終焉とはならなかった。他の人間と密接して存在する長所はあまりに大きいのだ。

中国の指導者たちは、高密度がかつて貧しかった自国を豊かにできると理解しているようだ。高層建築が生産性を高め、環境費用を減らすという事実もわかっているようだ。もし中国がスプロールより高さを選ぶなら、世界の炭素排出は低くなり、世界は地球温暖化から保護されるし、中国も中東の産油国への依存度が減る。

インドの将来もまた都市的になるが、その都市地域の姿はもっと予測しづらい。インドの都市はいまのところ、イギリス土地利用計画の最悪の部分を取り入れ、背の高い拡散した人口をもたらした。このモデルがインドに与える費用はあまりに大きく、いずれインドはその高密建設に対する反発を捨てざるを得なくなるかもしれない。インドと中国がきわめて都市的な文明になれば、アメリカの郊外は世界の将来を予見するものというよりは、例外に見えてくるだろう。

おそらく長期的には、二〇世紀における郊外生活との戯れは、工業都市の短い絶頂期と同じく、トレンドというよりは一時的な脱線に思えるようになるだろう。都市建設は難しいし、密度は便益だけでなく費用も作り出す。だがこうした費用は十分に負担する価値がある。というのも、ロンドンの豪勢なアーケードだろうとリオのファヴェーラだろうと、香港の高層ビルだろうとダラヴィのほこりっぽい作業場だろうと、人類の文化、繁栄、自由はすべて、結局は共に生き、共に働き、共に考える人々の贈り物なのだ——そしてそれこそが、究極の都市の勝利だ。

謝辞

本書は共同作業であり、その実現を手伝ってくれた多くの人にはとても感謝している。エージェントであるウィリアム・モリス・エンデバーのスザンヌ・グラックとエリック・ラプファーは、通俗書を書くよう奨励してくれたばかりでなく、最初から最後まで絶えず建設的に貢献してくれた。本書の中でお気に入りのフレーズいくつかはかれらが創ったものだ。

ペンギン出版のイーモン・ドランはすばらしい編集者で、文を磨いてくれただけでなく、本全体を彫り上げるのを手伝ってくれた。辛抱強く思慮深く、賢明だ。私の思考が多少なりとも全体にうまく溶け込んでいるなら、その多くは彼のおかげだ。

また組織として大量の支援を与えてくれたのは、マンハッタン研究所、その所長ローレンス・モネ、研究部長ハワード・フソックだ。スミス・リチャードソン財団からの鷹揚な支援とともに、このプロジェクトを通じて金銭的、知的な支援を与えてくれた。本書のいくつかのアイデアはまず『シティジャーナル』で検討されたもので、同誌の編集者ブライアン・アンダーソンとその編集部長ベン・プロチンスキーの指導には感謝する。

また相当な組織的、金銭的な支援をハーバード大学ケネディスクールのタウブマン・センターとラパポート研究所から得た。どちらも本書執筆中に私が長をつとめる栄誉に預かったところだ。プロジェクトを通じてエリン・デアとヘザー・マリー・ヴァイタルが有益な補佐を与えてくれた。デヴィッド・ルバロフとサンドラ・ギャロンは、よい友人で支持者だった。学部長デヴィッド・エルウッドは、支援を与えてくれるとともに霊感を与える指導者だった。

タウブマン・センターでは、特に副所長クリスティナ・トビオに感謝する。通常の職務範囲をはるかに超えて、何百時間も掛けて本書のリサーチ支援をしてくれた。注のまとめと、多くの不正確な過剰表現を刈り込んでくれたのは彼女だ。またエリザベス・クック＝スタンツ、ネイサン・ヒップスマン、サラ・モシャリーらの研究助手チームを率いて本書の作業を各種段階で実施してくれた。

またインド、香港、シンガポールなどを旅行して都市をもっとよく理解させてくれた多くの人々にも恩恵を受けている。だれよりもムンバイのM・K・シンは、時間と叡智を惜しみなく与えてくれた。私はまた、コルカタのジョティイシュ・サバ、デリーのマヒカ・シショディアとグニンデル・カウル・ギル、バンガロールのサブロト・バグチ、K・クマン、ルバン・プカン、エリック・サヴェージ、G・シュリニヴァサン、ムラリ・ヴラガンティィ、、そして特にK・R・シュリクリシュナ、ムンバイのトリプティ・アルヤとスニル・ハンダの賢明な指導に感謝する。シンガポールでの経験はピーター・ホー、ドナルド・ロウ、コウ・チン・イェンに大きな支援を受けたので、大いに感謝する。ティム・ウェルブスはテキサス州ウッドランズを案内してくれて洞察を共有してくれた。エミリー・ビームはデトロイトのインナーシティのすばらしい徒歩ツアーに連れて行ってくれた。他に多くの人が街路を歩くことで世界の都市を理解しようとする中ですさまじい辛抱強さを発揮してくれたし、ここに名前を挙げられなかった人にはお詫びしたい。

特に本書を読んで有益なコメントをくれた人々には感謝している。ジョシュア・ゴットリーブ、ジェシー・シャピロ、アンドレイ・シュレイファー、ローレンス・サマーズ、ミッチェル・ワイスだ。ニール・レヴァインは本書の中の建築史で手伝ってくれた。スティーブン・グリーンブラットはシェイクスピアに関する部分に目を通してくれた。その叡智は大いに役だった。

本書のもっと広範な知的負債は壮大なものだ。私は教師たち、同僚たち、共著者たち、生徒たち、そして昔から崇拝してきた作品を手がけた多くの都市論者たちに大きな影響を受けてきた。本書の中心的な主張——アイデアは高密環境で容易に広がる——はシカゴ大学で教わったもので、ゲーリー・ベッカー、エドワード・ラゼア、シャーウィン・ローゼン、ジョージ・トリーに師事する中でそのプロセスの実践をまのあたりにした。本書のアイデアは特に、ジョセ・シェインクマンとロバート・ルーカスの初期の影響を受けている。

ハーバード大学では都市について多くを教えてくれるすばらしい同僚たちに恵まれた。アラン・アルツシュラー、ジョン・キャンベル、デヴィッド・カトラー、ベンジャミン・フリードマン、ローランド・フライアー、クローディア・ゴールディン、トニー・ゴメツ＝イバネズ、ローレンス・カッツ、アンドレイ・シュライファーだ。特に、悲しいかな物故した都市経済の偉人、ジョン・カインとジョン・メイヤーには恩恵を受けた。

本書のアイデアの多くはまず学術論文として表現された。その共著者はデヴィッド・カトラー、デニス・ディパスクアレ、グレン・エリソン、ジェス・ギャスパー、ジョセフ・ギョウルコ、マシュー・カーン、ヘディ・カラル、ウィリアム・カー、ジャネット・コールハース、ジョセ・シェインクマン、アンドレイ・シュライファーだ。こうした論文の多くは生徒や元生徒たちとの共著のものもある。アルベルト・アデス、ガイ・ダミアス、ジョシュア・ゴットリーブ、ジェド・コルコ、デヴィッド・マレ、マシュー・レセガー、ブルース・サカードテ、アルバート・セイズ、ジェシー・シャピロ、ジェイコブ・ヴィクドアなどだ。

私の思考を左右した高名な都市論者をすべて挙げたら、長々しく退屈な書誌論文になってしまうが、本書の多くがジェイン・ジェイコブズの影響を受けているのは明らかだろう。彼女は都市の世界を闊歩する巨人だ。

慣例に従い、ウィキペディアは書誌や参考文献には挙げていない。ウィキペディアに書かれた事実はすべて、もっと標準的な情報源で確認したからだ。だがそれでもウィキペディアの無名の苦闘者たちには大いに恩恵を受けている。おかげで多くの時点で研究が容易になった。ウィキペディアやその他の出所からの文がそのまま文に入り込んでいたらお詫びする――ある研究助手は、そうした思わざる拝借を排除するという作業を明示的に担当しているが、ときにはまちがいが忍び込んでしまう。

最後に、都市についての思考四〇年を支えてくれた家族に特に感謝を捧げたい。亡き父ルドウィッグ・グレイザーは、子供時代に都市設計について考えるように仕向けてくれた。母エリザベス・グレイザーは、最初に経済学について教えてくれて、あらゆる点で堡塁となってくれた。義父エドマンド・チャイトマンもまた人々や世界に関する理解を大きく形成してくれた。子供たち、セオドア、エリザベス、ニコラスは、ヒューストンからラヴェナまで連れ回しても驚くほど辛抱強かった。彼らは私のインスピレーションと喜びの絶えざる源だ。

そして何より、妻ナンシー・シュワルツ・グレイザーに感謝する。彼女に本書を捧げる。彼女はこのプロジェクトにおけるすばらしいパートナーであり、また人生においてもそうだった。本書の編集を手伝ってくれたし、絶えずフィードバックをくれた。また本書の画像選択ととりまとめも主導してくれた。彼女の愛と支援は何よりも貴重だ。

訳者あとがき

本書はEdward Glaezer, Triumph of the City（Penguin, 2011）の全訳である。翻訳にあたっては、原著の査読用コピーとKindle版を使用した。ただし原著にあった写真ページは割愛した。また、著者による日本版への序文を追加した。「日本版への序文」は二〇一一年四月に執筆されたものであり、一部現在の事実とずれのあることをお断りしておく。

本書のあらすじ――都市の勝利

都市に対する人々の態度は、昔からアンビバレントなものだ。多くの人が集う都市は、それだけ多くの機会を提供し、それがさらに人を引きつける。都市は人々のつながりを通じて新しい文化や事業や娯楽を生み出し、それがさらに人をひきつける。一方で、そこには過密からくる様々な害――病気や犯罪、享楽、不道徳――が生じる。高密からくる機会の多さは一方でよりよい機会をめぐる激しい競争をも生み出し、他人との接触の多さからくるストレスももたらす。その機会を十分に享受できない人々は、貧困を余儀なくされ、場合によっては巨大で悲惨なスラムも作り出す。そしてもちろん、高密居住を支えるためには、多くの人工的なインフラが必要だ。

そうした生き様に対する反発も強い。(シータではないが)大地から離れてレンガやコンクリートの小さな箱の中で暮らすのは不自然ではないか? それは自然を破壊して収奪し、環境を悪化させるのではないか? 人は本来、自然の中で、自然と共に暮らすべきではないか? きゅうくつな暮らしを強いられるより、草原や森の中で自然の恵みを受けつつ暮らすべきではないのか? それこそが人間らしい暮らしではないのだろうか。

本書は、この二つの発想の間にあって、都市の勝利を歌い上げる。人間を人間たらしめているすべてのものは、都市への人口集中で生まれている。誰も思いつかなかった新しい発想、新しい仕組み、そして都市そのものが作り出す問題への解決策も、都市が生み出した。都市スラムは悲惨だが、田舎にも貧困はあり、それは都市スラムよりもっと悲惨なことが多い。そして人が自然との共生だと思っている生き様の多くは、実は人の居場所を作るために自然を破壊し、エネルギー効率も低い。今後、多くの人々が田舎の貧困を逃れて都市部を目指す。そうした人々を高密でコンパクトに収容し、そうした高密から生じるアイデアをさらなる都市発展に貢献させる仕組みを作ることこそが今後の人類発展の鍵となる!これが本書の基本的な主張だ。

著者について

著者エドワード・グレイザーは、都市経済学の期待の星だ。ボストンなどの都市発展の歴史をたどる研究を通じ、都市興亡の要因に関する知見を得る。その精力的な研究成果は本書の中でも大いに活かされている。これに関連して、都市貧困、郊外開発の功罪、それをもたらす政策的な要因、教育制度の影響や都市の建築規制、土地利用規制など、その研究は実に多様な分野に及ぶ。プリンストン大学で学んだ後に、シカゴ大学で経済学の博士号を受け、現在はハーバード大学の経済学教授を務めている。

シカゴ大学経済学部出身ということもあり、全体としては自由市場的な指向を持つ。本書においては、たとえば用途地域（ゾーニング）のないヒューストンなどの都市に対する高い評価や、ニューヨークやサンフランシスコにおける、歴史保全や環境保護を口実にした排外主義的な建築規制に対する強い批判にその色合いが強くうかがえる。アメリカにおけるサブプライムの住宅バブルについても、物件価格の様相が地域ごとにかなりちがうことを指摘し、本当にそれがバブルといえるのかを疑問視する研究も発表している（本当にバブルなら、どこでも似たような価格変動を見せる可能性が高い）。

その一方で、シカゴ大学系でしばしば揶揄されるような、あらゆる政府規制を否定する完全な自由放任主義者でもない。本書での、パリのオースマン大改造や各種の強権的な都市政策に対する絶賛を見てもわかるとおり、必要なところで政府がきちんと（ときには小うるさい市民どもの近視眼的なグチを踏みにじっても）積極的な介入を行うことについては、大いに支持している。この点では、ケインズ主義的なハーバード大やプリンストン大の経済学的な伝統にも連なるといえる。

精力的な論文執筆と並行して、新聞コラムなどの登場も多い。一応ブログはあったが（http://www.edwardglaeser.com/）、少なくとも二〇一一年前半はずっとクラックされたまま放置されているのは残念なところ。本書は、その著者の初の一般向け書籍であると同時に、彼の都市に関する思想の、現時点での集大成となっている。

基本理念：都市発展の鍵

では、都市はなぜ発展するのか？　著者の答は簡単明快。都市は、アイデアを生産することで発展する。そしてアイデアやイノベーションのあらゆる文献が述べる通り、アイデアというのは、何もないところから（何やら天才のひらめきで）生まれるものではない。その相当部分は、既存のアイデアや技術の組み合わせで生じる。都市は人々が密集させ、近接させることで、相互作用の機会も増やす。それは、各種アイデアや技術の組み合わせを生じさせることになり、したがって新しいアイデアやイノベーションの機会も増す。これは産業でも文化でも料理でも、すべてに言えることだ。

だから都市で最も重要なことは、産業、文化、その他あらゆる面での多様性を保つこと、そしてそれらが接触し、混じり合う状況をたくさん作り出すことだ。都市でそれを実現する最高の手段は、できる限り高密化することで、そのために最も有効なのは高層化だ。これで物件価格も下がり、これまた多様な人々が暮らせるようになる。

もちろん、高密居住はそのための上下水道や公共交通といったインフラを必要とする。また高密居住に伴う病気や犯罪、ゴミ、教育、交通渋滞といった問題への対応も必要だ。こうした問題に各種の都市がどのように取り組み、問題を解決してきたかが、本書のいくつかの章での中心的なテーマとなっている。そしてそれはそれもかなり強権的にやるしかない。家をぶちこわし、逆らうやつは叩きつぶし、市民の「権利」など蹂躙して、嫌われ者役を買って出ても、とにかく新しい仕組みを構築しなければならない。でも、しばらくすればそれがその「市民」たちにとっても当然の環境となってしまう。

だがいまの都市政策は、必ずしもそうなっていない。経済の原動力たる都市からの税収は、往々にして地方部に吸い上げられてしまい、重要な都市改良にまわらない。悪しき持ち家政策のために、郊外の無用に広く、エネルギー効率も悪く、自動車利用が不可欠なスプロール型開発が主流になってしまう。学校制度もこれに拍車をかけている。ここらへん、本書の記述がアメリカに偏り過ぎている部分だが、指摘としては重要だ。こうした開発は、自然をどんどん破壊してしまう。そして都市でも、気候条件のいい古い都市では既存の住民たちが景観保護だの伝統的建築物だのエコだのといった口実で、身勝手な建築規制を敷き、結果的に新規の開発を条件の悪い地域に押しやっている。おかげで地球全体の環境はさらに悪化する。皮肉なことにそれを促進しているのは、進歩的で意識が高いつもりの知識人やエコロジストたちだったりするのだ。

もちろん、あらゆる都市には発展のための種が必要ではある。それは地理的な条件からくる軍事的な拠点だったり、海運や陸運、運河などの交通・物流の要所だったりといった要因だ。そうした優位性が核となり、都市は発展する。が、技術の変化や発展に伴い、そうした優位性は消えてしまう。そしてそのとき、都市の持続的な発展を担保するものはそこでのアイデア生産だという。

そして本書のおもしろい主張は、二〇世紀の都市、特に工業都市もまた、そうした一過性の現象だということだ。デトロイトの自動車やピッツバーグの製鉄のように、単一産業に依存してそこに働く労働者だけが主力となり、それ以外のものをまったく育成してこなかった都市は、その産業とともに衰退するしかない。そして皮肉なのは、デトロイトが衰退する原因となった自動車大量生産方式をフォードが開発できたのは、まさにかつてのデトロイトが多様なエンジニアリング要素をあわせもった、多様性のある都市だったためだ、ということだ。

では、そうした衰退都市はどうすればいいのか？　ドーンとでかい開発や目新しいインフラ整備をしてもダメだ、と著者は述べる。だって衰退都市というのは、いまある物理インフラですら使う人がいないんだから。使われない空き家などは物件価格をさらに引き下げ、貧困者の流入を招いてしまい、都市サービスにさらに負担をかける。だからむしろ不要なインフラや空き家をどんどん壊し、身の丈にあった都市規模を確保しよう。そして同時に人的資源への投資を拡充して、なにか新しい都市産業のアイデアが出てくるのに期待しよう、という。

このあたりは、いま人口減少と空き家増加に悩む日本の都市などにも示唆の大きい部分ではないか。同時にかれは、カトリーナ台風で壊滅したニューオーリンズの再建についてきわめて厳しい意見を述べている。無理に復興させるべきではない、と。子供の成績などを見ても、無理に現地に留まった子供より、さっさと移住した子供のほうがずっといい。もともと衰退しつつあったところに無駄な資本を注ぎこむことはない。土建屋が儲かるだけだ。そのお金を人々に直接渡して、よそで心機一転やりなおしてもらうほうがずっと簡単だし時間もかからない、と。これは日本の過疎集落対策として時々提案される、「いっそ一人一億円ずつ渡して都会に移住してもらおう」というのと同じ発想だ。冷酷だとか人々の気持ちを考えないとか批判される政策ではあるが、今後重要になるだろう。そして東北震災の復興でも、これを真面目に検討すべき地域はそれなりにあったはずだ。

こうした発想のすべてが、豊富な実際の都市をもとに説明されているのも本書の魅力だ。読者諸賢の関心に応じて、必ずや何かしら興味をおぼえるような事例が見つかるだろう。そしてその中で、意外な発見もあるはずだ。たとえば、一般に都市の失敗事例と思われているスラムは、実はむしろ貧困者を引きつけるだけの機会を作り出すという都市の本質的な機能が成功している証拠なのだ、というのは、目からウロコの指摘だろうし、また都市の守護聖人とまで言われるジェイン・ジェイコブズの反高層建築的な固定観念批判も、言われてみれば当然ながらなかなか見かけないものだ。

考えられる異論など

むろん、本書の考えにだれもが一〇〇％同意するとも思えない。日本版への序文にある、原子力発電支持の議論を見た瞬間に反発を覚える人もいるだろう。そしてその原発も含めた高度なインフラに支えられた都市生活のほうが、実は環境にも優しいのだという議論に違和感を覚える人も多いだろう。そもそも都市がなければ、原発を含めた各種人工的なシステムは不要ではないか？　みんなが自然と調和した農村生活をすればいいじゃないか！　これはもちろん、本書でも批判的に紹介されているイギリスのチャールズ皇太子的な発想だし、宮崎駿アニメなどが喧伝したがる世界観でもある。

だがもちろん、いまの都市住民が全員農村生活に戻るという選択肢はない。それを実際に試みて大惨事を引き起こしたのが、ポルポト時代のカンボジアだ。ちなみに、都会人は勝手な幻想を抱いていることが多いが、農村は「自然」などではなく、きわめて人工的に改変された資本集約的な環境だ。一人二人が都会を離れて田舎生活をすることはできるだろうし、森で隠者暮らしをすることも可能だろう。でも数百万人がいっせいに森林生活に移ることはできない。それをやったら森などなくなってしまう。全体として見れば、多数の人間が人工的なシステムを活用しつつ、都市で積み重なって暮らしたほうがずっと負荷は少ないのだ。

さはさりながら、細かい部分では疑問もある。本書の冒頭では、ニューヨークがいかに経済的に繁栄しているかが誇らしげに語られる。そこで行われる各種の金融イノベーションが新しい価値を生み出した、これぞ都市の生み出すアイデアの成果というわけだ。

しかし……世界金融危機後の現在、ニューヨークの金融産業が本当に価値を生み出しているのだと真顔で主張するのはなかなか難しい。むしろこの連中の投機活動とその破綻のおかげで、世界的に大量の価値が破壊される結果となったというのが実態だろう。その破壊された価値はアメリカ全国、いや全世界に及んでいる。ニューヨークの繁栄は、単に他のところを犠牲にしているだけではないのか？

ちょっと驚くことだが、著者はニューヨークの金融サービスが今でも十分な価値創造をしていると力説する。だが実際にその「価値」の中身を見てみると、本当にこの主張は納得がいくだろうか。ニューヨークでは、四〜五人のヘッジファンドマネージャは、同地域の八万人の教師の給料を会わせた以上の稼ぎを得ているという。だがヘッジファンドのマネージャが、本当に学校の先生八万人以上の価値ある仕事をしているんだろうか？　むろん、これは極端な例かもしれない。そして都市のアイデア創造が新しい産業を生み出してきたのはまちがいないところだ。でも本当に価値ある都市の発展とはどういうものかについては、少し考えてもいいかもしれない。

また都市はどうやって発展するのか？　近接性とそれによる交流から発生するアイデアだ、という。でも、どうやったらアイデアが発生するの？　本書の成功都市事例を見ると、要するに大学を作ればいいということになる。するとその大学からのスピンオフでいろいろ新しい産業が発生する、と。ボストンもそれで衰退から抜け出し、ミネアポリスもそれで衰退から脱したのだ、と。

さて、都市や地域維持のために大学を作るという発想は昔からある。日本ではかつて、地方都市にも大学を作ろうという動きが活発だった。そして、それにより若者流出阻止という当初の狙いはある程度は実現されたようだ。

でも、駅弁大学でものすごいイノベーションが生み出され、それが大きな地元産業へと発展した事例はどのくらいあるのか？　かつては、大学進学者は少なかった。だから、大学進学はある程度以上の優秀な人材を示す尺度となったかもしれない。だから、大学があればそういう人が集まることが保証されたかもしれない。でも今の日本のように、大学進学率が五割を越え、大学生の希少価値がまったくないところで、大学があって大学生が集まるだけでいいんだろうか？

また、人的交流がイノベーションを促進するという議論はウソではないだろう。本書ではそうした事例がたくさん出てくる。人が集まれば、そうした機会は理屈からいえば増えるはずだ——が、本当にそれは保証されるのか？　この点で、著者の高層ビル支持に対する批判も強い。高層ビルでは、隣にだれが住み、どんな会社がいるかもわからない。密度は高くても交流などおきないではないか。高層ビルに人をおしこめるだけで交流とイノベーションが起きるとでも言いたげな著者の主張は単純すぎるのでは？　シリコンバレーでは、有名なバーが情報交換の場として機能した。でも、酒場を用意すればイノベーションが生まれるというものでもない。アイデアが事業につながり、発展するにはどうしたらいいのだろうか？

もちろん、こうすれば確実にイノベーションが生じ、確実に新産業が生まれ、確実に地域が発展する、などという都合のいい処方箋がないのは当然ではある。でも大学作るだけでいいんですか、高層ビルだけでいいんですか、と思ってしまうのは人情だろう。教育が大事だというから大学生をやたらに増やしたけれど、労働需給のミスマッチが起きて社会不安が増しただけ、という例も散見されるいま、そのプロセスをもう少し細かく見た方がよいのかもしれない。むろん、これはそう簡単に答が出る話ではないし、無い物ねだりに近いグチであることは承知の上ではあるのだが。

都市と人類の未来へ

先進国では、人口減少と高齢化に伴い都市の縮小が課題となっている地域も多い。その一方で、発展途上国の多くはますます都市への人口集中が進んでいるのに、それに対応できるだけの都市整備がまったくできていない。いま発展途上国の多くの都市を見ると、公害や犯罪やスラムや渋滞があまりに慢性的で、どうしようもないように思える。狭い慢性的に渋滞したインドの街路にたつと、ここを著者の主張通り高層化したら、ただでさえ脆弱なインフラにもっと負荷がかかり、都市の状況は一層ひどくなるだけではないか、とも思える。

だが本書は、その状況に対しても希望をあたえてくれる。あらゆる先進国も、歴史のある時点でいまの途上国都市と同じ状況に直面してきた。そしてそれをまがりなりにも解決してきたのだった。

残念ながら、都市に関わる多くの人々はその事実を忘れている。二〇一一年一月に、日本建築学会の『建築雑誌』が、「未来のスラム」なる特集を組んだ。だがそこにあったのは、過去の経験を忘れ去ったたらしない諦念だけだった。スラムはどうしようもない、これからはスラムと共存するしかないとのこと。スラムに暮らす貧困者たちの生活水準向上願望すら否定し、貧困とスラムがいつまでも続くと決めつける、金持ちアームチェア学者たちの賢しらな哲学談義が展開されていただけ。

本書を読んだ人は、そうした迷妄に捕らわれることはないだろう。スラムは諦念の対象とは限らず、むしろ希望の源にもなり得る。それをどう改善解消するかは、まさに先進国の経験が活かされるところなのだし、それが困難ではあっても不可能ではないという希望を抱けるだろう。

本書を読んだ多くのかたが、この希望を共有してくれることを切に願うものだ。そして都市に暮らす多くの読者諸賢が、都市の多様性と交流を通じたアイデア醸成に貢献し、都市と人類の本領発揮を支えてくれればと思う。こうした書物も、対面交流には劣るものの、まさに都市の人的交流の産物でもあり、またそのきっかけでもあるのだから。

謝辞

翻訳はむずかしいものではなかったが、見落としや細かいミスなどは残っているかと思う。お気づきの点があれば、訳者までご一報いただければ幸いだ。訂正などはサポートページ http://cruel.org/books/triumph/ で随時公開する。

本書の翻訳を持ちかけてくださったのは、ＮＴＴ出版の牧野彰久氏だった。また編集の実務を担当してくださったのは、植草健次郎氏である。原著者エドワード・グレイザー氏は、いくつか不明点に関する質問に快く応えてくれた。ありがとう。そして本書をお読みくださるみなさんにも。

二〇一二年八月三日

チェンナイにて　山形浩生

350　**二〇〇九年三月から九月～二倍も高かった。**　人口密度最低の州はアラスカ、ワイオミング、モンタナ、ノースダコタ、サウスダコタ。U.S. Government, State/Territory Totals by Award Type, http://www.recovery.goviTransparencyiRecipientReportedDataiPagesl RecipientAwardSummarybyState.aspx. Population from U.S. Census Bureau, United States-States, Geographical Comparison Tables, GCT-T1-R, 2009 年人口推計 American FactFinder で生成。

350　**アメリカの人口の一・二%しか～一割を左右しているのだから。**　U.S. Census Bureau, United States-States, Geographical Comparison Tables, GCT-T1-R, Population Estimates, American FactFinder で生成。

350　**でも、だからといって～そのままでも十分やり過ごせたのだ。**　Bureau of Labor Statistics, *Regional and State Employment and Unemployment December 2009*, http://www.bls.govlnews.releaselarchives/laus 01222010.htm.

350　**過去二〇年にわたり、～最下位一〇州の半額だ。**　Glaeser and Gottlieb, "Place-Making Policies."

350　**「予算はニーズやパフォーマンスに基づくものでなく、**　White House Office of Management and Budget, *Program Assessment: Highway Infrastructure*, http://www.whitehouse.gov/omb/expectmorelsummary/Ioooo412.2007.html.

352　**アメリカのガソリン税は安すぎる**　Parry et al., "Automobile Externalities and Policies."

354　**「ヒト的な知性の進化の舞台を整えた」**　Pinker, *How the Mind Works*, 192.

Attainment" ; and Maddison, "Statistics on World Population."

334 **「もし国が無知で自由で、** Padover, *Thomas Jefferson on Democracy.*

334 **教育と民主主義の結びつきが強いのは、** Glaeser *et al.*, "Why Does Democracy Need Education?"

334 **ワルシャワ条約諸国の政治史を見ると、** Ibid.

334 **義務教育の研究を見ると、** Milligan *et al.*, "Does Education Improve Citizenship?"

334 **ボストンやニューヨークのチャータースクールに関する最近の研究** Kane *et al.*, *Informing the Debate*; および Hoxby and Murarka, "Charter Schools."

335 **研究を見ると、〜すさまじい差があることがわかる。** Kane and Staiger, "Estimating teacher impacts on student achievement: An experimental evaluation."

336 **一八〇〇年には、全米の二〇大都市のうち、六つ** Gibson, "Population ofthe 100 Largest Cities."

338 **カトリーナ台風でニューオリンズから移住した子供たちは、** ニューオーリンズを離れることによる利得は、白人と黒人の試験成績ギャップの37%ほどに近かった。Sacerdote, "When the Saints Come Marching In."

338 **同市の再建に最大二〇〇〇億ドルの支出を提案した。** Heath, "Katrina Claims Stagger Corps."

338 **一人当たり四〇万ドル** U.S. Census Bureau, American Community Survey, 2006 Data Profile for the City of New Orleans and the New Orleans MSA, American FactFinder で生成。.

338 **経済的な意義を失った場所に対し、インフラ投資を〜かけるのは** 最近の論文では、連邦予算が1420億ドル使われたと試算されている。Sasser, "Katrina Anniversary."

345 **現状バイアス** Kahneman *et al.*, "Experimental tests of the endowment effect and the Coase theorem," 1325-48.

345 **影響バイアス** Gilbert, *Stumbling on Happiness.*

347 **現在の曲がりくねった路線では、** Dennis, "Gas Prices, Global Warming."

348 **アメリカ人の持ち家率は六割以上なので、** U.S. Census Bureau, Current Population Survey, Housing Vacancies and Homeownership Annual Statistics: 2009, table 1A, "Rental Vacancy Rates, Homeowner Vacancy Rates, Gross Vacancy Rates, and Homeownership Rates for Old and New Construction," http://www.census.gov/hhes/www/housing/hvsfannualogfannogind.html.

349 **年収二五万ドル以上の世帯の控除〜十倍以上なのだ。** Poterba and Sinai, "Tax Expenditures for Owner-Occupied Housing."

350 **こうした住戸の八五%は賃貸だ。** U.S. Census Bureau, Data Profile for the United States, Census 2000 Summary File 3, American FactFinder で生成。

350 **二〇〇九年の〜都市アメリカに不利なものとなっていた。** http://www.recovery.gov/?q=content/rebuilding-infrastructure.

322　**ドバイは一八九二年に〜中東とを自然に結ぶ都市となった。**　"Dubayy," *Encyclopedia Britannica.*

322　**ジェベル・アリ・フリーゾーン**　Ibid.

323　**ブルジェ・アル・アラブ**　"Sailing into a New Luxury at Famous Dubai Hotel," *Toronto Star*, Sept. 11, 2004, Travel.

323　**高さ八一八メートルの混合利用ビル**　Davis, "Dubai Hits the Heights."

323　**ドバイモールは〜世界最大級のショッピングモールだ。**　公式サイトでは、世界最大級の一つとのこと：http://www.thedubaimall.com/en/section/faq; サイズ：http://www.thedubaimall.com/enfnewsfmedia-centrefnews-sectionfthe-dubai-mall-openslargest.html.

323　**シェイク・モハメッドは〜さらにビジネスベイという〜**　"Richard Spencer in Dubai: Developer to Resume Work on Dubai's Troubled World," *London Daily Telegraph*, Dec. 18, 2009, City.

323　**ドバイランド**　ドバイランドは現在は未完成。Kolesnikov-Jessop, "Theme Park Developers."

324　**市場はシェイクの熱狂をいささか不合理と見ているようで**　"Dredging the Debt: Dubai's Debt Mountain," *Economist*, Oct. 31, 2009.

第一〇章　結論：フラットな世界に高層都市

325　**「都市は人類という種のどん底である」**　Rousseau, *Emile*, 52.

325　**一九世紀パリでセザンヌとモネ〜シカゴでペルーシとエイクロイド**　Cezanne, Paul," *Encyclopedia Britannica*; and "Dan Aykroyd," Blues Brothers Central, http://www.bluesbrotherscentral.com/profiles/dan-aykroyd.

331　**一七九〇年から一九七〇年にかけて、〜実質的な閉鎖の時代だけだ。**　U.S. Census Bureau, *1990 Census of Population and Housing*, "1990 Population and Housing Unit Counts: United States," (CPH-2), p. 5, http://www.census.gov/population/www/censusdata/files/table-4.pdf.

332　**アメリカ党、別名知らざる党**　"Know-Nothing Party," *Encyclopedia Britannica.*

332　**クークラックスクラン**　Jackson, *Ku Klux Klan.*

333　**大卒者の年収は五万七〇〇〇ドル〜三万一〇〇〇ドルにとどまった。**　U.S. Census Bureau, Census in Schools, Educational Attainment, http://www.census.gov/schools/censusforteens/educational_attainment.html.

333　**大学に通うことで稼ぎは八割増える**　Ibid. 就学による収益を計算しようとする経済学文献の多くは、高技能者の稼ぎを押し上げる未観察要因を補正すべく、一卵性双生児だけを比較対象にしている。たとえば Ashenfelter and Krueger, "Estimates of the Economic Return to Schooling" を参照。

333　**都市圏の大卒者数が一割増えると〜七・七％増えるのだ。**　Glaeser and Gottlieb, "Place-Making Policies."

334　**国別に見ると、〜普通は二割以下だからだ。**　Barra and Lee, "Educational

319　**ボストンが出した住宅建築許可は八五〇〇軒、**　Ibid.

319　**サンノゼに比べ、三倍の建築許可を出している。**　Ibid.

319　**シカゴ人のうち、一〇・八%が一九九〇年以降に建った家に住んでいる。**　U.S. Census Bureau, American Community Survey, 2008 Data Profile for the Cities of Chicago, New York, and Boston, American FactFinderで生成。

319　**メジアン資料は～ボストンのほうが三〇%高く、住宅価格は三九%高い。**　U.S. Census Bureau, American Community Survey, 2008 Data Profile for the Cities of Chicago and Boston, American FactFinderで生成。

319　**マンション成約価格メジアン値**　National Association of Realtors, Median Sales Price of Existing Condo-Coops Homes for Metropolitan Areas for Second Quarter 2010, http://www.realtor.org/research/research/metroprice.

320　**シカゴ都心では、～ニューヨークでそんな物件を～少なくとも倍はする。**　Realtor.com, 検索日 Sept. 1, 2010.

320　**少なくとも四〇〇万平方メートルの新規オフィス床**　REISオフィス不動産市場データに基づきJoseph Gyourkoが計算。

320　**ボストンやサンフランシスコより三割安い。**　REISオフィス不動産市場データに基づきJoseph Gyourkoが計算。

320　**アトランタ都市圏は～一一二万人を加え、**　U.S. Census Bureau, Population Estimates, "Combined Statistical Area Population and Estimated Components of Change: April1, 2000, to July 1, 2009," http://www.census.gov/popestfmetrofmetro.html.

320　**シカゴと比べてさえ二割は安い。**　REISオフィス不動産市場データに基づきJoseph Gyourkoが計算。

320　**大卒成人比率がミネアポリスと同等で、**　U.S. Census Bureau, American Community Survey, 2008 Data Profile for the Cities of Atlanta, Boston, and Minneapolis, American FactFinderで生成。

321　**フルトン郡の成人の四七%は～ミドルセックス郡とも同じくらいだ。**　U.S. Census Bureau, American Community Survey, 2008 Data Profile for Fulton County, Georgia; Westchester County, New York; Fairfield County, Connecticut; Santa Clara County, California; and Middlesex County, Massachusetts; American FactFinderで生成。

321　**エモリー大学とジョージア工科大学**　*A Thousand Wheels Are Set in Motion: The Building of Georgia Tech at the Turn of the Century: 1888–1908*, "The Hopkins Administration, 1888–1895," http://www.library.gatech.edu/gtbuildingsfhopkins.htm.

321　**ホープ奨学金**　Kiss and Schuster, "Hope Scholarships."

321　**フルトン郡の大卒比率**　U.S. Census Bureau, American Community Survey, 2008 Data Profile for Fulton County, Georgia, and the United States; and U.S. Census 2000, Data for Fulton County, Georgia, and the United States; both American FactFinderで生成。

316　**よい計画のおかげで、〜配慮されている。**　Emporis.com, "Buildings of Vancouver," http://www.emporis.com/en/wm/ci/bu/?id=I00997

316　**この市の人口の丸四割は外国生まれ**　Canada: Statistics Canada, Greater Vancouver.

316　**市民の四分の一はアジア生まれ**　Canada: Statistics Canada, Population by Selected Ethnic Origins.

316　**その移民たちは、〜圧倒的に高技能だ。**　Canada: Statistics Canada, Immigrant Status and Period of Immigration; および Canada: Statistics Canada, Educational Portrait of Canada を使って著者算出。

316　**地元カナダ人よりもはるかに教育水準が高い。**　Galarneau and Morissette, "Immigrants' Education."

316　**博士号を持つカナダ人のうち半分近くは外国生まれだ。**　Canada Statistics Canada, Educational Portrait of Canada.

317　**二〇万人もの移民**　Canada: Statistics Canada, Components of Population Growth.

317　**大半の査証は、通称独立移民に与えられている。**　Becklumb, "Canada's Immigration Program."

317　**一〇人の五分の一は中国人だ**　Canada: Statistics Canada, Population by Selected Ethnic Origins.

318　**壮大な邸宅がたくさんあり、〜数分の一の価格で売りに出ていた。**　以下のウェブページ http://www.explorechicago.org/city/en/things_see_do/attractions/tourism/former_home_of_muhammad.html はアリの旧住所 4944 S. Woodlawn Ave., Chicago, IL 60615 を裏付けている。彼はネイション・オブ・イスラムの導師、イライジャ・ムハンマドの近くにこようとしてここに引っ越したのだった。

318　**シカゴ市は人口の一八％近くを失った。**　Gibson, "Population of the 100 Largest Cities."

318　**シカゴは市長が五人交代したが、〜権力をまとめられず、**　Miranda, "Post-machine Regimes."

318　**シカゴは中西部の大都市として成長した数少ない都市となった。**　Gibson, "Population of the 100 Largest Cities"; および U.S. Census Bureau, American Community Survey, 2008 Data Profile for the City of Chicago, American FactFinder で生成。.

318　**その市民は〜教育水準が高くないし、〜すさまじくひどい。**　U.S. Census Bureau, American Community Survey, 2008 Data Profile for the City of Chicago, American FactFinder で生成。

318　**金融事業家、たとえば〜中西部の雰囲気を保っているからだ。**　この文章は、著者とグリフィン氏 t の会話に基づく。

319　**シカゴは六万八〇〇〇軒分の建築許可を出した。**　U.S. Census Bureau, Manufacturing, Mining and Construction Statistics, Residential Building Permits, http://www.census.gov/const/www/permitsindex.html.

312 **人口は二〇〇〇年から二〇〇八年にかけて増大し、** Istat, Demography in Figures.

312 **ミラノの一人当たり生産性〜最高** この場合、私は生産性という言葉を一人当たり付加価値の意味で使っている。Istat, Regional Accounts and National Economic Accounts に基づく著者の計算。

312 **ミラノの労働者の四分の三はサービス業** Istat, Regional Accounts に基づく著者の計算。

312 **ミュチャ・プラダとパトリツィオ・ベルテリ** Galloni, "Miuccia and Me"; "Learning from Prada," *RFID Journal*, June 24, 2002, http://www.rfidjournal.com/article/view/272/1; および Pocone については、"Prada, Miuccia," *Britannica Book of the Year, 2003, Encyclopredia Britannica.*

313 **ヴェルサーチ一家** Spindler, "Gianni Versace."

314 **バンクーバーの〜四分の一** Canada: Statistics Canada, Population 15 Years and Over; and Canada: Statistics Canada, Greater Vancouver.

314 **世界生活の質ランキング首位** たとえば Mercer の Quality of Living Worldwide City Rankings, http://www.mercer.com/qualityoflivingpr#City_Ranking_Tables, あるいは *the Economist* Intelligence Unit, Global Liveability Report, http://www.eiu.com/siteinfo.asp?info_name=The_Global_liveability_Report_Press_Release&rf=o; および Canada: Statistics Canada, Greater Vancouver.

314 **一月の平均気温は〜ボストンやミネアポリスより涼しい。** バンクーバーの推定気温は以下の観光サイトから推計：http://vancouver.ca/aboutvan.htm; アメリカ都市の気温は U.S. Census Bureau, County and City Data Book 2000, table C-7, "Cities-Government Finances and Climate" http://www.census.gov/prodj/2002pubs/00ccdb/ccoo_tabCz.pdf.

314 **バンクーバーは林業の町で、〜市はよい教育を受けた市民の源を得た。** Morley, *Vancouver*, 33-34, 58-61, 79, 84-89, 145, 222.

314 **人口は大恐慌で停滞し、〜五割近く拡大した。** Vancouver Public Library, "City of Vancouver Population."

315 **バンクーバー主義の父〜大量の空地を組み合わせたものとなった。** "A Tribute to Arthur Erickson," *AI Architect*, http://info.aia.org/aiarchitect/thisweek09/0612/0612n_arthur.cfm; "Arthur Erickson, Lauded Canadian Architect, Dies," *Architectural Record*, 197, no. 7: 24; "Massey, Raymond," *Encyclopredia Britanica*; "Massey, Vincent," *Encyclopredia Britanica*; "MacMillan Bloedel Building," http://www.arthurerickson.com/txt macm.html; および UBC Robson Square, "About Us: History," http://www.robsonsquare.ubc.ca/about/history.html.

316 **エリクソンは国民的な偶像となり、** Martin, " 'Greatest Architect." '

316 **二〇階以上の建物を二〇本** Emporis.com, "James KM Cheng twenty Architects Inc.," http://www.emporis.com/applicationj?nav=company&lng=3&id=101306.

309　**経営コンサルティングも誕生させた**　Arthur D. Little "About Us/History," http://www.adl.com/g.html.

309　**アーサー・D・リトルは〜賢い人の訓練場であり、**　Treynor bio: Treynor, *Treynor*, xviii. Black bio: *New York Times*, Aug. 31, 1995; および Henriques, "Fischer Black." BCG: Boston Consulting Group, "BCG History: 1963," http://www.bcg.com/about beg/history/History 1963.aspx. Bain: Bain and Company, "History Based on Results," http://www.joinbain.com/this-is-bain/measurable-results/history-based-on-results.asp.

309　**ノヴァルティス社など外国企業も〜もともとあったところに立地している。** Treffinger, "Alchemy Will Turn a Candy Factory into Biotech Offices."

310　**ミネアポリス市もすでに〜人口の三割を失い、**　Gibson, "Population ofthe 100 Largest Cities."

310　**ミネアポリス都市圏の〜個人所得は**　U.S. Department of Commerce, Bureau of Economic Analysis, "Personal Income for Metropolitan Areas, 2009," Monday, August 9, 2010. http://www.bea.gov/newreleases/regionalfmpi/2010/pdf/mpio81o.pdf.

310　**教育水準第七位**　U.S. Census Bureau, American Community Survey, 2008 Data Profile for the Minneapolis-St. Paul-Bloomington, MN-WI Metropolitan Statistical Area, American FactFinder で生成。

310　**メドトロニック社**　"Medtronic Annual Revenue Up 8 Percent to $14.6 Billion," May 19, 2009, http://wwwp.medtronic.com/Newsroom/NewsReleaseDetails.do?itemld=1242677'732763&lang=en US；拡大：http://www.medtronic.com/about-medtronicflocations/index.htm；従業員数：http://www.medtronic.com/about-medtronic/diversity/index.htm；歴史："Our Story: The Garage Years," http://www.medtronic.com/aboutmedtronic/ our-stocyjindex.htm.

311　**ウォルト・リレハイ**　Medtronic, "Our Story: The Pacemaker Years," http://www.medtronic.com/about-medtronic/our-story/our-firstpacemakers/index.htm.

311　**ボブ・アーリック**　Wakin, "Hit, Strummed or Plucked."

311　**数学者二人**　具体的には教育省書記官でポリテクニコ創設者 Francesco Brioschi と、教育大臣でミラノアカデミア（これは後にミラノ大学に統合）創設者で、イタリアの統一後の教育をまとめたカサティ法起草者 Gabrio Casati を念頭に置いている。*The Men of the Time: or Sketches of Living Notables*, 1852, 161 を参照。

311　**ピレリはポリテクニコ〜ゴムの使用について学んだ。**　Polese, "In Search of a New Industry."

312　**ゴム絶縁の電信ケーブル**　Ibid.

312　**本社は建築アイコン**　Foot, *Milan Since the Miracle*, 118.

312　**デザイン雑誌を二誌**　Nelson, *Building a New Europe*, 161−62.

312　**陶器やボトルや椅子を設計**　Ibid., 58−59; Foot, *Milan Since the Miracle*, 113.

312　**ミラノの人口も〜急減した。**　"Milan," *Encyclopcedia Britannica*.

が一九％以下となる。 U.S. Census Bureau, 1940 and 2000 Census のデータを元に著者計算。

305 **一九四〇年の大卒比率が五％以上なら～二九％が大卒者となる** U.S. Census Bureau, 1940 and 2000 Census のデータを元に著者計算。

305 **反キリストの王国に対する堡塁を築くことで、** Vaughan, *Puritan Tradition*, 26

305 **一六三五年にボストンラテン学校を創設した。** Ibid., 27; Boston Latin School, "History (375 Years), Celebrating a Public Treasure," http://www.bls.org/podium/default.aspx?t=113646.

305 **四〇〇ポンドを大学に～一六三五年における植民地税収の半分以上の金額だ。** Morison, *Three Centuries of Harvard;* および Quincy, *History of Harvard*.

305 **残り三七五ポンドと四〇〇冊の書籍** Morison, *Three Centuries of Harvard*, 9.

306 **もっとも識字率の高い社会** McCullough, *Reformation*, 520.

306 **一六四七年に西インド諸島の～三角貿易が始まった。** Rutman, "Governor Winthrop's Garden Crop."

306 **ボストンは基本的な～材木を売ったお金で支払われた。** Ibid., 131-32.

306 **この三角貿易におけるボストン～貿易ネットワークを構築した。** Ibid.

307 **マンチェスターの動力紡績の知識** "Lowell, Francis Cabot," *Encyclopcedia Britannica*.

307 **宗教的モザイクの各部分が、独自の大学を創設した** Tufts: "The Founding of Tufts University," http://www.tufts.edu/home/get_to_know_tufts/history; Boston College: "History: From the South End to Chestnut Hill," http://www.bc.edu/aboutfhistory.html, Feb. 5, 2010; Boston University: "Timeline," http://www.bu.edu/timeline; および Wellesley: "College History," http://web.wellesley.edu/web/AboutWellesley/CollegeHistory.

308 **ヴァネバー・ブッシュ** "Raytheon: A History of Global Technology Leadership," http://www.raytheon.com/ ourcompany/history.

308 **レイセオンの現在の本社** Raytheon 社ウェブサイトには、グーグルマップの地図があり、そこにルート128近くの貯水池の位置が確認できる。住所：Raytheon Company, 870 Winter Street, Waltham, MA 02451-1449.

308 **MIT やハーバード出身のエンジニアたち～企業を作り出し、** Dorfman, "High Technology Economy."

308 **ワングは従業員三万人、DEC は一二万人以上** Wang: "An American Tragedy," *Economist*, Aug. 22, 1992, 56-58. DEC: Edgar H. Schein, *DEC Is Dead, Long Live DEC: The Lasting Legacy of Digital Equipment Corporation* (San Francisco: Berrett-Koehler, 2003), 152.

308 **都市の密度からくる先鋭性を失った、** Saxenian, *Regional Advantage*.

308 **一八二七年には初の事業信託、** Adams, *Boston Money Tree*.

308 **初の投資信託、** Markham, *Financial History of the United States*, 324.

300　**シンガポールの一三歳児は〜世界トップになり、**　Boston College, "Highlights of Results from TIMSS."
301　**天然資源による思わぬ利益が、〜大量の文献が存在する。**　Frankel, "The Natural Resource Curse: A Survey."
301　**給料を高くして、不正に対する罰金はさらに高いものにした。**　Yew, *From Third World to First*, 182–98.
302　**貿易と輸送に最高の物流を持つ。**　United Nations Industrial Development Organization, Industrial Development Report 2009, p. 69; and World Bank, *Connecting to Compete*, 26.
302　**ごく最近までは、〜下水を処理して排水は再利用する。**　"Singapore's Deep Tunnel Sewerage System Wins Global Water Awards 2009," *Marketwire*, Apr. 28, 2009.
302　**渋滞課金を一九七五年に導入**　Goh, "Congestion Management."
302　**通勤時間は、〜三五分程度だ。**　Payscale.com, http://www.payscale.com/research/SG/Country=Singapore/Commute Time.
303　**高さ一四七メートル以上のビルが四二本ある。**　Emporis.com: シンガポールの高層ビル http://www.emporis.com/en/wm/ci/bufsk/li/?id=100422&bt=s&ht=2&sro=o; ロンドンの高層ビル http://www.emporis.com/en/wm/ci/bu/sk/li/?id=100637&bt=s&ht=2&sro=o; パリの高層ビル http://www.emporis.com/en/wm/ci/bu/sk/li/?id=100603&bt=5&ht=2&sro=0.
303　**世界第二位のGDP急成長を実現し、**　Maddison, "Statistics on World Population."
303　**サブサハラ・アフリカで繁栄した国の、上位二位か三位には入る。**　Ibid.
303　**ガボロン市は一九六五年に〜全国人口の一割にあたる。**　Botswana, "Stats Update Dec. 2009."
303　**ボツワナの成功は、〜物理資本と人的資本への投資を行った。**　"Klmma, Sir Seretse," *Encyclopcedia Britannica.*
303　**ボツワナの平均就学期間**　Barro and Lee, "Educational Attainment."
303　**ガボロン市の成長はボツワナの成長と並行して**　ボツワナは「1」のつく年に国勢調査をするので、1971–2001になる。Botswana, table 1.6, "Distribution of Population in Urban Settlements."
304　**人道的だしそこそこ効果をあげ、**　Botswana, "MASA: Anti-Retroviral Therapy."
304　**HIV陽性の人々の期待寿命を大幅に引き上げた。**　Dorrington *et al.*, *Demographic Impact of HIV/AIDS.*
305　**統計的には一九四〇年の教育水準で説明できる。**　2000年が最新の包括的国勢調査を256の大都市圏で行った年となる。2000年大卒成人比率を、1940年の大卒成人比率と相関させると、r^2値は53%で係数は3以上となる。Glaeser *et al.*, "Inequality in Cities."
305　**ある地域の成人人口のうち、一九四〇年の大卒比率が五%以下なら、〜大卒率**

295　**新しい域の城下町、江戸が日本の実質的な首都となった。**　"Japan," *Encyclopcedia Britannica.*

295　**日本の米歳入の半分**　Ades and Glaeser, "Trade and Circuses."

295　**国の政府が中央集権化されると、首都はそれだけ大きくなる。**　Ibid.

296　**専制国家での最大の都市〜都市人口の三五%を持つ。**　Ibid.

296　**安定した民主主義の〜国の都市人口の二三%しか保有しない。**　Ibid.

296　**江戸は人口一〇〇万人**　Seidensticker, *Low City, High City*, 13.

296　**明治の王政復古で天皇の権限が復活した**　Ibid., 26-28.

296　**宮廷を京都から江戸に〜東京と名付けた。**　Ibid., 26.

296　**将軍の城が皇居となり、**　Ibid., 28-29.

296　**まだ日本が貧しかった〜人々の教育水準は驚くほど高かった。**　Maddison, "Statistics on World Population."

296　**フランス、オランダ、スペインよりずっと多い。**　フランスは6、オランダは5.42、スペインは3-4だった。Barra and Lee, "Educational Attainment."

296　**通商産業省**　Chalmers Johnson, *MITI and the Japanese Miracle.*

297　**通常は勝ち馬を当てるよりは負け犬をひいてしまった。**　Beason and Weinstein, "Growth, Economies of Scale."

298　**イギリス東インド会社の成功も〜組み合わせを発揮したのだった。**　Boulger, *Life of Sir Stamford Raffles;* および Wurtzburg, *Raffles of the Eastern Isles*, 16.

299　**動植物が大好きで、〜マレーグマの子供を飼っていた。**　Raffles, *History of Java;* および Wurtzburg, *Raffles of the Eastern Isles*, 113-14, 197-98, 569-71.

299　**後にロンドン動物園の初代園長に〜東インド会社に与えるように交渉したのだった。**　Wurtzburg, *Raffles of the Eastern Isles*, 256-70, 643-44, 648; および "Singapore," *Encyclopcedia Britannica.*

299　**死者二五〇〇万人とも言われる。**　Ebrey *et al.*, *East Asia*, 308.

299　**一二年後、〜シンガポールは独立都市国家となった。**　Yew, *Singapore Story.*

300　**五五五平方キロメートルの領土**　Ibid.; 1965年人口は Maddison, "Statistics on World Population" より。

300　**シンガポールの所得は、アメリカの五分の一ほど**　Maddison, "Statistics on World Population."

300　**平均成長率年八%以上となった。これは世界トップクラスだ。**　Maddison, "Statistics on World Population" より著者計算。

300　**シンガポールは貧しい掘っ立て小屋の街で**　Yew, *From Third World to First*, 120.

300　**一人当たりGDPは世界最高水準だ。**　Maddison, "Statistics on World Population."

300　**カジノに入るだけで七〇ドル以上**　"The Dragon's Gambling Den," *Economist*, July 10, 2010.

300　**シンガポールの成人は平均で就学期間がたった三年**　Barra and Lee, "Educational Attainment."

259.98億トン）すると、新しい世界合計は489.8億トンとなり、69%増。U.S. Energy Information Administration, International Energy Annual 2006, table H.1cco2, "World Per Capita Carbon Dioxide Emissions from the Consumption and Flaring of Fossil Fuels, 1980-2006," http://www.eia.doe.gov/pub/international/iealf/tablehlcco2.xls.

287 **だがインドと中国のエネルギー消費が～相殺できそうだ。** もしかわりに一人当たり排出をフランスの6.60トンにすれば、中国の改訂総排出は86.68億トン（13.14億人×6.60トン）でインドの総排出は73.34億トン（11.12億人×6.60トン）になり、こちらの世界総排出は378.87億トン、あるいは30%増となる。U.S. Energy Information Administration, International Energy Annual 2006, table H.1cco2, "World Per Capita Carbon Dioxide Emissions from the Consumption and Flaring of Fossil Fuels, 1980-2006," http://www.eia.doe.gov/pub/international/iealf/tableh1cco2.xls.

288 **年ごとに中国の世帯炭素排出を分析した。** Zheng *et al.*, "Greenness of China."

288 **ワシントンDC地域の平均的～中国で最も炭素排出の多い都市の一つなのだ。** Glaeser and Kahn, "Greenness of Cities"; および Zheng *et al.*, "Greenness of China."

289 **一平方マイル当たり五万人以上いる** Mumbai, *Mumbai Human Development Report 2009*, 238; および American Community Survey, 2008 Data Profile for the City of New York, American FactFinder で生成。

289 **コルカタとバンガロール** Kolkata: "Seoul 6th Most Densely Populated City," *Korea Times*, Dec. 26, 2007. Bangalore: Annemarie Schneider and Curtis E. Woodcock, "Compact, Dispersed, Fragmented, Extensive? A Comparison of Urban Growth in Twenty-five Global Cities Using Remotely Sensed Data, Pattern Metrics, and Census Information," *Urban Studies* 45 (Mar. 2008) 659-92, doi: 10.1177/0042098007087340.

289 **香港から川を渡った～一万五〇〇〇人以上いる** "Around China," *China Daily*, http://www.chinadaily.com.cn, Apr. 29, 2010.

289 **上海と北京は、～ロサンゼルスと比べても密度は半分だ** 2008年のロサンゼルス人口は3,803,383人で、土地面積は469平方マイル（約1200平方キロメートル）なので、人口密度は平方マイルあたり8,109.5人（1平方キロメートルあたり3169人）となる。American Community Survey, 2008 Data Profile for the City of New York and the City of Los Angeles, American FactFinder で生成。

289 **中国の自動車保有** "Chinese Agency Highlights Problems of Rising Car Ownership," BBC Worldwide Monitoring, Asia Pacific, July 19, 2010.

289 **二五〇〇ドルの車を作った** Timmons, "A Tiny Car."

第九章　都市の成功法

293 **「幸せな家庭はみんな似たり寄ったりだが～** Tolstoy, *Anna Karenina*, 3.

294 **東京が一七世紀に世界最大の都市の一つ** "Tokyo," *Encyclopcedia Britannica.*

284 **人々を車から地下鉄に切り替えさせ、** Behar, "Livingstone Wins Fight."

284 **また、法制としても進歩的だと考えた。** Giles, "A Logical Effort to Ease the London Gridlock"; また "Traffic Decongestant," *Economist*, Feb. 15, 2003 も参照.

284 **車は二割以上減った。** Lewis Smith, "Traffic Still Light."

284 **その後二年にわたり渋滞は三割減り、** Leape, "London Congestion Charge."

284 **ポストモダン的なナンバーワン・ポウルトリービル** Lillyman *et al.*, *Critical Architecture*, 143.

285 **気候グループ低酸素主導者賞** "London Leaders Lauded," http://www.edie.net/news/news_story.asp?id=10857.

285 **かなりの熱狂を引き起こした** Philip Webster, "Miliband Attacks Prince for Flying."

285 **高密建築を採用してロンドンのグリーンベルト〜を保護しようとした。** Design for London, "Housing for a Compact City."

285 **「常軌を逸した男根彫刻** Prince of Wales, Speech ... "Tall Buildings."

286 **二〇〇〇年のアメリカ住宅のうち半分は一九七〇年から二〇〇〇年の間に建てられた** U.S. Census Bureau, American Community Survey, 2008 Data Profile for the United States, American FactFinder で生成。

287 **炭素消費は人口が増えなかったとしても、一三九%増大する。** 2006 年に、アメリカでの 1 人当たり排出は 19.78 トン。フランスは 6.60 トン。中国 4.58 トン、インド 1.16 トン。2006 年総排出は、291.95 億トン。ここから中国の 2006 年総排出（13.14 億人×4.58 トンで、60.18 億トン）とインドの総排出（11.12 億人×1.16 トンで、12.93 億トン）を差し引き、中国人とインド人の排出量がアメリカ人一人当たり排出と同じだった場合の排出量を加算（中国は 13.14 億人×19.78 トンで 259.98 億トン、インドは 11.12 億人×19.78 トンで 219.88 億トン）すると、新しい世界合計は 69 万 8.601 億トンとなり、139%増。

287 **アメリカ人は一人当たり年間二〇トンの二酸化炭素を排出する。** U.S. Energy Information Administration, International Energy Annual 2006, table H.1cco2, "World Per Capita Carbon Dioxide Emissions from the Consumption and Flaring of Fossil Fuels, 1980–2006," http://www.eia.doe.gov/pub/international/iealf/tablehlcco2.xls.

287 **カナダ人も〜一人当たりでほぼ同じくらいの排出になる。** Ibid.

287 **イギリス人の排出量は年間一〇トン未満だ。** Ibid.

287 **イタリア人は八トン。〜フランス人は〜たったの七トンの二酸化炭素しか排出しない。** Ibid.

287 **中国人の年間二酸化炭素排出は、年間一人五トン近い。** Ibid.

287 **中国人の一人当たり炭素排出がアメリカ水準に〜世界の炭素排出は六九%増える** 2006 年総排出は、290 億トン。ここから中国の 2006 年総排出（13.14 億人×4.58 トンで、60.18 億トン）を差し引き、中国人の排出量がアメリカ人一人当たり排出と同じだった場合の排出量を加算（中国は 13.14 億人×19.78 トンで

duchyofcornwall.org/naturalenvironment.htm, Prince of Wales ウェブサイトからリンク。

282 **モダニズム建築に対する厳しい批判を行った** Dimbleby, *Prince of Wales*, 314–17.

282 **ノスタルジックなビジョンを提示** Prince of Wales, Speech ... Royal Institute of British Architects.

282 **「顔にくっついた、化け物じみた吹き出物」** Ibid.

282 **「なぜ何もかも垂直で、」** Ibid.

282 **「巨大なガラスのかたまりで、** Ibid.

282 **が、なんというか、皇太子が勝った。** "Victoriana vs. Mies in London," *New York Times*, May 3, 1984, p. C18.

282 **「初期ビクトリア朝の市場町」** Worsley, "A Model Village Grows Up Gracefully."

282 **ニューアーバニスト運動の知的な主導者** Watson *et al.*, *Learning from Poundbury*, 8.

282 **ニューアーバニズムは「既存の〜建築遺産の保存を目指す」** Charter of the New Urbanism, http://www.cnu.org/charter.

283 **アメリカのニューアーバニズム系コミュニティよりずっと保全重視だ。** Poundbury のウェブサイト http://www.duchyofcornwall.org/designanddevelopment_poundbury_livinginpoundbury.htm と、そこに書かれた注「これは持続可能な開発を意図されている」およびそれが「環境の質を維持するよう設計されている」およびその緑地の写真と、フロリダ州セレブレーションのウェブサイト http://www.celebration.fl.us/towninfo.html とそこでの「強い自己感覚」の強調や活動する人々の写真を比較のこと。

283 **セレブレーションでは、通勤者の九一%は車通勤だ。** U.S. Census Bureau, Census 2000, P30, Means of Transportation to Work for Workers 16 Years and Over, Summary File 3, American FactFinder で生成。

283 **パウンドベリーでは、〜自動車通勤の比率は高い。** Watson *et al.*, *Learning from Poundbury*, 37.

283 **パウンドベリー住民の四分の三は、買い物に車ででかける。** Ibid.

283 **セレブレーションの家の七割は単世帯戸建てで、** U.S. Census Bureau, Census 2000, H30, Units in Structure, Summary File 3, American FactFinder で生成。

283 **パウンドベリーの住宅のうちアパートはたった一七%だ。** Watson *et al.*, *Learning from Poundbury*, 19.

283 **ロンドンの市内幹線路に入るときには全ドライバーが五ポンド支払うよう義務づけた。** Leape, "London Congestion Charge."

284 **経済学者にとっては、渋滞課金は魅力あるもの** たとえば Vickrey, "Congestion Theory," 251; Vickrey, "Pricing of Urban Street Use"; Vickrey, "Pricing in Urban and Suburban Transport"; および Walters, "Private and Social Cost of Highway Congestion."

278　**毎年一〇七・三億立方メートルの水**　*California Water Plan Update 2005*, vol. 2, ch. 22, p. 1.

278　**灌漑に毎年四一九億立方メートルの水**　Ibid., vol. 2, ch. 3, p. 1.

279　**一九七〇年のカリフォルニア州環境品質法**　California, Government of, California Environmental Quality Act（CEQA）, Statute and Guidelines 2009.

279　**地元政府の許認可するプロジェクト**　*Friends of Mammoth v. Board of Supervisors.*

279　**環境影響調査五三八件を実施させた。**　http://www.ceqanet.ca.gov のデータベース、カリフォルニア州における California Environmental Quality Act（CEQA）クリアリングハウス文書、http://www.epa.gov/oecaerth/nepa/eisdata.html、U.S. Environmental Protection Agency の Environmental Impact Statement Database を元に著者計算。

280　**「レッド」ケン・リヴィングストン**　Hoksen, *Ken*, 90, 240, 288–302, 317; Fiona Hamilton, "Boris Makes an Early Start."

280　**「二酸化炭素排出が～共通点はまったくない。**　Ben Webster, "Congestion Charge Will Rise to £25"; Prince of Wales, "Speech ... Bali to Poznan."

280　**皇太子は一九四八年にバッキンガム宮殿で生まれ、**　http://www.princeofwales.gov.ukf/personalprofiles/ftheprinceofwales/biography. Ney

280　**リビングストンはその三年前に、～ラムベスで生まれている。**　Hoksen, *Ken*, 1.

280　**史上どんなイギリス王よりも世紀の教育を大量に受け、**　Dimbleby, *Prince of Wales*, 25, 79, 89,103–4.

281　**リビングストンの教育は見栄えのするものではなく、**　Hoksen, *Ken*, 5–7.

281　**「小ラットに腫瘍を培養していた」**　Foggo, "Ken, the Animal Tester of X Block."

281　**ランドン＝ラムベス労働党の中で出世するのに**　Hoksen, *Ken*, 38–80.

281　**チャールズ皇太子は立派な王族として、**　Dimbleby, *Prince of Wales*, 159, 214, 217.

281　**若き皇太子がダイアナ・スペンサー妃とシンデレラ・ウェディングを果たした**　Ibid., 284–85, 288–90.

281　**グレーターロンドン評議会の議長**　Carvel, *Citizen Ken*, 18.

281　**ケン・リヴィングストンは出席を拒否した。**　Willis, "Royal Wedding"; および Hoksen, *Ken*, 99.

281　**リヴィングストンは、～強硬かつしつこく主張した。**　Rowbotham, "London's 'Red Ken' Arrives."

281　**住宅を増やすべく戦ったが、高層ビルには反対した。**　Hoksen, *Ken*, 408, および Sudjic, "Thoroughly Modernising Mayor."

281　**持続可能な農業の支援者と、モダニズムの敵として、**　Dimbleby, *Prince of Wales*, 312.

281　**有機農業を推進し、**　Ibid., 439. Duchy of Cornwall の説明は http://www.

275 **デトロイトとミシガン州～かなり暖かいのだ。** Glaeser and Kahn, "The Greenness of Cities."

275 **都市のほうが郊外より～読者は驚かないだろう。** Ibid.

275 **だが大都市圏同士を比べると、～炭素排出が六割少ないのだ。** Ibid.

276 **北東部や中西部の古い都市は、～排出量がずっと高い。** Ibid.

276 **サンタクララ郡では一エーカー当たり二人** Haines, "Historical, Demographic, Economic, and Social Data: The United States, 1790–2002"; および U.S. Census Bureau, American Community Survey, 2008 Data Profile for Marin and Santa Clara Counties, California, American FactFinder で生成。

277 **メリーランド州モンゴメリー郡では、一エーカー当たり三人** Haines, "Historical, Demographic, Economic, and Social Data: The United States, 1790–2002"; および U.S. Census Bureau, American Community Survey, 2008 Data Profile for Montgomery County, Maryland, American FactFinder で生成。

277 **イリノイ州クック郡では、一エーカー当たり九人** Haines, "Historical, Demographic, Economic, and Social Data: The United States, 1790–2002"; および U.S. Census Bureau; American Community Survey, 2008 Data Profile for Cook County, Illinois, American FactFinder で生成。

277 **マンハッタンは一エーカー当たり一一一人** Haines, "Historical, Demographic, Economic, and Social Data: The United States, 1790–2002"; および U.S. Census Bureau, American Community Survey, 2008 Data Profile for New York County, American FactFinder で生成。

277 **サンタクララ郡の人口は～三倍以上に増えた。** Haines, "Historical, Demographic, Economic, and Social Data: The United States, 1790–2002."

277 **サンタクララ郡の人口は～一七・八%しか成長していない。** Ibid.; および U.S. Census Bureau, American Community Survey, 2008 Data Profile for Santa Clara County, California, American FactFinder で生成。

277 **メジアン住宅価格は八〇万ドル** National Association of Realtors, "Median Sales Price of Existing Single-Family Homes for Metropolitan Areas," 2nd Quarter 2010, http://www.realtor.org/wps/wcm/connect/497de980426de7ccb96effo3cc9fa30a/REL10Q1T_rev.pdf?MOD=AJPERES& CACHEID=497de98o426de7ccb96effo3cc9fa30a.

277 **これらの地域はアメリカ大陸部で最も高価な二地域で、** Ibid.

277 **新規建設に対するすさまじい制約のおかげで高く維持されているのだ。** Marin County Development and Zoning Code, http://www.marin.ca.gov/depts/CD/main/comdev/CURRENT/devCode.cfm.

278 **ベイエリアの土地の四分の一は** California, Government of, Association of Bay Area Governments, San Francisco Bay Area Housing Needs Plan 2007–2014, p. 3. Greenbelt Alliance によると、これらのうち 110 万エーカーが保護されている。About Greenbelt Alliance: http://www.greenbelt.org/downloads/resources/factsheets/AboutGA_08.pdf.

MTA Network," http://www.mta.info/mta/network.htm; 燃料情報は Kennedy, "New York's Bus Cleanup"; 電力データ出所は Metropolitan Transit Authority, *Greening Mass Transit.*

273 **年間八五〇ガロン以下だった。** Glaeser and Kahn, "Greenness of Cities."

273 **公共交通利用率が二倍高い。** 2008年にはアメリカ人の通勤での公共交通利用は5%、75.5%が自動車通勤。同年に、ニューヨーカーの23.3%は自動車通勤、公共交通通勤は54.8%。U.S. Census Bureau, American Community Survey, 2008 Data Profile for the City of New York and the United States, American FactFinder で生成。.

273 **平均で、人口が倍増すると、〜ガソリン消費は全国トップクラスだ。** Glaeser and Kahn, "Greenness of Cities."

274 **都市と郊外の差が最大なのは、** Ibid.

274 **アトランタやナッシュヴィルなども含まれる。** Ibid.

274 **都市住民の電気利用が少ないからだ。** Ibid.

274 **電気機器は住宅電力消費の三分の二を占める。** 国勢調査局が便利な電力利用のスナップショットを提供している。アメリカ人の5%に、世帯の電力使用量がどれだけかを尋ねた。そして州別物価データをエネルギー局からもらえば、支出を電力使用量に換算できる。ちょっと統計を使えばこのデータを使って平均的な世帯が国の各地でどのくらい電力を使うか計算できる。アパート住民は直接自分の電気代を支払わないので、政府の Residential Energy Consumption Survey を使って推計をしなくてはならない。電力からの炭素排出を算出するには、平均電力使用量とその地域の発電に関する炭素排出を乗算する必要がある。Glaeser and Kahn, "Greenness of Cities."

274 **電力消費が最低の大都市地域は** Ibid.

274 **電力消費がトップクラスだ。** Ibid.

274 **平均的な単世帯戸建て住宅は、〜電力を使う。** Department of Energy, U.S. Energy Information Administration, Residential Energy Consumption Survey (RECS), 2005 Consumption & Expenditures Tables, Table USB. Average Consumption by Fuels Used, 2005, http://www.eia.doe.gov/emeu/recs/200S/c&e/summary/pdf/tableus8.pdf.

274 **平均的な郊外世帯は〜電力消費が多い。** Ibid.

275 **都心部の住民は〜電力使用量が少なかった。** Glaeser and Kahn, "The Greenness of Cities."

275 **もっと集中した都市圏、〜電力消費が少ない。** Ibid.

275 **アメリカの暖房は主に天然ガスが使われており、** Department of Energy, U.S. Energy Information Administration, Office of Integrated Analysis and Forecasting, "Emissions of Greenhouse Gases in the United States 2008," Dec. 2009, table 7, U.S. Carbon Dioxide Emissions from Residential Sector Energy Consumption, 1990–2008, http://www.eia.doe.gov/oiaf/1605/ggrpt/pdf/0573(2008).pdf.

266 **都市計画の初期の推奨者だった。** Ruskin, *Genius*, 1997, 353.
266 **「都市のどの部分からも〜眺めに到達できる」** Ibid, 353.
266 **「城壁のまわりには美しい庭園と果樹園のベルト」** Ibid.
266 **「遙かな地平線の眺め」のためにまともな食事をあきらめろ** ibid.
267 **そのうち娯楽用の別荘は三〇〇万しかない。** U.S. Department of Housing and Urban Development and U.S. Census Bureau, Current Housing Reports, *American Housing Survey for the United States: 2007*, H150/07, Sept. 2008, http://www.census.gov/prod/2008pubs/h1S0-07.pdf, table 1A.-1.
267 **都市計画でのそびえ立つ巨人〜ラスキンのビジョン〜具体的なものにした。** 原題は *Tomorrow: A Peaceful Path to Real Reform.*
267 **グリーンベルトはとても徒歩圏内などにはない。** Journey Planner on http://www.tfl.gov.uk/tube を使って推計。
267 **ひなびた景観を〜得意としていたのは〜オルムステッドだった。** Rybczynski, *Clearing in the Distance.*
269 **高さ二五四メートル以上の新しいビルが五本開業した。** エンパイアー・ステートビル、1931年；クライスラービル、1930年；アメリカン・インターナショナルビル、1932年；トランプビル、1930年；GEビル、1933年。Emporis.com, http://www.emporis.com/en/wm/ci/bu/?id=101028.
269 **(今日の西欧で最も高い高層ビルの高さだ)** 西ヨーロッパで最も高いビルはドイツのフランクフルトにあるコメルツバンクタワー。Emporis.com, http://www.emporis.com/en/bu/sk/st/tp/ct/?id=100001.
269 **その後三六年にわたり、〜高い建物** シカゴのチェイスタワーは259メートルで1969年に建った。Emporis.com, http://www.emporis.com/en/bu/sk/st/tp/wo.
270 **地球の温度は〜上昇し続けている。** Archer and Rahmstorf, *Climate Crisis*, 3, 41.
271 **新規住宅について炭素排出一覧を作った。** Glaeser and Kahn, "Greenness of Cities." この分析の初期バージョンがGlaeser, "Green Cities, Brown Suburbs" にある。
271 **二〇〇六年に、アメリカは〜アメリカには及ばない。** U.S. Energy Information Administration, International Energy Annual 2006, H. lco2 World Carbon Dioxide Emissions from the Consumption and Flaring of Fossil Fuels, 1980–2006,"' http://www.eia.doe.gov /pub /international/iealf/tablehlco2.xls.
271 **世帯の炭素排出のうち、〜自動車関連のものだ。** Glaeser and Kahn, "Greenness of Cities."
272 **ガソリン一ガロンを使うと、〜郊外にいるかで左右される。** Ibid.
272 **地域の人口密度と都市への距離** Ibid.
272 **一平方マイル当たり一万人〜年間六八七ガロンのガソリンを使う。** Ibid.
272 **世帯当たりのガソリン消費は、〜一〇六ガロン減る。** Ibid.
273 **乗客に二六億トリップを提供している。** 乗客数データ出所はMTA, "The

County, Texas, Westchester County, New York, and Santa Clara County, California, American FactFinder で生成。

251 **山や水といった建設の自然障害が、～説明するのに一役買うという。** Saiz, "Geographic Determinants."

252 **私はブライス・ワードとジェニー・シュッツとの～土地は一〇%以下としている。** Glaeser *et al.*, "Regulation and the Rise in Housing Prices."

252 **開発したのは、～不動産開発業者二人で、** Haley, *Sam Houston.*

252 **真水と気持ちのいい海風** Schadewald, "Salute to the Allen Brothers."

255 **地中工事に使われた一五〇億ドル～使わない手はない。** Stern, "Boston's Big Dig Wraps Up."

256 **単世帯戸建て住宅に住む人々の八五%は持ち家だ。** U.S. Census Bureau, U.S. Census 2000, Data Profile for the United States, Summary File 3, American FactFinder で生成。

256 **持ち主は、～減価償却が一・五%はやくなる。** Shilling *et al.*,"Measuring Depreciation."

256 **マンハッタンでは、住宅ユニットの七六%は賃貸だ。** U.S. Census Bureau, American Community Survey, 2008 Data Profile for New York County (Manhattan), American FactFinder で生成。

256 **大都市の学校は、～成績はずっと低い場合多い。** Loveless, "How Well Are American Students Learning?"

258 **住宅ローン金利控除を大幅に縮小する** *Report of the President's Advisory Panel on Federal Tax Reform.*

第八章　アスファルトこそ最高のエコ

261 **「適切にも～流れから食料を調達できたのである」。** Thoreau, *I to Myself*, 52.

261 **「炎は急速性をもって広がり、～」** Ibid., 52.

262 **「私は森に火を放ったが、** Ibid., 54.

262 **「どうしようもないゴロツキ」で「軽率屋」** Ibid., 52; および Thoreau, *Journal*, vol. 2, 25.

263 **仲間に何かしてもらっても滅多に御礼も言わず、** Thoreau, *Walden* および *Resistance.*

264 **高層ビルに集まって住み、徒歩通勤すれば** Jacobs, *Death and Life*, Random House; および David Owen, *Green Metropolis.*

264 **地球に優しい世帯は～破壊してしまうのを描いたお話だ。** Seuss, *Lorax.*

265 **「町を嫌悪し聖なる刺激を渇望する」** Horace, *Satires and Epistles*, 283.

265 **ワーズワース、コールリッジ、キーツ、シェリー** たとえば Ferguson *et al.*, *Norton Anthology of Poetry:* Wordsworth, "I Wandered Lonely as a Cloud," p. 801; Coleridge, "Frost at Midnight," pp. 810–12; Keats, "Bright Star," p. 940; および Shelley, "Mont Blanc," pp. 866–70.

266 **「一目散に自然に赴きなさい** Ruskin, *Works*, vol. 3, 624.

Ellwood, "Empirical Reconciliation of Micro and Grouped Estimates of the Demand for Housing," を参照。つまり住宅供給が5割増しになれば、住宅価格は4割下がるということだ。

248 **二〇万戸以上の新規戸建て住宅建設を認めた。** U.S. Census Bureau, Manufacturing, Mining and Construction Statistics, Residential Building Permits, http://www.census.gov/const/www/permitsindex.html.

249 **デトロイトの平均世帯収入は～アメリカ平均の半額だ。** U.S. Census Bureau, American Community Survey, 2008 Data Profile for City of Detroit and for the United States, American FactFinder で生成。

249 **近年のバブルの頂点で、～住宅価格は六四％も上昇した。** Case-Shiller Home Price Indices (July 21, 2010).

249 **ダラスでの物件価格は、～八％しか上がっていない。** Ibid.

249 **ピーク後の三年間で、～ダラスの物件価格は五・五％しか下がらなかった。** Ibid.

249 **ヒューストンの物件は驚くほど安定～二〇〇九年は一五万三一〇〇ドルだ** National Association of Realtors, "Median Sales Price of Existing Single-Family Homes for Metropolitan Areas," http://www.realtor.org/wps/wcm/connect/497de980426de7ccb96effo3cc9fa30a/REL10Q1T_rev.pdf?MOD=AJPERES&CACHEID=497de980426de7ccb96eff03cc9fa30a.

250 **ハリス郡は二万戸以上～市場の下落も緩和された。** U.S. Census Bureau, Manufacturing, Mining and Construction Statistics, Residential Building Permits, http://www.census.gov/const/www/permitsindex.html.

250 **一九九六年から二〇〇六年～上昇率はたった二八％だった。** Glaeser *et al.*, "Housing Supply and Housing Bubbles."

250 **一九八〇年代の建設ブームでは、～三％しか上がらなかった。** Ibid.

250 **テキサスの建設業者が、～一平方フィート当たり七五ドルほどだからだ。** Gyourko and Saiz, "Construction Costs."

250 **テキサス州と～一人当たり土地が一六〇平方メートルもらえる。** U.S. Census Bureau, State and County Quickfacts, http://quickfacts.census.gov/qfd/states; および U.S. Census Bureau, International Database, World Population Summary, http://www.census.gov/ipc/www/idb jworldpopinfo.php.

250 **アメリカは土地が豊富なので、～二五％増しくらいの値段しかないということだ。** Gyourko and Saiz, "Construction Costs."

251 **建設費はヒューストンより～物件価格は三五〇％以上も高い。** U.S. Census Bureau, American Community Survey, 2006–2007 Data Profile for the City of Houston and the City of Los Angeles, American FactFinder で生成；および Gyourko and Saiz, "Construction Costs."

251 **テキサス州ハリス郡では、～それぞれ八・六人と五人だ。** Haines, "Historical, Demographic, Economic, and Social Data: The United States, 1790–2002"; および U.S. Census Bureau, American Community Survey, 2008 Data Profile for Harris

Bureau, American Community Survey, 2008 Data Profile for County of Richmond, NY, American FactFinder で生成。.

244 **フェリー自体は～最終目的地まで行かなくてはならない、** 公式ウェブサイト http://www.siferry.com より。

245 **人々は運転時間よりも、公共交通の中の時間のほうを嫌っているようだ。** Small and Verhoef, *Economics of Urban Transportation*.

245 **価格差が最大なのは日用雑貨** ヒューストンとクイーンズの ACCRA 生活費：88 と 149.4.

245 **クィーンズでは、～鶏肉もニューヨークのほうが五割高い。** Ibid.

245 **実質所得は、クィーンズ住民では一万九七五〇ドルをちょっと下回る。** Ibid.

245 **ヒューストン住民だと、～三万一二五〇ドルとなる。** Ibid.

246 **だが子供が大秀才でなくても、ヒューストンの住民は** Houston Association of Realtors, School Finder, School District Detail, Spring Branch ISD, http://www.har.com/school/dispDistrictDetail.cfm?id=101920 で生成

247 **ラスベガス住宅価格のほとんど倍増** Case-Shiller Home Price Indices, July 21, 2010.

247 **都市圏ごとの差のうち三分の二は、～物件価格は三％上がる。** U.S. Census Bureau, Census 2000, County and City Data Book 2000, table C-7, "Cities — Government Finances and Climate," http://www.census.gov/prod/2002pubs/00ccdb/cc00_oo tabC7.pdf に基づく著者の計算。

247 **その都市圏の所得が～一ドル増えるごとに、物件価格は一・二ドル上がった。** U.S. Census Bureau, Census 2000 に基づく著者の計算。

248 **カリフォルニア州サンタクララ郡～大金を払ってそこに住もうとする。** サンタクララの平均は$11 万 6,079、メジアン値 $8 万 8,846；全米平均 $7 万 1,498、メジアン値 $5 万 2,029. U.S. Census Bureau, American Community Survey, 2008 Data Profile for County of Santa Clara, California, and for the United States, American FactFinder で生成。

248 **八〇万ドル近く、全米平均の四倍以上だ。** Ibid.

248 **アメリカの大陸部分では相変わらず最も高価な物件だった。** これより高いのはホノルルだけだ。National Association of Realtors, "Median Sales Price of Existing Single-Family Homes for Metropolitan Areas," http://www.realtor.org/wps/wcm/connect/497de980426de7ccb96eff03cc9fa30a/REL10Q1_Trev.pdf?MOD=AJPERES&CACHEID=497de98o426de7ccb96eff03cc9fa.30a.

248 **新規の戸建て住宅をたった一万六〇〇〇戸ほど** U.S. Census Bureau, Manufacturing, Mining and Construction Statistics, Residential Building Permits, http://www.census.gov/const/www/permitsindex.html.

248 **同時期のアメリカの平均的な建設率に比べると三分の一以下だ。** Ibid.

248 **シリコンバレーがこの八年間で、～住宅価格は四割下がっていたはずだ。** 今日のサンタクララ郡には住宅 39 万軒ほどがあるので、追加で 20 万軒が建てば住宅ストックは 5 割増しになる。通常、住宅需要の弾性値は 0.7 程度；Polinsky and

FactFinder で生成。

242 **登録看護師は～ニューヨークでは五万ドル稼ぐ。** Ruggles *et al., Microdata Series* をもとに著者の計算。

242 **小売り責任者は、～ニューヨークでは二万八〇〇〇ドルを稼ぐ。** Ibid.

242 **ヒューストン都市圏における平均的な戸建て住宅** 正確には$119,400。U.S. Census Bureau, American Community Survey, 2006 Data Profile for Houston-Sugar Land-Baytown, Texas, Metropolitan Statistical Area, および 2006 Data Profile for City of Houston; both American FactFinder で生成。

242 **同市の住宅の四分の三** U.S. Census Bureau, American Community Survey, 2006 Data Profile for city of Houston, American FactFinder で生成。

242 **ヒューストンで売れた住宅のメジアン価格** National Association of Realtors, "Median Sales Price of Existing Single-Family Homes for Metropolitan Areas," http://www.realtor.org/wps/wcm/connect/497de980426dezccbg6effo3ccgfa30a/REL10Q1T_rev.pdfi>MOD=AJPERES&CACHEID=497de980426de7ccb96eff03cc9fa30a.

243 **二〇〇六年の国勢調査によれば、～ニューヨーク市の平均住宅価格は四九万六〇〇〇ドルだ。** U.S. Census Bureau, American Community Survey, 2006 Data Profile for City of Los Angeles and City of New York, American FactFinder で生成。

243 **スタッテンアインランドなら、～三四万ドルほどで買える** Realtor.com, 検索は Aug. 31, 2010.

243 **映画『ワーキングガール』で～中古住宅なら三七万五〇〇〇ドルでよりどりみどりだ。** Ibid.

243 **こうした家は新築の～一九〇平方メートルの居住空間は得られる。** Ibid.

243 **寝室が二つか三つのマンションを** Ibid.

243 **頭金としてなんとか三万五〇〇〇ドル～ヒューストンなら九七〇〇ドルだ。** 30 年固定金利 6.75%として著者が計算。

244 **ヒューストン住民は、～四八〇〇ドルほどかかる。** TAXSIM を使った著者の推計。.

244 **ニューヨーク市でなら、～また三四〇〇ドルほど取られる。** Ibid.

244 **交通関連支出が年に八五〇〇ドルかかる。** Bureau of Labor Statistics, *Consumer Expenditure Survey, 2006*, http://www.bls.gov/cex; および私信 , Oct. 2007.

244 **ヒューストンの通勤時間は平均二六・四分だ。** U.S. Census Bureau, American Community Survey, 2008 Data Profile for City of Houston, American FactFinder で生成。

244 **ニューヨークのクィーンズだと、平均通勤時間は四二・七分だ。** U.S. Census Bureau, American Community Survey, 2008 Data Profile for County of Queens, NY, American FactFinder で生成。

244 **スタッテンアイランドでは、～マラソンのようなものとなる。** U.S. Census

Development Company. *The Woodlands, Texas Demographics*, January 1, 2010. http://www.thewoodlandstownship-tx.gov/DocumentView.aspx?DID=667.

236 **レーヴィットタウンは今日では、～三倍も高密だ。** U.S. Census Bureau, American Community Survey, 2006-2008 Data Profile Levittown Census Designated Place, New York, American FactFinder で生成。

236 **ウッドランズの土地二八%** The Woodlands. http://www.thewoodlands.com/greenspace.htm.

237 **人口は一九九〇年代に倍以上となり、～さらに四割増えた。** The Woodlands Development Company. *The Woodlands, Texas Demographics*. January 1, 2010. http://www.thewoodlandstownship-tx.gov/DocumentView.aspx?DID=66z.

237 **ウッドランズ住民の過半は大卒で、～お金は驚くほど少ない。** U.S. Census Bureau, American Community Survey, 2006-2008 Data Profile for the Woodland Census Designated Place, American FactFinder で生成。; および The Woodlands Development Company. *The Woodlands, Texas Demographics*. January 1, 2010. http://www.thewoodlandstownship-tx.gov/DocumentView.aspx?DID=66z.

237 **ここの平均住宅価値は二〇万ドルほどだ** Ibid.

238 **ウッドランズ世帯の半分近くは、一八歳以下の子供を持っている** The Woodlands Development Company. *The Woodlands, Texas Demographics*. January 1, 2010. http://www.thewoodlandstownship-tx.gov/DocumentView.aspx?DID=66z.

239 **ウッドランズの平均通勤時間は二八・五分だそうだ。** Ibid.

239 **ヒューストン市の職の五六%は、都心から一六キロ以上離れたところにある。** Kneebone, "Job Sprawl Revisited: The Changing Geography of Metropolitan Employment."

240 **一〇〇万人以上** ここの部分の計算初出は Glaeser, "Houston, New York Has a Problem," *City Journal;* U.S. Census Bureau, Population Estimates, "Combined Statistical Area Population and Estimated Components of Change: April 1, 2000 to July 1, 2009," http://www.census.gov/popest/metro/metro.html.

240 **デトロイトを取り巻く～世帯収入は六万ドルだ。** U.S. Census Bureau, American Community Survey, 2008 Data Profile for Wayne County, Michigan, and Harris County, Texas, American FactFinder で生成。

241 **ミシガン州ではそれが一三・二%だ。** Bureau of Labor Statistics, *Unemployment Rates for States, Monthly Ranking, Seasonally Adjusted, June 2010*, http://www.bls.gov/web/laus/laumstrk.htm.

241 **ヒューストンでは、気温が三〇度を超える日が年に九八日もある** National Climatic Data Center, "Mean Number of Days with Maximum Temperature 90 Degrees F or Higher," http://lwf.ncdc.noaa.gov/oaf/climate/online/ccd/max90temp.html.

242 **アメリカ世帯の稼ぎは、～およそ六万ドルだった。** U.S. Census Bureau, American Community Survey, 2006 Data Profile for the United States, American

"*Urban Sprawl*" *Is Unclear*, Apr. 30, 1999, GAO/RCED-99-87 Research on "Urban Sprawl," http://www.gao.gov/archive/1999/rcg99087.pdf.

231 **圧倒的に単世帯住宅** U.S. Census Bureau, U.S. Census 2000, Data Profile for the United States, Summary File 3, American FactFinder で生成。

231 **アメリカの大都市圏上位九八ヵ所で、〜都心から一六キロ以上離れたところにある** Kneebone, "Job Sprawl."

232 **密度と自動車利用との間の反比例関係** Glaeser and Kahn, "Sprawl," 2499-2500.

232 **ホンダ・アコードでも、車自体が一〇平方メートルを使う。** ホンダのウェブサイトによれば、2010年型ホンダアコードは全長493センチメートルで幅184.7センチメートル、面積は9.1平方メートルとなる：http://automobiles.honda.com/accordsedan/specifications.aspx?group=dimensions.

232 **典型的な駐車スペース** たとえばマサチューセッツの駐車規制によれば、駐車スペースは最低でも幅2.74メートルで長さ5.49メートル、つまり15平方メートルと定められている：http://www.mass.gov/Cago/docs/Municipal/sb_parking.rtf.

233 **駐車ビルが必要〜一台当たり五万ドル以上もかかる、** Marshall and Emblidge, *Beneath the Metropolis*, 181.

233 **フランスにおけるガソリン税は、** Glaeser and Kahn, "Sprawl," 2499-2500.

233 **世界七〇都市の比較で、〜開発の密度が四〇%以上増えることを発見した。** Ibid.

233 **今日では、距離ベースで見た旅客交通の八四%は、** European Road Federation, *European Road Statistics 2009*, table 6.3: "Inland Transport Modal Split by Country in EU-27," p. 43.

233 **イタリアでは、〜フランスとドイツではそれが五台と五・六六台になる。** European Automobile Manufacturing Association, *Automobile Industry Pocket Guide*, "Trends in Motorisation," p. 4, http://www.acea.be/images/uploads/files/20090529_motorisation.pdf.

233 **アメリカ人一〇人ごとに七・七六台の車がある** Ibid.

234 **ヨーロッパ環境局からの報告〜「低密居住地区」で起きたという、** European Environment Agency, *Urban Sprawl in Europe*, fig. 2, p. 12.

234 **二〇〇六年アメリカでは、〜それが平均で四八分だ。** Glaeser and Kahn, "Sprawl," 2499-2500.

234 **この時間費用は、〜バスや地下鉄だと二〇分ほどになる。** Glaeser *et al.*, "Why Do the Poor Live in Cities?" 12.

235 **ウッドランズ** General history of The Woodlands from Galatas and Barlow, The Woodlands.

236 **一一ヘクタールに及ぶ森林の中にある** The Woodlands. http://www.thewoodlands.com/masterplan.htm.

236 **ウッドランズには、九万二〇〇〇人が暮らしている。** The Woodlands

223 **時速二〇キロもの高速でダウンタウンの職場** Burrows and Wallace, *Gotham*, 1054.

223 **蒸気で作られた郊外** Conn, *Metropolitan Philadelphia*, 125, 175–76.

223 **都市鉄道を電力で動かす** Lay, *Ways of the World*, 134.

224 **グラシア通りを通る路面車輌** "Barcelona," *Encyclopcedia Britannica.*

225 **四ストローク内燃機関を〜モートルヴァーゲンの特許を取った。** Lay, *Ways of the World*, 152–53.

225 **二三〇〇万台の車を走らせていた。** Suits, "Demand for New Automobiles."

225 **時速四〇キロという目もくらむ高速** Lay, *Ways of the World*, 194. 314.

226 **一九二一年の連邦高速道路法** Ibid., 118, 314.

226 **「マザーロード」に沿って** Steinbeck, Grapes of Wrath.

226 **七万四〇〇〇キロメートルの道路** (as of 2000) U.S. General Accounting Office, Report to the Chairman, Committee on Transportation and Infrastructure, House of Representatives, GA0-02-571, Status of the Interstate Highway System, *Highway Infrastructure: Interstate Physical Conditions Have Improved, but Congestion and Other Pressures Continue*, May 2002, http://www.gao.gov/new.items/d02571.pdf, p. 8.

227 **所得と人口の成長率は、〜都市圏のほうが著しく高かった。** Gilles Duranton and Matthew Turner, "Urban Growth and Transportation," 2010, http://individual.utoronto.ca/gilles/Papers/GrowthTransport.pdf.

227 **一本ごとにそこの人口は一八%減る** Baum-Snow, "Did Highways Cause Suburbanization?"

228 **ウィリアム・レーヴィット** Gans, *Levittowners.*

228 **卒倒しそうになり文芸的な糾弾を放ったものの、** Ibid., 8.

229 **何よりも日々のニーズにとって機能的であること** Ibid., 186.

229 **いささか眉唾とも思える話** Aaseng, *Business Builders*, 62.

229 **二六の工程に分解** Ibid.

229 **同じ地域に何千何万もの住宅を一気に建てることで、** "Line Forms Early in Sale of Houses," *New York Times*, Mar. 7, 1949, p. 21, Nicolaides and Wiese, eds., *Suburb Reader* に再録。

230 **住宅補助金をじゃぶじゃぶ** Gans, *Levittowners*, 13–14, 22.

230 **復員兵援護法により、〜ローン金額の九五%まで保証をつけた。** U.S. Government Printing Office, Congressional Research Service, A Chronology of Housing Legislation and Selected Executive Actions, 1892–2003, Mar. 2004, http://www.gpo.gov/fdsys/pkg/CPRT-108HPRT92629/html/CPRT-108HPRT92629.htm.

230 **当時のマック邸宅** Hayden, "Building the American Way," 276.

231 **圧倒的に郊外の中流階級集中地にばかり** U.S. General Accounting Office, Resources, Community, and Economic Development Division, House of Representatives, *Community Development: The Extent of Federal Influence on*

第七章　なぜスプロールは拡大したか

215　**ヒューストン都市圏は～全米第三位の急成長都市圏なのだ。**　U.S. Census Bureau, Population Estimates, "Combined Statistical Area Population and Estimated Components of Change: April 1, 2000 to July 1, 2009," http://www.census.gov/popest/metro/metro.html. 急成長とは人口増加の絶対数に基づくものであり、増加率に基づくものではない。

215　**来訪者数二四〇〇万人で**　Simon Malls, "About the Houston Galleria," http://www.simon.com/mall/default.aspx?ID=805.

215　**伝説的な都市空間をモデルに**　Swartz, "Born Again," 48.

216　**二〇〇八年の平均的な戸建て住宅は平均敷地面積が一エーカー以上**　U.S. Census Bureau, Residential Construction Branch, Characteristics of New Housing, "Lot Size of New Single-Family Houses Sold (Excluding Condominiums)," http://www.census.gov/const/C2sAnn/malotsizesold.pdf.

217　**全米ではそれがたった一三％だ。**　U.S. Census Bureau, American Community Survey, 2008 Data Profile for the United States and the County of New York, American FactFinder で生成。

219　**輸送動物は、～人間の地理を確かに変えた。**　Lay, *Ways ofthe World*, 7.

219　**都市を可能にしてくれた。**　Bairoch, *Cities and Economic Development*, 11–14.

219　**車輪は～メソポタミア起源らしい**　Lay, *Ways of the World*, 27.

219　**インカ人は車輌を発達させなかった**　Diamond, *Guns, Germs, and Steel*, 248.

220　**舗装が再登場したのは、～ローマ時代以来初めてパリを舗装しはじめた**　Lay, *Ways of the World*, 62, 112.

220　**少なくとも五〇〇〇年前に、～エリート向けの輸送技術だった。**　Ibid., 20.

220　**バスの父**　Ibid., 128.

221　**舗装と人口**　Ibid.

221　**ニューヨーク市で初の公共交通は、**　Burrows and Wallace, *Gotham*; および "New York City Transit-History and Chronology," Metropolitan Transit Authority, http://www.mta.info/nyct/facts/ffhist.htm.

221　**乗合馬車はその到達範囲を優に倍に広げた**　Glaeser *et al.*, "Why Do the Poor Live in Cities?"

221　**乗合馬車の運賃はたった五セント～相変わらず徒歩だ。**　Gin and Sonstelie, "The Streetcar and Residential Location in Nineteeth Century Philadelphia," 92–107.

221　**大量の馬を使った車輌に対応した**　Burrows and Wallace, *Gotham*, 420–21.

222　**バス以前**　Folpe, *It Happened on Washington Square*, 6-7.

222　**一八〇四年に初の実用機関車を作った。**　Lay, *Ways of the World*, 137; Mason, *Matthew Boulton*, 63–65.

222　**地下鉄の先鞭**　Fischler, *Subways of the World*, 10.

223　**高速鉄道網に～注ぎ込まれ、**　Burrows and Wallace, *Gotham*, 1053–55; および Donald L. Miller, *City of the Century*, 268–70.

198　**マンハッタン住戸のメジアン価格〜二八四％も上がっている。**　Haines, "Historical, Demographic, Economic, and Social Data: The United States, 1790–2002."

198　**高い建物のてっぺんに〜四〇〇ドル以下だ。**　Glaeser *et al.*, "Why Is Manhattan So Expensive?"

199　**一九七〇年代のものは八割以上が二〇階以上だった**　Ibid.

199　**一九九〇年代に違ったものだとそれが四割だ。**　Ibid.

201　**貧しいパリジャンたちが、〜建物にひしめいていた。**　Jordan, *Transforming Paris*, 93–96.

201　**パリは何世紀にもわたり土地利用規制を持っていた。**　Papayanis, *Planning Paris*, 14.

201　**アンリ四世が〜ヴォージュ広場を作った。**　Sutcliffe, *Paris*, 19-22.

203　**一八五一年のパリ市総予算の四四倍だった。**　Pickney, "Rebuilding of Paris," 45.

203　**高さ制限は、〜になった。**　Sutcliffe, *Paris*, 66, 91.

204　**一八七七年に描いた有名な、〜風景画**　Gustave Caillebotte, *Paris Street; Rainy Day*, 1877, カンバスに油絵の具, 212.2 x 276.2 em, Charles H. and Mary F. S. Worcester Collection, 1964.336, Art Institute of Chicago, http://www.artic.edu/artaccess/AA-Impressionist/pages/IMP_4.shtml.

204　**高さは三〇メートルに〜制限された。**　Sutcliffe, *Paris*, 123.

205　**パリ市評議会は高さ制限を撤廃した。**　Ibid., 166.

205　**モンパルナスタワーはひどく嫌われ、**　"Few Parisians consider the skyscrapers of La Defense or the 56-story tower at Montparnasse to be worthy of their city." LaFranchi, "New Look on the Left Bank."

205　**パリ都心部を高さ制限二五メートル**　Sutcliffe, *Paris*, 185.

205　**四〇〇万平方メートル近い商業床**　Urban Land Institute, Award Winner Project.

206　**小さなアパルトマンでも一戸一〇〇万ドル**　たとえば不動産ウェブサイト http://www.frenchentree.com を見ると、第六街区で96.8平方メートルのアパートが125万ドル以上で売られている。

208　**日に三人が〜列車から押し出されて死んだ。**　Blakely, "17 People Die Every Day Commuting to Work in Mumbai, India."

208　**ムンバイの平均通勤時間は**　American Community Survey, 2008 Data Profile for the United States, American FactFinder で生成。; および Beniwal, "Commuting Time in Mumbai."

209　**最大容積率一三三％**　Sridhar, "Impact of Land Use Regulations."

210　**ムンバイで高さ四九〇フィート〜建物六棟のうち三つは**　Emporis.com, http://www.emporis.com/en/wm/ci/bu/sk/li/?id=102037&bt=2&ht=2&sro=0.

210　**一人当たり三平方メートル**　中国の数字はShanghaiより。Sridhar, "Impact of Land Use Regulations."

Boston," 265–78; および Katz and Rosen. "The interjurisdictional effects of growth controls on housing prices," 149–60.

194 **最も巧妙な論文は、〜新規建設が少なくて物件価格も高いことを示している。** Albert Saiz, "The Geographic Determinants of Housing Supply," 1253–96.

195 **その建築家はジェイン・ジェイコブズと同様に高さが〜敵だと思っていた** Moore, *Life and Times of Charles Fallen Mckim*, 274; および Ballon and McGrath, *New York's Pennsylvania Stations*, 54.

195 **古いニューヨークの駅を取り壊す準備をしていた。** Jacobs, *Death and Life*, Random House, 1961.

196 **『ニューヨークタイムズ』の記事の副題はこうだ。** Bennett, "City Acts to Save Historical Sites."

196 **ランドマーク保存委員会は恒久のものとなった。** Landmarks Preservation Committee, http://www.nyc.gov/html/lpc/html/about/mission.shtml; および "A Landmark Law," *New York Times*, Apr. 27, 1965.

196 **二万五〇〇〇のランドマーク建築** New York City Landmarks Preservation Commission, Midcentury Modern Midtown Office Tower Becomes a Landmark, Apr. 13, 2010, No. 10-04, http://www.nyc.gov/html/lpc/downloads/pdf/10_04_springs_mills.pdf.

196 **マンハッタンで〜公園以外の土地は、一五%が** Glaeser, "Preservation Follies," 62. この数字はニューヨーク市の地図（http://gis.nyc.gov/doitt/nycitymap/）および GIS（地理情報システム）ソフトを使って歴史的街区と公園の境界と面積を算出したもの。

197 **二二階建てのガラス高層棟を作りたいと提案** Pogrebin, "Upper East Side Tower."

197 **欠点を見事に描き出した〜トム・ウルフは、〜使命に対する裏切りだと匂わせた。** Wolfe, "(Naked) City."

197 **このマジソン街九八〇問題についての批判者〜これで問題解決だな！」と答えた。** Gillette, "Has Tom Wolfe Blown It?"

197 **七四%近くも裕福だ。** Geolytics Neighborhood Change Database 1970–2000 Tract Data Short Form Release 1.1, CD-ROM（Brunswick, NJ: Geolytics, 2002）および http://gis.nyc.gov/doitt/nycitymap からのデータを利用した著者の試算；および Glaeser, "Preservation Follies."

197 **歴史的地区内に住む人々のうち、大卒は四分の三** Glaeser, "Preservation Follies," 62.

197 **白人確率が二割高い。** Author's calculations; Glaeser, "Preservation Follies," 62.

198 **一九五五年から一九六四年の〜一万一〇〇〇戸以上の建設を許可した。** U.S. Census Bureau, Manufacturing, Mining and Construction Statistics, Residential Building Permits, http://www.census.gov/const/www/permitsindex.html.

198 **市の物件価格が高騰した一九八〇年〜三一二〇戸の建設を認めた。** Ibid.

186　**不動産は推定総額一億ドルとされていた。**　"E. Lefcourt Dies Suddenly at 55: Was Credited with Building More Skyscrapers Than Any Other Individual," *New York Times*, Nov. 14, 1932.

186　**彼は記念に、〜全国銀行を開いた。**　"In and Out of the Banks," *Wall Street Journal*, Sept. 12, 1928.

186　**楽観論は株式市場暴落でも揺らぐことなく、**　"Lefcourt Plans for 1930 Large: Propose $50,000,000 Expenditure for New Buildings — Other Projects," *Wall Street Journal*, Dec. 2, 1929.

186　**一九三二年に死んだときの価値はたった二五〇〇ドル**　"A E. Lefcourt Left $2,500, No Realty: Builder of 20 Skyscrapers Had Property Valued at $10,000,000 in 1928," *New York Times*, Dec. 15, 1932.

187　**経済学者二人が、〜労働生産性も賃金も著しく高いことがわかった**　Rosenthal and Strange, "Attenuation of Human Capital Spillovers."

187　**ブリル・ビルディングで出会ったアーティストたち**　Inglis, " 'Some Kind of Wonderful.' "

187　**「五番街を荒廃から救う」**　"Saving Fifth Avenue: Building Height Restriction to Prevent It Becoming a Canyon," *New York Times*, July 20, 1913.

187　**反成長活動家たちは、〜ひどいことになると論じた。**　Ibid.

188　**画期的な一九一六年ゾーニング規制**　New York City, "About NYC Zoning."

188　**ニューヨークの多くの建物は階段状になっていて、**　Landau and Condit, *New York Skyscraper*, 395.

188　**ニューヨークの高層建築トップ一〇のうち〜五本は**　Emporis.com, http://www.emporis.com/en/wm/ci/bu/?id=101028. 高い順に、エンパイアー・ステートビル、1931年；バンク・オブ・アメリカタワー、2009年；クライスラービル、1930年；ニューヨークタイムズタワー、2007年；アメリカン・インターナショナルビル、1932年；トランプビル、1930年；シティグループビル、1977年；ビーカムタワー、2010年；トランプワールドタワー、2001年；GEビル、1933年。

188　**一番高い建物を建てようと一大競争**　Bascomb, *Higher*, 139–53.

189　**二五〇〇回以上も改定された。**　Makielski, *Politics of Zoning*.

189　**四二〇ページにわたる規制**　New York City, City Planning Commission, Zoning Maps and Resolution.

189　**居住地区には一三種類あり、〜商業地区には四一種類以上あったのだ。**　Ibid.

189　**この規制の重箱の隅つつき的な細部は、**　Ibid., 25.

191　**「死後硬直があらかじめ組み込まれている」**　Alexiou, *Jane Jacobs*, 91.

192　**ジェイン・ジェコブズとけんか**　Asbury, "Board Ends Plan."

192　**ジェイコブズは傑作『アメリカ大都市の死と生』を刊行した。**　Jacobs, *Death and Life*, Random House, 1961.

193　**一エーカー当たり一〇〇から二〇〇世帯**　Jacobs, *Death and Life*, 208–17.

194　**新規建設は低く〜示す論文はいくつかある。**　たとえばGlaeser and Ward, "The Causes and Consequences of Land Use Regulation: Evidence from Greater

181 **オーティスは、〜垂直輸送から危険を取り除いた。** Goodwin, *Otis*, 12–13.

182 **動力式安全エレベータを導入した最初のビル二棟** Ibid., 17; および Landau and Condit, *New York Skyscraper*, 36.

182 **エレベーターは〜画期的な構造物を可能にした。** Landau and Condit, *New York Skyscraper*, 62.

182 **ジェニーが本当に高層ビルを発明したといえるかどうかについては、** Turak, "Home Insurance Building."

183 **ジェニーの元祖高層ビルは寄せ集めで、** Bascomb, *Higher*, 94–97.

183 **他の建設者、〜アイデアをさらに発展させた。** Landau and Condit, *New York Skyscraper*, 268, 302, 334, その他多数。

183 **彼らは都市のイノベーション連鎖に〜イノベーションに頼ったのだった。** Wermiel, *The Fireproof Building*.

184 **ピューリツアーのワールドビルディングはスチールの柱を何本か持っていた** Ibid., 199.

184 **パークロウビルが〜高さを追い越して、** Ibid., 252.

184 **記念碑的なフラットアイアンビルを一九〇七年に** Ibid., 303.

184 **メトロポリタンライフビルが世界で一番高い建物となった。** Ibid., 361.

184 **一九一三年にはウールワースビルが二三七メートルとなり** 厳密には 792 フィート 1 インチ。Ibid., 382.

184 **一九二〇年代の建設ラッシュまでは世界で一番高い建物となった。** Ibid., 395–96.

185 **定石通りの一代記主人公のように、** "Romance in Lives of City Builders: New Building Peaks Adjacent to East River Waterfront," *New York Times*, Feb. 24, 1929.

185 **小売業の常勤となっても、〜新聞を売り、** "By-the-Bye in Wall Street," *Wall Street Journal*, Dec. 5, 1932.

185 **国債を買うだけの現金を貯めると、それをシャツにピンでとめて** Ibid.

185 **まだ三〇代前半だったレフコートは、〜経営陣側で戦いを率いた。** "State Board Trying to End Cloak Strike: Employers' Committee Meets To-morrow to Consider a Joint Conference; No Settlement, They Say," *New York Times*, July 17, 1910.

185 **平和のプロトコル** Greenwald, " 'More than a Strike.' "

185 **血みどろにならない、〜利益も高い妥協点** Ibid.

185 **一二階建てのロフトビルを買い、** Tarshis, "Thirty-one Commercial Buildings."

186 **岩盤も貢献したかもしれないが、** Barr *et al.*, "Bedrock Depth."

186 **彼は三一棟を建てた** Tarshis, "Thirty-one Commercial Buildings."

186 **レフコートはあのオーティスの〜タワーで使った。** Ibid.

186 **「彼は〜多くの歴史的建造物を取り壊した」** "By-the-Bye in Wall Street," *Wall Street Journal*, Dec. 5, 1932.

171 **サンディエゴやホノルルなどの都市は、〜異様に実質所得が高い。** ACCRA 生活費指標は、ロチェスター、ホノルル、サンディエゴ、ダラスについてそれぞれ 96.7, 162.8, 136.4, 92.1。全地域の生活費平均値を 100 とする指標値となっていて、それぞれの場所の指標はこれに対する相対値なので、指標が高ければそれだけ生活費は高くなる。ロチェスター（ミネソタ州）、ホノルル、サンディエゴ、ダラスのメジアン世帯収入は 6 万 6,197 ドル、6 万 0,531 ドル、6 万 2,668 ドル、4 万 0,796 ドル。ACCRA 調整済み世帯収入は、それぞれの場所の世帯収入を、その地域の ACCRA 生活費指標（を 100 で除したもの）で割って算出。ACCRA 調整済みメジアン世帯収入は、それぞれの地域で 6 万 8,458 ドル、3 万 7,189 ドル、4 万 5,943 ドル、4 万 4,285 ドルとなるので、サンディエゴとホノルルの実質所得が、ロチェスターやダラスに比べていかに低いかがよくわかる。American Chamber of Commerce Research Association, Council for Community and Economic Research, ACCRA Cost-of-Living Index-Historical Dataset, 1Q1990–2009, http://hdl.handle.net/1902.1/14823, Council for Community and Economic Research, Arlington, VA; および U.S. Census Bureau, American Community Survey, Data Profile for Rochester (MN), Honolulu, San Diego, and Dallas, American FactFinder で生成。

172 **どのアメリカ大都市圏がもっとも物価が高いか〜九つはカリフォルニア州沿岸だった。** Glaeser *et al.*, "Consumer City."

172 **都市の規模と実質所得の間には強い正の相関** Glaeser and Gottlieb, "Urban Resurgence."

172 **ニューヨークに住むためなら実質賃金が下がってもいい** Ibid.

173 **中心都市から郊外に通勤する人々** Baum-Snow, "Transportation Infrastructure."

第六章　高層ビルのすばらしさ

178 **オースマン男爵の〜作り替えてしまった** オースマンのパリについてはすべて Jordan, *Transforming Paris* より。

179 **バベルの塔** Genesis 11: 4, King James Version.

180 **世俗的なブルージュでは、〜羊毛が宗教を越えた** John Weale, *Quarterly Papers on Architecture*, vol. 1, London: Iohan Weale, 1844.

180 **トリニティ教会の高さ八六メートルの尖塔** Goldberger, "God's Stronghold."

180 **エッフェル塔** "The Eiffel Tower," *New York Times*, Apr. 21, 1889, p. 13, ProQuest Historical Newspapers, Document ID: 106346206.

180 **上を目指す動き** Landau and Condit, *New York Skyscraper*, 5–18.

181 **一九世紀に高い建物が可能になった** Goodwin, *Otis*, 45.

181 **アルキメデスが〜作った** Ibid., 8.

181 **ルイ一五世も〜専用のエレベータを持ち、** Taub, "Elevator Technology."

181 **マシュー・ボールトンとジェームズ・ワット** Landau and Condit, *New York Skyscraper*, 35–36.

Encyclopcedia Britannica.

163　**「瀟洒な部屋、賢い給仕、趣味のいいワインとすばらしい料理**　Brillat-Savarin, *Physiology ofTaste*, 231.

163　**マンハッタンのデルモニコ**　Lately Thomas, *Delmonico's.*

164　**オーギュスト・エスコフィエ**　Escoffier, *Memories of My Life.*

164　**ロンドン初のミシュラン三つ星レストラン**　http://www.albertroux.co.uk, Biography, Le Gavroche.

164　**インド生まれのロンドンっ子は二〇万人**　Spence, *A Profile of Londoners*, 18; および Greater London Authority, Data Management and Analysis Group, "ONS mid-2007 Ethnic Group Population Estimates," GLA Demography Update, 11-2009, Oct. 2009, p. 2.

165　**ロンドンのインドレストラン二軒に星を与えた。**　Robin Young, "First to Pull a Michelin Star."

165　**ラソイ・ヴィネート・バティア**　*Zagat 2011 London Restaurants*, Rasoi Vineet Bhatia 評, 27, 144; Restaurant Gordon Ramsay（at 68 Royal Hospital Road）評, 28, 82.

166　**服飾アクセサリー店で働く**　U.S. Census Bureau, County Business Patterns, http://www.census.gov/econ/cbp, New York County（Manhattan）, 1998 and 2008.

167　**女性服に対する世帯支出比率が四二％高い**　Bureau of Labor Statistics, *Consumer Expenditure Survey, 2008*, http://www.bls.gov/cex, table 2400: "Population Size of Area of Residence Average Annual Expenditures and Characteristics."

167　**フットウェアにかける支出が二五％高い**　Ibid.

168　**一五歳以上の住民が一四〇万人いた。**　U.S. Census Bureau, American Community Survey, Data Profile for New York County, 2008, American FactFinder で生成。

168　**三分の一（四六万人）は既婚者**　Ibid.

168　**半数は未婚者で、一三・九万人ほどは離婚済みだ。**　Ibid.

168　**一五歳以上の半数は結婚しており**　U.S. Census Bureau, American Community Survey, Data Profile for the United States, 2008, American FactFinder で生成。

168　**マンハッタン住民は、〜他のアメリカ人よりも独身の可能性がずっと高いのだ。**　U.S. Census Bureau, PCT7, Sex by Marital Status by Age for the Population 15 Years and Over, United States and New York County, Census 2000 Summary File 3, American FactFinder で生成。

168　**経済的に最も成功したカップル**　Costa and Kahn, "Power Couples."

169　**セオドア・ドライサーが〜シカゴにやってきて、**　Dreiser, *Sister Carrie*, Richard Lingeman 序文。

169　**キャリー・ミーバー**　Dreiser, *Sister Carrie.*

156 **スペイシーは生まれは〜育ちはカリフォルニア州だ。** Ibid.

157 **一五七六年にジェイムズ・バーベッジが建てた** Lee, *Life of William Shakespeare*, 36.

157 **イギリス喜劇が初めて登場した** Boas, *Shakespeare and His Predecessors*, 21–22. ここで「エリザベス朝以前の芝居に興味を持つ極端な劇団」というのはきわめてよい意味で言っていることは明言しておきたい。

158 **初めて文献にシェイクスピアが登場する** Schoenbaum, *Shakespeare's Lives*, 22.

158 **いささか放埒な脚本で、** Greenblatt, *Will in the World*, 216.

158 **『パンドスト』の構造を『冬物語』** Lee, *Life of William Shakespeare*, 250–51.

159 **『ハムレット』の原型** Ibid., 221.

159 **マーロウの作品に直接言及** Weis, *Shakespeare Unbound*, 146–488; および Black, "Hamlet Hears Marlowe."

159 **先立つマーロウの『マルタのユダヤ人』** Lee, *Life of William Shakespeare*, 68.

159 **『アントニーとクレオパトラ』に影響を与えた** Logan, *Shakespeare's Marlowe*, ch. 7, 169–96.

159 **彼らが個人的にも知り合いだったと確信している。** Greenblatt, *Will in the World*, 199.

159 **オリビエは、〜若きピーター・オトゥールの〜を監督した。** "Routine Performance of Hamlet," review, *Times* (London), no. 55839, Oct. 23, 1963, 14.

160 **セカンドシティは、一九五九年に〜始まった。** Rohter, "Second City Looks Back in Laughter."

160 **DJクール・ハーク** Starr and Waterman, *American Popular Music*, 83, 86,200.

161 **雑貨店で働く人のほうが一・八倍になる。** U.S. Census Bureau, County Business Patterns 2008, http://www.census.gov/ econ/cbp.

161 **ニューヨークでは、この比率は逆転以上となる。** U.S. Census Bureau, 2007 County Business Patterns, New York County (Manhattan), Bronx County, Queens County, Richmond County (Staten Island), and Kings County (Brooklyn).

161 **マンハッタンのレストランでの雇用は五五%増大した。** 1998年には5万7,680人がニューヨーク郡(マンハッタン)のレストランで働いていた。2007年にはこれが44%増えて8万3,257人になった。U.S. Census Bureau, County Business Patterns, http://www.census.gov/econ/cbp, New York County, 1998 and 2007.

161 **アダム・スミスは分業〜指摘し、** Smith, *Wealth of Nations*, 1791, vol. 1, 26.

162 **初のレストラン主として挙げられている** Spang, *Invention of the Restaurant*, 11.

162 **配膳ギルドの厳しい規制を回避した** Ibid., 24.

163 **ラ・グラン・タヴァン・ド・ロンドンがパリに開店した** "Restaurant,"

している。 New York City Department of Health and Mental Hygiene, *Summary of Vital Statistics 2007*, tables 2 and 15; Xu *et al.*, "Deaths: Final Data for 2007," table n; and Cutler *et al.*, "Explaining the Rise in Youth Suicide."

149 **自殺による死亡率は** 2007年現在で、アラスカ州では10万人当たり自殺者数22.09人、モンタナ州19.42人；ワイオミング州19.73人。マサチューセッツは7.62人；ニュージャージー州6.69；ニューヨーク州6.9。National Center for Injury Prevention and Control, WISQARS Injury Mortality Reports, 1999–2007, All Races, Both Sexes, WISQARSでデータ生成、http://webappa.cdc.gov/sasweb/ncipc/mortrate110_sy.html.

149 **小さな町では大都市に比べて銃所持率が四倍** Cutler *et al.*, "Explaining the Rise in Youth Suicide"; およびKleck, Point Blank. Kleckによれば5000以下のコミュニティでは世帯の42.8%が銃を持つが、100万人以上の場所に住む人の銃保有率はたった10.5%。

149 **火器が多いと自殺も増える** たとえばMiller *et al.*, "Household Firearm Ownership and Suicide Rates"; およびKellermann *et al.*, "Suicide in the Home."

149 **狩猟免許の増加と共に若者の自殺が大幅に増える** Glaeser and Glendon, "Who Owns Guns?"

149 **全米の死亡率はニューヨークより五・五%高いし、〜七五歳から八四歳では二四%以上も高い。** New York City Department of Health and Mental Hygiene, *Summary of Vital Statistics 2007*, tables 2 and 5; およびXu *et al.*, "Deaths: Final Data for 2007," table 9.

150 **エイズのウイルスが発見され〜レトロウイルス研究者とつながったからだ。** Institut Pasteur. HIV/AIDS research at the Institut Pasteur: The discovery of the AIDS virus in 1983. http://www.pasteur.fr/ip/easysite/ go/03b-000027-00i/the-discovery-of-the-aids-virus-in-1983.

第五章　ロンドンは豪華リゾートか

153 **ロンドンの華美が〜ゴードン・ラムゼイの料理を食べられる。** http://www.bondstreetassociation.com/.

154 **ボンドストリートに並行して〜エリート相手に商品を売っている。** http://www.piccadilly-arcade.com/.

154 **「ロンドンに飽いたという人物は人生に飽きたのだ。** Boswell, *Life of Samuel Johnson*, 160.

154 **億万長者が三二人** "Billionaires' Favorite Hangouts" およびBertoni *et al.*, "Billionaires."

154 **ラクシュミ・ミッタル** Hessel, "Conspicuous Consumption."

155 **ニューヨークに住むためだけにかなりの金額を支払いたがって** Glaeser *et al.*, "Consumer City."

156 **ケヴィン・スペイシーはロンドンに引っ越して** Gussow, "Spacey's New Role."

145　**地下鉄強盗の件数は激減**　Maple とのインタビュー；および Dussault, "Jack Maple."

146　**コンプスタット**　Dussault, "Jack Maple."

146　**テンポイント連合**　Berrien and Winship, "Lessons Learned," 25

147　**いくつものコミュニティ警察イニシアチブを持っている。**　Gelzinis, "Commissioner Connecting."

147　**コンプスタットもコミュニティ警察も**　http://www.nyc.gov/html/doh/downloads/pdf/vs/wtc-deaths.pdf.

147　**どの国を見ても、歴史的にテロは〜阻止していない。**　Glaeser and Shapiro, "Cities and Warfare."

148　**一・五年長生きしそうだ。**　New York City Department of Health and Mental Hygiene, *Summary of Vital Statistics 2008*, table 6; および Xu *et al.*, "Deaths: Final Data for 2007."

148　**死亡率が全米平均より低い**　アメリカの年齢調整済み死亡率は、10 万人当たり 760.3 人。: Xu *et al.*, "Deaths: Final Data for 2007." ロサンゼルスの年齢調整済み死亡率 624.4: California Department of Public Health, *Los Angeles County's Health Status Profile for 2010*. ボストンの年齢調整済み死亡率 729.1: Massachusetts Department of Public Health, Bureau of Health Information, Statistics, Research, and Evaluation, "Massachusetts Deaths 2007," Apr. 2009, http://www.mass.gov/Eeohhs2/docs/dph/research epi/death report oz.pdf. ミネアポリスの年齢調整済み死亡率 701.1: Minnesota Department of Health, *Health Statistics Portal*, https://pqc.health.state.mn.us/mhsq/frontPage.jsp. サンフランシスコの年齢調整済み死亡率 601.2: California Department of Public Health, *San Francisco County's Health Status Profile for 2010*.

148　**一平方マイル当たり五〇〇人以上〜六カ月も多く伸びた。**　著者の計算による。元のデータは Murray *et al.*, "Eight Americas," Dataset S1, および Haines, "Historical, Demographic, Economic, and Social Data: The United States, 1790-2002" の郡別人口密度データ。

148　**マンハッタン住民死亡率**　New York City Department of Health and Mental Hygiene, *Overall Mortality, 2007*, ボロー別年齢層別、New York City Vital Statistics Query で生成、https://a816-healthpsi.nyc.gov/epiquery/EpiQueryNS/index.html (July 28, 2010); および Xu *et al.*, "Deaths: Final Data for 2007."

149　**こうした若い人々の死因〜大都市では少ないのだ。**　National Center for Injury Prevention and Control, "10 Leading Causes of Death, United States," 2007, All Races, Both Sexes, WISQARS でデータ生成、http: f/webappa.cdc.gov/sasweb/ncipc/leadcaus10.html; および Xu *et al.*, "Deaths: Final Data for 2007."

149　**自動車事故で死ぬ〜七五%も少ない。**　New York City Department of Health and Mental Hygiene, *Summary of Vital Statistics 2007*, tables 2 and 14; および Xu *et al.*, "Deaths: Final Data for 2007."

149　**若いニューヨーカーの自殺率は、〜田舎のほうが自殺が多いという事実を反映**

140 **一〇万人あたり、年間三件から六件の殺人** Ibid.

140 **汚職と殺人の間には弱い相関** Ibid., タマニー派市長の定義については個人的な判断による。

140 **喧噪の一九二〇年代に〜ピーク** Monkkonen, Homicides in New York City.

140 **全米の殺人件数は〜二九%ほど下がった。** Ibid.

140 **都市はかつてなく無法地帯になった。** Ibid.

141 **こうした増加は〜せいぜい二割とのこと。** Levitt, "Changing Age Structure."

141 **クリップス** 推定人数は3万人から3万5,000人。U.S. Department of Justice, National Gang Intelligence Center, National Gang Threat Assessment, Jan. 2009, p. 25, http://www.justice.gov/ndic/pubs32/32146/32146p.pdf.

141 **ニューヨークは〜同程度に健全だった。** New York City Department of Health and Mental Hygiene, *Summary of Vital Statistics 2008* and 1961, table 6; および Arias, "United States Life Tables, 2006," table 12.

141 **二・七年の差がついた。** up Ibid.

141 **このギャップは女性では見られない。** Ibid.

142 **すばらしいおもちゃ」** Hyland, *Richard Rogers*, 32.

142 **中絶合法化がある程度影響** Donohue and Levitt, "Impact of Legalized Abortion on Crime."

142 **犯罪と処罰の経済学** Becker, "Crime and Punishment."

142 **再犯率も説明しやすくなる。** Needels, "Go Directly to Jail and Do Not Collect?"

143 **殺人事件の半分は犯人が見つかる。** Glaeser and Sacerdote, "Why Is There More Crime in Cities?"

143 **ボゴタとリオでは、〜一割以下だ。** Ungar, "Prisons and Politics," 920.

143 **カーナー委員会は〜提言した。** *National Advisory Commission on Civil Disorders, Report of the*, 11.

143 **ロックフェラーのドラッグ法** Farrell, "DA.'s Assail Rockefeller Drug Penalties."

144 **アメリカの刑罰システム** U.S. Bureau of Justice Statistics, "U.S. Correctional Population Reaches 6.6 Million," Aug. 25, 2002, http://bjs.ojp.usdoj.gov/content/pub/press/ppus01pr.cfm; および Cahalan, "Historical Corrections Statistics," tables 4-1 and 7-9A.

144 **刑期が倍になると、犯罪率は〜下がる。** Spelman, *Criminal Incapacitation;* Donohue, "Fighting Crime," 48; および Levitt, "Prison Population Size."

144 **収監により犯罪を犯せなくなる** Levitt, "Prison Population Size."

144 **全米でも警官の人数は一五%増えた** Levitt, "Understanding Why Crime Fell."

145 **スティーブン・レヴィットの推計** Ibid.

145 **ジャック・メイプルらしい。** メイプルによれば、犯罪を記すのにクレヨンを使ったとのこと。Dussault, "Jack Maple" より。

Results of Many Costly Experiments in New York," *New York Times*, Feb. 8, 1883.

133 **長方形の花崗岩ブロックを並べた舗装** Ibid.

134 **ニューヨーク男性の平均寿命** New York City Department of Health and Mental Hygiene, *Summary of Vital Statistics 2008* and 1961, table 6; および Arias, "United States Life Tables, 2006," table 12.

134 **タマニー派の〜一財産を築く。** "Robert A VanWyck Dies in Paris Home: First Mayor of Greater New York Had Lived Abroad for 12 Years; He Was Croker's 'Choice,' His Administration Marked by So-Called Ice Trust, Ramapo Water Steal, and Police Scandals," *New York Times*, Nov. 16, 1918, p. 13, ProQuest Historical Newspapers, Document ID: 97044205.

134 **汚職は教育水準が上がると減る。** Glaeser and Saks, "Corruption In America."

134 **古い汚職政治のモデルでは、〜官僚の時代がやってきたのだ。** Wallis *et al.*, "Politics, Relief, and Reform."

136 **車両の走行距離は〜増加する** Duranton and Turner, "Fundamental Law of Road Congestion."

136 **交通渋滞を減らす最高の方法** Columbia University, "Practical Economic Solutions."

136 **「自家用車や〜費用負担を行っていない」** Vickrey, "New York's Subway Fare Structure."

137 **混雑課金なら解消する〜シンガポールは渋滞がない。** Goh, "Congestion Management."

137 **ロンドンは独自の渋滞課金を採用** Leape, "London Congestion Charge."

138 **初の近代警察** Schivelbusch, "Policing of Street Lighting."

138 **暴力的な無法まみれだった。** 1650年にパリは世界で4番目に大きな都市であり、ヨーロッパでは最大だった。Chandler, *Four Thousand Years of Urban Growth*, 534.

138 **大規模な街灯プロジェクト** Schivelbusch, "Policing of Street Lighting."

138 **「そこに金があるからだ」** Federal Bureau of Investigation, Famous Cases, "Willie Sutton."

138 **人口一〇〇万人以上〜一割以下になる。** Glaeser, "Are Cities Dying?" および Glaeser and Sacerdote, "Why Is There More Crime in Cities?"

138 **一九八六年のデータ〜殺人率は** Glaeser and Sacerdote, "Why Is There More Crime in Cities?"

139. **犯罪に対する金銭的な見返り** Ibid.

139 **ムンバイ全体での犯罪率** India, Government of, National Crime Records Bureau, *Crime in India 2008*, ch. 2, "Crime in Megacities," 44, 48.

140 **ニューヨーク市の殺人についてのデータを二〇〇年分** Monkkonen, *Homicides in New York City* をもとに著者の計算。

140 **一八〇〇年から一八三〇年にかけて殺人は減った** Ibid.

131　経済史家ワーナー・トレスケン　For instance, Troesken, "Typhoid Rates."

131　他の病気の死者数が減るのは、　Ferrie and Troesken, "Water and Chicago's Mortality Transition."

131　きれいな水の導入　Ibid.

131　ニューヨークで生まれた～七年短かった。　New York City Department of Health and Mental Hygiene, *Summary of Vital Statistics 2008* and 1961, table 6; および Arias, "United States Life Tables, 2006," table 12.

132　「日本の不動産を買った　" 'Czar Of Tenderloin' Left Only $14 Estate: Tax Appraiser Finds Inspector Williams's Property Almost Balanced by Debts," *New York Times*, January 30, 1918, p. 18, ProQuest Historical Newspapers, Document ID: 102663258.

132　ニューヨークの一八九四年選挙　"Will Be Mayor Three Years: Lawyers Say Mr. Strong's Term Is Not Abridged," *New York Times*, Nov. 11, 1894, p. 9, ProQuest Historical Newspapers, Document ID: 106840521.

133　「その仕事において遥かに優秀な人物」　Theodore Roosevelt, *Rough Riders*, 423.

133　ワーリングが衛生～乗り出したのだった。　"No Platt Republicans: Mayor-Elect Strong Overlooks the Boss in Six Appointments; Col. Waring to Clean the Streets," *New York Times*, Dec. 30, 1894, p. 8, ProQuest Historical Newspapers, Document ID: 109722641（accessed Aug. 18, 2010）.

133　大問題を引き起こした。　"To Keep Streets Clean: Col. Waring Allowed over $3,000,000 for His Department; Discussion over 'Final Disposition'; Bill Favored for Grading Salaries," *New York Times*, Dec. 28, 1895, p. 9, ProQuest Historical Newspapers, Document ID: 103379346.

133　「どうしようもない飲んだくれのゴロツキ集団」　"Reproved by the Assembly: The Lower House of the Legislature Stands by the Grand Army, *New York Times*, Apr. 23, 1895, p. 2, ProQuest Historical Newspapers, Document ID: 103365239.

133　ワーリングは～絶対に引かないと答えた。　"Attack on Col. Waring: Gen. Viele Charges Him with Crimes Nearly Forty Years Old; Revenge, the Commissioner Says," *New York Times*, Apr. 21, 1895, p. 9, ProQuest Historical Newspapers, Document ID: 103493165.

133　放置された自動車は押収すると宣言　"A Battle for Col. Waring's Men: Seizing Trucks in Mott Street Last Night They Were Attacked by a Mob of Owners and Italians," *New York Times*, June 2, 1895, p. 1, ProQuest Historical Newspapers, Document ID: 102460052.

133　「市の衛生状態は奇跡の改善をとげた」　"Clean Streets at Last: Fruitless Search for Derelict Wagons and Stray Bits of Paper; a Drive with Colonel Waring," *New York Times*, July 28, 1895.

133　新技術の恩恵も得た―それがアスファルトだ。　"The Life of a Pavement:

126　**世界で最も危険な都市のトップテン入りした**　"criminal activity:" CNN, http://www.cnn.com/20I0/WORLD/americas/04/I0/dangerous.cities.world/index.html; U.S. Department of State, http://travel.state.gov/travel/cis_pa_tw/cis/cis_1104.html.

126　**比較的安全なコンゴ首都**　"Kinshasa: History," *Encyclopædia Britannica.*

126　**幼児一〇〇〇人中、七三人は**　Congo, *Enquête Démographique*, p. 189, table 12.2, "Taux de mortalité des enfants selon certaines caractéristiques sociodémographiques."

126　**アメリカ平均の一〇倍だが、コンゴ地方部の数字よりはましだ。**　Congo Ibid.; および Xu *et al.*, "Deaths: Final Data for 2007."

126　**一部のキンシャサ地区では、～三割超の場所もあるのだ。**　Tollens, "Food Security."

126　**飲料水を得るのに三〇分**　Congo, *Enquête Démographique*, p. 20, table 2.6, "Approvisionnement en eau potable."

127　**アテナイにペストがやってきた**　Durack *et al.*, "Hellenic Holocaust."

127　**コンスタンチノープルにペストがやってきた**　Russell, "That Earlier Plague."

127　**三世紀以上**　McNeill, *Plagues and Peoples*, 160–72.

127　**都市部の死亡率がずっと高かった。**　Wrigley and Schofield, *Population History*, 472.

127　**ペストは～ヨーロッパから消えた**　McNeill, *Plagues and Peoples*, 171–72.

127　**黄熱病が進入し、～コレラが**　Ibid., 271–75, 280.

127　**九年後、スノウは～歩いて**　Steven Johnson, *Ghost Map*, 60.

128　**コレラ発生の見事な地図**　Ibid., 172–73.

128　**ある給水ポンプ**　Ibid., 193.

128　**上記のポンプ井戸**　Brody *et al.*, "Map-Making," 65.

128　**フィラデルフィアは、～公共がそれを負担した**　Warner, *Private City*, 103.

129　**ニューヨーク市は民間主導だった**　Reubens, "Burr, Hamilton," 592.

129　**「負担となる」税金について警告**　Reubens, "Burr, Hamilton."

129　**この定款の重要な規定**　Ibid., 599.

129　**一貫性を持たなくない金銭取引」**　Ibid., 6oo.

130　**人口の〇・五％を一年で失う**　New York City Department of Health and Mental Hygiene, *Summary of Vital Statistics 2008*, Jan. 2010, cover.

130　**工費九〇〇万ドル～すぐに効果が出た。**　Jervis, *Description of the Croton Aqueduct.*

130　**死亡率は～六〇年にわたり減少**　1832年にニューヨーク市は1000人当たり死亡者数が50人で、死亡率5%だった。New York City Department of Health and Mental Hygiene, *Summary of Vital Statistics 2008*, Jan. 2010, cover.

130　**公共水道が一七〇〇件**　Cutler and Miller, "Water, Water Everywhere," p. 169, table 5.1.

131　**総予算と同じくらいの金額を水道に使っていた。**　Ibid., 183–86.

Community Survey, 2006-2008 Data Profile for City of St. Louis and City of East St. Louis, American FactFinder で生成。

118 **金持ちパリジャンの親～リセに入れるのを夢見る。** Lycée Henri-IV, http://lyc-henri4.scola.ac-paris.fr/index.html, および Lycee Louis le Grand, http://www.louis-le-grand.org/albedo/index.php.

119 **一九六四年市民権法～機会改善をもたらすと主張した。** Pride, "End of Busing," 207-8.

119 **バス通学の反対者、～介入だと見た、** Gary Orfield, *Must We Bus? Segregated Schools and National Policy* (Washington, DC: Brookings Institution, 1978), 117.

119 **ミリケン対ブラッドレー裁判** Amaker, "*Milliken v. Bradley*," 349.

第四章　貧困者住宅の改善方法

121 **ムンバイの近隣ダラヴィ～一〇〇万人ほどが住んでいる。** Saunders, "Slumming It Is Better."

122 **機能するトイレ一つ当たり一〇〇〇人以上の住民** Watkins, "Beyond Scarcity," 37.

122 **ムンバイ第二位の死因～七年短い。** Mumbai, *Mumbai Human Development Report 2009.*

122 **ダラヴィはかなり安全** Patel, "Dharavi," 47.

123 **どうしようもなく有害だ」** Theodore Roosevelt, *Rough Riders*, 2004, p. 426.

125 **キンシャサ市は発端からまずかった。** "Kinshasa] History," *Encyclopcedia Britannica.*

125 **管理ツールとして大量虐殺** "Congo Free State," *Encyclopcedia Britannica.*

125 **ベルギー政府は改善し、～一向に改善しなかった。** Edgerton, *Troubled Heart of Africa*; および Gondola, *The History of Congo.*

125 **人口四四万六〇〇〇人～いまや一〇四〇万人の都市集積になった。** 世界銀行によると、キンシャサ（当時はレオポルドヴィル）の 1960 年人口は 44 万 6,013 人。2007 年にこの都市集積の人口は 1044 万 9,998 人だった。World Bank, World Development Indicators, Population in the Largest City.

125 **安定した民主主義の首都よりは平均で三割以上人口が大きい。** Ades and Glaeser, "Trade and Circuses."

125 **インドネシアの汚職研究** Fisman, "Estimating the Value of Political Connections."

126 **キンシャサ市の子供の三分の一はマラリア原虫を持っているそうだ。** Kazadi *et al.*, "Malaria in Primary School Children and Infants in Kinshasa."

126 **二〇〇四年から二〇〇五年のチフス熱流行** World Health Organization, "Typhoid Fever."

126 **初めて HIV 陽性の血液サンプルから採取されたのは、** Moore, "Puzzling Origins of AIDS."

126 **人口の五%が陽性だ。** Quinn *et al.*, "AIDS in Africa."

"Rise and Decline of the American Ghetto," 496 and passim.

111 **一九七〇年から一九九〇年〜一一〇%以下しか下がらなかった。** Ibid., 467.

111 **人種分離の性質も変わった。〜半世紀前とは正反対だ。** Ibid., 457–88.

112 **一九九〇年になると、〜確率は六・二%高かった。** Cutler and Glaeser, "Are Ghettos Good or Bad?"

112 **人種分離の強い都市では、〜シングルマザーである確率が三・二%高かった。** Ibid.

112 **ウィリアム・ジュリアス・ウィルソンが〜行き先を見失ってしまうというのだ。** Wilson, *Declining Significance of Race*.

113 **使える交通手段として、〜ひどい通勤を強いられる外部地域。** *Glaeser et al.*, "Why Do the Poor Live in Cities?"

113 **アメリカの貧困線** "The 2009 HHS Poverty Guidelines," U.S. Department of Health and Human Services, Assistant Secretary for Planning and Evaluation, http://aspe.hhs.gov/poverty/09poverty.shtml.

113 **自動車関連交通に九〇〇〇ドル** Bureau of Labor Statistics, *Consumer Expenditure Survey, 2008*, http://www.bls.gov/cex, table 2400: "Population Size of Area of Residence: Average: Annual Expenditures and Characteristics."

115 **別の議論は、〜軽減できないという。** Kain and Persky, "Alternatives to the Gilded Ghetto."

115 **「機会への移住」** Kling *et al.*, "Experimental Analysis of Neighborhood Effects," 84.

116 **結果は驚くほどごたまぜだった。** Ibid., 103–5.

116 **四〇年近くにわたり、〜犯罪逓減を狙う。** Harlem Children's Zone, "History," http://www.hcz.org/about-us/history.

117 **二〇〇四年にニューヨークは〜半分はクビになった。** Dobbie and Fryer, "High Quality Schools," 6-7.

117 **入学はくじ引きで決まる。** Ibid., 3.

117 **ローランド・フライヤーで、〜成績差をなくした。** Ibid., 15–16.

117 **男の子のほうで高い成功をおさめた** Ibid., 51.

117 **「私が大統領になったら** Obama, "Changing the Odds."

118 **一九八九年に、〜二割高かった。** U.S. Department of Health and Human Services の発表によれば、所得なしで子供二人の母親に対する年間 AFDC 補助金はイリノイ州では5,209ドル、ミズーリ州の4,341ドル支援より二割高い。"Eligibility, Benefits and Disposable Income," Aid to Families with Dependent Children: The Baseline, Human Services Policy, Office of the Assistant Secretary for Planning & Evaluation, June 1998, p. 91, http://aspe.hhs.gov/hsp/afdc/afdcbase98.htm.

118 **失業者なら〜どこよりも高い。** U.S. Census Bureau, Census 1990, Summary Tape File 3, Sample data, Detailed Tables, American FactFinder で生成。

118 **一九九六年〜かなり接近してきた。** U.S. Census Bureau, American

68.

107 **彼女はまた、〜ライトに与えた。** Ibid., 108–9.

107 **彼は一九三七年〜記述となっている。** Ibid., 124（引っ越し）, 144（パノラマ）.

107 **一九三八年、〜ハーパーズ社から刊行された。** Ibid., 138.

107 **グッゲンハイムの〜『アメリカの息子』を執筆、** Ibid., 164.

107 **一九二〇年代の〜稼げれば幸運だった。** Braunhut, "Farm Labor Wage Rates in the South," 193.

108 **ヘンリー・フォードの〜五ドル稼げる。** Raff and Summers, "Did Henry Ford Pay Efficiency Wages?" S59.

108 **一九〇〇年には、〜シカゴでは一・八%だった。** Gibson and Jung, "Historical Census Statistics on Population Totals by Race," Working Paper No. 76, detailed tables, Illinois and New York.

109 **マクメチェンはボルチモア市の〜「有色人種の最高の友人だ」と述べた。** "Baltimore Tries Drastic Plan." 彼がモーガン大学とイェールに行ったという情報は Morgan State University 公式サイト、http://www.morgan.edu/About MSU /University History.html から。

110 **間もなく似たような〜可決された。** C. Johnson quoted in Power, "Apartheid Baltimore Style," 289.

110 **「違憲であり、不公正で、** "Baltimore Tries Drastic Plan."

110 **ホーキンスはボルチモア市を〜無効とした。** Power, "Apartheid Baltimore Style," 305-6（最初の裁判）, 311（二回目の裁判背景）, 314（二審判決）.

110 **黒人にとってそれまで最高の法廷勝利だった。** Power, "Apartheid Baltimore Style," 312–14; および *Buchanan v. Warley*, 245 US 60, Supreme Court 1917.

110 **白人地域に入ってくる黒人を暴徒が脅した。** Godshalk, *Veiled Visions;* および "Race Riots," *Encylopedia of Chicago*, http://encyclopedia.chicagohistory.org/pages/1032.html.

110 **地役権や〜課せられていたという。** Stephen Grant Meyer, *As Long as They Don't Move Next Door*, 10.

110 **約四〇年前に、〜支払っていることがわかった。** Kain and Quigley, "Housing Market Discrimination," 272–73.

110 **「シカゴ市の黒人地帯〜同じくらい」** Groner and Helfeld, "Race Discrimination in Housing," 432.

110 **アメリカ全国で、〜支払っている。** Cutler *et al.*, "Rise and Decline of the American Ghetto," 482.

111 **ボルチモア市の弁護士〜入居条件と戦った。** Ware, "Invisible Walls," 759 (Perlman), 765 (Marshall)

111 **彼らの議論に動かされ、〜役立たずになった。** Ibid., 770–71.

111 **一〇年後にニューヨーク市でも、〜ニューヨークのひそみに倣い、** Collins, "Political Economy of State Fair-Housing Laws," 3-4.

111 **一九七〇年から二〇〇〇年に〜引っ越すようになったからだ。** Cutler *et al.*,

100　**リオは一九六〇年まではブラジルの首都**　"Rio de Janeiro," *Encyclopredia Britannica.*

100　**リオのファヴェーラの衛生状態を高める公衆衛生キャンペーンを開始**　Meade, "'Civilizing Rio,"' 301.

100　**リオの貧困に関する〜公的な試みだった。**　Portes, "Housing Policy," 5-6 (Cidade de Deus on p. 8) .

101　**リオの貧困者の生活改善〜ファヴェーラにやってきたことで**　Meade, "'Civilizing Rio,"' 304.

101　**飢餓を逃れてやってきた〜人気の高い地区になっている。**　Berger, "Hell's Kitchen."

101　**マンハッタンのアッパーイーストサイド〜アイルランド人のスラムだらけだった。**　Plunz, *History of Housing in New York City*, 54-56.

101　**アッパーイーストサイドの兵器庫〜置かれていたからだ。**　Burrows and Wallace, *Gotham*, 1037-38.

101　**実は一八四〇年代には〜埋もれてしまった。**　Glaeser, "Reinventing Boston," 131-32.

102　**ボストンはジャガイモ飢饉〜ニューヨーク経由でやってきた。**　Ibid.

102　**パトリック・ケネディは〜大きな危機を迎えた。**　Maier, *The Kennedys*, 18-23, 334-39.

102　**東ボストンの樽作り職**　Ibid., 32.

103　**酒場を買った。**　Koskoff, *Joseph P. Kennedy*, 6.

103　**まずマサチューセッツ議会に〜結婚することになった。**　Ibid., 7, 17.

103　**ジョー・ケネディは〜銀行を買収した。**　Derbyshire, *Six Tycoons*, 207.

103　**ウォール街で大もうけした。**　Ibid., 209.

104　**二〇〇八年現在で、〜三六%は外国生まれで、**　American Community Survey, 2008 Data Profile for the United States, American FactFinder で生成。

104　**外国生まれでない指揮者**　New York Philharmonic, *List of Directors*, http://nyphil.org/about/musicDirectors.cfm.

104　**ロバート・ケイン一家は〜上院議員になった。**　Routledge, *Cains.*

105　**カルロス・スリムは、〜レバノン人の息子だ。**　Mehta, "Carlos Slim"; Carlos Slim Helu, biography of, http://www.carlosslim.com/biografia ing.html.

105　**「無知の世界では、**　Stigler, *Organization of Industry*, 206.

106　**黒人の大作家リチャード・ライトは〜経済的な機会を求めた。**　Rowley, *Richard Wright*, 4（誕生), 40（最後にメンフィスへ移住：少し前にも同市に居住), 48-49（シカゴ移住).

106　**「私が北部に〜頭がいっぱいだった」**　Wright, *Black Boy*, 285.

106　**シカゴ市ではまず〜執筆もできた。**　Rowley, *Richard Wright*, 55-60.

106　**もっと重要なこととして、〜文筆のほうでも支援できるよ」**　Wright, "I Tried to Be a Communist."

107　**大恐慌でシカゴの〜妻の目にとまったからだ。**　Rowley, *Richard Wright*, 62-

92　**都市内の貧困率は～郊外では九・八%だ。**　DeNavas-Walt *et al.*, "People and Families in Poverty," 14.

93　**大都市に最近になって～昔からの住民の貧困率に比べて高い、**　Glaeser *et al.*, "Why Do the Poor Live in Cities?" 4.

94　**アメリカ都市～貧困率が上がるのが通例だ。**　Ibid., 16.

96　**一八七〇年代と～奴隷がまだ合法だった。**　Burns, *History of Brazil*, 126, 177; Levine, *History of Brazil*, 77.

96　**一九世紀の半ば、～奴隷だった。**　Hugh Thomas, *Slave Trade*, 742.

96　**リオの逃亡奴隷～ファヴェーラの先祖だ。**　Burns, *History of Brazil*, 46.

96　**皇帝ペドロ二世～広めようとはしなかった。**　Barman, Roderick J. *Citizen Emperor: Pedro II and the Making of Brazil*, 233.

96　**やっと一八八八年～奴隷解放宣言に署名し、**　Chasteen, *Born in Blood and Fire*, 173.

96　**ブラジルは～最後の国となった。**　Ibid.

96　**翌年、～転覆させたのだった。**　Ibid., 173-74.

96　**初の本物の～税反乱を起こした。**　Burns, *History of Brazil*, 248−50.

96　**カヌードスは～税金逃れとはわけがちがった。**　Levine, *Vale of Tears*, 16.

96　**一八九六年には～制圧しようとした。**　Burns, *History of Brazil*, 251−52.

96　**一万五〇〇〇人が死んだ。**　Levine, *Vale of Tears*, 185.

96　**ブラジル軍は～リオにやってきた。**　O'Hare and Barke, "Favelas of Rio," 232.

97　**最近のある研究～三割だった**　Ferreira *et al.*, "Robust Poverty Profile for Brazil," 83.

97　**ラゴスの極貧率は、～半分以下なのだ。**　Canagarajan *et al.*, "Evolution of Poverty and Welfare in Nigeria," 18.

97　**ラゴス住民の四分の三は～三割以下が通例なのだ。**　World Bank, "Nigeria," 12.

97　**コルカタ市も～貧困率は二四%だ。**　India, Planning Commission of, "Poverty Estimates for 2004-05," 5.

97　**近年では、～一%以下になる。**　"Bengal Leads Hunger List."

98　**何世紀も学校無し～人的資本への投資が下手だった。**　1999年に25歳以上ブラジル人の平均就学年数は4.6年だった。比較すると、アメリカでは平均12.24年、西欧諸国のほとんどは平均8年以上、他の多くの南米諸国ももっと高い。たとえばアルゼンチンは平均8.487年、チリは平均7.89年だ。Barro and Lee, "Educational Attainment."

98　**リオのファヴェーラで～従業員として雇った。**　Gergen and Vanourek, Life Entrepreneurs, 85−86.

98　**美容製品の年商三〇〇〇万ドルだ**　McConnell, "Next Silicon Valley."

99　**マダム・ウォーカーは～女性起業家になったのだった。**　Bundles, *On Her Own Ground*, 88, 277.

99　**低質な土壌に苦しんでいる**　Hartemink, "Soil Map Density and a Nation's Wealth and Income," 53−54; および Sachs, "Breaking the Poverty Trap."

2000, table C-7, "Cities-Government Finances and Climate," http://www.census.gov/prod/2002pubs/00ccdb/cc00_tabC7.pdf.

84 **なぜ～七七万七〇〇〇人が残っているのか、** U.S. Census Bureau, American Community Survey, 2008 Data Profile for City of Detroit, American FactFinder で生成。

85 **ある地域の人口は、～消えたりはしない。** Glaeser *et al.*, "Urban Growth and Housing Supply."

85 **新規建設費用よりも遥かに安い。** U.S. Census Bureau, American Community Survey, 2008 Data Profile for City of Detroit, American FactFinder で生成；および Glaeser and Gyourko, "Urban Decline and Durable Housing."

85 **スペインは交通を重視** Catan, "Spain's Bullet Train."

85 **リバプール市は、～大ラッシュが生じた。** "Liverpool, Capital Of Culture 2008: City on the up-It's All in the Facades," *Guardian Magazine* (London), Jan. 5, 2008.

86 **高速鉄道接続のおかげで、～働けるようになった。** Catan, "Spain's Bullet Train."

86 **研究によれば、～必要だったという** Busso and Kline, "Do Local Economic Development Programs Work?"

87 **一九九四年には一四〇万人～三八〇万人に増えた。** Ploger, "Bilbao City Report," 30.

87 **年間一〇〇万人が訪れている。** "Guggenheim Bilbao Receives 5% Fewer Visits," *El Mundo*, http://www.elmundo.es/elmundo/2009/01/12/cultura/1231778022.html.

88 **新規雇用は、九〇〇** Plaza, "Guggenheim Museum Bilbao," 459.

88 **バスク地方の財政に二・四億ドルの負担** Ibid., 461.

88 **全国ポピュラー音楽センターは、～一年足らずで閉館した。** "Debts Rock Pop Museum," *BBC News*, Oct. 18, 1999, http://news.bbc.co.uk/2/hi/entertainment/478616.stm.

88 **六万二五〇〇戸が空き家** Ploger, "Leipzig City Report." 66 lost more than half of its 1970 population U.S. Census Bureau, American Community Survey, 2008 Data Profile for City of Youngstown, American FactFinder で生成。；および Gibson, "Population of the 100 Largest Cities."

88 **こうした住宅の多くは破壊される** City of Youngstown, Ohio, *Youngstown 2010:* The Plan, http://www.cityofyoungstownoh.com/about_youngstown/youngstown_2010/plan/plan.aspx.

88 **もっとまともな使い道** Saulney, "Detroit Is Razing Itself"; Davey, "Detroit Mayor's Tough Love."

第三章　スラムのよいところ

92 **プラトンは「あらゆる～金持ちの都市だ」と指摘した。** Plato, *Republic*, 111.

79 **市長選四回を楽に勝ち** Ibid., 112, 115, 118 ; 1977, 1981, 1985年選挙について記述はSteven A Holmes, "The 1989 Elections."

79 **二〇〇八年には一一・一%にまで下がった。** U.S. Census Bureau, American Community Survey, 2008 Data Profile for Detroit, American FactFinderで生成。; およびGibson and Jung, "Historical Census Statistics on Population Totals by Race," Working Paper No. 76, detailed tables, Michigan.

79 **「罵倒語をうまく使えば、** Young, *Quotations of Mayor Coleman A. Young*, 6.

79 **「人種差別の被害者は、** Ibid., 1-2.

79 **「八マイルロードに出ろ」** Ibid., 35.

80 **カーリー効果** Glaeser and Shleifer, "Curley Effect," 2.

80 **カーリーは自分が～勝利を得た。** Beatty, *Rascal King*, 3.

80 **アングロサクソンを「奇妙でバカな人種」と呼んだり** Ibid., 170.

80 **ボストン市長には～知事も務めている。** Ibid., 3.

80 **カーリーは二回投獄されている、** Ibid., 443, 465,473, 481.

81 **一人残らず連れてってくれよ」** Ibid., 5.

82 **ウェスパシアヌス皇帝は、～気運を盛り立てた。** Levick, *Vespasian*, 127−28 (Colosseum), 129 (building in general) .

82 **ポチョムキン将軍は、～張りぼての村を作ったとか。** "Grigory Aleksandrovich Potemkin," *Encycloprædia Britannica*, http://www.britannica.com/EBchecked/topic/472610 /Grigory-Aleksandrovich-Potemkin-Prince-Tavrichesky_Imperial-Prince.

82 **ジョー・ルイス・アリーナを～建設し、** Ankeny and Snavely, "Renovate Joe or Build Rink?"

82 **ピープムーバー** Wilkerson, "Detroit's Monorail Opens."

82 **この五キロほどの～補助金が必要だ。** Henion, "People Mover Grows Up."

83 **免税措置を受け、～愚行の見本だった。** Nicholson and Jones, "Detroit's New Towers of Hope."

83 **残念ながら～売却された。** Meredith, "G.M. Buys a Landmark."

83 **ポールタウン** Wylie, *Poletown*, ix, 52.

83 **活動家たちは～工場の建設を行わせた。** Wylie, *Poletown*.

83 **工場は～よくわからない。** Whitford, "Factory Gets a Second Chance"; および Wylie, *Poletown*, ix.

84 **デトロイト市の一人当たり所得は一万四九七六ドル、** U.S. Census Bureau; American Community Survey, 2008 Data Profile for City of Detroit and for the United States, American FactFinderで生成。

84 **失業率は一三・七%** Bureau of Labor Statistics, *Local Area Unemployment Statistics, 2010*, "Unemployment Rates for Metropolitan Areas," http://www.bls.gov/web/metro/laummtrk.htm; "Unemployment Rates for the 50 Largest Cities, 2006," http://www.bls.gov/lau/lacilg06.htm.

84 **平均気温は氷点下四度だ** U.S. Census Bureau, County and City Data Book

ウェイン郡では、総支払賃金は122億3,105万1,000ドルで総従業員は79万7,342人であり、ここから平均年間賃金は1万5,340ドル。マンハッタンの場合、総支払賃金は263億4,266万3,000ドルで総従業員は176万5,942人であり、平均年間賃金は1万4,917ドルとなり、ウェイン郡より3%ほど低い。U.S. Census Bureau, 1986-04-28, County Business Patterns, 1977: U.S. Summary, State, and County Data, http://hdl.handle.net/1902.2/8464, Inter-university Consortium for Political and Social Research, version 1.

74 **一九七五年に〜防がなければならなかった。** Cannato, *Ungovernable City*.

74 **ヒップな都会派は、〜芸術のおかげだと考えている。** Currid, *Warhol Economy*.

74 **二〇〇八年には、〜七八六億ドル以上となった。** U.S. Census Bureau, County Business Patterns 2008, http://www.census.gov/econ/cbp.

74 **経済学者ベンジャミン・チニッツ〜教えたのだという、** Chinitz, "Contrasts in Agglomeration," 281, 284-85.

74 **確かに金融長者〜息子を産みだした。** Langley, *Tearing Down the Walls*, 8.

75 **二〇世紀後半の〜高リスク高リターンの活動、** Bernstein, *Against the Gods*, 300−302.

75 **RJR／ナビスコ** Burrough and Helyar, *Barbarians at the Gate*, 5.

75 **一九七〇年代のブルームバーグは、〜市庁舎にも持ち込んだ。** Bloomberg and Winkler, *Bloomberg*.

76 **都市圏では、〜成立する。** Glaeser *et al*., "Clusters of Entrepreneurship."

77 **コールマン・ヤングの一家は〜引っ越してきた。** Young and Wheeler, *Hard Stuff*, 16.

77 **ヘンリー・フォードに雇われたが、** Ibid., 40−41.

77 **結局は〜ブラックリストに載った。** Coleman A. Young Foundation, biography, http://www.cayf.org/about person.php.

78 **第二次世界大戦には、ヤングは爆撃手として** Young and Wheeler, *Hard Stuff*, 59.

78 **黒人一七人を射殺したが白人は一人も殺さなかった。** Ibid., 84−85.

78 **連邦政府は、〜別のクラブを使えたのだった。** Ibid., 65−78.

78 **全米黒人労働者評議会を創設** Ibid., 113.

78 **これはその過激な〜と述べた。** "Coleman A. Young, 79, Mayor of Detroit and Political Symbol for Blacks, Is Dead," *New York Times*, Nov. 30, 1997.

78 **やっと一九六三年に〜上院議員に選ばれた。** Young and Wheeler, *Hard Stuff*, 165.

78 **三年後には、〜指導者になった** Ibid., 169.

78 **オープン住宅法を可決** Ibid., 166.

78 **デトロイト初の所得税** Rich, *Coleman Young*, 86.

79 **経済学者四人〜所得税率を引き上げても、** Haughwout, *et al*., "Local Revenue Hills Evidence from Four U.S. Cities."

79 **一九七三年にはついに、〜ヤングが市長に選ばれた。** Ibid., 105.

65　**一九一〇年の大反乱**　Tyler, *Look for the Union Label*, 63.

65　**一九三七年五月の午後、〜写真に撮った。**　Nevins and Hill, *Ford*, vol. 3, 139–41.

66　**その後四年はかかるが、〜契約を結び。**　Nevins and Hill, *Ford*, vol. 3.

66　**全米労働関係法**　Russell A Smith, "Taft-Hartley Act."

66　**この法律は、〜可能にしたからだ。**　Ibid.

66　**労働権法**　Vedder, "Right-to-Work Laws," 172.

67　**ある古典的な論文は、〜二三・一％高かった。**　Thomas J. Holmes, "Effect of State Policies on the Location of Manufacturing," 693.

67　**UAW が〜流出しはじめてはいた。**　June Manning Thomas, "Planning and Industrial Decline."

67　**ボストンの海運産業は、〜陳腐化した。**　Glaeser, "Reinventing Boston," 131–32.

67　**ニューヨーク市の衣料産業**　Glaeser and Kahn, "From John Lindsay."

67　**一九六七年から七七年に〜製造業職を失った。**　U.S. Census Bureau, County Business Patterns 1967 と 1977 をもとに著者が計算。

67　**ジョン・レノンが生まれる三年前**　BBC News, "Liverpool Hails Population Rise," http://news.bbc.co.uk/2/hi/uk_news/ england/merseyside/3644164.stm.

68　**でも一九三七年以来、〜半減させた。**　McElroy, *Key Statistic Bulletin.*

68　**コンテナ化など〜失業させた。**　Levinson, *The Box.*

68　**一九五九年にフランコは、**　*Encyclopredia Britannica.*

68　**GDP は〜世界二位の急成長を見せた。**　Maddison, "Statistics on World Population."

68　**低賃金とヨーロッパ市場への〜苦しむことになった。**　"Bilbao," *Encyclopedia Britannica.*

68　**ビルバオ市の人口は〜減った。**　Instituto Nacional Estadistica (Spain), http://www.ine.es, De Facto Population Figures from 1900 Until 1991 および De Jure Population Figures from 1986 Until 1995.

71　**ニューヨーク市の殺人比率は〜困った傾向を体験した。**　Monkkonen, *Homicides in New York* City.

71　**ここで起きた事件の影響は、〜炎上した。**　Sugrue, *Origins of the Urban Crisis*, 259.

71　**暴徒数千人を抑えられなかった。**　Rucker and Upton, *Race Riots*, vol. 1, 167.

71　**暴動が収まったのは火曜日、**　Thompson, *Whose Detroit?*

71　**この暴動が収まった頃〜逮捕者は七〇〇〇人となった。**　Rucker and Upton, *Race Riots*, vol. 1, 165.

72　**暴動が最も多かったのは、〜実は暴動も小さかった。**　DiPasquale and Glaeser, "Los Angeles Riot," 56.

72　**「弾圧は効く」。**　Charles Tilly, Louise Tilly, and Richard Tilly, *The Rebellious Century.*

74　**一九七七年に、〜賃金が高かった。**　1977 年 County Business Patterns を使い、ミシガン州ウェイン郡とニューヨーク郡（マンハッタン）のデータを抽出した。

60　**鉄道が水利を補って、** Lay, *Ways of the World*, 138.

60　**デトロイト・ドライドック社などは〜目の当たりにした。** Nevins and Hill, *Ford*, vol. 1, 84–85.

61　**材木や鉄鉱石が〜有利な場所となる。** Ibid., 515.

61　**馬車や動力機関（エンジン）は〜荷車を作り始めていた。** Pelfrey, *Billy, Alfred, and General Motors*, 28-29, は荷馬車とそこでのデュラントの関与に触れている。

61　**自動車の基本的な科学は〜繰り広げていた。** Nevins and Hill, *Ford*, vol. 1, 125–35.

61　**一般に、小企業の〜強い相関がある。** Glaeser *et al.*, "Clusters of Entrepreneurship."

61　**フォードは一八八二年に〜実験は続けた。** Nevins and Hill, *Ford*, vol. 1, 87.

62　**ご近所のウェスチングハウス製脱穀機** Ibid.

62　**ウェスチングハウス社に入ってその動力機械の作業に就き、** Ibid.

62　**トラクターの原型** Ibid., 112.

62　**ウェスチングハウス社の宿敵〜に入社** Ibid., 117.

62　**一八九三年には〜主任技師に昇進、** Ibid., 135.

62　**「お若いの、それで決まりだよ」** Brinkley, *Wheels*, 26.

62　**一八九六年に、〜お気に召して** Nevins and Hill, *Ford*, vol. 1, 154–55.

62　**一八九九年に〜資金を出してくれた。** Ibid., 174–75.

62　**高価で質が悪く、** Ibid., 190–92.

62　**材木富豪はそう簡単には諦めず、** Weiss, *Chrysler, Ford*, Durant, and Sloan, 11.

62　**フォード、ランサム・オールズ、〜活動していた。** Nevins and Hill, *Ford*, vol. 1, 随所。

62　**フォードは、エンジンや〜提供したわけだ。** Ibid., 231.

63　**一九〇六年にフォードは〜最前線に躍り出た。** Brinkley, *Wheels*, 87.

63　**一九〇八年にフォードは〜一万九〇〇〇ドルくらい）** Nevins and Hill, *Ford*, vol. 1, 388.

63　**五年後に、〜マッチするようにしたのだった。** ピン工場に関するアダム・スミスの観察については、Smith, *Wealth of Nations,* Cosimo, 10–11 を参照。

64　**一九一七年には〜建設を開始した。** Nevins and Hill, *Ford*, vol. 2, 201–2.

64　**リバールージュでは〜建設した。** Ibid., 293.

64　**独自の船着き場、〜自動車に変わる。** Ibid., 212–16.

65　**一九五〇年代になると、〜縮小を始めた。** U.S. Census Bureau, Population Division, Release Date June 2010; および Gibson, "Population of the 100 Largest Cities."

65　**一八九〇年から〜二セントに下がったので、** Glaeser and Kohlhase, "Decline of Transport Costs."

65　**創始者サミュエル・ゴンパーズは、** Harvey, *Samuel Gompers*, 40–44.

65　**ニューヨーク市で葉巻を作っていた。** Ibid., 6.

ハイオ川；ミネアポリス、MN、ミシシッピー川；プロビデンス、RI、東海岸。

57 **デトロイト市は〜最適な場所となった。** Hudgins, "Evolution of Metropolitan Detroit."

57 **一八一六年には、〜同じ費用がかかった。** George Rogers Taylor, *Transportation Revolution*, 132–33.

57 **アメリカ大統領になる前の〜運河会社の社長だった。** Achenbach, *The Grand Idea.*

57 **運河よりは大砲で** Bernstein, *Wedding of the Waters*, 22–23.

57 **大液体高速道路〜即座に黒字となった。** George Rogers Taylor, *Transportation Revolution*, 33–34, 197.

58 **やがて都市がいくつか〜輸送するのだった。** Bernstein, *Wedding of the Waters*, 359–61.

58 **大量の穀物を〜都市を一変させることになる。** Ibid., 362.

58 **一八五〇年から〜このルート沿いだった。** Data from 1900-1980: Gibson, "Population of the 100 Largest Cities." 1860年にこの特徴を持っていた都市は、人口の多い順に、ニューヨーク、NY；ブルックリン、NY；ニューオーリンズ、LA；セントルイス、MO；Chicago、IL；バッファロー、NYだ。1960年にはそれがニューヨーク、NY；シカゴ、IL；デトロイト、MI；クリーブランド、OH；セントルイス MO。

58 **土地の不動産市場は〜暴騰した。** Hoyt, *One Hundred Years of Land Values in Chicago.*

58 **一八五〇年から〜一五〇万人以上となった。** 2008年 *American Community Survey* によれば、デトロイト25歳以上人口の10.8%は大卒だった。U.S. Census Bureau, American Community Survey, 2008 Data Profile for City of Detroit, American FactFinder で生成。

58 **一八八九年にアイオワ州のトウモロコシ収量は、** United States Department of Agriculture — National Agricultural Statistics Service, Crops by State (95111), cm186629.csv, http://usda.mannlib.cornell.edu/MannUsda/viewDocumentlnfo. do?documentID=1269.

59 **アメリカのポーク首都〜加工が専門だった。** Cronon, *Nature's Metropolis.*

59 **グスタヴス・スウィフト〜冷やし続けるようにしたのだった。** Williams, *Food in the United States*, 87.

59 **二万一〇〇〇人から二〇万六〇〇〇人へと** U.S. Census Bureau, Population Division, Release Date June 2010; および Gibson, "Population ofthe 100 Largest Cities."

59 **一九〇七年には、〜貨物を運んでいた。** Nolan, "How the Detroit River Shaped Lives and History."

60 **リバプール市やマンチェスター市** David Elystan Owen, *Canals to Manchester.*

60 **ジョージ王朝時代の運河建設** Minchinton, "Bristol."

水準以下だ。そしてメジアン世帯年収はデトロイトでは3万2,798ドルだが、全国の数字6万3,366ドルの52％でしかない。U.S. Census Bureau; American Community Survey, 2008 Data Profile for City of Detroit and for the United States, American FactFinder で生成。2009年にデトロイト市の平均失業率は25％で、アメリカの2009年平均9.3％の2.7倍だ。Bureau of Labor Statistics, *Local Area Unemployment Statistics*, "Unemployment Rates for the so Largest Cities, 2009," http://www.bls.govflau/lacilgog.htm, および *Statistics from the Current Population Survey*, "Employment Status of the Civilian Noninstitutional Population, 1940 to Date," http://www.bls.gov/cps/cpsaat1.pdf.

54 **二〇〇九年に同市の失業率** U.S. Bureau of Labor Statistics, *Local Area Unemployment Statistics*, "Unemployment Rates for the 50 Largest Cities, 2009," http://www.bls.gov flauflacilgog.htm.

54 **二〇〇八年にデトロイト市〜ニューヨーク市の一〇倍以上だ。** Federal Bureau of Investigation, *Crime in the United States 2008*, Sept. 2009, http://www.tbi.gov/ucr/cius2oo/fdata/table_08.html.

54 **でもデトロイト市は、〜下落を経験しているのだ。** Case-Shiller Home Price Indices, July 21, 2010.

54 **一九五〇年に全米の〜半減している。** Gibson, "Population of the 100 Largest Cities," table 1, "Annual Estimates of the Resident Population for Incorporated Places Over 100,000, Ranked by July 1, 2009 Population," April 1, 2000, to July 1, 2009 (SUB-EST2009-01), http://www.census.gov/popest/cities/SUB-EST2009.html.

55 **高技能都市は低教育の場所よりも成功しており、** Glaeser and Saiz, "Skilled City," 47.

55 **デトロイト市の成人のうち大卒はたった一一％なのだ。** U.S. Census Bureau; American Community Survey, 2008 Data Profile for City of Detroit, American FactFinder で生成。

55 **人々も企業も、〜都市を育てたのだ。** Glaeser and Tobia, "Rise of the Sunbelt."

55 **ニューヨークの衣類産業は** U.S. Bureau of the Census, Census 1950, http://www.census.gov /prod/www/abs/decennial/1950o.html.

56 **一九〇〇年には、アメリカの二〇大都市** Gibson, "Population of the 100 Largest Cities." 二〇大都市と関連する水系を以下に挙げる。ニューヨーク、NY、東海岸；シカゴ、IL、ミシガン湖；フィラデルフィア、PA、東海岸；セントルイス、MO、ミシシッピー川；ボストン、MA、東海岸；ボルチモア、MD、チェサピーク湾；クリーブランド、OH、エリー湖；バッファロー、NY、エリー運河；サンフランシスコ、CA、サンフランシスコ湾；シンシナティ、OH、オハイオ川；ピッツバーグ、PA、アレゲニー、モノガヘラ、オハイオ川；ニューオーリンズ、LA、ミシシッピーデルタ；デトロイト、MI、デトロイト川；ミルウォーキー、WI、ミシガン湖；ワシントンDC、ポトマック川；ニューアーク、NJ、ニューアーク湾；ジャージーシティ、NJ、ハドソン川；ルイスヴィル、KY、オ

46　**一九九三年に〜傾向を見つけた。**　Jaffe *et al.*, "Geographic Localization of Knowledge Spillovers."

46　**もっと最近の研究を見ても、〜繰り返し示されている。**　Maurseth and Verspagen, "Knowledge Spillovers in Europe," 542.

46　**最近の研究を見ると、〜生産性が飛躍的に高い。**　Lychagin *et al.*, "Spillovers in Space."

47　**一世紀にわたり、〜なくすはずだったが、**　Gaspar and Glaeser, "Information Technology," 136–37.

47　**ビジネスの出張は〜激増した。**　Ibid., 149.

48　**対面交流をますます〜フェイスブックがある。**　http://onlinelibrary.wiley.com/doi/10.1111/j.1083-6101.2007.00367.x/full.

48　**調査によれば、〜人ばかりだという。**　http://web.ebscohost.com.ezpprod1.hul.harvard.edu/ehost/pdfviewer/pdfviewer? vid=8&hid=107&sid=8532ef3f-5e9d-48f8-98ec-d2a5e260d6e8%40sessionmgr111.

48　**加えて、〜生まれたようだ。**　Mezrich, *The Accidental Billionaires.*

49　**グーテンベルグは資金的〜ベネチアになっていた。**　Howard, *The Book.*

50　**都市の豊かで〜翻訳を開始している。**　Ibid.

50　**後にニューヨークは〜イギリス小説が手に入ったからで、**　Burrows and Wallace, *Gotham*, 441.

50　**マルチン・ルターは〜と述べたという。**　Couch *et al.*, *Information Technologies*, 124.

50　**「一五一七年から〜しきれないほどだ」。**　A G. Dickens の Philip M. Taylor, *Munitions of the Mind*, 97 での引用。

51　**プロテスタンティズムが〜改革につながったのだろう。**　Glaeser and Scheinkman, "Neither a Borrower."

51　**オランダの大反乱は〜発端だった。**　Geyl, *Revolt of the Netherlands*, 93.

51　**一五八一年には、〜国家貿易ネットワークの中心になったのだ。**　"Netherlands," *Encyclopcedia Britannica.*

51　**支配権拒絶案**　Zagorin, *Rebels and Rulers*, vol. 2, 118.

第二章　なぜ都市は衰退するのだろう？

53　**デトロイト市の、〜後輩を嘆いているといった気配だ。**　この街区を訪問しようと思いついたのは、以下のすばらしい記事のおかげだ：McWhirter, "Homes Give Way to Urban Prairie."

54　**一九五〇年から二〇〇八年〜全米平均の半分ほどだ。**　2008 年にデトロイトの人口は 77 万 7,493 人で、1950 年に 1,84 万 9,568 人だった人口の 42%であり、100 万人以上の喪失である。Gibson, "Population of the 100 Largest Cities"; および U.S. Census Bureau, American Community Survey, 2008 Data Profile for City of Detroit, American FactFinder を使って生成。同じ American Community Survey によると、デトロイトに暮らす人の 33.3%は、過去 12 カ月の所得が貧困

google.com/corporate/history.html.

42 **googleなど一部の〜五・二八人でしかない。** U.S. Census Bureau, American Community Survey. 2008 Data Profile for County of Santa Clara, American FactFinderで生成。

42 **住宅市場崩壊の後ですら、〜なかなか買えない。** National Association of Realtors, Median Sales Price of Existing Single-Family Homes for Metropolitan Areas for First Quarter 2010, http://www.realtor.org/research/research/metroprice.

42 **パロアルトの〜二二・二%だけだ。** U.S. Census Bureau, American Community Survey, 2008. Data Profile for City of Palo Alto, American FactFinderで生成。

42 **シリコンバレーでもう一つ大きな欠点** U.S. Census Bureau, County Business Patterns 2008, http://www.census.gov/econ/cbp.

43 **デトロイトや〜成長が阻害されるからだ。** Glaeser *et al.*, "Growth in Cities," 1132, 1150–51.

43 **ジェイン・ジェイコブスは〜指摘した。** Jacobs, *Economy of Cities*, 47–53.

43 **マイケル・ブルームバーグは、〜造り上げた。** "Biography," Office of the Mayor, New York City, 2010, http://www.nyc.gov/portal/site/nycgov/menuitem.e985cf5219821bc3f7393cd401c789a0.

43 **フェイスブックは〜知っていた。** Nguyen, "Online Network Created by Harvard Students Flourishes."

43 **eBayが顧客ベースを〜メグ・ホイットマンだった。** "Meet Meg Whitman," Meg 2010: A New California (Meg Whitman for Governor of California, 2010), http://www.megwhitman.com/aboutMeg.php.

44 **ミシガン大学の〜高まることを示している。** Rocco, "Trust Breaks Down."

45 **社会心理学初の〜サイクリストでもあった。** Strube, "What Did Triplett Really Find?" 271.

45 **彼は「自転車レースの人々」〜巻けることがわかった。** Triplett, "Pacemaking and Competition," 510

45 **現在の統計的な〜勤務時間も長い。** Rosenthal, *et al.*, "Agglomeration, Labor Supply, and the Urban Rat Race."

45 **ある大チェーン店では、〜影響を検討した。** Mas and Moretti, "Peers at Work."

46 **電話の通話は〜増やすからだろう。** Gaspar and Glaeser, "Information Technology."

46 **電子コミュニケーションもかえって増える。** Ibid., 152.

46 **一ヘクタールあたり〜三〇・六%になる。** 著者の計算。人口密度1エーカーあたり一人以下の郡平均と、1エーカーあたり二人以上の郡平均を算出した。郡別国勢調査データはHaines, "Historical, Demographic, Economic, and Social Data: The United States, 1790–2002." より。

46 **イノベーションが〜容易だからだ。** Glaeser *et al.*, "Growth in Cities," 1127のパラフレーズ。

Humans," 70; Schultz, "Ability to Deal with Disequilibria," 834; および Krueger, "How Computers Have Changed the Wage Structure."

36 **別の説では、〜できるようになったという、** Sachs and Shatz, "U.S. Trade with Developing Countries."

37 **ニューヨークと長崎〜大学を作ろうと思ったからだ、** "Birth of the University," *History of Stanford.*

38 **「人生とは〜人物となることなのだ」** Elliott, *Stanford University*, 88–89.

38 **スタンフォード大学発の〜一八歳にもならないうちだった。** Aitken, *Continuous Wave*, 103.

38 **だがその支援者たち〜結論を出した。** Ibid., 104–5.

38 **でもそこで〜フェデラル電信社（FTC）と改名された。** Sturgeon, "How Silicon Valley Came to Be," 19.

39 **オーディオン送信機〜重要な一部となった。** Ibid., 24.

39 **ウィリアム・B・ショックレー〜発明したのだ。** Ibid., 17.

39 **デ・フォレスト退職後〜アクセスで繁栄した。** Ibid., 20–23.

39 **スタンフォード初の〜与えられたものだった。** Ibid., note 15; および "Electrical Engineering Time-line," Stanford Engineering, http://ee.stanford.edu/timeline.php.

39 **ポールセンの〜マグナボックス社を創始。** Sturgeon, "How Silicon Valley Came to Be," 30.

39 **別の FTC〜研究所を創設した。** Ibid., 32.

39 **第二次世界大戦〜FTC の落とし子だ。** Ibid., 32–34.

39 **でもシリコンバレーの〜バレーに誘致したのだった。** Gillmor, *Fred Terman at Stanford.* ノーベル賞の受賞理由はこの二人を「トランジスタ効果の発見」者であるとしているが、これについては多少の論争がある（R G. Arns, "The other transistor: early history of the metal-oxide semiconductor field-effect transistor" を参照）。

40 **ウィリアム・ショックレーは〜ノーベル物理学賞を受賞した。** Shurkin, *Broken Genius.*

41 **ある悪名高い〜嘘発見器にかけたという。** Ibid., 176.

41 **傘下の若き科学者〜インテルを創業した。** "Fairchild Semiconductor Corporation," *Encyclopredia Britannica.*

41 **別の一人は、〜資金を提供する。** "'Fairchildren' Who Came to Dominate the World of Technology," *Financial Times* (London), Oct. 31, 2007, *Business Life.*

41 **シリコンバレーの〜一体化させた。** "Apple Inc." *Encyclopredia Britannica.*

41 **元アップル社の社員が eBay を設立した。** "Who We Are History," eBay, http://www.ebayinc.com/milestones; および Viegas, *Pierre Omidyar*, 34.

41 **YAHOO！と google** "The History of Yahoo! — How It All Started" in Yahoo! Media Relations (Yahoo! 2005), http;//docs.yahoo.com/info/misc/history.html; および "Google Milestones," Corporate Information, Google, 2010, http://www.

29　**一五九〇年に〜金属印刷出版所を設置した。**　Boorstin, *Discoverers*, 508.

29　**その四六年後、〜東インド会社が代わりにやってきた。**　Goodman, *Japan and the Dutch*, 16.

29　**政府高官や〜日本に入り込んだ。**　Ibid., 37–38, 40.

29　**やがて日本の〜日本に導入する。**　Ibid., 38.

30　**一九世紀初頭には〜調合したものを使った。**　Stevens, "Anaesthesia in Japan."

30　**西洋医学に加え、〜長崎経由でもたらした。**　Sugita, *Western Science in Japan*, 17.

30　**一七二〇年には〜輸入するのを認めた。**　Goodman, *Japan and the Dutch*, 51.

30　**アメリカの戦艦が〜「蘭学」を学んでいたからだ。**　Morris-Suzuki, *Technological Transformation*, 62.

30　**一八五五年にオランダは〜長崎海軍伝習所に収められる。**　Murdoch, *Tokugawa Epoch*, 616.

32　**バンガロールは確かに〜デリーよりは開放的だ。**　India, Government of, "Climatological Data of Important Cities."

32　**インフォシスは一九八一年〜広範な業務を行っている。**　"Who We Are," Infosys, http://www.infosys.comLabout/who-we-are/pages/history.aspx.

32　**マイソールの研修センター〜大学よりも高い倍率だ。**　Schlosser, "Harder than Harvard."

35　**一九八〇年において、〜所得成長は六％増える。**　U. S. Census Bureau, *1980 Census* と *2000 Census* に基づく著者の計算。

35　**大卒者の比率が一〇％〜都市圏 GDP は二二％上がる。**　U.S. Census Bureau, *American Community Survey*, 2008, Bureau of Economic Analysis, *Regional Economic Accounts, Gross Domestic Product by Metropolitan Area, 2008* のデータに基づく著者の計算。

35　**一九七〇年から〜三七％しか増えなかった。**　Haines, "Historical, Demographic, Economic, and Social Data: The United States, 1790-2002" の郡別国勢調査データに基づく著者の計算。

35　**労働者ごとに、〜所得は八％高くなる。**　Card, "Estimating the Return to Schooling."

35　**国の全人口の〜GDP は三割上がる。**　Barro and Lee, "International Data on Educational Attainment"; および Maddison, "Statistics on World Population."

36　**都市技能と〜強まっている。**　Goldin and Katz, *Race Between Education and Technology*.

36　**一九八〇年だと、〜七〇％近くにまで高まった。**　*Economic Report of the President 1997*, United States Government Printing Office, Washington, DC, Feb. 1997, http://www.gpoaccess.gov/usbudget/fy98/pdf/erp　pdf.

36　**一説では、〜未熟練労働者のニーズを減らした。**　Acemoğlu, "Why Do New Technologies Complement Skills?" 1055–89; Doms *et al*., "Workers, Wages, and Technology," 253-54.

36　**多くの研究を見ると、〜適応しやすい。**　Nelson and Phelps, "Investment in

26　ヨーロッパの領主シャルルマーニュ大王は、〜都会的な君主だった。　Pagden, *Worlds at War.*

26　千年前のヨーロッパは、〜コンスタンチノープルだ。　Chandler, *Four Thousand Years of Urban Growth*, 538.

26　残り三つ〜すべてイスラム都市だった。　Bairoch, *Cities and Economic Development.*

26　イスラムの教主国は、〜偉大な都市が生まれた。　Lyons, *House of Wisdom.*

26　アッバース朝〜飾り立てようとした。　Ibid., 59, 62.

27　価値あるオモチャ〜翻訳することだ。　Ibid., 63.

27　この学者たちは、〜訳している。　Durant, *Age of Faith*, 240−41.

27　シンドヒンドを応用して代数を発達させ、　Lyons, *House of Wisdom*, 72−73.

27　インドの記数法を〜融和させた。　Ibid., 73, 175; および Gari, "Arabic Treatises."

27　ペルシャからは医学知識がバクダッドにやってきた。　Lyons, *House of Wisdom*, 86.

27　製紙法は中国人捕虜から伝えられた。　Ibid., 57.

27　イタリアの〜ゲートウェイとなった。　McNeill, *Venice: The Hinge of Europe.*

27　スペイン人が〜ラテン語に翻訳された。　Bakhit, *History of Humanity*, 115.

27　十字軍は〜提供した。　Lyons, *House of Wisdom*, 104.

27　スペインのイスラム都市は、〜キリスト教世界に持ち込まれた。　Ibid., 142.

27　こうした文献は〜発展させたのだった。　Knowles, "The Evolution of Medieval Thought."

28　修道院では、〜イノベーションを試してみた。　Lucas, "Role of the Monasteries"; Baumol, "Entrepreneurship: Productive, Unproductive, and Destructive."

28　商人たちは〜脆弱なインフラは持たない。　Milgram *et a*l., "The Role of Institutions in the Revival of Trade."

28　やがてブルージュや〜成長をとげた。　Pirenne, *Medieval Cities and Murray, Bruges: Cradle of Capitalism.*

28　商人が仕切る〜ずっと早かった。　de Long and Shleifer, "Princes and Merchants."

28　こうした人口密度の〜知識がもたらされた。　McNeill, *Western Civilization*, 331.

28　商業都市は〜法規制を発達させ　Ibid., 327−28.

28　ベネルクス地方の〜オランダを確立させた。　Geyl, *Revolt of the Netherlands.*

29　アメリカの船が一八五三年〜強国となった。　Goodman, *Japan and the Dutch*, 9.

29　一八九四年から〜朝鮮を征服した。　Iriye, "Japan's Drive to Great-Power Status."

29　二〇世紀半ばには、〜作っていた。　Meyer, *Japan*, 261.

29　日本と西洋との初の接触〜上陸したときだった。　McClain, *Japan*, 2.

29　その後三〇〇年にわたり、〜学ぶのを楽にした。　Goodman, *Japan and the Dutch*, 107−8.

2008 Data Profile for the City of New York and the United States, American FactFinder で生成したデータをもとに著者が計算。

19 **アメリカで最も〜一〇倍以上だ。** Chinese metropolitan ana Zheng *et al.*, "Greenness of China."

19 **中国とインドの〜三〇%の増加ですむ。** 2006 年に、アメリカでの一人あたり排出は 19.78 トン。フランスは 6.60 トン。中国 4.58 トン、インド 1.16 トン。2006 年総排出は、291.95 億トン。ここから中国の 2006 年総排出（13.14 億人×4.58 トンで、60.18 億トン）とインドの総排出（11.12 億人×1.16 トンで、12.93 億トン）を差し引き、中国人とインド人の排出量がアメリカ人一人あたり排出と同じだった場合の排出量を加算（中国は 13.14 億人×19.78 トンで 259.98 億トン、インドは 11.12 億人×19.78 トンで 219.88 億トン）すると、新しい世界合計は 698.601 億トンとなり、139%増。もし一人あたり排出をフランスの 6.60 トンにすれば、中国の総排出は 86.68 億トン（13.14 億人×6.60 トン）でインドの総排出は 73.34 億トン（11.12 億人×6.60 トン）になり、こちらの世界総排出は 378.87 億トン、あるいは 30%増となる。U.S. Energy Information Administration, *International Energy Annual 2006*, table H.1CC02, "World Per Capita Carbon Dioxide Emissions from the Consumption and Flaring of Fossil Fuels, 1980-2006," http://www.eia.doe.gov/pub/internationallieal f/tablehlcco2.xls.

第一章　バンガロールの産物とは？

22 **インドの強力な労働組合** Besley and Burgess, "Can Labor Regulation Hinder Economic Performance?" 92.

23 **MIH ホールディング社に売却した。** たとえば Ranjan, "Bixee, Pixrat Acquired" を参照。

23 **あるランキング機関に〜誇っていたとか。** Real Website Worth, "bixee.com," realwebsiteworth.com, http://208.87.241.248/traffic_reportlbixee.com.

23 **その後かれは MIH を離れて、** このウェブサイトは Educrest.com だが、いまはサイト構築中になっている。Jacob, "Now, Social Networking Gets a Voice."

24 **アテナイはとても世界の知的な中心とはいえなかった。** Hall, *Cities in Civilization*, 26.

24 **最先端のギリシャ思想家たちは〜学んだのだった。** Ibid.

24 **トルコ西部の〜哲学者タレスと、** McNeill, *Western Civilization*, 58.

24 **ヒポダムスの格子状の平面計画** Cartledge, *Ancient Greece*, 54.

24 **アテナイは、葡萄酒、〜交易で栄えた。** Hall, *Cities in Civilization*, 49–50.

24 **ミレトスのような〜確固たるものとした。** Cartledge, *Ancient Greece*, 98.

24 **豊かで沸騰する〜集めることとなった。** Minor Ibid., 104.

24 **ヒポダムスは、〜港を設計した。** Ibid., 54, 91.

24 **この驚異的な時期に、〜自由を与えられたのだ。** Ibid., 104.

25 **テオドリック王** "Theodoric (King of Italy)" *Encyclopedia Britannica.*

25 **ゴート族やフン族〜飢えてしまう。** McNeill, *Western Civilization*, 207.

City of Detroit, American FactFinderを使ってデータ抽出；およびGibson, "Population of the 100 largest Cities." 特に衰退都市バッファローに関する議論については、Glaeser, "Can Buffalo Ever Come Back?" を参照。

11 **二〇〇〇億ドル** 2000億ドルをカトリーナ台風以前のニューオーリンズ人口(43万7,186人)で割ると、一人あたり45万7,471ドルになる。American Community Survey, 2005 Data Profile for the City of New OrleansよりAmerican FactFinderで生成。

12 **マンハッタン〜人々だ。** 2000年のマンハッタンにおける五歳以上人口は146万2,015人だった。1995年の外国居住経験者の数は38万1,919人、全体の26%だ。U.S. Census Bureau, Census 2000 Summary File 3, Sample Data, Table P4; residence in 1995 for the population five and older, county and state levelよりAmerican FactFinderで生成したデータをもとに著者が計算。

12 **リオにおける〜ずっと低いのだ。** これについては第3章でもっと詳しく論じる。リオデジャネイロの貧困率は9%だが、東北地方部は55%だ。Skoufias and Katayama, "Sources of Welfare Disparities."

13 **連邦政府が〜費やしたからだ。** Cutler and Miller, "Water, Water Everywhere," 183-86.

13 **一九〇一年に〜ずっと健康だ。** ニューヨークで1901年に生まれた男子の期待余命は40.6年だった。一九〇一年にアメリカで生まれた期待余命は47.6年だった。New York City Department of Health and Mental Hygiene, *Summary of Vital Statistics 1961*, table 6; およびArias, "United States Life Tables, 2006," table 12.

15 **彼女は、背の低い古い〜と思った。** Jacobs, *Death and Life*, 187-99.

15 **パリで何かを〜ならないからだ。** Le Plan Local d'Urbanisme, http://www.paris.fr/portail/pratique/Portal.lut?page_id=6576&document_type_id=5&document_id=753&portlet_id=14938, 目的は「preserver Ie patrimoine architectural et urbain」(建築と都市の遺産を保存すること)。計画に関連する文書はhttp://www.paris.fr/portail/pratique/Portal.lut?page_id=7042&document_type_id=4&document_id=21439&portlet_id=16186.

15 **チャールズ皇太子自ら〜反対している。** この問題に関する各種の立場や苦情を論じる新聞記事は多い。たとえばAlan Hamilton, "You're Scraping Wrong Part of the Sky" 参照。

15 **ムンバイの近代史〜一・三階建てだ。** Bertaud, "Mumbai FSI Conundrum," 4.

16 **上海は〜抑えられている。** Gómez-Ibáñez and Ruiz Nuñez, "Inefficient Cities."

17 **アメリカでの〜二四分だ。** Glaeser and Kahn, "Sprawl," 2499-2500.

18 **彼はウォールデン・ポンドで〜なってしまったとのこと。** Thoreau, *Walden*, Routledge, 117.

18 **郊外の「公園的な環境」** Mumford, *City in History*, 492.

18 **「環境劣化」** Ibid., 461.

18 **ニューヨーカーの〜公共交通利用のおかげだ。** American Community Survey,

が労働力に参加していなかったり、フルタイム（週35時間以上、年40週以上と定義）未満の労働をしている観察対象は落とす。またその人が、最低賃金でハーフタイム以下しか働かない（つまり年間1400時間、つまり週35時間掛ける年40週）賃金を下回る給料しかもらっていない場合にも落とす。最後に、アウトライヤー（第1%順位以下の稼ぎ、あるいは99%順位以上の人）も落とす。そして、非都市圏の居住者の平均（年収5万8,665.72ドル、2000年ドル換算）と、大都市圏（人口100万人以上）の平均（年収7万7,086.05ドル、2000年ドル換算）を比べた。この両者の差額は1万8,420.33ドルで、非都市圏に暮らす人々の給料より31%高い。Ruggles *et al., Microdata Series.*

8 **人口一〇〇万以上〜さらに開く。** Bureau of Economic Analysisより、Metropolitan Statistical Areas（MSAs）の2008年GDPを得て、U.S. Census BureauからMSA人口を得て、GDPを人口で割ることで各MSA一人当たりGDPを算出。さらに2008年に100万人以上のMSAについて平均1人あたりGDPを計算すると5万2,546.85ドル/人となる。2008年に人口100万人未満のMSAについて平均一人あたりＧＤＰを計算すると3万8,090.70ドル/人、つまり5万2,546.85ドル/人より38%低い。Bureau of Economic Analysis, Gross Domestic Product by Metropolitan Area, http://www.bea.gov/regjonal/gdpmetro; U.S. Census Bureau, Population Division, Table 5, Estimates of Population Change for Metropolitan Statistical Areas and Rankings: July 1, 2007, to July 1, 2008 (CBSA-ESTzoo8-oS), March 19, 2009, http://www.census.gov/popest/metro/tables/2008/CBSA-EST2008-05.xls.

9 **インド第五の都市バンガロール** United Nations, Department of Economic and Social Affairs, Population Division, *World Urbanization Prospects: 2009*, File 12, Population of Urban Agglomerations with 750,000 Inhabitants or More in 2009, by Country, 1950-202,5, http://esa.un.org/unpd/wup/CD-ROM_2009/WUP2009-F12-Cities_Over_750K.xls

9 **いつの時代にも〜七〇万の村にあるのだ」** Kumar, “The Whole Truth of a Home Economy,” 135.

9 **「国の成長は〜村によるのだ」** Gandhi, *Essential Writings*, 120.

9 **ほぼ完璧な相関** Maddison, “Statistics on World Population”; およびUnited Nations, Population by Sex and Urban/Rural Residence, http://data.un.orgをもとに著者が計算。

9 **平均では〜三割上がる。** Ibid.

10 **フィレンツェの〜密度なのだ** White, *Birth and Rebirth of Pictorial Space.*

10 **一九五〇年の〜八割以下になった。** 2008年のデトロイトの人口は77万7,493人だ。これは1950年の184万9,568人から42%減となる。1950年のアメリカ最大の都市は（上位から）ニューヨーク、シカゴ、フィラデルフィア、ロサンゼルス、ボルチモア、デトロイト、クリーヴランド、セントルイス、ワシントンDC、ボストンだ。ニューヨークとロサンゼルス以外はすべて2008年に人口が減った。American Community Survey, 2008 Data Profile for the United States and the

4　**ジョン・リンゼイ市長と～財政破綻寸前となった。**　Henig, "New York City: Paying the Tab."

4　**ニューヨーク、というより～安全だったからだ。**　Burrows and Wallace, *Gotham*.

4　**一八世紀には、～タバコ農場を喰わせたのだった**　Glaeser, "Urban Colossus," 9, 11.

4　**一九世紀前半に～巨大都市となった。**　Gibson, "Population of the 100 Largest Cities."

4　**一九世紀初頭～自然なハブ港の筆頭となった。**　Albion, *Rise of New York Port*, 38-54; および Glaeser, "Urban Colossus," 12.

5　**海運が～出版などだ。**　Glaeser, "Urban Colossus," 14.

5　**砂糖業者は～イギリス小説の海賊版**　Burrows and Wallace, *Gotham*, ch. 27.

5　**ハーパー兄弟**　Mott, *Golden Multitudes*, 68.

6　**二〇世紀になると、～巨大製造業拠点**　Glaeser and Kohlhase, "Decline of Transport Costs."

6　**今日では、～ネヴァダ州を越える。**　5つの郵便番号とは 10017, 10019, 10020, 10022, 10036. *County Business Patterns* によれば、これら地域における二〇〇七年の総賃金は 800 億ドル以上で、総雇用は 61 万 7,984 人だった。この総賃金を総雇用で割ると、平均の稼ぎは労働者一人あたりおよそ 13 万ドルとなる。County Business Patterns によれば 2007 年のオレゴン州の総賃金は 560 億ドルで、ネヴァダ州は 444 億ドル、ニューハンプシャー州の 2007 年雇用は 57 万 3,209 人でメイン州は 50 万 3,789 人だった。U.S. Census Bureau, *County Business Patterns 2007*, http://www.census.gov/econ/cbp.

6　**リスクとリターン～簡単になった。**　Bernstein, *Against the Gods*, 300-302.

6　**マイケル・ミルキンの高収益債券**　Lewis, *Liar's Poker*, 111.

7　**ヘンリー・クラヴィスは、～価値を引き出した。**　"The Team," KKR, Kohlberg Kravis Roberts & Co., 2010, http://www.kkr.com/team/theteam.cfm.

7　**『ライアーズ・ポーカー』で～のしあがった。**　Lewis, *Liar's Poker*, 96.

7　**今日では～都市の堡塁だ**　ニューヨーク郡はマンハッタンに等しいので、2007 年のニューヨーク郡における全産業総賃金を合計してみると 2100 億ドル近くなる。金融サービス産業——北米産業分類体系（NAICS）コード 521, 522, 523, 525——はおよそ 840 億ドルだ。840 億を 2100 億で割ると、40％になる。U.S. Census Bureau, *County Business Patterns 2007*, http://www.census.gov/econ/cbp.

7　**二〇〇九年から～四五％高い。**　Bureau of Labor Statistics, Economic News Releases, *County Employment and Wages*, "Table 1. Covered establishments, employment, and wages in the 327 largest counties, first quarter, 2010," http://www.bls.gov/news.release/cewqtr.t01.htm.（最終更新日：October 19, 2010.）

8　**アメリカ国内では、～変わらない。**　2000 U.S. Census Integrated Public Use Microdata Series を使って、25–55 歳男性についての観察を続けている。その人

economix.blogs.nytimes.com/2009/11/17/on-climate-change-efforts-china-is-key/

xvii. **サービス業に移行するほうがずっと安全** Edward L. Glaeser. "Climate Change and the Wealth of Nations." Economix Blog (*New York Times*). August 31, 2010. http://economix.blogs.nytimes.com/2010/08/31/climate-change-and-the-wealth-of-nations/

はじめに——われら都市生物

1 **アメリカ人二億四三〇〇万人が、〜ひしめきあっている。** 2009年7月のアメリカ人口は3億7,00万6,550人で、その79%が市街地に住んでいる。したがって都市人口は2億42,53万5,175人だ。U.S. Department of Agriculture, Economic Research Services, *Major Uses of Land in the United States 2002*, "Urban and Rural Residential Uses." http://www.ers.usda.gov/publications/EIB14/eibI4g.pdf および U.S. Census Bureau, Annual Estimates of the Resident Population for the United States, Regions, States, and Puerto Rico: April 1, 2000, to July 1, 2009 (NST-EST2009-01), http://www.census.gov/popest/states/NST-ann-est.html.

1 **世界で最も生産的な〜暮らしている。** PricewaterhouseCoopers, "Which Are the Largest City Economies?"

1 **ムンバイ中心部〜同じくらいだ。** United Nations, Department of Economic and Social Affairs, Population Division, *World Urbanization Prospects: 2009*, File 12, "Population of Urban Agglomerations with 750,000 Inhabitants or More in 2009, by Country, 1950-202,5," http://esa.un.org/unpd/wup/CD-ROM_2009/WUP2009-F12-Cities_Over_750K.xls.

1 **全人類はテキサス州におさまる** テキサスの総面積は261,797平方マイルまたは7.3兆平方フィート(6781億平方メートル)だ。アメリカ国調査局によれば、2010年7月12日現在で世界人口はおよそ69億人になる。6780億平メートルを69億人で割ると、一人98.2平方メートルになり、一人あたりちょっとした一軒家を建てるには十分だ。道路、商業などの分を差し引くにしたら、その一軒家は平均二人が暮らすと想定することになる。U.S. Census 2000, GCT-PHl: Population, Housing Units, Area, and Density 2000, Summary File 1, 100-Percent Data, American FactFinder で生成。; and U.S. Census Bureau, International Database, World Population Summary, http://www.census.gov/ipc/www/idb/worldpopinfo.php.

1 **発展途上国の都市では〜都市人口だ。** United Nations Habitat, *State of the World's Cities 2010/2011 — Cities for All: Bridging the Urban Divide*, 2010. http://www.unhabitat.org/pmss/listItemDetails.aspx?publicationID=2917.

3 **ここは世界で最もプラットホームの多い駅だ。** "Largest Railroad Station" (by number of platforms), *Guinness World Records 2008* (New York: Bantam Dell, 2007), 374–75.

3 **四七丁目はアメリカ随一の宝石街なのだ。** 47th Street Business Improvement District, The Diamond District, http://www.diamonddistrict.org/home.html.

OFDA/CRED International Disaster Database-www.emdat.net-Université catholique de Louvain-Brussels-Belgium から取得。

xiii. **チリのマグニチュード8.8地震の死者数は六〇〇人以下だ。** "Magnitude 8 and Greater Earthquakes Since 1900." United States Geological Survey. n.d. Web. 27 June 2011. http://earthquake.usgs.gov/earthquakes/eqarchives/year/mag8/magnitude8_1900_mag.php または Chile earthquake of 2010. (2011). *Encyclopedia Britannica.* より。http://www.britannica.com.ezp-prod1.hul.harvard.edu/EBchecked/topic/1669019/Chile-earthquake-of-2010 あるいは EM-DAT: The OFDA/CRED International Disaster Database-www.emdat.net-Universite catholique de Louvain-Brussels-Belgium から取得。

xiii. **チリは～はるかに少なかった。** Edward L. Glaeser. "Preventing Haiti's Next Crisis." Economix Blog (*New York Times*). January 19, 2010. http://economix.blogs.nytimes.com/2010/01/19/preventing-the-next-haitian-crisis/#more-48667.

xiii. **だが日本はめざましくも持ちこたえた。** "Magnitude 8 and Greater Earthquakes Since 1900." United States Geological Survey. n.d. Web. 27 June 2011. http://earthquake.usgs.gov/earthquakes/eqarchives/year/mag8/magnitude8_1900_mag.php.

xiii. **震災で推定二万人以上が他界した** Japan earthquake and tsunami of 2011. (2011). *Encyclopedia Britannica.* より。http://www.britannica.com.ezp-prod1.hul.harvard.edu/EBchecked/topic/1761942/Japan-earthquake-and-tsunami-of-2011 あるいは EM-DAT: The OFDA/CRED International Disaster Database-www.emdat.net-Universite catholique de Louvain-Brussels-Belgium から取得。

xiii. **建物推定二〇万棟が破壊されたと推計した。** Christopher Johnson. (2011, May 20). "Disaster delivers blow to struggling economy; recovery may come in fall" *The Washington Times*, pp. 10.

xiv. **一九二三年の大震災復興だ。** Tokyo-Yokohama Metropolitan Area. (2011). *Encyclopedia Britannica.* より。http://www.britannica.com.ezp-prod1.hul.harvard.edu/EBchecked/topic/598501/Tokyo-Yokohama-Metropolitan-Area から取得。

xiv. **経済学者ドン・デイヴィスと～米軍爆撃の長期的な影響** Donald R. Davis and David W. Weinstein. "Bones, Bombs, And Break Points: The Geography of Economic Activity," *American Economic Review*, 2002, v. 92 (5, Dec), 1269-1289.

xvi. **示唆的な著書『気候都市』で、マシュー・カーンは** Matthew E. Kahn *Climatopolis: How Our Cities Will Thrive in the Hotter Future*. Basic Books, 2010.

xvi. **インドとサブサハラアフリカ～炭素排出を増やす。** Edward L. Glaeser & Matthew E. Kahn, 2010. "The greenness of cities: Carbon dioxide emissions and urban development," *Journal of Urban Economics*, vol. 67 (3), pages 404-418, May.

xvi. **都市は～移行させている。** Edward L. Glaeser. "On Climate Change Efforts, China Is Key." Economix Blog (*New York Times*). November 17, 2009. http://

注

注のほとんどは省略形で書かれている。これらについての完全な出典表示は、参考文献を参照のこと。参照文献は、この注での参照における最初の単語のアルファベット順に並んでいる。アメリカ国勢調査局などいくつかの政府機関の場合には、ほとんどの出典表示は注の中で完全な形で書かれ、参考文献には挙げていない。

日本版への序文

xi. **関東大震災では一四万人以上が死亡** Tokyo-Yokohama earthquake of 1923. (2011). *Encyclopedia Britannica.* より。http://www.britannica.com.ezp-prod1.hul.harvard.edu/EBchecked/topic/1421140/Tokyo-Yokohama-earthquake-of-1923 あるいは EM-DAT: The OFDA/CRED International Disaster Database-www.emdat.net-Université catholique de Louvain-Brussels-Belgium から取得。

xi. **1891 年** "Earthquakes in Japan: Is There Periodicity Indicating Another Big One in '43?" (1943, January 3). *New York Times* (1923-Current file), E9. Retrieved June 28, 2011, from ProQuest Historical Newspapers *The New York Times* (1851-2007). (Document ID: 103488325).

xi. **1855 年** Roderick Matheson. (1923, September 9). "Scenes of Terror as Tokio Toppled." *New York Times* (1923-Current file), 3. Retrieved June 28, 2011, from ProQuest Historical Newspapers *The New York Times* (1851-2007). (Document ID: 102056927).

xi. **米軍による爆撃が、何万人もの犠牲者を出した。** World War II. (2011). *Encyclopedia Britannica.* より。http://www.britannica.com.ezp-prod1.hul.harvard.edu/EBchecked/topic/648813/World-War-II から取得。

xii. **バングラデシュを直撃し、何十万人もが死んだ。** Bangladesh cyclone of 1991. (2011). *Encyclopedia Britannica.* より。http://www.britannica.com.ezp-prod1.hul.harvard.edu/EBchecked/topic/1483615/Bangladesh-cyclone-of-1991 あるいは EM-DAT: The OFDA/CRED International Disaster Database-www.emdat.net-Université catholique de Louvain-Brussels-Belgium から取得。

xii. **インド洋津波は、～二〇万人ほどが死んだ。** Indian Ocean tsunami of 2004. (2011). *Encyclopedia Britannica.* より。http://www.britannica.com.ezp-prod1.hul.harvard.edu/EBchecked/topic/1027119/Indian-Ocean-tsunami-of-2004 から取得。

xii. **環境経済学者マシュー・カーンは、～調べた。** Matthew E. Kahn. (2005) "The Death Toll from Natural Disasters: The Role of Income, Geography, and Institutions." *The Review of Economics and Statistics* 87: 2, 271-284. オンライン投稿 March 13, 2006.

xiii. **ハイチ～何万人もが死亡した。** Haiti earthquake of 2010. (2011). *Encyclopedia Britannica.*より。http://www.britannica.com.ezp-prod1.hul.harvard.edu/EBchecked/topic/1659695/Haiti-earthquake-of-2010 あるいは EM-DAT: The

pdf.
—.World Development Indicators and Global Development Finance, Population in the Largest City (percent of urban population), data extracted July 26, 2010, databank.worldbank.org.
World Health Organization, Global Alert and Response (GAR). "Typhoid Fever in the Democratic Republic of the Congo — Update." Jan. 19, 2005, http://www.who.int/csr/don/2005_01_19/en/index.html.
Worsley, Giles. "A Model Village Grows Up Gracefully: The Prince of Wales's Pet Project Received a Drubbing When It was First Mooted, But Now Poundbury Is Coming into Its Own." *Daily Telegraph* (London), Jan. 30, 2001.
Wright, Richard. *Black Boy*. New York: Harper & Row, 1945. 邦訳、ライト『ブラックボーイ』(野崎孝訳、岩波文庫、1962)
—. "I Tried to Be a Communist." *Atlantic Monthly*, Aug. 1944.
Wrigley, Edward Anthony, and Roger S. Schofield. *The Population History of England 1541-1871: A Reconstruction*. Cambridge, MA: Harvard University Press, 1981.
Wurtzburg, C. E. *Raffles of the Eastern Isles*. Singapore: Oxford University Press, 1954, 1986.
Wylie, Jeanie. *Poletown: Community Betrayed*. Urbana: University of Illinois Press, 1989.
Xu, Jiaquan, Kenneth D. Kochanek, Sherry L. Murphy, and Betzaida Tejada-Vera. "Deaths: Final Data for 2007." *National Vital Statistics Report* 58, no. 19 (May 2010) , Centers for Disease Control, http://www.cdc.gov/nchs/data/nvsr/nvsr58/nvsr58_19.pdf.
Young, Coleman A. *The Quotations of Mayor Coleman A. Young*. Detroit: Wayne State University Press, 2005.
Young, Coleman A, and Lonnie Wheeler. *Hard Stuff: The Autobiography of Mayor Coleman Young*. New York: Penguin, 1994.
Young, Robin. "Village Pub Is First to Pull a Michelin Star." *Times* (London), Jan. 19, 2001, Home News.
Zagat 2011 London Restaurants. Zagat Survey, September 2010.
Zagorin, Pérez. *Rebels and Rulers 1500-1660*, vol. 2, *Provincial Rebellion: Revolutionary Civil Wars 1560-1660*. Cambridge, UK: Cambridge University Press, 1982, repr. 1984.
Zheng, Siqi, Rui Wang, Edward L. Glaeser, and Matthew E. Kahn. "The Greenness of China: Household Carbon Dioxide Emissions and Urban Development." National Bureau of Economic Research Working Paper no. 15621, 2009.

http://hdr.undp.org/en/media/HDR06-complete.pdf.
Watson, Georgia Butina, Ian Bentley, Sue Roaf, and Pete Smith. *Learning from Poundbury: Research for the West Dorset District Council and Duchy of Cornwall.* School of the Built Environment, Oxford Brookes University, 2004.
Webster, Ben. "Congestion Charge Will Rise to £25 for Chelsea Tractors." *Times* (London), July 13, 2006, Home News.
Webster, Philip. "Miliband Attacks Prince for Flying to Collect Green Award in New York." *Times* (London), Jan. 20,2007, Home News.
Weis, Rene. *Shakespeare Unbound: Decoding a Hidden Life.* New York: Holt, 2007.
Weiss, H. Eugene. *Chrysler, Ford, Durant, and Sloan: Founding Giants of the American Automotive Industry.* Jefferson, NC: McFarland, 2003.
White House Office of Management and Budget, Program Assessment: Highway Infrastructure, http://www.whitehouse.gov/omb/expectmorelsummary/10000412.2007.html.
White, John. *The Birth and Rebirth of Pictorial Space* 2nd ed. Boston: Boston Book and Art Shop, 1967.
Whitford, David. "A Factory Gets a Second Chance." *Fortune* 160, no. 7 (Oct. 12, 2009): 74–80.
Williams, Susan. *Food in the United States, 1820s-1890.* Westport, CfT Greenwood, 2006.
Willis, David K "The Royal Wedding." *Christian Science Monitor*, July 6, 1981.
Wilkerson, Isabel. "Years Late, Detroit's Monorail Opens." *New York Times*, Aug. 1, 1987.
Wilson, William Julius. *The Declining Significance of Race: Blacks and Changing American Institutions.* Chicago: University of Chicago Press, 1978.
WISQARS (Web-based Injury Statistics Query and Reporting System), http://www.cdc.gov/injury/wisqars.
Wolfe, Tom. "The (Naked) City and the Undead." *New York Times*, Nov. 26, 2006.
The Woodlands. http://www.thewoodlands.com/masterplan.htm および http://www.thewoodlands.com/greenspace.htm.
The Woodlands Development Company. *The Woodlands, Texas Demographics.* January 1, 2010. http://www.thewoodlandstownship-tx.gov/DocumentView.aspx?DID=667.
World Bank. *Connecting to Compete: Trade Logistics in the Global Economy.* Washington, DC, 2007.
—. "Nigeria: Expanding Access to Rural Infrastructure Issues and Options for Rural Electrification, Water Supply and Telecommunications." Energy Sector Management Assistance Program, Technical Paper 091, 2005, http://www-wds.worldbank.org/external/default/WDSContentServer/WDSP/IB/2006/04/28/000090341_20060428141651/Rendered/PDF/359940UNI0ESM01ural1Access01PUBLIC1.

United Nations Habitat. *State of the World's Cities 2010/2011-Cities for All: Bridging the Urban Divide*. 2010. http://www.unhabitat.org/pmss/listItemDetails.aspx?publicationiD=2917.

Urban Land Institute. Development Case Studies. UU Award Winner Project Summary. http://casestudies.uli.org/Profile.aspx?j=7607\&p=5\&c=7.

Vancouver Public Library. "City of Vancouver Population." http://www.vpl.vancouver.bc.ca/research_guides/item/6848/C779.

Vaughan, Alden T. *The Puritan Tradition in America, 1620–1730*. Hanover, NH: University Press of New England, 1997.

Vedder, Richard. "Right-to-Work Laws: Liberty, Prosperity, and Quality of Life." Cato Journal 30, no. 1 (Jan. 1, 2010): 171–80.

Wermiel, Sarah E. The Fireproof Building: Technology and Public Safety in the Nineteenth-Century American City. Baltimore: Johns Hopkins University Press, 2000.

Vickrey, William S. "Congestion Theory and Transport Investment." *American Economic Review* 59, no. 2 (1969): 251–60.

—. "Pricing in Urban and Suburban Transport." *American Economic Review* 53, no. 2 (May 1963): 452–65.

—. "A Proposal for Revising New York's Subway Fare Structure." *Journal of the Operations Research Society of America* 3, no. 1 (Feb. 1955): 38–68.

—. "Statement on the Pricing of Urban Street Use." In *Hearings, U.S. Congress*, Joint Committee on Metropolitan Washington Problems, Nov. 11, 1959. pp, 466–77.

Viegas, Jennifer. *Pierre Omidyar: The Founder of Ebay*. New York: Rosen, 2007.

Wakin, Daniel J . "If It's Hit, Strummed or Plucked, It'll Be Here." *New York Times*, Feb. 2, 2008, Arts/Cultural.

Wallis, John Joseph, Price V. Fishback, and Shawn Everett Kantor. "Politics, Relief, and Reform: The Transformation of America's Social Welfare System During the New Deal." In *Corruption and Reform: Lessons from America's Economic History*, ed. Edward L. Glaeser and Claudia Goldin, pp. 153–84. University of Chicago Press, 2006.

Walters, Alan A "The Theory and Measurement of Private and Social Cost of Highway Congestion." *Econometrica* 29, no. 4 (Oct. 1961): 676-99.

Ware, Leland B. "Invisible Walls: An Examination of the Legal Strategy of the Restrictive Covenant Cases." *Washington University Law Quarterly* 67, no. 3 (1989): 737–72.

Warner, Sam Bass. *The Private City: Philadelphia in Three Periods of Its Growth*. Philadelphia: University of Pennsylvania Press, 1968; repr. 1996.

Watkins, Kevin. "Beyond Scarcity: Power, Poverty and the Global Water Crisis." United Nations Development Programme, Human Development Report, 2006,

Troesken, Werner. "Typhoid Rates and the Public Acquisition of Private Waterworks, 1880–1920." *Journal of Economic History* 59, no. 4 (Dec. 1999): 927–48.

Turak, Theodore. "Remembrances of the Home Insurance Building." *Journal of the Society of Architectural Historians* 44, no. 1 (Mar. 1985): 60–65.

Tyler, Gus. *Look for the Union Label: A History of the International Ladies' Garment Workers' Union*. New York: M. E. Sharpe, 1995.

Ungar, Mark. "Prisons and Politics in Contemporary Latin America." *Human Rights Quarterly* 25, no. 4 (Nov. 2003): 909–34, http://www.jstor .org/stable/20069699.

U.S. Bureau of Labor Statistics, Economic News Releases, *County Employment and Wages*, "Table 1. Covered establishments, employment, and wages in the 327largest counties, first quarter 2010." http://www.bls.gov/news.release/cewqtr.t01.htm. Last Modified Date: October 19, 2010.

U.S. Census Bureau, http://www.census.gov、参照した多数のページについては個別の注参照；American FactFinder を多用、http://factfinder.census.gov.

U.S. Department of Agriculture, Economic Research Services, *Major Uses of Land in the United States, 2002*, "Urban and Rural Residential Uses." http://www.ers.usda.gov/publications/E1B14/eib14g.pdf.

U.S. Department of Agriculture, National Agricultural Statistics Service, *Crops by State* (95111), cm186629.csv. http://usda.mannlib.cornell.edu/MannUsda/viewDocumentlnfo.do?documentID=126q.

U.S. Department of Commerce, Bureau of Economic Analysis, "Personal Income for Metropolitan Areas, 2009." Monday, August 9, 2010. http://www.bea.gov/newsreleases/regional/mpi/2010/pdf/mpio81o.pdf.

U.S. Department of Housing and Urban Development and U.S. Census Bureau, *Current Housing Reports*, American Housing Survey for the United States: 2007, H150/07, Sept. 2008, http://www.census.gov/prod/2008pubs/h150–07.pdf.

U.S. Energy Information Administration, Department of Energy, Residential Energy Consumption Survey (RECS), http://www.eia.doe.gov/emeu/recs.

U.S. Energy Information Administration, International Energy Annual 2006, "H.1co2 World Carbon Dioxide Emissions from the Consumption and Flaring of Fossil Fuels, 1980-2006." http://www.eia.doe.govfpub/international/iealf/tableh1co2.xls.

U.S. Environmental Protection Agency, Environmental Impact Statement Database, http://www.epa.gov I oecaerth/nepa/eisdata.html.

United Nations, Department of Economic and Social Affairs, Population Division, World Urbanization Prospects: 2009, File 12, Population of Urban Agglomerations with 750,000 Inhabitants or More in 2009, by Country, 1950-2025. http:L/esa.un.org/unpd/wup/CDROM2oogjWUP2oog-F12-Cities Over 750K.xls.

TAXSIM. National Bureau of Economic Research, Internet TAXSIM Version 8.2 Home Page, http://www.nber.org/-taxsim/taxsim-calc8/index.html.

Taylor, George Rogers. *The Transportation Revolution, 1815-1860*. New York: Rinehart, 1951.

Taylor, Philip M. *Munitions of the Mind: A History of Propaganda from the Ancient World to the Present Day*. Manchester, UK: Manchester University Press, 2003.

Thomas, Hugh. *The Slave Trade: The Story of the Atlantic Slave Trade 1440–1870*. New York: Simon & Schuster, 1997.

Thomas, June Manning. "Planning and Industrial Decline: Lessons from Postwar Detroit." *Journal of the American Planning Association* 56, no. 3 (Sept. 1990): 297–310.

Thomas, Lately. *Delmonico's: A Century of Splendor*. Boston: Houghton Mifflin, 1967.

Thompson, Heather Ann. *Whose Detroit? Politics, Labor, and Race in a Modern American City*. Ithaca, NY: Cornell University Press, 2004.

Thoreau, Henry David. *I to Myself: An Annotated Selection from the Journal of Henry David Thoreau*, ed. Jeffrey S. Cramer. New Haven, CT: Yale University Press, 2007.

—. *The Journal of Henry D. Thoreau*. Boston: Houghton Mifflin, 1906.

—. *Walden*. New York: Routledge, 1904. 邦訳、ソロー酒本雅之訳『ウォールデン』（筑摩書房、2000）他多数

—. *Walden and Resistance to Civil Government*, ed. Willaim Rossi, 2d ed. New York: Norton, 1996. 邦訳、ソロー飯田実訳『市民の反抗』（岩波文庫、1997）

Tilly, Charles, Louise Tilly, and Richard Tilly, *The Rebellious Century*: 1830–1930. Cambridge: Harvard University Press, 1975.

Timmons, Heather. "A Tiny Car Is the Stuff of 4-Wheel Dreams for Millions of Drivers in India." *New York Times*, Mar. 24, 2009, Business/Financial.

Toll ens, Eric. "Current Situation of Food Security in the D. R Congo: Diagnostic and Perspectives." Katholieke Universiteit Leuven, Faculty of Agricultural and Applied Biological Sciences, Working Paper, Aug. 2003, http://www.agr.kuleuven.ac.be/aee/clo/wp/tollens2003b.pdf.

Tolstoy, Leo. *Anna Karenina, trans*. Constance Black Garnett. New York: Random House, 1939.「アンナ・カレーニナ」(邦訳多数)

Treffinger, Stephen. "Alchemy Will Turn a Candy Factory into Biotech Offices." *New York Times*, June 19, 2003, House & Home/Style.

Treynor, Jack L. *Treynor on Institutional Investing*. New York: Wiley, 2008.

"A Tribute to Arthur Erickson." *AI Architect*, http://info.aia.org/aiarchitect/thisweekog/0612/0612n arthur.cfm.

Triplett, Norman. "The Dynamogenic Factors in Pacemaking and Competition." *American Journal of Psychology* 9, no. 4 (July 1898): 507–33.

and Art." *New York Times*, July 16, 1997.
Sridhar, Kala Seetharam. "Impact of Land Use Regulations: Evidence from India's Cities." *Urban Studies* 47, no. 7 (June 2010): 1541–69.
Starr, Larry, and Christopher Waterman. *American Popular Music*. New York: Oxford University Press, 2003.
Steinbeck, John. *The Grapes of Wrath*. New York: Viking Press, 1939. 邦訳、スタインベック『怒りの葡萄』(大久保康雄訳、新潮文庫、1967) 他多数
Stern, Seth. "$14.6 Billion Later, Boston's Big Dig Wraps Up." *Christian Science Monitor*, Dec. 19, 2003.
Stevens, J. E. "Anaesthesia in Japan: Past and Present." *Journal of the Royal Society of Medicine* 79, no. 5 (May 1986): 294–98.
Stigler, George Joseph. *The Organization of Industry*. Chicago: University of Chicago Press, 1968. 邦訳、スティグラー『産業組織論』(神谷他訳、東洋経済新報社、1975)
Strube, Michael J. "What Did Triplett Really Find? A Contemporary Analysis of the First Experiment in Social Psychology." *American Journal of Psychology* 118, no. 2 (Summer 2005): 271–86.
Sturgeon, Timothy J. "How Silicon Valley Came to Be." In *Understanding Silicon Valley: The Anatomy of an Entrepreneurial Region*, ed. Martin Kenny. Palo Alto, CA: Stanford University Press, 2000.
Sudjic, Deyan. "A Thoroughly Modernising Mayor: Ken Livingstone Was a Dogged Opponent of Richard Rogers 20 Years Ago; Now They're the Best of Friends-What's Going On." *Observer*, July 8, 2001.
Sugita, Genpaku. *Dawn of Western Science in Japan: Ranaku Kotohajime*, tr. Ryozo Matsumoto and Eiichi Kiyooka. Tokyo: Hokuseido Press, 1969. 杉田玄白『蘭学事始』(講談社学術文庫、他多数)
Sugrue, Thomas J. *The Origins of the Urban Crisis: Race and Inequality in Postwar Detroit*. Princeton, NJ: Princeton University Press, 2005.
Suits, Daniel B. "The Demand for New Automobiles in the United States 1929–1956." *Review of Economics and Statistics* 40, no. 3 (Aug. 1958): 273–80.
Sukehiro, Hirakawa. "Japan's Turn to the West." In *The Cambridge History of Japan*, vol. 5, The Nineteenth Century, ed. Marius B. Jansen, ch. 7, 432-98. Cambridge, UK: Cambridge University Press, 1989.
Sutcliffe, Anthony. *Paris: An Architectural History*. New Haven, CT: Yale University Press, 1993.
Swartz, Mimi. "Born Again." *Texas Monthly* 19, no. 10 (Oct. 1991): 46–50.
Tarshis, Arthur. "Thirty-one Commercial Buildings Erected by A E. Lefcourt in Two Decades." *New York Times*, May 18, 1930, Real Estate.
Taub, Eric A "Elevator Technology: Inspiring Many Everyday Leaps of Faith." *New York Times*, Dec. 3, 1998.

73, Everyday Life, ed. Alice Kaplan and Kristin Roth, pp. 61–74. New Haven, CT: Yale University Press, 1987.

Schlosser, Julie. "Harder than Harvard." *Fortune*, Mar. 17, 2006.

Schoenbaum, Samuel. *Shakespeare's Lives* rev. ed. Oxford, UK: Clarendon Press, 1991.

Schultz, Theodore W. "The Value of the Ability to Deal with Disequilibria." *Journal of Economic Literature* 13, no. 3 (June 1975): 827–46.

Seidensticker, Edward. *Low City, High City: Tokyo from Edo to the Earthquake*. New York: Knopf, 1983. 邦訳、サイデンステッカー『東京　下町　山の手』(安西徹雄訳、TBS ブリタニカ、1986)

Seuss, Dr. (Theodor Seuss Geisel). *The Lorax*. New York: Random House, 1971.

Shilling, James D., C. F. Sirmans, and Jonathan F. Dombrow. "Measuring Depreciation in Single-Family Rental and Owner-Occupied Housing." *Journal of Housing Economics* 1, no. 4 (Dec. 1991): 368–83.

Shurkin, Joel N. *Broken Genius: The Rise and Fall of William Shockley, Creator of the Electronic Age*. New York: Palgrave Macmillan, 2008.

"Singapore's Deep Tunnel Sewerage System Wins Global Water Awards 2009." *Marketwire*, Apr. 28, 2009.

Skoufias, Emmanuel, and Roy Katayama. "Sources of Welfare Disparities Across and Within Regions of Brazil: Evidence from the 2002–03 Household Budget Survey." World Bank Poverty Reduction Group, Policy Research Working Paper 4803, Dec. 2008.

Small, Kenneth, and Erik Verhoef. *The Economics of Urban Transportation*. New York: Routledge, 2007.

Smith, Adam. *An Inquiry into the Nature and Causes of the Wealth of Nations*, 3d ed. Basel: J. J. Tourneisen and J. L. LeGrand, 1791; New York: Cosimo, 2007. 邦訳、スミス『国富論』(多数)

Smith, Lewis. "Traffic Still Light in London Charge Zone." *Times* (London), Mar. 1, 2003.

Smith, Russell A "The Taft-Hartley Act and State Jurisdiction over Labor Relations." *Michigan Law Review* 46, no. 5 (Mar. 1948): 593–624.

Spang, Rebecca L. *The Invention of the Restaurant: Paris and Modern Gastronomic Culture*. Cambridge, MA: Harvard University Press, 2000. 邦訳、スパング、小林正巳訳『レストランの誕生―パリと現代グルメ文化』(青土社、2011)

Spelman, William. *Criminal Incapacitation*. New York: Plenum Press, 1994.

Spence, Lorna. *A Profile of Londoners by Country of Birth: Estimates from the 2006 Annual Population Survey*. Greater London Authority, Data Management and Analysis Group, DMAG Briefing 2008-05, Feb. 2008, http://static.london.gov.uk/gla/publications/factsandfigures/dmag-briefing-2008-05.pdf.

Spindler, Amy M. "Gianni Versace, so, the Designer Who Infused Fashion with Life

Ruggles, Steven, J. Trent Alexander, Katie Genadek, Ronald Goeken, Matthew B. Schroeder, and Matthew Sobek. *Integrated Public Use Microdata Series*, ver. 5.0 (machine-readable database). Minneapolis: University of Minnesota, 2010.

Ruskin, John. *The Genius of John Ruskin: Selections from His Writings*, ed. John D. Rosenberg. New York: Routledge, 1980; Charlottesville: University Press of Virginia, 1997.

—. *The Works of John Ruskin*. London: G. Allen, 1903.

Russell, Josiah C. "That Earlier Plague." *Demography* 5, no. 1 (1968): 174–84.

Rutman, Darrett B. "Governor Winthrop's Garden Crop: The Significance of Agriculture in the Early Commerce of Massachusetts Bay." *William and Mary Quarterly*, 3d series, vol. 20, no. 3 (July 1963), 396-415.

Rybczynski, Witold. *A Clearing in the Distance: Frederick Law Olmsted andAmerica in the Nineteenth Century*. New York: Scribner, 1999.

Sacerdote, Bruce. "When the Saints Come Marching In: Effects of Hurricanes Katrina and Rita on Student Evacuees." National Bureau of Economic Research Working Paper No. 14385, Oct. 2008.

Sachs, Jeffrey D. "Breaking the Poverty Trap." *Scientific American*, Sept. 2007.

Sachs, Jeffrey D., and Howard J. Shatz. "U. S. Trade with Developing Countries and Wage Inequality." *American Economic Review* 86, no. 2 (May 1996) : 234–39.

"Sailing into a New Luxury at Famous Dubai Hotel." *Toronto Star*, Sept. 11, 2004, Travel.

Saiz, Albert. "The Geographic Determinants of Housing Supply." *The Quarterly Journal of Economics*, 125, no. 3 (Aug. 2010): 1253–96.

Sasser, Bill. "Katrina Anniversary: How Well Has Recovery Money Been Spent?: Money from Charitable Foundations and $142 Billion in Federal Funds Have Produced a Substantial Recovery in Metro New Orleans, Says a Report Released Ahead of Hurricane Katrina Anniversary." *Christian Science Monitor*, Aug. 27, 2010.

Saulney, Susan. "To Save Itself, Detroit Is Razing Itself." *New York Times*, June 20, 2010.

Saunders, Doug. "Slumming It Is Better Than Bulldozing It: Asian Leaders Tearing Down Long-Standing Slums to Build Housing Projects Are Repeating Western Mistakes of the 1950s and 1960s." Focus Column, Reckoning- "Going Ghetto: Urban 'Improvements' That Aren't." Toronto *Globe and Mail*, Jan. 12, 2008.

Saxenian, AnnaLee. *Regional Advantage: Culture and Competition in Silicon Valley and Route 128* Cambridge, MA: Harvard University Press, 1994.

Schadewald, Bill. "A Speculative Salute to the Allen Brothers." *Houston Business Journal*, Sept. 12, 2008.

Schivelbusch, Wolfgang. "The Policing of Street Lighting." *Yale French Studies*, no.

Quinn, Thomas C., Jonathan M. Mann, James W. Curran, and Peter Piot. "AIDS in Africa: An Epidemiologic Paradigm." *Science*, New Series 234, no. 4779 (Nov. 21, 1986): 955–63.

Quincy, Josiah. *History of Harvard*, vol1. New York: Arno, 1977. "Race Riots." Encylopedia of Chicago, http://encyclopedia.chicagohistory.org/pages/1032.html.

Raff, Daniel M. G., and Lawrence H. Summers. "Did Henry Ford Pay Efficiency Wages." *Journal of Labor Economics* 5, no. 4, (Oct. 1987): S57–86.

Raffles, Thomas Stamford. *History of Java*, 2 vols. London: Black, Parbury and Allen, 1817.

Ranjan, Amit. "Bixee, Pixrat Acquired ... First Web 2.0 Acquisition in India." Webyantra, Dec. 5, 2006, http://www.webyantra.net/2oo6/12/osfbixeepixrat-acquiredfirst-web2o-acquisition-in-india,/.

Recovery.gov. *Track the Money*, http://www.recovery.gov/?q=content/rebuilding-infrastructure.

Reubens, Beatrice G. "Burr, Hamilton, and the Manhattan Company: Part I: Gaining the Charter." *Political Science Quarterly* 72, no. 4 (Dec. 1957): 578–607.

Rich, Wilbur C. *Coleman Young and Detroit Politics: From Social Activist to Power Broker*. Detroit: Wayne State University Press, 1989.

Rocco, Elena. "Trust Breaks Down in Electronic Contexts but Can Be Repaired by Some Initial Face-to-Face Contact." In *Proceedings of the SIGHI Conference on Human Factors in Computing Systems*, 496–502. Los Angeles: Special Interest Group on Computer-Human Interaction, 1998.

Rohter, Larry. "Second City Looks Back in Laughter." *New York Times*, Dec. 16, 2009, Arts/Cultural.

Roosevelt, Theodore. *The Rough Riders: An Autobiography* (reprint) Louis Auchincloss, ed. New York: Library of America, 2004.

Rosenthal, Stuart S., and William C. Strange. "Agglomeration, Labor Supply, and the Urban Rat Race." Center for Policy Research, Syracuse University Working Paper no. 106, 2003.

Rosenthal, Stuart S., and William C. Strange. "The Attenuation of Human Capital Spillovers." *Journal of Urban Economics* 64, no. 2 (Sept. 2008): 373–89.

Rousseau, Jean-Jacques. *Emile: or, On Education*, ed. Allan Bloom. New York: Basic Books, 1979. 邦訳、ルソー『エミール』(今野一雄訳、岩波文庫、1963)

Routledge, Christopher. *Cains: The Story of Liverpool in a Pint Glass*. Liverpool: Liverpool University Press, 2009.

Rowbotham, Jill. "London's 'Red Ken' Arrives." *Brisbane Courier-Mail* (Queensland, Australia), Sunday, May 12, 1985.

Rowley, Hazel. *Richard Wright: The Life and Times*. New York: Holt, 2001.

Rucker, Walter C., and James N. Upton. *Encyclopedia of American Race Riots*. Westport, CT: Greenwood, 2007.

Plunz, Richard. *A History of Housing in New York City*. New York: Columbia University Press, 1990.

Pogrebin, Robin. "Plan for an Upper East Side Tower Meets with Disapproval." *New York Times*, Oct. 17,2006.

Polese, Francesca. "In Search of a New Industry: Giovanni Battista Pirelli and His Educational Journey Through Europe, 1870-1871." *Business History* 48, no. 3 (2006): 354-75.

Polinsky, A. Mitchell, and David T. Ellwood. "An Empirical Reconciliation of Micro and Grouped Estimates of the Demand for Housing." *Review of Economics and Statistics* 61, no. 2 (May 1979): 199-205.

Portes, Alejandro. "Housing Policy, Urban Poverty, and the State: The Favelas of Rio de Janeiro, 1972-1976." *Latin American Research Review* 14, no. 2 (Spring 1979): 3-24.

Poterba, James, and Todd Sinai. "Tax Expenditures for Owner-Occupied Housing: Deductions for Property Taxes and Mortgage Interest and the Exclusion of Imputed Rental Income." *American Economic Review* 98, no. 2 (May 2008): 84-89.

Power, Garrett. "Apartheid Baltimore Style: The Residential Segregation Ordinances of 1910-1913." *Maryland Law Review* 42 (1983): 289-328.

President's Advisory Panel on Federal Tax Reform, Report of the. "Simple, Fair, and Pro-Growth: Proposals to Fix America's Tax System." Nov. 2005, http://www.taxpolicycenter.org/taxtopicsfuploadftax-panel-2.pdf.

PricewaterhouseCoopers. "Which Are the Largest City Economies in the World and How Might This Change by 2025." *PricewaterhouseCoopers UK Economic Outlook*, Nov. 2009, https://www.ukmediacentre.pwc.com/imagelibrary/downloadMedia.ashx?MediaDetailsiD=1562.

Pride, Richard A. "Public Opinion and the End of Busing: (Mis) Perceptions of Policy Failure." *Sociological Quarterly* 41, no. 2 (Spring 2000): 207-25.

Prince of Wales. Speech by HRH the Prince of Wales for the Bali to Poznan Corporate Leaders Group on Climate Change Conference, St. James's Palace, London, July 16, 2008, http://www.princeofwales.gov.uk/speechesandarticles/a_speech_by_hrh_the_prince_of_wales_for_the_bali_to_poznanc_186400920S.html.

—. Speech by HRH the Prince of Wales at the 150th Anniversary of the Royal Institute of British Architects (RIBA), Royal Gala Evening at Hampton Court Palace, May 29, 1984, http://www.princeofwales.gov.uk/speechesandarticles/a_speech_by_hrh_the_prince_of_wales_at_the_150th_anniversary1876801621.html.

—. Speech by HRH the Prince of Wales Titled "Tall Buildings." Invensys Conference, QE2 Centre, London, Dec. 11, 2001, http://www.princeofwales.gov.uk/speechesandarticles/a_speech_by_hrh_the_prince_of_wales_titled_tallbuildings_in_62434944.html.

Obama, Barack. "Remarks of Senator Barack Obama: Changing the Odds for Urban America." Washington, DC, July 18,2007, http://www.barackobama.com/2007/07/18/remarks_of_senator_barack_obam 19.php.

O'Hare, Greg, and Michael Barke. "The Favelas of Rio de Janeiro: A Temporal and Spatial Snalysis." GeoJournal 56, no. 3 (2002): 225–40.

Owen, David. *Green Metropolis: Why Living Smaller, Living Closer, and Driving Less Are the Keys to Sustainability*. New York: Riverhead Books, 2009.

Owen, David Elystan. *Canals to Manchester*. Manchester, UK; Manchester University Press, 1977.

Padover, Saul K. *Thomas Jefferson on Democracy*. New York: Appleton-Century, 1939.

Pagden, Anthony. *Worlds at War: The 2,500-Year Struggle Between East and West*. New York: Random House, 2009.

Papayanis, Nicholas. *Planning Paris Before Haussmann*. Baltimore: Johns Hopkins University Press, 2004.

Parry, Ian W. H., Margaret Walls, and Winston Harrington. "Automobile Externalities and Policies." *Journal of Economic Literature* 45, no. 2 (June 2007): 373-99.

Patel, Shirish B. "Dharavi: Makeover or Takeover?" *Economic and Political Weekly* 45, no. 24 (June 12, 2010): 47–54.

Pelfrey, William. *Billy, Alfred, and General Motors: The Story of Two Unique Men, a Legendary Company, and a Remarkable Time in American History*. New York: Amacom, 2006.

Piccadilly Arcade. http://piccadilly-arcade.com/.

Pickney, David H. "Money and Politics in the Rebuilding of Paris, 1860–1870." *Journal of Economic History* 17, no. 1 (Mar. 1957): 45–61.

Pinker, Steven. *How the Mind Works*, 1st ed. New York: Norton, 1997.

Pirenne, Henri. *Medieval Cities: Their Origins and the Revival of Trade*, trans. F. D. Halsey. Princeton, NJ: Princeton University Press, 1952.

Plato. *The Republic of Plato*, trans. Benjamin Jowett and Thomas Herbert Warren, 3d ed. New York: Random House, 1973. 邦訳、プラトン『国家』(藤沢令夫訳、岩波文庫、1979) 他多数

Plaza, Beatriz. "The Return on Investment of the Guggenheim Museum Bilbao." *International Journal of Urban and Regional Research* 30, no. 2 (June 2006).

Ploger, Jörg. "Bilbao City Report." Centre for Analysis of Social Exclusion, Economic and Social Research Council (UK), 2007, http://eprints.lse.ac.uk/3624/1/Bilbao_city_report_% 28final% 29.pdf (accessed July 29, 2010).

—." Leipzig City Report." Centre for Analysis of Social Exclusion, Economic and Social Research Council (UK) , case report 42, 2007, http:lfeprints.lse.ac.uk/3622/1/Leipzig city report (final) .pdf.

Cambridge University Press, 2005.

National Advisory Commission on Civil Disorders, Report of the. (Kerner Report). Washington, D.C., 1968.

National Center for Injury Prevention and Control, http://www.cdc.gov/injury/index.html, および WISQARS (Web-based Injury Statistics Query and Reporting System), http://www.cdc.gov/injury/wisqars.

National Climatic Data Center. "Mean Number of Days With Maximum Temperature 90 Degrees For Higher." http://lwf.ncdc.noaa.gov/oaf_climate/online/ccdfmaxgotemp.html.

Needels, Karen E. "Go Directly to Jail and Do Not Collect? A Long-Term Study of Recidivism, Employment, and Earnings Patterns Among Prison Releases." *Journal of Research in Crime and Delinquency* 33, no. 4 (Nov. 1996): 471-96.

Nelson, George. *Building a New Europe: Portraits of Modern Architects*. New Haven, CT: Yale University Press, 2007.

Nelson, Richard R, and Edmund S. Phelps. "Investment in Humans, Technological Diffusion, and Economic Growth." *American Economic Review* 56, no. 1-2 (Mar. 1966): 69-75.

Nevins, Allan, and Frank Ernest Hill. *Ford*, vol. 1, *The Times, the Man, the Company;* vol. 2, *Expansion and Challenge, 1915-1933;* vol. 3, *Decline and Rebirth, 1933-1962*. New York: Scribner's, 1954-63.

New York City, Department of City Planning. "About NYC Zoning." http ://home2.nyc.gov/html/dcp/html/zone/zonehis.shtml.

New York City, Department of City Planning, City Planning Commission. Zoning Maps and Resolution, Dec.15, 1961, http://www.nyc.gov/html/dcp/pdf/zone/zoning_maps_and_resolution_1961.pdf.

New York City Department of Health and Mental Hygiene, Bureau of Vital Statistics. *Summary of Vital Statistics 2008*, Jan. 2010, http://home2.nyc.gov/html/doh/downloads/pdf/vs/2008sum.pdf; *Summary of Vital Statistics 2007*, http://home2.nyc.gov/html/doh/downloads/pdf/vs/2007sum.pdf; *Summary of Vital Statistics 2000*, http://home2.nyc.gov/html/doh/downloads/pdf/vs/2ooosum.pdf; および *Summary of Vital Statistics 1961*, http://home2.nyc.gov/html/doh/downloads/pdf/vs/1961sum.pdf.

Nguyen, Lananh. "Online Network Created by Harvard Students Flourishes." *Tufts Daily*, Apr. 12, 2004.

Nicholson, Tom, and James C. Jones. "Detroit's New Towers of Hope." *Newsweek*, Mar. 28, 1977.

Nicolaides, Becky M., and Andrew Wiese, eds. *The Suburb Reader*. New York: Routledge, 2006.

Nolan, Jenny. "How the Detroit River Shaped Lives and History." *Detroit News*, Feb. 11, 1997.

88, no. 9-10 (Aug. 2004) : 1667–95.

Minchinton, Walter E. “Bristol: Metropolis of the West in the Eighteenth Century.” *Transactions of the Royal Historical Society*, Fifth Series, vol. 4 (1954) : 69–89.

Miranda, Rowan A. “Post-machine Regimes and the Growth of Government: A Fiscal History of the City of Chicago, 1970–1990.” *Urban Affairs Review* 28, no. 3 (Mar. 1993): 397–422.

Monkkonen, Eric. *Homicides in New York City, 1797-1999* (and various historical comparison sites; computer file in several formats). Los Angeles: University of California, Los Angeles (producer), 2000; and Ann Arbor, MI: Interuniversity Consortium for Political and Social Research (distributor), 2001.

Moore, Charles. *The Life and Times of Charles Follen Mckim*. Boston and New York: Houghton Mifflin, 1929.

Moore, Jim. “The Puzzling Origins of AIDS.” *American Scientist* 92, no. 6 (Nov.-Dec. 2004): 540–47.

Morison, Samuel Eliot. *Three Centuries of Harvard 1636-1936*. Cambridge, MA: Belknap Press/Harvard University Press, 1937.

Morley, Alan. *Vancouver: From Milltown to Metropolis*. Vancouver: Mitchell Press, 1961.

Morris-Suzuki, Tessa. *The Technological Transformation of Japan: From the Seventeenth to the Twenty-first Century*. Cambridge, UK: Cambridge University Press, 1994.

Mott, Frank Luther. *Golden Multitudes: The Story of Best-Sellers in the United States*. New York: Macmillan, 1947.

Mumbai, Office of the Executive President, State Planning Board, Government of Maharashtra. *Mumbai Human Development Report 2009*. New Delhi: Oxford University Press, 2010, http://mhupa.gov.in/W_new/Mumbai%20HDR%20Complete.pdf.

Mumford, Lewis. *The City in History: Its Origins, Its Transformations, and Its Prospects*. Boston: Houghton Mifflin Harcourt, 1961. 邦訳、マンフォード『歴史の都市　明日の都市』(生田勉訳、新潮社、1969)

Munn, Mark H. *The School of History: Athens in the Age of Socrates*. Berkeley: University of California Press, 2000.

Murdoch, James. *A History of Japan, vol. 3., The Tokugawa Epoch, 1652–1868*, rev. Joseph H. Longford. Hertford, UK: Stephen Austin and Sons, 1996.

Murray, Christopher J. L., Sandeep C. Kulkarni, Catherine Michaud, Niels Tomijima, Maria T. Bulzacchelli, Terrell Iandiorio, and Majid Ezzati. “Eight Americas: Investigating Mortality Disparities Across Races, Counties, and Race-Counties in the United States.” Dataset 81. Life Expectancy at Birth by County. *Public Library of Science: Medicine* 3, no. 9 (2006): 1513–24.

Murray, James *M. Bruges, Cradle of Capitalism, 1280-1390*. New York:

McNeill, William H. *History of Western Civilization: A Handbook*, 6th ed. University of Chicago Press, 1986.

—. *Plagues and Peoples*. Garden City, NY: Doubleday, 1976. 邦訳、マクニール『疫病と世界史』（佐々木昭夫訳、中公文庫、2007）

— *Venice: The Hinge of Europe, 1081–1797*. Chicago: University of Chicago Press, 1974. 邦訳、マクニール『ヴェネツィア——東西ヨーロッパのかなめ、1081–1797』（清水廣一郎訳、岩波現代選書、1979）

McWhirter, Cameron. "Homes Give Way to Urban Prairie." *Detroit News*, June 21, 2001.

Meade, Teresa. "Civilizing Rio de Janeiro: The Public Health Campaign and the Riot of 1904." *Journal of Social History* 20, no. 2 (Winter 1986): 301–22, http://www.jstor.org/stable/3787709.

Mehta, Stephanie N. "Carlos Slim, the Richest Man in the World." *Fortune*, Aug. 20, 2007.

Men of the Time; or, Sketches of Living Notables. London: David Bogue, 1852.

Mercer's Quality of Living Worldwide City Rankings, http://www.mercer.comfqualityo:flivingpr#City Ranking Tables.

Meredith, Robin. "G. M. Buys a Landmark of Detroit for Its Home." *New York Times*, May 17, 1996.

Metropolitan Transit Authority. *Greening Mass Transit and Metro Regions: The Final Report of the Blue Ribbon Commission on Sustainability and the MTA*, http://www.mta.info/sustainability/pdf/SustRptFinal.pdf.

Meyer, Milton W. *Japan: A Concise History*, 4th ed. Lanham, MD: Rowman & Littlefield, 2009.

Meyer, Stephen Grant. *As Long as They Don't Move Next Door: Segregation and Racial Conflict in American Neighborhoods*. Lanham, MD: Rowman & Littlefield, 2001.

Mezrich, Ben. *Accidental Billionaires: The Founding of Facebook A Tale of Sex, Money, Genius and Betayal*. Doubleday, 2009. 邦訳、メズリック『face book』（夏目大訳、青志社、2010）

Milgrom, Paul R, Douglass C. North, and Barry R Weingast. "The Role of Institutions in the Revival of Trade: The Medieval Law Merchant, Private Judges, and the Champagne Fairs." *Economics and Politics* 2 (1990): 1–23.

Miller, Donald L. *City of the Century: The Epic of Chicago and the Making of America*. New York: Simon & Schuster, 1996.

Miller, Matthew, Deborah Azrael, and David Hemenway. "Household Firearm Ownership and Suicide Rates in the United States." *Epidemiology* 13, no. 5 (Sept. 2002): 517–24.

Milligan, Kevin, Enrico Moretti, and Philip Oreopoulous. "Does Education Improve Citizenship? Evidence from the U.S. and the U.K." *Journal of Public Economics*

Loveless, Tom. *The 2008 Brown Center Report on American Education: How WellAreAmerican Students Learning?* Washington, D.C.: Brown Center on Education Policy, Brookings Institution, 2008.

Lucas, Adam. "The Role of the Monasteries in the Development of Medieval Milling." In *Wind and Water in the Middle Ages: Fluid Technologies from Antiquity to the Renaissance*, ed. Steven A Walton. Tempe: Arizona Center for Medieval and Renaissance Studies, 2006.

Lychagin, Sergey, Joris Pinkse, Margaret E. Slade, and John Michael van Reenen. "Spillovers in Space: Does Geography Matter?" National Bureau of Economic Research Working Paper Series, val. W16188, July 2010.

Lyons, Jonathan. *The House of Wisdom: How the Arabs Transformed Western Civilization*. New York: Bloomsbury, 2010.

Maddison, Angus. "Statistics on World Population, GDP, and Per Capita GDP, 1-2008 A.D." Mar. 2010, links at http://www.ggdc.net/maddison.

Maier, Thomas. *The Kennedys: America's Emerald Kings*. New York: Basic Books, 2004.

Makielski, Stanislaw J., Jr. *The Politics of Zoning: The New York Experience*. New York: Columbia University Press, 1966.

Markham, Jerry W. *A Financial History of the United States: From Christopher Columbus to the Robber Barons 1492-1900*. Armonk, NY: M. E. Sharpe, 2002.

Marshall, Alex, and David Emblidge. *Beneath the Metropolis: The Secret Lives of Cities*. New York: Carroll & Graf, 2006.

Martin, Sandra. . "The Greatest Architect We Have Ever Produced."' *Toronto Globe and Mail*, May 22, 2009, p. S8.

Mas, Alexandre, and Enrico Moretti. "Peers at Work." *American Economic Review* 99, no. 1 (Mar. 2009): 112-45.

Mason, Shena. *Matthew Boulton: Selling What All the World Desires*. New Haven, CT: Yale University Press, 2009.

Maurseth, Per Botolf, and Bart Verspagen. "Knowledge Spillovers in Europe: A Patent Citations Analysis." *Scandinavian Journal of Economics* 104, no. 4 (Dec. 2002): 531-45.

McClain, James L. *Japan: A Modern History*. New York: Norton, 2002.

McConnell, Kathryn. "Could the Next Silicon Valley Be in [*sic*] Developing Country? Nonprofit Group Fosters Mentorship Support for High-Potential Businesses." America.gov, Jan. 22, 2009, http://www.america.gov/st/developenglish/2oo9/January/20090122143528AKllennoCc M0.4231378.html?CP.rss=true.

McCullough, Diarmaid. *The Reformation*. New York: Penguin, 2005.

McElroy, Joanne, ed. *Key Statistic Bulletin* No. 6, Apr. 2009, Liverpool City Council, http://www.liverpool.gov. uk/Images/tcm21-151075.pdf.

Langley, Monica. *Tearing Down the Walls: How Sandy Weill Fought His Way to the Top of the Financial World ... and Then Nearly Lost It All*. New York: Free Press, 2003.

Lay, Maxwell Gordon. *Ways of the World: A History of the World's Roads and of the Vehicles That Used Them*. New Brunswick, NJ: Rutgers University Press, 1992.

Leape, Jonathan. "The London Congestion Charge." *Journal of Economic Perspectives* 20, no. 4 (Autumn 2006): 157–76.

"Learning from Prada." *RFID Journal*, June 24, 2002, http://www.rfidjournal.com/article/view/272/1.

Lee, Kwan Yew. *From Third World to First: The Singapore Story, 1965–2000*. Tarrytown, NY: Marshall Cavendish, 2000.

—. *The Singapore Story: Memoirs of Lee Kuan Yew*. Singapore Press Holdings, 1998. 邦訳、リー『リー・クアンユー回顧録』(小牧利寿訳、日本経済新聞社、2000)

Lee, Sidney. *A Life of William Shakespeare*. London: Smith Elder, 1898.

Levick, Barbara. *Vespasian*. New York: Routledge, 1999.

Levine, Robert M. *The History of Brazil*. Westport, CT: Greenwood Press, 1999.

—. *Vale of Tears: Revisiting the Canudos Massacre in Northeastern Brazil, 1893–1897*. Berkeley: University of California Press, 1992.

Levinson, Marc. *The Box: How the Shipping Container Made the World Smaller and the World Economy Bigger*. Princeton, NJ: Princeton University Press, 2006. 邦訳、レビンソン『コンテナ物語——世界を変えたのは「箱」の発明だった』(村井童子訳、日経BP社、2007)

Levitt, Steven D. "The Effect of Prison Population Size on Crime Rates: Evidence from Prison Overcrowding Litigation." *Quarterly Journal of Economics* 111, no. 2 (May 1996): 319–51.

—. "The Limited Role of Changing Age Structure in Explaining Aggregate Crime Rates." *Criminology* 37, no. 3 (Aug. 1999): 581–98.

—. "Understanding Why Crime Fell in the 1990s: Four Factors That Explain the Decline and Six That Do Not." *Journal of Economic Perspectives* 18, no. 1 (Winter 2004): 163–90.

Lewis, Michael M. *Liar's Poker: Rising Through the Wreckage on Wall Street*. New York: Norton, 1989. 邦訳、ルイス『ライアーズ・ポーカー——ウォール街は巨大な幼稚園』(東江一紀訳、角川書店、1990)

Lillyman, William J., Marilyn F. Moriarty, and David J. Neuman. *Critical Architecture and Contemporary Culture*. New York: Oxford University Press, 1994.

Logan, Robert A. *Shakespeare's Marlowe: The Influence of Christopher Marlowe on Shakespeare's Artistry*. Hampshire, UK: Ashgate, 2007.

Katz, Lawrence F., and Kenneth T. Rosen. "The Interjurisdictional Effects of Growth Controls on Housing Prices." *Journal of Law and Economics* 30, no.1 (1987): 149–60.

Kazadi, Walter, John D. Sexton, Makengo Bigonsa, Bompela W'Okanga, and Matezo Way. "Malaria in Primary School Children and Infants in Kinshasa, Democratic Republic of the Congo: Surveys from the 1980s and 2000." *American Journal of Tropical Medicine and Hygiene* 71, no. 2 suppl. (Aug. 2004): 97-102.

Kellermann, Arthur L., Frederick P. Rivara, Grant Somes, Donald T. Reay, Jerry Francisco, Joyce Gillentine Banton, Janice Prodzinski, Corinne Fligner, and Bela B. Hackman. "Suicide in the Home in Relation to Gun Ownership." *New England Journal of Medicine* 327, no. 7 (Aug. 13, 1992): 467–72

Kennedy, Randy. "New York's Bus Cleanup Brings Other Cities on Board." *New York Times*, June 16, 2002, Metropolitan Desk.

Kiss, Gary, and Elizabeth Schuster. "Hope Scholarships." *Atlanta Journal-Constitution*, Dec, 8, 2008.

Kleck, Gary. *Point Blank: Guns and Violence in America*. Piscataway, NJ: Aldine Transaction, 2009.

Kling, Jeffrey R, Jeffrey B. Liebman, and Lawrence F. Katz. "Experimental Analysis of Neighborhood Effects." *Econometrica* 75, no. 1 (Jan. 2007): 83–119.

Kneebone, Elizabeth. "Job Sprawl Revisited: The Changing Geography of Metropolitan Employment." Metropolitan Policy Program at the Brookings Institute, Apr. 2009, http://www.brookings.edu/reports/2009/0406_job_sprawl_kneebone.aspx.

Knowles, David. *The Evolution of Medieval Thought*. New York: Vintage Books, 1962.

Kolesnikov-Jessop, Sonia. "Theme Park Developers Turn Their Attention to Asia, Where Business Is Growing." *New York Times*, Dec. 26, 2009, Business/Financial.

Koskoff, David E. *Joseph P. Kennedy: A Life and Times*. Englewood Cliffs, NJ: Prentice-Hall, 1974.

Krueger, Alan B. "How Computers Have Changed the Wage Structure: Evidence from Microdata, *1984–1989*." *Quarterly Journal of Economics* 108, no. 1 (Feb 1993): 33–60.

Kumar, Satish. "The Whole Truth of a Home Economy." In *Mahatma Gandhi: 125 Years*, ed. Manmohan Choudhuri and Ramjee Singh. Varanasi, India: Sarva Seva Sangh Prakashan, Gandhian Institute of Studies, 1995.

LaFranchi, Howard. "New Look on the Left Bank in Paris." *Christian Science Monitor*, Aug. 14, 1989.

Landau, Sarah Brandford, and Carl W. Condit. *The Rise of the New York Skyscraper 1865–1913*. New Haven: Yale University Press, 1996.

istat.it/index e.html.
—. National Economic Accounts, http://en.istat.it/dati/dataset/20100604 00.
—. Regional Accounts, http:/len.istat.it/dati/dataset/20100114 01.
Jackson, Kenneth. *The Ku Klux Klan in the City: 1915–1930*. New York: Oxford University Press, 1967.
Jacob, Sarah. "Now, Social Networking Gets a Voice, Bubbly Allows for Audio Blogging." *Economic Times*, Mar. 23, 2010.
Jacobs, Jane. *The Death and Life of Great American Cities*. New York: Random House, 1961. 邦訳ジェイコブズ『アメリカ大都市の死と生』（山形浩生訳、鹿島出版会、2010）
—. *The Economy of Cities*. New York: Random House, 1969. 邦訳、ジェイコブズ『都市の原理』（中江利忠、加賀谷洋一訳、鹿島出版会、1971/2011）
Jaffe, Adam B., Manuel Trajtenberg, and Rebecca Henderson. "Geographic Localization of Knowledge Spillovers as Evidenced by Patent Citations." *Quarterly Journal of Economics* 108, no. 3 (Aug. 1993): 577–98.
Jervis, John Bloomfield. *Description of the Croton Aqueduct*. New York: Slamm and Guion, 1842.
Johnson, Chalmers. *MITI and the Japanese Miracle: The Growth of Industrial Policy*, 1925–1975. Palo Alto, CA: Stanford University Press, 1982. 邦訳ジョンソン『通産省と日本の奇跡』（矢野俊比古訳、TBSブリタニカ、1982）
Johnson, Steven. *The Ghost Map: The Story of London's Most Terrifying Epidemic — and How It Changed Science, Cities, and the Modern World*. New York: Riverhead Books, 2006.
Jordan, David P. *Transforming Paris: The Life and Labors of Baron Haussmann*. New York: Free Press, 1995.
Kahneman, D., J. L. Knetsch, and R H. Thaler. "Experimental Tests of the Endowment Effect and the Coase Theorem." *Journal of Political Economy* 98 no. 6 (1990): 1325-48. http://www.journals.uchicago.edu/doi/abs/10.1086/261737
Kain, John F., and Joseph J. Persky. "Alternatives to the Gilded Ghetto." *Public Interest* 14 (Winter 1969): 74–83.
Kain, John F., and John M. Quigley. "Housing Market Discrimination, Homeownership, and Savings Behavior." *American Economic Review* 62, no. 3 (June 1972): 263–77.
Kane, Thomas, Atila Abdulkadiroglu, Josh Angrist, Sarah Cohodes, Susan Dynarski, Jon Fullerton, and Parag Pathak. *Informing the Debate: Comparing Boston's Charter, Pilot, and Traditional Schools*. Boston Foundation, Jan. 2009, http://www.gse.harvard.edu/%zEpfpie/pdf/InformingTheDebate Final.pdf.
Kane, T. J., and D. 0. Staiger. "Estimating teacher impacts on student achievement: An experimental evaluation." National Bureau of Economic Research Working Paper no. 14607, 2008.

Hoksen, Andrew. *Ken: The Ups and Downs of Ken Livingstone*. London: Arcadia Books, 2008.

Holmes, Steven A. "The 1989 Elections: Mayors and Referendums; Voters Say Yea to Incumbents, Nay to More Taxes." *New York Times*, Nov. 9, 1989.

Holmes, Thomas J. "The Effect of State Policies on the Location of Manufacturing: Evidence from State Borders." *Journal of Political Economy* 106, no. 4 (Aug. 1998): 667-705.

Horace. *The Satires and Epistles of Horace*, trans. Smith Palmer Bovie. Chicago: University of Chicago Press, 2002.

Howard, Ebenezer. *Tomorrow: A Peaceful Path to Real Reform*. London: Sonnenschein, 1898. 邦訳ハワード『明日の田園都市』(山形浩生訳、http://www.genpaku.org/gardencity/gardencityj.html, 2000, その後改訂されたものに基づく)

Howard, Nicole. *The Book: The Life Story of a Technology*. Westport, Cf: Greenwood Press, 2005.

Hoxby, Caroline M., and Sonali Murarka. "Charter Schools in New York City: Who Enrolls and How They Affect Their Students' Achievement." National Bureau of Economic Research Working Paper Series, vol. W14852, Apr. 2009, http://ssrn.com/abstract=1376155.

Hoyt, Homer. *One Hundred Years of Land Values in Chicago: The Relationship of the Growth of Chicago to the Rise of Its Land Values, 1830-1933*. Washington, DC: Beard Books, 1933.

Hudgins, Bert. "Evolution of Metropolitan Detroit." *Economic Geography* 21, no. 3 (July 1945): 206-20.

Hyland, William. *Richard Rogers*. New Haven, CT: Yale University Press, 1998.

India, Government of. "Climatological Data of Important Cities." India Meteorological Department, Ministry of Earth Sciences, http://www.imd.gov.in/doc/climateimp.pdf.

India, Government of, National Crime Records Bureau. *Crime in India 2008*, ch. 2, "Crime in Megacities." http://ncrb.nic.in.

India, Planning Commission of. "Poverty Estimates for 2004-05." 2007, http://www.planningcommission.gov.in/news/prmar07.pdf.

Inglis, Ian.." Some Kind of Wonderful': The Creative Legacy of the Brill Building." *American Music* 21, no. 2 (Summer 2003): 214-35.

Institut Pasteur. HIV/AIDS research at the Institut Pasteur: "The discovery of the AIDS virus in 1983." http://www.pasteur.fr/ip/easysite/go/03b-000027-00i/the-discovecy-of-the-aids-virus-in-1983.

Iriye, Akira. "Japan's Drive to Great-Power Status." In *The Cambridge History of Japan*, vol. 5, *The Nineteenth Century*, ed. Marius B. Jansen, ch.12, 765-82. Cambridge, UK: Cambridge University Press, 1989.

Istat-Institute of National Statistics (Italy). Demography in Figures, http://demo.

Groner, Isaac N., and David M. Helfeld. "Race Discrimination in Housing." *Yale Law Journal* 57, no. 3 (Jan. 1948): 426-58.

Guinness World Records 2008. New York: Bantam Dell, 2007. 邦訳グレンディ、こどもくらぶ共編『ギネス世界記録 2008』(抄訳、ポプラ社、2007)

Gussow, Mel. "Kevin Spacey's New Role, Overseas and Behind the Scenes." *New York Times*, May 25, 2004.

Gyourko, Joseph, and Albert Saiz. "Construction Costs and the Supply of Housing Structure." *Journal of Regional Science* 46, no. 4 (Oct. 2006): 661–80.

Haines, Michael R "Historical, Demographic, Economic, and Social Data: The United States, 1790–2002." version 1, Feb. 25, 2005, Inter-university Consortium for Political and Social Research, http://hdl.handle.net/1902.2/2896.

Haley, James L. *Sam Houston*. Norman: University of Oklahoma Press, 2004.

Hall, Sir Peter. *Cities in Civilization*. New York: Pantheon Books, 1998.

Hamilton, Alan. "You're Scraping Wrong Part of the Sky, Prince Tells Architects." *Sunday Times* (London), Feb. 1, 2008.

Hamilton, Fiona. "Boris Makes an Early Start with Demands on Action to Cut Crime." *Times* (London), May 5, 2008, Home News.

Harlem Children's Zone. "History." http://www.hcz.org/about-us/history.

Hartemink, Alfred E. "Soil Map Density and a Nation's Wealth and Income." In *Digital Soil Mapping with Limited Data*, ed. Alfred E. Hartemink, Alex McBratney, and Maria de Lourdes Mendonça-Santos, pp. 53–66. New York: Springer, 2008.

Harvey, Rowland Hill. *Samuel Gompers: Champion of the Toiling Masses*. Palo Alto, CA: Stanford University Press, 1935.

Haughwout, Andrew, Robert Inman, Steven Craig, and Thomas Luce. "Local Revenue Hills: Evidence from Four U.S. Cities." *Review of Economics and Statistics* 86, no.2 (2004): 570–85

Hayden, Dolores. "Building the American Way: Public Subsidy, Private Space." In *The Suburb Reader*, ed. Becky M. Nicolaides and Andrew Wiese. New York: Routledge, 2006.

Heath, Brad. 2007. "Katrina Claims Stagger Corps: La., New Orleans Want $277 Billion." *USA Today*, Apr. 9, 2007, News.

Henig, Jeffrey R, "New York City: Paying the Tab." review of *Political Crisis/Fiscal Crisis: The Collapse and Revival of New York City*, by Martin Shefter. *Washington Post*, Nov. 10, 1985.

Henion, Andy. "People Mover Grows Up: Proposal Would Extend Route to New Center." *Detroit News*, Dec. 23, 2006, Metro A.

Henriques, Diana B. "Fischer Black, 57, Wall Street Theorist, Dies." *New York Times*, Aug. 31, 1995.

Hessel, Evan. "Conspicuous Consumption." *Forbes* 175, no. 6: 180.

Glaeser, Edward L., and Jose Scheinkman. "Neither a Borrower nor a Lender Be: An Economic Analysis of Interest Restrictions and Usury Laws." *Journal of Law and Economics* 41, no. 1 (Apr. 1998): 1−36.

Glaeser, Edward L., Jenny Schuetz, and Bryce Ward. "Regulation and the Rise in Housing Prices in Greater Boston: The Impacts of Regulation on Housing Production and Prices in the Region Based on Data from 187 Communities in Massachusetts." Pioneer Institute for Public Policy Research and Rappaport Institute of Greater Boston Research, Jan. 2006.

Glaeser, Edward L., and Jesse M. Shapiro. "Cities and Warfare: The Impact of Terrorism on Urban Form." *Journal of Urban Economics*, Elsevier 51, no. 2 (March 2002): 205−24.

Glaeser, Edward L., and Andrei Shleifer. "The Curley Effect: The Economics of Shaping the Electorate." *Journal of Law, Economics, and Organization* 21, no. 1 (Apr. 2005): 1−19.

Glaeser, Edward L., and Kristina Tobia. "The Rise of the Sunbelt." *Southern Economic Journal* 74, no. 3 (Jan. 2008): 609-43.

Glaeser, Edward L., and Bryce A Ward. "The Causes and Consequences of Land Use Regulation: Evidence from Greater Boston." *Journal of Urban Economics* 65, no. 3 (May 2009): 265−78.

Godshalk, David Fort. *Veiled Visions: The 1906 Atlanta Race Riot and the Reshaping of American Race Relations*. Chapel Hill: University of North Carolina Press, 2009.

Goh, Mark. "Congestion Management and Electronic Road Pricing in Singapore." *Journal of Transport Geography* 10, no. 1 (Mar. 2002): 29−38.

Goldberger, Paul. "God's Stronghold at Mammon's Door: After 150 Years, Trinity's Spire Still Looms Amid Wall St. Towers." *New York Times*, May 14, 1996.

Goldin, Claudia, and Lawrence F. Katz. *The Race Between Education and Technology*. Cambridge, MA: Belknap/Harvard University Press, 2008.

Gómez-Ibáñez, José A, and Fernanda Ruiz Nuñez. "Inefficient Cities." Harvard University, Working Paper, Mar. 2007.

Gondola, Ch. Didier. *The History of Congo*. Westport, CT: Greenwood Press. 2003.

Goodman, Grant K. *Japan and the Dutch: 1600−1843*. Richmond, UK: Curzon Press, 2000.

Goodwin, Jason. *Otis: Giving Rise to the Modern City*. Chicago: Ivan R Dee., 2001.

Greenblatt, Stephen. *Will in the World: How Shakespeare Became Shakespeare*. New York: Norton, 2004. 邦訳、グリーンブラッド『シェイクスピアの驚異の成功物語（河合祥一郎訳、白水社、2006）

Greenwald, Richard A " 'More than a Strike' : Ethnicity, Labor Relations, and the Origins of the Protocol of Peace in the New York Ladies' Garment Industry." *Business and Economic History* 27, no. 2 (Winter 1998): 318−32.

Glaeser, Edward L., Joseph Gyourko, and Raven E. Saks. "Urban Growth and Housing Supply." *Journal of Economic Geography* 6, no. 1 (Jan. 2006): 71–89.

—. "Why Is Manhattan So Expensive? Regulation and the Rise in Housing Prices." *Journal of Law and Economics* 48, no. 2 (Oct. 1, 2005): 331-69.

Glaeser, Edward L., and Matthew E. Kahn. "From John Lindsay to Rudy Giuliani: The Decline of the Local Safety Net." *Economic Policy Review* 5, no. 3 (Sept. 1999).

—. ""The Greenness of Cities: Carbon Dioxide Emissions and Urban Development." *Journal of Urban Economics* 67, no. 3 (May 2010): 404-18.

—. "Sprawl and Urban Growth." In *Handbook of Regional and Urban Economics*, ed. J. Vernon Henderson and Jacques-Fran¦;ois Thisse, vol. 4, ch. 56, pp. 2481–2527. Amsterdam: Elsevier, 2004.

Glaeser, Edward L., Matthew E. Kahn, Richard Arnott, and Christopher Mayer. "Decentralized Employment and the Transformation of the American City." Brookings-Wharton Papers on Urban Affairs, 2001.

Glaeser, Edward L., Matthew E. Kahn, and Jordan Rappaport. "Why Do the Poor Live in Cities? The Role of Public Transportation." *Journal of Urban Economics* 63, no 1 (2008): 1–24.

Glaeser, Edward L., Hedi D. Kallal, Jose A Scheinkman, and Andrei Shleifer. "Growth in Cities." *Journal of Political Economy* 100 no. 6 (Dec. 1992): 1126–52.

Glaeser, Edward L., William R Kerr, and Giacomo A M. Ponzetto. "Clusters of Entrepreneurship." *Journal of Urban Economics, Special Issue: Cities and Entrepreneurship*, vol. 67, no. 1 (Jan. 2010): 150–68.

Glaeser, Edward L., and Janet E. Kohlhase. "Cities, Regions, and the Decline of Transport Costs." *Papers in Regional Science* 83, no. 1 (2003): 197-228.

Glaeser, Edward L., Jed Kolko, and Albert Saiz. "Consumer City." *Journal of Economic Geography* 1, no. 1 (Jan. 2001): 27–50.

Glaeser, Edward L., Giacomo A M. Ponzetto, and Andrei Shleifer. "Why Does Democracy Need Education." *Journal of Economic Growth* 12, no. 2 (2007): 77–99.

Glaeser, Edward L., Matt Resseger, and Kristina Tobia. "Inequality in Cities." *Journal of Regional Science* 49, no. 4 (Oct. 2009): 617-46, http://ssrn.comjabstract=1487265 or doi:w.nnjj.1467-9787.2009.00627.X.

Glaeser, Edward L., and Bruce Sacerdote. "Why Is There More Crime in Cities." *Journal of Political Economy* 107, no. 6, part 2 (*Symposium on the Economic Analysis of Social Behavior in Honor of Gary S. Becker*, Dec. 1999): S225–S58.

Glaeser, Edward L., and Albert Saiz. "The Rise of the Skilled City." *Brookings-Wharton Papers on Urban Affairs*, 2004: 47-105.

Glaeser, Edward L., and Raven E. Saks. "Corruption in America." *Journal of Public Economics* 90, no. 6–7 (Aug. 2006): 1053–72.

Places: Earliest Census to 1990"; and New York — Race and Hispanic Origin for Selected Large Cities and Other Places: Earliest Census to 1990; http://www.census.gov/population/www/documentation/twps0076/twps0076.html.

Gilbert, Daniel. *Stumbling on Happiness*. New York: Vintage Books, 2007. 邦訳ギルバート『幸せはいつもちょっと先にある：期待と妄想の心理学』（熊谷淳子訳、早川書房、2007）

Giles, Chris. "A Logical Effort to Ease the London Gridlock." *Financial Times* (London), Jan. 24, 2003, Comment & Analysis.

Gillette, Felix. "Has Tom Wolfe Blown It." *Village Voice*, Jan. 10, 2007, http://www.proquest.com.ezp-prod1.hul.harvard.edu.

Gillmor, C. Stewart. *Fred Terman at Stanford*. Palo Alto, CA: Stanford University Press, 2004.

Gin, Alan, and Jon Sonstelie. "The Streetcar and Residential Location in Nineteenth Century Philadelphia." *Journal of Urban Economics*, Elsevier 32, no. 1 (July 1992) 92–107.

Glaeser, Edward L. "Are Cities Dying." *Journal of Economic Perspectives* 12, no. 2 (Spring 1998): 139–60.

—. "Can Buffalo Ever Come Back." *City Journal*, Fall2007.

—. "Green Cities, Brown Suburbs." *City Journal*, Winter 2009.

—. "Growth: The Death and Life of Cities." In *Making Cities Work: Prospects and Policies for Urban America*, Robert P. Inman, ed. Princeton, NJ: Princeton University Press, 2009.

—. "Houston, New York Has a Problem." *City Journal*, Summer 2008.

—. "Preservation Follies." *City Journal*, Spring 2010.

—. "Reinventing Boston: 1640–2003." *Journal of Economic Geography* 5, no. 2 (Nov. 2005): 119–53.

—. "Urban Colossus: Why Is New York America's Largest City." Federal Reserve Bank of New York, *Economic Policy Review*, Dec. 2005.

Glaeser, Edward L., and Spencer Glendon. "Who Owns Guns? Criminals, Victims, and the Culture of Violence." *American Economic Review* 88, no. 2 (May 1998), Papers and Proceedings of the 110th Annual Meeting of the American Economic Association, 458–62.

Glaeser, Edward L., and Joshua D. Gottlieb. "The Economics of Place-Making Policies." *Brookings Papers on Economic Activity* 2008.1: 155–253・

—." Urban Resurgence and the Consumer City." *Urban Studies* 43, no. 8 (July 2006): 1275-99.

Glaeser, Edward L., and Joseph Gyourko. "Urban Decline and Durable Housing." *Journal of Political Economy* 113, no. 2 (Apr. 2005): 345–75.

Glaeser, Edward L., Joseph Gyourko, and Albert Saiz. "Housing Supply and Housing Bubbles." *Journal of Urban Economics* 64, no. 2 (Sept. 2008): 198–217.

2008, Home News.
Folpe, Emily Kies. *It Happened on Washington Square*. Baltimore: Johns Hopkins University Press, 2002.
Foot, John. *Milan Since the Miracle: City, Culture and Identity*. Oxford: Berg, 2001.
47th Street Business Improvement District, The Diamond District, http://www.diamonddistrict.org/home.html.
Frankel, Jeffrey A "The Natural Resource Curse: A Survey." National Bureau of Economic Research Working Paper no. 15836, 2010.
Friends of Mammoth v. Board of Supervisors, Sac. No. 7924 Cal. 3d, 8, 247 (Supreme Court of California).
Galarneau, Diane, and Rene Morissette. "Immigrants' Education and Required Job Skills." Statistics Canada, *Perspectives*, Dec. 2008, http://www.statcan.gc.ca/pub/75-001-x/2008112/pdf/10766-eng.pdf.
Galatas, Roger, and Jim Barlow. *The Woodlands: The Inside Story of Creating a Better Hometown*. Washington, DC: Urban Land Institute, 2004.
Galloni, Alessandra. "Miuccia and Me." *Wall Street Journal Magazine*, Mar. 2010.
Gandhi, Mahatma. *Mahatma Gandhi: The Essential Writings*, ed. Judith Margaret Brown. New York: Oxford University Press, 2008.
Gans, Herbert J. *The Levittowners: Life and Politics in a New Suburban Community*. New York: Columbia University Press, 1982.
Gari, L. "Arabic Treatises on Environmental Pollution up to the End of the Thirteenth Century." *Environment and History* 8, no. 4 (2002): 475–88.
Gaspar, Jess, and Edward L. Glaeser. "Information Technology and the Future of Cities." *Journal of Urban Economics* 43, no. 1 (Jan. 1998): 136–56.
Gelzinis, Peter. "Commissioner Connecting: Neighbors Notice as Hands-on Meaasures Take Root in Neighborhoods." *Boston Herald*, Aug. 22, 2007, News.
Geolytics Neighborhood Change Database 1970-2000 Tract Data Short Form Release 1.1, CD-ROM. (Brunswick, NJ: Geolytics, 2002.
Gergen, Christopher, and Gregg Vanourek. *Life Entrepreneurs: Ordinary People Creating Extraordinary Lives*. San Francisco: Wiley, 2008.
Geyl, Pieter. *The Revolt of the Netherlands 1555–1609*. London: Cassel, 1932.
Gibson, Campbell. "Population of the 100 Largest Cities and Other Urban Places in the United States: 1790 to 1990." U.S. Census Bureau, Working Paper No. 27, June 1998, http://www.census.gov/population/www/documentation/twps0027/twps0027.html.
Gibson, Campbell, and Kay Jung. "Historical Census Statistics on Population Totals by Race, 1790 to 1990, and by Hispanic Origin, 1970 to 1990, for Large Cities and Other Urban Places in the United States." U.S. Census Bureau, Population Division, Working Paper No. 76, Feb. 2005; detailed tables for Illinois, Michigan, and New York: "Race and Hispanic Origin for Selected Large Cities and Other

and Political History. Boston: Houghton Mifflin, 2008.

Economist Intelligence Unit, Global Liveability Report, http://www.eiu.com/siteinfo.asp?info name=The_Global_Liveability_Report_Press_Release\&rf=o .

Edgerton, Robert B. *The Troubled Heart of Africa: A History of the Congo*. New York: St. Martin's. 2003.

Elliott, Orrin Leslie. *Stanford University: The First Twenty-Five Years*. Palo Alto, CA; Stanford University Press, 1937.

Encyclopedia Britannica Online, http://www.britannica.com.

Escoffier, Auguste. *Memories of My Life*, trans. Laurence Escoffier. New York: Van Nostrand Reinhold, 1997. 邦訳、エスコフィエ『エスコフィエ自伝：フランス料理の完成者』（大木吉甫訳、中公文庫 Biblio, 2005）

European Automobile Manufacturing Association. *The Automobile Industry Pocket Guide*. "The Trends in Motorisation." data for 2006, http://www.acea.be/images/uploads/files/20090529 motorisation.pdf.

European Environment Agency. *Urban Sprawl in Europe: The Ignored Challenge*. Report No. 10/2006. Nov. 24, 2006, http://www.eea.europa.eu/publications/eea report_2006_10./eea report_10_2006.pdf.

European Road Federation. *European Road Statistics 2009*, http://www.irfnet.eu/media/stats/ERF-2009%2oEuropean%20 Union%20Road%20Statistics%20BOOKLET V07 update.pdf.

"'Fairchildren' Who Came to Dominate the World of Technology." *Financial Times* (London), Oct. 31, 2007, Business Life.

Farrell, William E. "D.A.'s Assail Rockefeller Drug Penalties." *New York Times*, Feb. 7, 1973, p. A4.

Federal Bureau of Investigation. *Crime in the United States, 2008*, Sept. 2009, http://www.fbi.gov/ucr/cius2008/index.html.

Federal Bureau of Investigation. *Famous Cases*. "Willie Sutton." http://www.fbi.gov/libref/historic/famcases/sutton./sutton.htm.

Ferguson, Margaret, Mary Jo Salter, and Jon Stallworthy, eds. *Norton Anthology of Poetry*, 5th ed. New York: Norton, 2005.

Ferreira, Francisco H. G., Peter Lanjouw, and Marcelo Neri. "A Robust Poverty Profile for Brazil Using Multiple Data Sources." *Revista Brasileira de Economia* 57, no.1 (Mar. 2003): 59–92.

Ferrie, Joseph P., and Werner Troesken. "Water and Chicago's Mortality Transition, 1850–1925." *Explorations in Economic History* 45, no. 1 (Jan. 2008): 1–16.

Fischler, Stan. *Subways of the World*. Minneapolis: MBI, 2000.

Fisman, Raymond. "Estimating the Value of Political Connections." *American Economic Review* 91, no. 4 (Sept. 2001): 1095–1102.

Foggo, Daniel. "Ken, the Animal Tester of X Block." *Times* (London), Feb. 17,

Dimbleby, Jonathan. *The Prince of Wales.* Boston: Little, Brown, 1994. 邦訳、ディンブルビー『チャールズ皇太子の人生修行』（仙名紀訳、朝日新聞社、1995）

DiPasquale, Denise, and Edward L. Glaeser. "The Los Angeles Riot and the Economics of Urban Unrest." *Journal of Urban Economics* 43, no. 1 (Jan. 1998): 52–78.

Dobbie, Will, and Roland G. Fryer. "Are High Quality Schools Enough to Close the Achievement Gap? Evidence from a Social Experiment in Harlem." National Bureau of Economic Research Working Paper 15473, Nov. 2009.

Doms, Mark, Timothy Dunne, and Kenneth R Troske. "Workers, Wages, and Technology." *Quarterly Journal of Economics* 112, no. 1 (Feb. 1997): 253–90.

Donohue, John J., III. "Fighting Crime: An Economist's View." *Milken Institute Review*, 1st quarter 2005, http://works.bepress.com/cgi/viewcontent.cgi?article=1016\&context=john_donahue.

Donohue, John J., III, and Steven D. Levitt. "The Impact of Legalized Abortion on Crime." *Quarterly Journal of Economics* 116, no. 2 (May 2001): 379–420.

Dorfman, Nancy S. "Route 128: The Development of a Regional High Technology Economy." *Research Policy* 12 no. 6 (1983): 299-316.

Dorrington, R E., T. A Moultrie, and T. Daniel. *The Demographic Impact of HIV/AIDS in Botswana.* Gaborone: UN DP and NACA, Botswana, 2006, http://www.gov.bw/Global/NACA% 2oMinistry/Demographic Report. pdf.

"The Dragon's Gambling Den." *Economist*, July 10, 2010.

"Dredging the Debt: Dubai's Debt Mountain." *Economist*, Oct. 31, 2009.

Dreiser, Theodore. *Sister Carrie.* New York: Doubleday, Page & Co., 1900. 邦訳、ドライサー『シスター・キャリー』（上下巻、村山淳彦訳、岩波文庫、1997）

Dubai Mall, http://www.thedubaimall.com/en.

Durack, David T., Robert J. Littman, R Michael Benitez, and Philip A. Mackowiak. "Hellenic Holocaust: A Historical Clinico-Pathologic Conference." *American Journal of Medicine* 109, no. 5 (Oct. 1, 2000): 391–97.

Durant, Will, and Ariel Durant. *The Story of Civilization,* vol. 4, *The Age of Faith: A History of Medieval Civilization-Christian, Islamic, and Judaic–from Constantine to Dante, A.D. 325–1300.* New York: Simon & Schuster, 1950. 邦訳、デュラント『世界の歴史』（日本ブック・クラブ、1968）

Duranton, Gilles, and Matthew Turner. "The Fundamental Law of Road Congestion: Evidence from the U.S." University of Toronto Department of Economics Working Paper 370, 2009.

Duranton, Gilles, and Matthew Turner: "Urban Growth and Transportation." (2010). http://individual. utoronto.ca/gilles/Papers/GrowthTransport.pdf.

Dussault, Raymond. "Jack Maple: Betting on Intelligence." *Government Technology*, Apr. 1, 1999.

Ebrey, Patricia, Anne Walthall, and James Palais. *East Asia: A Cultural, Social,*

Couch, Carl J., David R Maines, and Shing-Ling Chen. *Information Technologies and Social Orders*. New Brunswick, NJ: Transactions, 2006.

Cronon, William. *Nature's Metropolis: Chicago and the Great West*. New York: W. W. Norton, 1991.

Currid, Elizabeth. *The Warhol Economy: How Fashion, Art, and Music Drive New York City*. Princeton, NJ: Princeton University Press, 2007.

Cutler, David M., and Edward L. Glaeser. "Are Ghettos Good or Bad." *Quarterly Journal of Economics* 112, no. 3 (Aug. 1997): 827-72.

Cutler, David M., Edward L. Glaeser, and Karen Norberg. "Explaining the Rise in Youth Suicide." Chapter in Jonathan Gruber, ed. *Risky Behavior Among Youths: An Economic Analysis*. Chicago: University of Chicago Press, 2001.

Cutler, David M., Edward L. Glaeser, and Jacob L. Vigdor. "The Rise and Decline of the American Ghetto." *Journal of Political Economy* 107, no. 3 (June 1999): 455–506.

Cutler, David M., and Grant Miller. "Water, Water Everywhere: Municipal Finance and Water Supply in American Cities." In *Corruption and Reform: Lessons from America's Economic History*, Edward L. Glaeser and Claudia Goldin, eds., pp. 153–84. Chicago: University of Chicago Press, 2006.

Davey, Monica. "Detroit Mayor's Tough Love Poses Risks in Election." *New York Times*, Sept. 25, 2009.

Davis, Heather Greenwood. "Dubai Hits the Heights Again: World's Tallest Tower Goes over the Top with Luxury Complex." *Toronto Star*, Jan. 7, 2010, Travel.

de Long, J. Bradford, and Andrei Shleifer. "Princes and Merchants: European City Growth Before the Industrial Revolution." *Journal of Law and Economics* 36 (Oct. 1993).

DeNavas-Walt, Carmen, Bernadette D. Proctor, and Jessica C. Smith. U.S. Bureau of the Census, Current Population Reports, *Income, Poverty, and Health Insurance Coverage in the United States: 2008*, September 2009, Table 4: "People and Families in Poverty by Selected Characteristics: 2007 and 2008." p. 14.

Dennis, Jan. "Gas Prices, Global Warming Renewing Interest in High-Speed Rail." Associated Press, Sept. 7, 2007.

Derbyshire, Wyn. *Six Tycoons: The Lives of John Jacob Astor, Cornelius Vanderbilt, Andrew Carnegie, John D. Rockefeller, Henry Ford, and Joseph P. Kennedy*. London: Spiramus, 2008.

Design for London. "Housing for a Compact City." June 2003, http://www.london.gov.uk/archive/mayor/auu/docs/housing_compact_city_1.pdf.

Diamond, Jared. *Guns, Germs and Steel: The Fates of Human Societies*, rev. ed. New York: Norton, 2005. 邦訳、ダイアモンド『銃、病原菌、鉄——1万3000年にわたる人類史の謎』(上下巻、倉骨彰訳、草思社文庫、2012. 翻訳は旧版に基づくが本書での参照部分は同じ)

—. Population by Selected Ethnic Origins, by Census Metropolitan areas, 2006 Census, Vancouver, http://www40.statcan.gc.caflm/cstmfdemo27Yeng.htm.
Canagarajan, Sudharshan, John Ngwafon, and Saji Thomas. "The Evolution of Poverty and Welfare in Nigeria, 1985-92." Policy Research Working Paper Series, 1715. The World Bank, 1997.
Cannato, Vincent J. *The Ungovernable City: John Lindsay and His Struggle to Save New York*. New York: Basic Books, 2001.
Card, David. "Estimating the Return to Schooling: Progress on Some Persistent Econometric Problems." *Econometrica* 69, no. 5 (Sept. 2001): 1127-60.
"Carlos Slim Helu, Biography of." http://www.carlosslim.comfbiografia ing.html (accessed Aug. 4, 2010).
Cartledge, Paul. *Ancient Greece: A History in Eleven Cities*. New York: Oxford University Press, 2009.
Carvel, John. *Citizen Ken*. London: Chatto & Windus/Hogarth Press, 1984.
Case-Shiller Home Price Indices, Standard& Poor's, http://www.standardandpoors.com/indices/sp-case-shiller-home-priceindices/en/us/?indexld=SPUSA-CASHPIDFF--P-US----.
Catan, Thomas. "Spain's Bullet Train Changes Nation-and Fast." *Wall Street Journal*, Apr. 20, 2009.
Chandler, Tertius. *Four Thousand Years of Urban Growth: A Historical Census*. Lewiston, NY: Mellon House, 1987.
Chasteen, John Charles. *Born in Blood and Fire: A Concise History of Latin America*. New York: Norton, 2001.
"Chinese Agency Highlights Problems of Rising Car Ownership." *BBC Worldwide Monitoring, Asia Pacific*, July 19, 2010.
Chinitz, Benjamin. "Contrasts in Agglomeration: New York and Pittsburgh." *American Economic Review* 51, no. 2 (May 1961): 279-89.
Collins, William J. "The Political Economy of State Fair Housing Laws before 1968." *Social Science History* 30 (2006): 15-49.
Columbia University, Office of Public Affairs. "Nobelist William S. Vickrey: Practical Economic Solutions to Urban Problems." Oct. 8, 1996, http://www.columbia.edu/cu/pr/96/18968.html.
Congo, Republique Democratique du. *Enquete Demographique et de Sante 2007*. Macro International, Calverton, MD, Aug. 2008, http://www.measuredhs.com/pubs/pdf/FR208/FR208.pdf.
Conn, Steven. *Metropolitan Philadelphia: Living with the Presence of the Past*. Philadelphia: University of Pennsylvania Press, 2006.
Costa, Dora L., and Matthew E. Kahn. "Power Couples: Changes in the Locational Choice of the College Educated, 1940-1990." *Quarterly Journal of Economics* 115, no. 4 (Nov. 2000): 1287-1315.

"By-the-Bye in Wall Street." *Wall Street Journal*, Dec. 5, 1932.
Cahalan, Margaret Werner. "Historical Corrections Statistics in the United States, 1850-1984." Rockville, MD: U.S. Department of Justice, Bureau of Justice Statistics, 1986, http://www.ncjrs.gov/pdffiles1/pr/102529.pdf.
Caillebotte, Gustave. *Paris Street; Rainy Day*, 1877, oil on canvas, 212.2 x 276.2 em, Charles H. and Mary F. S. Worcester Collection, 1964.336, Art Institute of Chicago, http://www.artic.edu/artaccess/AA Impressionist/pages/IMP 4.shtml.
California Department of Public Health. *Los Angeles County's Health Status Profile for 2010*, http://www.cdph.ca.gov/programs/ohir/Documents/losangeles.xls.
—. *San Francisco County's Health Status Profile for 2010*, http://www.cdph.ca.gov/programs/ohir/Documents/sanfrancisco.xls.
California Department of Water Resources. *California Water Plan Update 2005*, vol. 2, ch. 3, "Agricultural Water Use Efficiency." http://www.waterplan.water.ca.gov/docs/cwpu2oosjvol2/v2cho3.pdf; vol. 2, ch. 22, "Urban Water Use Efficiency." http://www. waterplan. water .ca.gov/docs/cwpu2oos/vol2/V2ch22.pdf (Aug.11,2010 アクセス).
California, Government of. Association of Bay Area Governments, San Francisco Bay Area Housing Needs Plan 2007-2014, http://www.abag.ca.gov/planning/pdfs/SFHousingNeedsPlan.pdf.
—. California Environmental Quality Act (CEQA), Statute and Guidelines 2009, http://ceres.ca.gov/ceqa/stat.
Canada: Statistics Canada. Components of Population Growth, by Province and Territory, http://www40.statcan.gc.cafl01/cst01/dem033a-eng.htm.
—. Educational Portrait of Canada, 2006 Census: Immigration, "Immigrants Account for a Large Proportion of Doctorate and Master's Degree Holders, http://www12.statcan.ca/census-recensement/2oo6/as-sa/gzs6o/p13-eng.cfm.
—. Greater Vancouver, 2006 Community Profiles, http://www12.statcan.gc.cafcensus-recensement/2006/dp-pd/prof/92-591/details/Page.cfm?Lang=E\&Ge01=CD\&Code1=591S\&Geo2=PR\&Code2=59\&Data=Count\&SearchText=Greater% 20Vancouver\&SearchType=Begins\& SearchPR=01\&B1=All\& Custom=.
—. Immigrant Population by Place of Birth, by Census Metropolitan Area, 2006 Census, Vancouver, http://www40.statcan.gc.cafl01/cst01/demo35g-eng.htm.
—. Immigrant Status and Period of Immigration (9), Work Activity in 2005 (14), Highest Certificate, Diploma or Degree (7), Age Groups (9), and Sex (3) for the Population 15 Years and Over of Canada, Provinces, Territories, Census Metropolitan Areas, and Census Agglomerations, 2006 Census-20% Sample Data, http://www12.statcan.gc.ca.
—. Population 15 Years and Over by Highest Degree, Certificate or Diploma (1986 to 2006 Census), http://www40.statcan.gc.caflm/cst01/EDU C42-eng.htm.

Boas, Frederick S. *Shakespeare and His Predecessors.* New York: Scribner's, 1900.
Bond Street Association. http://www.bondstreetassociation.com/.
Boorstin, Daniel Joseph. *The Discoverers.* New York: Random House, 1985.
Boston College. "Highlights of Results from TIMS." [Third International Mathematics and Science Study], Nov. 1996, http://timss. bc.edujtimss1995i/TIMSSPD F/P2HiLite.pdf.
Boston Latin School. "History (375 Years), Celebrating a Public Treasure." http://www.bls.org/podiumjdefault.aspx?t=113646.
Boswell, James. *The Life of Samuel Johnson, LL.D.* London: Printed by Henry Baldwin, for Charles Dilly, 1791.
Botswana, Republic of. "MASA: Anti-Retroviral Therapy." http://www.gov.bw/Global/MOH/Masa ARV Program.pdf.
Botswana, Republic of, Central Statistics Office. "Stats Update December 2009." http://www.cso.gov.bw/images/stories/StatsUpdates/update decog.pdf.
—. Table 1.6, "Distribution of Population in Urban Settlements: 1971-2001 Censuses." http://www.cso.gov.bwfindex.php?option=com content&task=view&id=147\&Itemid=94
Boulger, Demetrius Charles. *The Life of Sir Stamford Raffles.* London: Horace Marshall & Son, 1899.
Braunhut, Herman Jay. "Farm Labor Wage Rates in the South, 1909–1948." *Southern Economic Journal* 16, no. 2 (Oct. 1949): 189–96.
Brillat-Savarin, Jean Anthelme. *The Physiology of Taste*, trans. M. F. K Fisher. New York: Courier Dover Publications, 2002. 邦訳、ブリア＝サバラン『美味礼賛』(関根秀雄、戸部松実訳、上下巻、岩波文庫、1967)
Brinkley, Douglas. *Wheels for the World: Henry Ford, His Company, and a Century of Progress.* New York: Viking, 2003.
Brody, Howard, Michael Russell Rip, Peter Vinten-Johansen, Nigel Paneth, and Stephen Rachman. "Map-Making and Myth-Making in Broad Street: The London Cholera Epidemic, 1854." *Lancet* 356, no. 9223 (July 1, 2000): 64–68.
Bundles, A' Lelia. *On Her Own Ground: The Life and Times of Madam C. J. Walker.* New York: Scribner, 2001.
Burns, E. Bradford. *A History of Brazil*, 3d ed. New York: Columbia University Press, 1993.
Burrough, Bryan, and John Helyar. *Barbarians at the Gate: The Fall of RJRNabisco.* New York: HarperCollins, 2003.
Burrows, Edwin G., and Mike Wallace. *Gotham: A History of New York City to 1898.* New York: Oxford University Press, 1999.
Busso, Matias, and Patrick Kline. "Do Local Economic Development Programs Work? Evidence from the Federal Empowerment Zone Program." *American Economic Journal: Economic Policy*, forthcoming.

Becklumb, Penny. "Canada's Immigration Program." rev. Sept. 10, 2008. Ottawa: Library of Parliament, Law and Government Division, http://www2.parl.gc.ca/contentflop/researchpublications/bp190-e.pdf.

Behar, Darren. "Livingstone Wins Fight over £5 Car Charge." *Daily Mail* (London), Aug. 1, 2002.

"Bengal Leads Hunger List, Poor Land-Man Ratio Blamed." *Financial Express*, Apr. 4, 2007.

Beniwal, Vrishti. "Commuting Time in Mumbai the Maximum, Says Study." *Financial Express*, Aug. 16, 2007.

Bennett, Charles G. "City Acts to Save Historical Sites: Wagner Names 12 to New Agency — Architects Decry Razing of Penn Station." *New York Times*, Apr. 22, 1962.

Berger, Joseph. "Hell's Kitchen, Swept Out and Remodeled." *New York Times*, Mar. 19, 2006.

Bernstein, Peter L. *Against the Gods: The Remarkable Story of Risk*. New York: Wiley, 1996. 邦訳、バーンスタイン『リスク――神々への反逆』（青山護訳、日経ビジネス人文庫、2001）

—. *Wedding of the Waters: The Erie Canal and the Making of a Great Nation*. New York: Norton, 2005.

Berrien, Jenny, and Christopher Winship. "Lessons Learned from Boston's Police-Community Collaboration." *Federal Probation* 63, no. 2 (Dec. 1999), Academic Search Premier, EBSCOhost.

Besley, Timothy, and Robin Burgess. "Can Labor Regulation Hinder Economic Performance? Evidence from India." *Quarterly Journal of Economics* 119, no. 1 (Feb. 2004): 91–134.

Bertaud, Alain. "Mumbai FSI Conundrum: The Perfect Storm-the Four Factors Restricting the Construction of New Floor Space in Mumbai." July 15, 2004, http://alain-bertaud.com/A B_Files/A B_Mumbai_FSI_conundrum.pdf

Bertoni, Steven, Keren Blankfeld, Katie Evans, Russell Flannery, Duncan Greenberg, Naazneen Karmali, Benjamin Klauder, *et al*. "Billionaires." *Forbes* 185, no. 5: 69–76.

"Billionaires' Favorite Hangouts." *Forbes* 181, no. 6: 12off.

"The Birth of the University." *History of Stanford*. Stanford University, http://www.stanford.edu/about/history/index.html (July 20, 2010 アクセス).

Black, James. "Hamlet Hears Marlowe; Shakespeare Reads Virgil." *Renaissance and Reformation*, 18, no. 4 (1994): 17–28.

Blakely, Rhys. "17 People Die Every Day Commuting to Work in Mumbai, India." *Times* (London), Apr. 1, 2009.

Bloomberg, Michael, and Matthew Winkler. *Bloomberg by Bloomberg*. New York: Wiley, 1997.

Times, Oct. 25, 1961.

Ashenfelter, Orley, and Alan Krueger. "Estimates of the Economic Return to Schooling from a New Sample of Twins." *American Economic Review* 84, no. 5 (Dec. 1994): 1157–73

Bairoch, Paul. *Cities and Economic Development: From the Dawn of History to the Present*, tr. Christopher Braider. University of Chicago Press, 1988.

Bakhit, Mohammad Adnan. *History of Humanity: From the Seventh Century BC to the Seventh Century AD*. Paris: UNESCO; and London: Routledge; 2000.

Ballon, Hillary, and Norman McGrath. *New York's Pennsylvania Stations*. New York: W. W. Norton & Company, 2002.

"Baltimore Tries Drastic Plan of Race Segregation." *New York Times*, Dec. 25, 1910.

Barman, Roderick J. *Citizen Emperor: PedroII and the Making of Brazil, 1825–1891*. Stanford: Stanford University Press, 1999.

Barr, Jason, Troy Tassier, and Rossen Trendafilov. "Bedrock Depth and the Formation of the Manhattan Skyline, 1890–1915." New York: Columbia University Working Paper, January 2010.

Barro, Robert J., and Jong-Wha Lee. "International Data on Educational Attainment: Updates and Implications." Cambridge, MA: Harvard Center for International Development, Working Paper no. 42, Apr. 2000, http://www.cid.harvard.edu/ciddata/ciddata.html.

Bascomb, Neal. *Higher: A Historic Race to the Sky and the Making of a City*. New York: Doubleday, 2003.

Baumol, William J. "Entrepreneurship: Productive, Unproductive, and Destructive." *The Journal of Political Economy* 98, no. 5, part 1 (Oct. 1990): 893–921.

Baum-Snow, Nathaniel. "Changes in Transportation Infrastructure and Commuting Patterns in U.S. Metropolitan Areas, 1960–2000." *American Economic Review*, 100, no. 2 (May 2010): 378–82.

—." Did Highways Cause Suburbanization." *Quarterly Journal of Economics* 122, no. 2 (2007): 775–805.

Beasley, William G. "The Foreign Threat and the Opening of the Ports." In *The Cambridge History of Japan, vol. 5, The Nineteenth Century*, ed. Marius B. Jansen, ch. 4. Cambridge, UK: Cambridge University Press, 1989.

Beason, Richard, and David Weinstein. "Growth, Economies of Scale and Targeting in Japan (1955–1990)." *Review of Economics and Statistics* 78, no. 2 (May 1996): 286–95.

Beatty, Jack. *The Rascal King: The Life and Times of James Michael Curley, (1874–1958)*. Reading, MA: Addison Wesley, 1992.

Becker, Gary S. "Crime and Punishment: An Economic Approach." *Journal of Political Economy* 76, no. 2 (Mar.-Apr. 1968): 169–217.

参考文献

Aaseng, Nathan. *Business Builders in Real Estate*. Minneapolis: Oliver Press, 2002.

Acemouğlu, Daron. "Why Do New Technologies Complement Skills? Directed Technological Change and Wage Inequality." *Quarterly Journal of Economics* 113, no. 4 (Nov. 1998): 1055–89.

Achenbach, Joel. *The Grand Idea: George Washington's Potomac and the Race to the West.* New York: Simon & Schuster, 2004.

Adams, Russell B., Jr. *The Boston Money Tree*. NewYork: Crowell, 1977.

Ades, Alberto F., and Edward L. Glaeser. "Trade and Circuses: Explaining Urban Giants." *Quarterly Journal of Economics* 110, no. 1 (Feb. 1995): 195–227.

Aitken, Hugh G. J. *The Continuous Wave: Technology and American Radio 1900–1932.* Princeton, NJ: Princeton University Press, 1985.

Albion, Robert Greenhalgh. *The Rise of New York Port* [*1815-1860*]. New York: Scribner's, 1939.

Alexiou, Alice Sparberg. *Jane Jacobs: Urban Visionary*. New Brunswick, NJ: Rutgers University Press, 2006.

Amaker, Norman C. "*Milliken v. Bradley*: The Meaning of the Constitution in School Desegregation Cases." *Hastings Constitutional Law Quarterly* 2, no. 2 (Spring 1975): 349–72.

American Chamber of Commerce Research Association. ACCRA Cost of Living Index — Historical Dataset (1Q1990-2009), Arlington, VA: Council for Community and Economic Research [distributor] version 1, http://hdl.handle.net/1902.1/14823.

American FactFinder, U.S. Census Bureau, http://factfinder.census.gov.

Ankeny, Brent, and Robert Snavely. "Renovate Joe or Build Rink? Wings Likely to Decide by Year's End, Ilitch Says." *Crain's Detroit Business*, June 19, 2006, p. 1.

Ansary, Tamim. Destiny Disrupted: *A History of the World through Islamic Eyes.* New York: Public Affairs, 2009.

Archer, David, and Stefan Rahmstorf. *The Climate Crisis: An Introductory Guide to Climate Change*. Cambridge University Press, 2010.

Arias, Elizabeth. "United States Life Tables, 2006." *National Vital Statistics Reports* 58, no. 21 (June 28, 2010), Centers for Disease Control and Prevention, http://www.cdc.gov/nchs/data/nvsr/nvsrs8/nvsrs8 21.pdf.

Arns, R G. "The Other Transistor: Early History of the Metal-Oxide Semiconductor Field-Effect Transistor." *Engineering Science and Education Journal* 7, no. 5 (Oct. 1998): 233–40.

Asbury, Edith Evans. "Board Ends Plan for West Village: Residents Win Fight to Save 16 Blocks from Being Bulldozed in 'Deal'; Wagner's Stand Cited: Aides Say His Opposition Bars Project — Lifting of Slum Label Sought." *New York*

わ行

ま行

や行

ら行

た行

さ行

か行

事項索引

さ行

た行

な行

は行

索　引

人名索引

あ行

か行

■著者略歴

エドワード・グレイザー（Edward L. Glaeser, [Edward Ludwig]）

1967年マンハッタン生まれ。アメリカの経済学者でハーバード大学教授（経済学）。プリンストン大学卒、シカゴ大学で博士号取得（共に経済学）。

州および地方政府のトーブマン・センターのディレクター。「Quarterly Journal of Economics」のエディター。2009年にクラーク賞受賞。

■訳者略歴

山形浩生（やまがた・ひろお）

1964年生まれ。評論家・翻訳家。

東京大学都市工学科修士課程およびマサチューセッツ工科大学不動産センター修士課程修了。大手調査会社に勤務するかたわら、科学、文化、経済からコンピュータまで広範な分野での翻訳、執筆活動をおこなう。

著書に『教養としてのコンピュータ』（アスキー新書）、『新教養主義宣言』（河出文庫）、『訳者解説』（バジリコ）など。訳書に『アニマルスピリット』（東洋経済新報社）、『戦争の経済学』（バジリコ）、『自由は進化する』『誘惑される意志』『〈反〉知的独占』（以上、NTT出版）などがある。

都市は人類最高の発明である

2012年 9 月28日　初版第1刷発行
2023年 4 月12日　初版第5刷発行

著　者：エドワード・グレイザー
訳　者：山形浩生
発行者：東 明彦
発行所：NTT出版株式会社
〒108-0023　東京都港区芝浦3-4-1　グランパークタワー
TEL　営業担当/03-6809-4891
編集担当/03-6809-3276
FAX　03-6809-4101　https://www.nttpub.co.jp/

装　丁：松田行正
印刷・製本：シナノ印刷株式会社

ISBN 978-4-7571-4279-4　C0030

都市の条件

住まい、人生、社会持続

平山洋介 著

住まいのあり方は、人々の人生にどのように影響するのか。若者、女性、高齢者など、都市で暮らす人々の生き方が変わり、より多様になった今、都市の成熟と持続に必要な条件とは何かを緻密なデータ分析によって明らかにする。

四六判　定価（本体 2,200 円＋税）
ISBN 978-4-7571-4278-7

垂直農場

明日の都市・環境・食料

ディクソン・デポミエ 著　依田卓巳 訳

地球環境を修復しながら、人類が飢えずに自然と共存する方法とは？　都市のビルで１年中安定して農作物を収穫しながら、環境や生態系破壊をも止められる「垂直農場」。世界中が関心を抱く新技術がひらく輝かしい未来。

A5 判　定価（本体 2,600 円＋税）
ISBN 978-4-7571-4275-6

社会学入門一歩前

若林幹夫 著

「社会学」入門の一歩手前から、門から先の一歩前進まで。この一冊で、社会学をする感覚を身につけよう。

四六判　定価（本体 1,600 円＋税）
ISBN 978-4-7571-4163-6

〈時と場〉の変容

「サイバー都市」は存在するか？

若林幹夫 著

「情報化社会」「メディア社会」と呼ばれる今日の社会の現在と未来を、環境および〈時と場〉という視点から考察し、メディアに媒介された情報やイメージが、現代の環境をどう構成しているのかを解き明かす。

四六判　定価（本体 2,600 円＋税）
ISBN 978-4-7571-4240-4